Pierre Dardot, Christian Laval
et El Mouhoub Mouhoud

Sauver Marx ?

Empire, multitude, travail immatériel

ÉDITIONS LA DÉCOUVERTE
9 *bis*, rue Abel-Hovelacque
PARIS XIIIe
2007

Si vous désirez être tenu régulièrement informé de nos parutions, il vous suffit de vous abonner gratuitement à notre lettre d'information bimensuelle par courriel, à partir de notre site **www.editionsladecouverte.fr**, où vous retrouverez l'ensemble de notre catalogue. Vous pouvez, à défaut, envoyer vos nom et adresse aux Éditions La Découverte (9 *bis*, rue Abel-Hovelacque, 75013 Paris), pour demander à recevoir gratuitement par la poste notre bulletin trimestriel *À La Découverte*.

ISBN 978-2-7071-5131-5

Introduction générale

Un contre-Empire dans l'Empire ?

> « … à l'intérieur de l'Empire, mais aussi contre et au-delà de l'Empire, au même niveau de globalité ».
>
> *Empire*, p. 46.

LA fin du capitalisme serait une nécessité inscrite dans son développement même. Ce que nous appelons la « question Marx », qui va bien au-delà du seul marxisme, est la mise en question de cette croyance. Que le capitalisme ne soit pas éternel est au principe et au commencement de toute analyse du passé comme de toute perspective relative à l'avenir des sociétés humaines. Mais que sa fin soit nécessaire, qu'elle soit inscrite dans son histoire comme un germe ou comme un mécanisme, relève de la pure croyance. C'est la dernière illusion du marxisme, celle dont il importe de se déprendre si l'on veut faire un seul pas en avant, mais un pas décisif, dans la voie de la refondation de la pensée critique. Se défaire de cette illusion, affronter l'absence de nécessité d'un « autre monde », c'est-à-dire l'entière et radicale liberté des sociétés vis-à-vis de leur avenir. Il faut inverser la célèbre formule de Marx. Loin qu'il faille souscrire à l'affirmation selon laquelle « l'humanité ne se pose jamais que des problèmes qu'elle peut résoudre », il faut dire que l'humanité ne peut résoudre que les questions qu'elle accepte de se poser.

Rien, absolument rien, ne permet de croire à une quelconque vertu d'*autodépassement* du capitalisme. Cette propriété imaginaire est le strict pendant de la croyance libérale dans les vertus d'*autorégulation* du marché. Elles datent toutes les deux d'une époque où l'on croyait que les lois de la nature, de l'histoire, ou de l'histoire naturelle, arrangeraient les choses d'elles-mêmes à condition que les hommes en soient avertis et n'agissent pas, ou pas trop, à leur encontre. Nous n'avons rien à gagner à conserver une illusion qui ne trompe d'ailleurs plus personne. Nous avons tout à gagner à nous en débarrasser, et d'abord la possibilité de tout repenser sans elle.

Cette exigence n'est pas indifférente aux chances du mouvement social de construire un « autre monde » qui soit vraiment autre. Elle en est même la condition. L'indétermination radicale de l'histoire doit être enfin reconnue. Cette reconnaissance n'est sans doute pas chose facile tant le désir de croire se fait ressentir dans les moments de désarroi intellectuel et de blocage politique. Sans compter que les éternels amoureux du pouvoir qui peuplent les grandes et les petites bureaucraties aiment toujours se revendiquer de cette nécessité imaginaire qu'ils sont supposés incarner. Mais ce ne sont pas les seules difficultés. Une telle lucidité impose une rupture théorique pleinement assumée avec le marxisme, rupture qui est d'autant plus difficile à consentir que la violence prédatrice du système semble redonner une nouvelle actualité aux prophéties sur l'« autodestruction du capitalisme ». Ce que désigne toujours le nom de Marx, la critique rigoureuse du capitalisme, ne peut être confondu avec le « marxisme » comme discours sur l'Histoire.

L'entreprise de M. Hardt et A. Negri, poursuivie dans *Empire* et *Multitude*, illustre cette dernière confusion. Elle doit être distinguée par son ambition politique et intellectuelle de beaucoup d'« actualisations » de Marx. Ce sont ces qualités mêmes qui imposent une analyse sérieuse des thèses qu'ils contiennent. Le moins que l'on puisse dire est que l'accueil qui a été réservé à leurs ouvrages en France a tranché avec les discussions passionnées que leurs thèses ont suscitées presque partout ailleurs. L'indifférence a prévalu, à l'exception de quelques attaques calomnieuses [1]. C'est ce silence que nous voulons

1. Voir sur ce point le commentaire qu'en donne Antonio NEGRI dans *La Fabrique de porcelaine, Pour une nouvelle grammaire du politique*, Stock, Paris, 2006.

rompre en discutant systématiquement le rapport de ces deux auteurs à la pensée de Marx et à ses schèmes constitutifs [2].

Par leur ton et certaines de leurs formulations, les pages d'*Empire* font plus d'une fois directement écho au *Manifeste du parti communiste* de Karl Marx : « Un spectre hante le monde et c'est celui des migrations massives [3]. » Mais ce qui donne à *ce* manifeste une force si singulière, c'est son irrésistible allant : d'un bout à l'autre il est porté par le souffle d'un « désir prophétique [4] ». Ce n'est nullement un hasard si deux grandes figures, celle du prophète qui « produit son peuple » et celle de François d'Assise, se détachent de ce livre [5]. Leur convocation ne marque aucunement une concession à quelque vague religiosité à la mode. Car, comme la prophétie, l'ascèse est avant tout construction et production de l'objet du désir [6]. Et ce que ce désir fait entendre, c'est que, loin de sonner le glas des espérances révolutionnaires, l'Empire est la chance du communisme.

Qu'est-ce que l'Empire ? Un *nouveau* paradigme du pouvoir. Il faut en effet en prendre acte : « L'impérialisme, c'est terminé [7]. » Alors que l'expansion impérialiste présupposait une partition binaire de l'espace (métropoles/« terres vierges » à coloniser) ainsi qu'une hiérarchie interne (un impérialisme dominant), l'Empire se définit par une absence de centre : « Notre Empire postmoderne n'a pas de Rome [8]. » Il en est donc de l'Empire comme jadis de l'univers dans la cosmologie infinitiste : son centre est partout et sa circonférence nulle part. Si l'Empire n'a pas de centre, c'est parce qu'il n'a pas de limites, donc pas de dehors. « Dans cet espace lisse de l'Empire, il n'y a pas de *lieu* de pouvoir : celui-ci est à la fois partout et nulle part. L'Empire est une *u-topia*, c'est-à-dire un *non-lieu* [9]. » C'est dire que le transfert de souveraineté des États-nations à ce « nouveau Léviathan » qu'est l'Empire n'a pas pour effet de reconstituer à l'échelle internationale un super-État venant englober les petits

---

2. L'ouvrage que nous publions a été précédé par un certain nombre d'entretiens avec Antonio Negri dont il sera fait mention à plusieurs reprises plus loin.
3. Michael HARDT et Antonio NEGRI, *Empire*, Exils, Paris, 2000, p. 266.
4. *Ibid.*, p. 97-98.
5. Pour le prophète, voir *ibid.*, p. 97 ; pour François d'Assise, voir *ibid.*, p. 496.
6. Antonio NEGRI, *Du retour : Abécédaire biopolitique*, Calmann-Lévy, Paris, 2002, p. 184.
7. Michael HARDT et Antonio NEGRI, *Empire*, *op. cit.*, p. 18.
8. *Ibid.*, p. 386.
9. *Ibid.*, p. 239.

États : cela équivaudrait en effet à une nouvelle centration de l'espace mondial à partir d'une hiérarchie de pouvoirs subordonnés les uns aux autres. L'image de la pyramide à trois étages (au sommet le monopole de la force, juste en dessous les sociétés transnationales et la plupart des États-nations, à la base les ONG) n'entend nullement suggérer une telle hiérarchie, elle donne seulement à voir la réalité d'une « hybridation » entre les différentes fonctions du pouvoir [10]. La nouvelle souveraineté est en réalité décentralisée et déterritorialisée, elle revêt elle-même la forme d'un réseau et opère par une mise en ordre continue (*ordering*) ou par une régulation, à la fois fine et diffuse, qui investit tous les points du champ social. Dans ces conditions, expliquent les auteurs d'*Empire*, nous n'avons d'autre choix que de « nous défaire une fois pour toutes de la recherche d'un point de vue extérieur, rêve de pureté pour notre politique [11] ». Il faut lucidement faire notre deuil de tout *« être-dehors »*. Aussi le maître mot de toute opposition sérieuse à l'Empire est-il *« être-dans »*, c'est-à-dire agir à l'intérieur de l'Empire et sur le terrain même de l'Empire.

À ce nouveau paradigme du pouvoir correspond en effet un nouveau paradigme de la résistance au pouvoir. À la souveraineté impériale correspond une nouvelle manière d'être des luttes, caractérisée par la réticularité et l'incommunicabilité. Deux figures illustrent exemplairement ce changement de paradigme : ce sont celles de la taupe et du serpent, empruntées à Gilles Deleuze [12]. Selon ce dernier, la taupe est l'animal des « sociétés disciplinaires » et de leurs milieux d'enfermement, le serpent est celui des « sociétés de contrôle ». Ceci vaut tout autant du régime de pouvoir que de notre manière de vivre [13]. L'originalité de Michael Hardt et de Antonio Negri est d'appliquer cette dualité à la nouvelle phase des luttes : à l'époque du « contrôle impérial », l'image chère à K. Marx de la « vieille taupe » creusant ses galeries souterraines doit faire place à celle des « ondulations infinies du serpent [14] ». Ce qui veut d'abord dire que les luttes de la multitude mondiale se mènent directement à la surface et ne communiquent plus horizontalement entre elles en profondeur.

---

10. *Ibid.*, p. 377 à 388.
11. *Ibid.*, p. 75.
12. Gilles Deleuze, *Pourparlers*, Minuit, Paris, 1990, p. 244.
13. *Ibid.*
14. Michael Hardt et Antonio Negri, *Empire*, *op. cit.*, p. 89.

Par là se trouve irrémédiablement disqualifiée la vieille tactique léniniste du « maillon le plus faible » : l'image de la chaîne présupposait tout à la fois l'« extériorité » du lieu le plus vulnérable par rapport au centre du pouvoir et la possibilité de concentrer les luttes sur un seul point en les faisant communiquer transversalement [15]. Mais ce qui pourrait apparaître comme une faiblesse se révèle à l'analyse comme une chance. Car, à l'ancienne logique de l'extension horizontale, il convient de substituer une logique de l'intensité singulière et de la verticalité : dès lors que l'Empire est une surface dont le centre est partout, chaque conflit « saute verticalement et directement au centre virtuel de l'Empire [16] ». La résistance au pouvoir impérial se doit donc de conjuguer l'être-*dans* et l'être-*contre* : puisqu'il n'est plus possible d'être-contre depuis un quelconque lieu extérieur à l'Empire, « nous devons être-contre en tout lieu [17] ». En l'absence de tout centre, cet « être-contre généralisé » ne saurait relever d'un face-à-face frontal. Il s'agit bien plutôt d'une « position oblique et diagonale ». À l'ère disciplinaire la taupe sabote, à l'ère du contrôle impérial le serpent fuit et déserte. « Cette désertion n'a pas de lieu : c'est l'évacuation des lieux de pouvoir [18]. »

L'enjeu politique de cette redéfinition des paradigmes est aisément identifiable : il s'agit de contribuer à « la réinvention de la gauche » et, à cette fin, de remédier à la « carence conceptuelle » relative à la question de son identité [19]. Ce qu'une telle analyse disqualifie tout particulièrement, c'est la stratégie de résistance qui fait du *local* ou du *national* le site privilégié du combat contre le *global* [20]. Rien ne serait plus vain que la posture du « nationalisme de gauche » cherchant à ressusciter l'État-nation pour tenter d'enrayer le mouvement de dissolution des frontières : ce serait céder à l'illusion d'un lieu prédéfini que son identité même protégerait des assauts de la mondialisation. Cette critique atteint également toute position faisant de la classe ouvrière traditionnelle le « site défensif » par excellence. Là

15. *Ibid.*, p. 90.
16. *Ibid.*, p. 89.
17. *Ibid.*, p. 265.
18. *Ibid.*
19. Michael HARDT et Antonio NEGRI, *Multitude*, La Découverte, Paris, 2004, p. 258-259.
20. Michael HARDT et Antonio NEGRI, *Empire*, *op. cit.*, p. 73.

encore on retrouve l'illusion d'un sujet dont l'identité ferait un lieu préservé, échappant à la mainmise de l'Empire. Rien d'étonnant à cette double remise en question : « classisme » étriqué et « populisme » d'inspiration nationaliste s'accordent à faire de l'État-nation le seul cadre où puissent trouver place les affrontements sociaux. Ce sont là, nous disent M. Hardt et A. Negri, des « positions de ressentiment et de nostalgie » dont la gauche doit absolument se défaire [21].

Les auteurs du présent ouvrage souscrivent très largement à ce diagnostic et partagent l'ambition d'une refondation théorique de la gauche. Encore faut-il s'entendre sur la condition de radicalité sans laquelle une telle entreprise est vouée à l'échec : aucune refondation ne fera l'économie d'une critique des fondements de la « pensée de gauche » telle qu'elle s'est construite depuis le début du XIXe siècle. De ce strict point de vue, il faut savoir gré à M. Hardt et A. Negri de bousculer de vieilles habitudes intellectuelles, d'inquiéter un certain confort doctrinal, de changer la manière de poser certains problèmes, ce qui est toujours la seule manière d'en faire apparaître de nouveaux. Fuite en avant et ressassement du même, le plus souvent justifiés par le sentiment de la plus grande urgence, ne peuvent suffire à combler la vacuité de l'activisme. L'appauvrissement de notre imaginaire politique est aujourd'hui tel qu'il nous rend incapables d'offrir ne serait-ce que l'idée d'une société désirable pour laquelle il vaudrait la peine de combattre, ce qui revient très exactement à abandonner aux néolibéraux le monopole de la définition de la « société future ». Il nous faut renouer avec un certain style, celui des périls de la pensée qui entend tout reconsidérer pour tout considérer, de la cave au grenier, du passé à l'avenir, et, pour cela, ne pas hésiter à passer outre l'interdit jeté par ce qui s'appela jadis « socialisme scientifique » : rien n'est aujourd'hui plus salutaire que de « faire bouillir les marmites de l'avenir ». Aussi tous les reproches qui ont pu être adressés ici ou là à M. Hardt et A. Negri au nom d'une certaine fidélité à l'« orthodoxie marxiste » (sur les classes sociales, sur l'État, sur l'impérialisme, etc.) portent-ils complètement à faux. D'abord, parce que ces deux auteurs revendiquent pour eux-mêmes une

21. *Ibid.*, p. 272.

démarche de « révision créative du marxisme »[22]. Ensuite, parce que la seule question qui vaille la peine d'être posée est celle-ci : une telle démarche de révision, si « créative » soit-elle, peut-elle vraiment permettre à la gauche d'opérer la grande bifurcation stratégique qui s'impose ? Plus généralement, toute démarche de révision étant foncièrement redevable de ses prémisses théoriques à la doctrine qu'elle révise, ne faut-il pas contester jusqu'au principe même d'une révision du marxisme ?

Au regard de cet enjeu, deux objections adressées à M. Hardt et A. Negri méritent d'être relevées. Toutes deux, quoique de manière très différente, touchent au cœur de cette démarche et contribuent par là même à nous rendre attentifs à son véritable sens.

La première est celle qu'a formulée Peter Sloterdijk dans *Écumes Sphères III* à l'encontre du caractère u-topique (à la fois dépourvu de lieu et irréalisable) de la désertion préconisée par M. Hardt et A. Negri. Puisqu'« il n'y a plus d'extérieur où l'on pourrait se retirer », « la désertion voulant sortir du système ne débouche nulle part[23] » (*desertion does not have a place*). À l'ancien face-à-face frontal succéderait ainsi le surplace de l'impossible « exode ». En fin de compte, l'être-contre (*being against*) se réduirait à un pur « affect » relevant davantage d'une « décision mystique » que d'une position effectivement occupée à l'intérieur de l'Empire[24]. La question vaut assurément d'être posée. Tout lieu de l'Empire étant par nature équivalent à n'importe quel autre, la désertion ne peut consister à gagner un lieu *interne* à l'Empire qui ne soit pas déjà investi par le pouvoir, dans la mesure où un tel lieu n'existe pas, mais elle ne peut non plus consister à gagner un lieu situé *hors* de l'Empire, dans la mesure où l'Empire n'a pas de dehors. Bref : « Existe-t-il encore un *lieu* d'où l'on pourrait émettre une critique et bâtir une solution de rechange[25] ? » Plus largement, puisqu'il s'agit non seulement de résister à l'Empire, mais aussi et surtout de « passer au travers de l'Empire pour sortir de l'autre côté[26] », comment pourrait-on réussir à sortir d'un non-lieu ? Celui qui voudrait

22. Antonio NEGRI, « Foucault : entre le passé et l'avenir », in *Nouveaux regards* n° 26, août 2004.
23. Peter SLOTERDIJK, *Écumes Sphères III*, Maren Sell, Paris, 2005, p. 732.
24. *Ibid.*, p. 731.
25. Michael HARDT et Antonio NEGRI, *Empire*, *op. cit.*, p. 261.
26. *Ibid.*, p. 259.

décocher la flèche de la « décision politique[27] » pour la lancer « au-delà » de l'Empire ne s'expose-t-il pas à la même déconvenue que celui qui tenterait de passer sa main au-delà du bord extrême de l'univers ? Ne ferait-il pas lui aussi l'expérience de l'impossibilité de cet « aller au-delà » en l'absence de limites[28] ? À plus forte raison, comment le « contre-royaume des pluralités dissidentes », selon la jolie formule de Peter Sloterdijk[29], pourrait-il établir « une *cité nouvelle* », « la cité terrestre de la multitude[30] » ? Pour le dire plus simplement encore, comment passer de l'être-*contre* à l'être-*pour* ? La critique est radicale. Ce qui se dissimule derrière la rhétorique des *« against-men »*, c'est la réalité d'une société du confort et de l'abondance (*affluent society*) où toute hostilité se trouve désarmée. L'Empire n'a pas d'ennemi, car l'Empire ne fait qu'un avec la multitude[31]. Avec M. Hardt et A. Negri, on assisterait en fait à l'épuisement irrémédiable d'une logique de surenchère vers la gauche qui a commencé avec la fin de la révolution de 1789[32]. Ce qui est donc visé ici, c'est la totale perte de plausibilité du discours de gauche sur l'émancipation.

L'autre critique, beaucoup plus bienveillante, émane de Slavoj Žižek, philosophe slovène qui avait salué *Empire* dès sa parution comme « le Manifeste communiste du XXIe siècle ». Dans *Que veut l'Europe ?*, ce dernier reconnaît à M. Hardt et A. Negri le mérite de chercher à « repenser entièrement le projet de la gauche » en relevant le défi qui consiste à « dépasser l'alternative entre l'« accommodement » aux nouvelles conditions et la crispation sur les vieilles postures[33] ». Plus précisément, S. Žižek les loue d'avoir montré le « potentiel révolutionnaire » du capitalisme contemporain contre « la vision de gauche classique » qui procède d'une défiance conservatrice à l'égard de la mondialisation en tous points « contraire à la confiance toute marxienne placée dans les pouvoirs du progrès ». À l'en croire, M. Hardt et

27. L'image est souvent reprise : voir Antonio NEGRI, *Du retour*, *op. cit.*, p. 126 et Michael HARDT et Antonio NEGRI, *Multitude*, *op. cit.*, p. 403.

28. Il s'agit là d'un argument très célèbre contre la finitude de l'univers que l'on doit à Lucrèce et qui fut notamment repris par Giordano Bruno.

29. Peter SLOTERDIJK, *Écumes Sphères III*, *op. cit.*, p. 731.

30. Michael HARDT et Antonio NEGRI, *Empire*, *op. cit.*, p. 476 et 477.

31. Peter SLOTERDIJK *Écumes Sphères III*, *op. cit.*, p. 731.

32. *Ibid.*, p. 732.

33. Slavoj ŽIŽEK, *Que veut l'Europe ? : réflexion sur une nécessaire réappropriation*, Climats, Paris, 2005, p. 113.

A. Negri redonneraient vie à la vieille formule de Marx selon laquelle « le capitalisme creuse sa propre tombe [34] ». Cependant, cet éloge se prolonge en une critique de fond. Car, malgré ses intentions, « *Empire* reste un ouvrage prémarxiste » : il échoue en effet à déduire, comme K. Marx l'avait fait, le projet d'une révolution prolétarienne des contradictions internes au mode de production capitaliste [35]. S. Žižek semble rendre le deleuzisme de M. Hardt et A. Negri responsable de cet échec. Leur fascination pour la « multitude déterritorialisante » laisserait échapper l'essentiel, qui est précisément la permanence de l'antagonisme de classe. Se référant à l'ouvrage de Alexander Bard et Jan Soderqvist, *Netocracy* [36], S. Žižek montre que la tentative de substituer à l'antagonisme bourgeoisie-prolétariat l'antagonisme entre la « netocratie » (l'élite qui a accès à l'information) et le « consumtariat » (tous ceux qui consomment l'information élaborée par l'élite) ne peut qu'achopper sur la division qui traverse la netocratie elle-même (entre « procapitalistes » et « postcapitalistes »). De la même manière, l'insuffisance théorique de la notion de « multitude » vient précisément du fait qu'elle est transversale à la division fondamentale entre « inclus » et « exclus » : « Il y a une multitude À L'INTÉRIEUR du système, et il y a la multitude de ceux qui en sont EXCLUS [37]. »

Comme on peut le voir, la critique de S. Žižek procède d'une inspiration diamétralement opposée à celle de P. Sloterdijk. Loin de mettre en question le projet d'émancipation qui a toujours défini la gauche, S. Žižek cherche à redéfinir ce dernier en convoquant le progressisme de Marx, et c'est au nom de ce progressisme qu'il met en évidence les limites de l'analyse de Hardt et Negri. Reste que ces deux critiques se concentrent sur le point clé de toute cette analyse : la position ontologique de la multitude mondiale, à la fois « *à l'intérieur de* l'Empire et *contre* l'Empire [38] ». Tandis que P. Sloterdijk s'emploie à montrer qu'elle est tellement intérieure à l'Empire qu'il lui est impossible

34. *Ibid.*, p. 92.

35. *Ibid.*, p. 94.

36. Alexander BARD et Jan SODERQVIST, *Netocracy. The New Power Elite and Life After Capitalism*, Reuters, Londres, 2002 ; sur la lecture qu'en fait S. Žižek, voir *Que veut l'Europe ?*, *op. cit.*, p. 113 *et sq.*

37. Slavoj ŽIŽEK, *Que veut l'Europe ?*, *op. cit.*, p. 139.

38. Michael HARDT et Antonio NEGRI, *Empire*, *op. cit.*, p. 93.

d'être contre, S. Žižek entend établir qu'elle n'est pas en tant que telle intérieure à l'Empire, puisque une partie d'elle-même est exclue du système et se tient par conséquent en dehors et que l'autre partie, étant intérieure au système, ne peut pour cette raison même être contre lui. P. Sloterdijk et S. Žižek défont donc, chacun à leur façon, l'identité de l'être-dans et de l'être-contre qui est au cœur de « l'ontologie contre-impériale [39] ». C'est donc la nature de cette identité qu'il nous faut interroger, et, à travers elle, toute la relation de la multitude à l'Empire.

Pour exprimer cette relation, M. Hardt et A. Negri font subir à la représentation de l'aigle à deux têtes (l'emblème de l'Empire austro-hongrois) une retouche significative : dans le cas de l'Empire postmoderne, les deux têtes, celle du régime de contrôle et celle de la multitude, sont tournées l'une vers l'autre, signe de leur hostilité mutuelle [40]. Toutefois cette représentation, même corrigée, se révèle à l'examen inadéquate, dans la mesure où elle échoue à signifier la double hiérarchie par laquelle se définit la relation de ces deux têtes. En effet, si d'un premier point de vue, celui du rapport d'oppression ou de pouvoir, c'est le régime de contrôle qui soumet la multitude, d'un second point de vue, celui de la productivité sociale ou point de vue ontologique, c'est exactement la hiérarchie inverse qui prévaut : c'est la multitude qui est « la force productive réelle de notre monde social », alors que le régime de pouvoir n'est qu'une « machine parasitaire [41] ».

A-t-on pour autant affaire à « un négatif qui construit un positif », selon une figure bien connue de la dialectique [42] ? Faut-il comprendre que l'être-contre est intérieur à cela même qu'il nie ? En est-il par conséquent de la « multitude » comme de la « classe ouvrière » selon Marx ? Celle-là est-elle la négation en acte de l'Empire produite par l'Empire tout comme celle-ci la négation en acte du capital produite par le capital ? Si tel était le cas, l'identité de l'être-dans et de l'être-contre ne serait jamais qu'un nouvel avatar de l'intériorité de l'être-autre chère à Hegel. C'est en ce point que la différence apparaît en pleine lumière : l'être-dans de la multitude n'est en rien un « être-engendré-par »,

39. *Ibid.*, p. 438.
40. *Ibid.*, p. 91.
41. *Ibid.*, p. 93-94.
42. *Ibid.*, p. 94.

ce qui signifie que la multitude n'a pas été créée par l'Empire, qu'elle n'a pas été engendrée par lui comme l'agent de sa propre destruction, ce qui est justement le cas du prolétariat tel qu'il est conçu par Marx. En réalité, l'être-dans procède ici d'une indépendance ontologique. Au lieu que ce soit l'Empire qui ait produit la multitude comme son négatif, c'est la multitude qui « a appelé l'Empire à l'être[43] » et qui aujourd'hui encore « soutient l'Empire[44] ». Le sujet qu'elle constitue n'incarne donc nullement le « pouvoir du négatif », sa résistance à l'Empire est au contraire « entièrement positive[45] », au point qu'auprès d'elle le pouvoir impérial « apparaît comme une pure et simple privation d'être et de production[46] ». « D'un point de vue ontologique, l'autorité impériale est purement négative et passive[47] », son être est entièrement réactif en ce qu'elle ne fait que répondre à une impulsion motrice dont l'initiative appartient dès l'origine à la multitude[48].

Ce qu'il y a de remarquable dans l'usage que font M. Hardt et A. Negri de la notion de « réaction », c'est qu'il présente l'avantage de combiner deux significations le plus souvent disjointes (quand elles ne sont pas purement et simplement opposées). Tout d'abord, il reprend l'idée qui est au cœur de toute conception progressiste de l'histoire, celle de la secondarité de la réaction comme opposition à une action qui se fait en dehors d'elle et indépendamment d'elle. Dans ce contexte, la véritable action ne peut être que celle qui va dans le sens de l'histoire, et la réaction se réduit en conséquence à une « action en contre » qui ne peut consister qu'en une tentative pour freiner cette marche en avant. Le couple « action/réaction » a alors pour fonction essentielle d'imposer l'alternative brutale de la révolution et de la contre-révolution : il n'y a pas de moyen terme entre s'opposer au mouvement de l'histoire et favoriser ce mouvement[49], de sorte que retarder ce mouvement c'est déjà s'y

---

43. *Ibid.*, p. 72 ; voir aussi p. 475 : « La constitution de l'Empire n'est pas la cause mais la *conséquence* de la montée de ces pouvoirs nouveaux. »

44. *Ibid.*, p. 93.

45. *Ibid.*, p. 437.

46. *Ibid.*, p. 94.

47. *Ibid.*, p. 436.

48. Sur la formation de l'Empire comme « réponse » au mouvement de la multitude, Michael HARDT et Antonio NEGRI, *Empire*, *op. cit.*, p. 72 et 82.

49. Jean STAROBINSKI, *Action et réaction*, Seuil, Paris, 1999, p. 333.

opposer[50]. L'inconvénient d'une telle vision, c'est qu'elle présuppose l'opposition dialectique de *deux* forces contraires, si bien que la force qui « réagit » ne saurait être réduite à la passivité pure et simple (ce qui est précisément l'idée que M. Hardt et A. Negri se font de l'Empire). C'est pourquoi, sans pour autant renoncer à la vieille opposition de la « réaction » et du « progrès », ils récupèrent à leur profit l'opposition nietzschéenne de l'« actif » et du « réactif » comme qualités de différentes forces. Cette opposition, expressément conçue en rupture avec tout progressisme, comporte elle-même une double dimension. D'une part, elle qualifie le type de rapport qu'une force entretient avec une ou plusieurs autres forces : « actif » se dit alors de la force qui s'en soumet d'autres par sa spontanéité, « réactif » se dit par contraste de la force qui s'adapte de manière purement passive à des excitations externes. D'autre part, elle qualifie le type de rapport qu'une force entretient avec elle-même : « actif » se dit alors d'une force qui, en s'affirmant elle-même, affirme la vie, « réactif » d'une force qui, en se retournant contre elle-même, se nie elle-même en même temps qu'elle nie la vie[51]. En jouant ainsi sur les deux sens de « réaction », M. Hardt et A. Negri peuvent affirmer tout à la fois que l'Empire ouvre de nouvelles possibilités de libération et constitue un « progrès[52] » relativement aux formes antérieures du pouvoir et plus particulièrement à l'État-nation (lequel est donc « réactionnaire » au sens marxiste), et en même temps qu'il n'en est pas moins une force d'adaptation essentiellement passive incapable de toute auto-affirmation, donc une force essentiellement « réactive » (sens nietschéen) ; de la même manière, si la gauche étatiste peut se voir qualifier par eux de « réactionnaire », c'est non seulement au sens où K. Marx fustigeait les « socialistes réactionnaires ou conservateurs », c'est-à-dire au sens où

50. C'est en vertu de cette logique implacable que K. Marx, après avoir fustigé les « socialistes réactionnaires ou conservateurs » qui « cherchent à faire tourner en arrière la roue de l'histoire », finit par dire des owenistes et des fouriéristes (représentants du socialisme et du communisme « critiques et utopiques ») qu'ils « s'opposent » au mouvement politique des ouvriers et « réagissent » contre lui, finissant ainsi par tomber eux-mêmes « dans la catégorie des socialistes réactionnaires ou conservateurs », Karl MARX, *Manifeste du parti communiste*, GF, Paris, 1998, p. 115.

51. Sur la distinction des forces actives et des forces réactives chez Nietzsche, on se reportera à l'ouvrage de Gilles Deleuze, *Nietzsche et la philosophie*, PUF, Paris, 2003, qui relève jusqu'à trois caractères des forces (p. 69).

52. Sur l'Empire comme « progrès », Michael HARDT et Antonio NEGRI, *Empire*, *op. cit.*, p. 72-73.

« réagir » c'est « s'opposer » au mouvement de l'histoire, mais aussi au sens où elle est animée par le « ressentiment[53] », sentiment réactif par excellence auquel M. Hardt et A. Negri opposent en un style très nietzschéen-deleuzien la « joie » comme excès et surabondance[54]. Réaction contre le progrès et réactivité du retournement contre soi finissent ainsi par fusionner complètement.

On comprend dès lors en quoi cette thèse absolument centrale de la *priorité* ontologique d'une multitude seule capable d'action — et son corollaire, celle de la *secondarité* ontologique d'un pouvoir impérial condamné à « réagir » — implique d'en finir avec ce que K. Marx appelait le « noyau rationnel » de l'héritage hégélien, à savoir précisément la dialectique. Aussi la charge contre F. Hegel se fait-elle parfois très virulente[55]. Il ne faut cependant pas s'y tromper : à travers cette dénonciation, il s'agit d'abord et avant tout de sauver Marx de lui-même, de sauver ce qu'il faudrait sans doute appeler, du point de vue de M. Hardt et A. Negri, non plus le « noyau rationnel », mais le « noyau positif » du marxisme. En quoi consisterait au juste un tel noyau ? En l'idée que le communisme est non pas un devoir-être abstrait qu'il s'agirait d'opposer à la réalité sordide du capitalisme en un vain geste de protestation morale, mais bien le mouvement réel de l'abolition de la propriété privée tel qu'il s'accomplit à même la production sociale[56].

À la différence toutefois de ce qui se passe chez K. Marx, ce mouvement ne résulte nullement des contradictions internes du capital (c'est sur ce point, on l'a vu, que se concentre la critique de S. Žižek), mais il met de lui-même en œuvre des pouvoirs qui ne peuvent être appropriés par le capital. La thèse de la priorité ontologique de la multitude sur le pouvoir impérial révèle là sa pleine portée, en ce que le problème du passage de l'être-contre à l'être-pour s'y dénonce comme un faux problème. Car, en réalité,

53. Voir ci-dessus, note 19.

54. Michael HARDT et Antonio NEGRI, *Empire*, *op. cit.*, p. 496 ; Antonio NEGRI, *Du retour*, *op. cit.*, p. 122.

55. Michael HARDT et Antonio NEGRI, *Empire*, *op. cit.*, p. 115-116, où M. Hardt et A. Negri désignent F. Hegel par l'expression peu amène de « Caliban intellectuel » (reprise de A. Schopenhauer).

56. « Le communisme n'est pour nous ni un *état* qui doit être créé, ni un *idéal* sur lequel la réalité devra se régler. Nous appelons communisme le mouvement *réel* qui abolit l'état actuel », Karl MARX, *L'Idéologie allemande*, première partie, Éditions sociales, 1968, Paris, p. 64.

dans la mesure où la multitude se trouve définie par son autonomie à l'égard du capital, son être-contre est en lui-même un être-pour [57]. On peut alors accorder à Peter Sloterdijk que la résistance de la multitude n'a pas de lieu prédéfini et qu'elle est d'emblée assignée au « non-lieu indéfini » de l'Empire, cela ne l'empêche pas, tout au contraire, d'établir un lieu nouveau dans le non-lieu de l'Empire [58]. Ce lieu nouveau n'a rien en effet d'un « extérieur » introuvable, il s'identifie à l'autonomie de la multitude elle-même : « L'autonomie du mouvement est ce qui définit le *lieu propre* à la multitude [59]. »

L'erreur serait donc de présupposer qu'aucune autonomie n'est possible dans l'Empire dans la mesure où tout lieu y est d'emblée l'objet d'un investissement du pouvoir. Que l'Empire n'ait pas de « dehors » signifie tout simplement qu'aucun lieu ne peut échapper aux rapports de pouvoir, que l'exploitation n'a plus de « site déterminé » et qu'en ce sens on est fondé à parler du « non-lieu de l'exploitation [60] ». C'est précisément en cela que consiste toute la différence avec l'époque de K. Marx, celle du développement de la grande industrie : l'usine constituait alors *le* lieu de l'exploitation parce qu'elle constituait *le* lieu de la production économique. Dans ces conditions, le prolétariat ne pouvait que se situer « à la fois en dehors et au-dedans du capital [61] ». Dans ce *même* lieu de l'exploitation, il était en effet intérieur au capital, en ce qu'il était par son travail à la source du procès de valorisation, et extérieur au capital par la valeur d'usage qui lui était propre et sur laquelle il pouvait s'appuyer pour opposer une résistance au capital. Un tel lieu était bien en ce sens « un site dialectiquement déterminé [62] ». D'où l'explication, sinon la justification relative, du recours de K. Marx à la dialectique : la catégorie hégélienne de « l'intériorité de l'être-autre » avait pour fonction de signifier ce double caractère du prolétariat, à la fois intérieur et extérieur. Les choses ont aujourd'hui radicalement changé. Les rapports d'exploitation se sont étendus de l'usine à la totalité du champ social et, de son côté, toute

57. *Ibid.*, p. 436, où il est dit des pouvoirs constituants de la multitude : « … leur "être-contre" est en fait un "être-pour"… »

58. *Ibid.*, p. 475.

59. *Ibid.*, p. 477, nous soulignons.

60. *Ibid.*, p. 263.

61. *Ibid.*, p. 262.

62. *Ibid.*, p. 261.

l'activité sociale a acquis le caractère d'une production. La production ne doit plus en effet s'entendre en termes purement économiques, comme production de biens matériels, mais comme production de biens « intangibles » et « immatériels » (connaissances, communication, relations affectives, etc.) ; de ce fait, elle devient de plus en plus production de nouvelles « formes de vie ». Ces conditions nouvelles déterminent une tâche nouvelle : non plus occuper quelque place existante qui demeurerait vacante ou disponible, mais précisément « construire, dans le non-lieu, un lieu nouveau[63] ». L'important est de comprendre que ce « lieu nouveau » est non pas *spatial*, mais d'abord et avant tout *ontologique*. Ce que ne voit donc pas P. Sloterdijk, c'est que la « désertion » comme soustraction au pouvoir a le sens, non d'un exode spatial, mais d'un « exode anthropologique[64] » : il s'agit de « former un nouveau mode de vie » et, par là, de « produire de nouveau l'humain », c'est-à-dire de produire « le post-humain[65] ».

On comprend mieux maintenant à quoi tend la thèse de la priorité ontologique de la multitude. Car, que tout lieu spatial soit investi par le pouvoir ou, ce qui revient au même, que le pouvoir soit sans lieu, voilà qui ne fait jamais qu'exprimer la secondarité ontologique du pouvoir : c'est parce que la multitude mondiale est elle-même originellement un non-lieu spatial (migrations, métissage, nomadisme, etc.) que le pouvoir se voit toujours plus contraint à l'ubiquité du « sans-lieu ». Le non-lieu de l'exploitation n'est somme toute qu'une « réponse », c'est-à-dire une « réaction », à l'échappement de la multitude à tout lieu assignable. Et cet échappement ne fait lui-même que réfléchir au plan de l'espace l'autonomie qui définit la multitude au plan de l'être. Non-lieu de la multitude et non-lieu de l'Empire relèvent donc tous deux du plan de l'espace tout en différant radicalement sur le plan ontologique : alors que le non-lieu de la multitude exprime spatialement son lieu ontologique propre (son autonomie), le non-lieu de l'Empire exprime spatialement son défaut d'être propre (son absence d'autonomie).

On voit que sur le fond, tout à l'opposé du diagnostic d'épuisement porté par Sloterdijk, M. Hardt et A. Negri partagent avec

63. *Ibid.*, p. 271.
64. *Ibid.*, p. 269.
65. *Ibid.*, p. 270-271.

S. Žižek l'idée que la seule manière de refonder la gauche et son projet d'émancipation est de redonner vie au progressisme de Marx. Simplement, leur « confiance toute marxienne dans les pouvoirs du progrès » procède de la thèse d'une autonomie de la multitude à l'intérieur même de l'Empire, alors qu'une telle idée paraît suspecte à S. Žižek en ce qu'elle prive la révolution de sa nécessité historique interne en la coupant de la dynamique des contradictions internes du capitalisme. Bref, ou bien on sauve le progressisme de Marx *de* la dialectique (M. Hardt et A. Negri), ou bien on le sauve tout au contraire *par* la dialectique (S. Žižek). La conviction profonde des auteurs de ce livre est, à l'inverse, que la rupture théorique avec le marxisme, et tout particulièrement avec sa « confiance dans les pouvoirs du progrès », est le prérequis absolu de toute tentative de redéfinition du projet d'émancipation.

Aussi les trois contributions qui suivent s'emploieront-elles à mettre en lumière ce que la démarche de M. Hardt et de A. Negri a à sa manière d'exemplaire : d'une part, dans son souci d'évitement des apories du marxisme, elle fonctionne un peu à la manière d'un révélateur des schèmes constitutifs de cette pensée ; d'autre part, malgré ce souci, elle ne parvient pas à sauver Marx de lui-même, mieux, c'est paradoxalement ce souci qui la conduit à aggraver les difficultés avec lesquelles Marx avait à se débattre, en la condamnant par avance à se priver des ressources que la dialectique pouvait encore procurer à cet égard. Le point sur lequel se concentrent ces difficultés nous paraît être la façon de penser le destin du capitalisme et le passage au communisme. C'est précisément cette question qui sera traitée selon trois approches différentes.

Pierre Dardot interrogera l'aptitude de la multitude à se constituer en sujet politique, aptitude que M. Hardt et A. Negri croient pouvoir inférer directement de la thèse de l'autonomie ontologique. Ce qui apparaîtra au terme de cette analyse, c'est que, même à concéder une telle thèse, la « décision » par laquelle la multitude se rend « constituante » en créant la société communiste devient hautement problématique à l'intérieur d'une ontologie aussi résolument antidialectique que la leur.

Christian Laval montrera que la lecture faite par M. Hardt et A. Negri de deux de leurs grands auteurs de référence (G. Deleuze et Michel Foucault) est commandée de l'intérieur par l'exigence d'isoler, dans la pensée même de K. Marx, un

« noyau positif » (notamment le schème du « moteur » du processus historique) susceptible de résister à l'épreuve de la confrontation avec la postmodernité, au point que le « marxisme » réel ou supposé de G. Deleuze et de M. Foucault en vient à informer en retour très profondément la compréhension même de K. Marx.

El Mouhoub Mouhoud discutera de la nature du « commun immatériel » (la coopération intellectuelle, linguistique et affective à l'œuvre dans le système de production du postfordisme) qui, selon M. Hardt et A. Negri, fonderait l'autonomie ontologique de la multitude et rendrait celle-ci particulièrement apte à la construction d'une nouvelle « cité terrestre ». Il apparaîtra alors que la logique de division cognitive du travail qui caractérise le fonctionnement du capitalisme contemporain implique une marchandisation de la connaissance.

I

La multitude peut-elle devenir un sujet politique ?

PIERRE DARDOT

« La question qu'il faut poser n'est pas "Qu'est-ce que la multitude ?", mais "Qu'est-ce que la multitude peut devenir ?" », *Multitude*, p. 131.

1

La multitude comme « classe globale »

« Nous sommes tous des pauvres », *Multitude*, p. 185.

« MULTITUDE » : le terme doit sa singulière force de suggestion à de multiples résonances, elles-mêmes issues d'une longue histoire. À l'origine, il a dans la pensée politique une acception largement péjorative et polémique, ayant surtout pour fonction d'indiquer la limite au-delà de laquelle la politique s'abîme dans l'informe et le chaos. En grec, les termes de *plethos* (la « masse ») et d'*ochlos* (la « multitude ») sont généralement chargés, davantage encore que l'expression *hoi polloi* (« les nombreux »), par opposition à *hoi oligoi* (« les quelques-uns » ou « les peu nombreux »), de signifier une telle limite dans ce qu'elle a de menaçant pour l'existence même de l'ordre politique. C'est particulièrement vrai de l'usage que Platon fait du terme d'*ochlos* dans la *République* : ce qui est désigné par là, c'est moins le nombre en tant que nombre que la puissance inquiétante du nombre, la turbulence et l'indiscipline du multiple anonyme [1]. En latin, on trouve pareillement les termes de *turba* (la foule), de *vulgus* (la populace) ou de *multitudo*, souvent associés à la *plebs sordida* (la basse plèbe) : c'est ainsi un lieu

1. Ce point est bien mis en évidence par Jacques Rancière, *Aux bords du politique*, Gallimard, « Folio essais », Paris, 2004, p. 35.

commun que de dénoncer avec Cicéron la *multitudo effrenata*, la multitude déchaînée ou sans frein [2].

On voit donc que le terme conjoint deux aspects difficilement dissociables : d'une part, l'aspect du nombre en tant qu'il s'agit non d'*un* nombre défini, mais *du* nombre, du *grand* nombre, que son indéfinition même fait échapper à toute numération ; d'autre part, l'absence d'ordre que cette indéfinition n'est pas sans impliquer, voire, plus radicalement encore, l'impossibilité d'une quelconque ordination, et ce en raison d'une extrême diversité et d'une extrême bigarrure. Bref, le terme de « multitude » signifie le plus souvent la puissance non ordonnable du grand nombre.

Du sujet social au sujet politique : la multitude comme « tendance »

On retrouve indéniablement ces deux aspects dans l'usage que M. Hardt et A. Negri font de ce terme. En témoigne notamment la référence à la parabole du possédé de Gerasa. À Jésus qui lui demande son nom, le possédé répond : « Mon nom est *légion*, car nous sommes *innombrables* [3]. » C'est là très précisément la réponse que pourrait donner la multitude à qui lui poserait la même question : « Mon nom est multitude, car nous sommes innombrables. » L'expression même de « multitude démoniaque » employée par les deux auteurs confirmerait, s'il en était besoin, qu'on a bien affaire ici au geste somme toute assez classique de retournement d'un terme péjoratif en terme positif. Cependant, quelque chose d'autre mérite de retenir notre attention : la formule qui répond à la question combine dans une étrange agrammaticalité le singulier (« *mon* nom ») et le pluriel (« *nous* sommes »). Le singulier (la multitude peut dire « je ») pointe, semble-t-il, vers une certaine unité. D'où cette question : quelle sorte d'unité peut bien posséder le nombre indéfini en tant qu'il est rebelle à toute ordination ?

La question vaut d'autant plus la peine d'être posée que pour M. Hardt et A. Negri la multitude se définit par son aptitude à devenir un sujet politique. Il faut en effet prendre au sérieux la

2. Zvi YAVETZ, *La Plèbe et le prince*, La Découverte, Paris, 1984, p. 139 et p. 190.

3. Michael HARDT et Antonio NEGRI, *Multitude*, *op. cit.*, p. 172 ; voir aussi sur ce point, Antonio NEGRI, *Du retour*, *op. cit.*, p. 185 : « Nous sommes une légion de diables. »

recommandation des deux auteurs : on ne doit pas se demander : « Qu'est-ce que la multitude ? », mais : « Qu'est-ce que *peut devenir* la multitude [4] ? » La première question présuppose que la multitude possède une essence fixe dont les contours relèveraient d'une logique de classification. La deuxième question repose sur l'idée que tout l'être de la multitude consiste en un *passage*, en un *processus*, ou encore en une *tendance* [5]. Plus exactement, on doit comprendre que le terme de « multitude » revêt deux acceptions fondamentales [6]. Selon l'acception proprement *ontologique*, le terme désigne « un nouvel être social [7] », par conséquent un « sujet social » qui existe *déjà* dans le *présent* [8]. Mais, selon l'acception *politique*, ce même terme renvoie à quelque chose qui n'existe *pas encore*, donc à quelque chose qui est *à venir*. En résumé, la multitude *est* un *sujet social* et *peut* devenir un *sujet politique*, elle est ce sujet social qui seul peut devenir un sujet politique. Mais il reste que « la multitude ne prend pas spontanément la forme d'une figure politique [9] », il lui faut par conséquent « trouver les moyens nécessaires à se constituer en sujet politique [10] ». On pourrait exprimer la même chose en disant que la multitude au sens ontologique (ou onto-sociologique) est la « possibilité » de la multitude au sens politique, qui est elle-même la réalisation de cette possibilité. Ou encore que la multitude au sens ontologique « est un projet d'organisation politique [11] », tandis que la multitude au sens politique est la mise en œuvre de ce projet.

La réalisation de cette possibilité ou de ce projet est tout entière confiée à la pratique politique, ce qui veut dire qu'il n'y a aucune irrésistibilité dans ce processus et qu'il n'est pas exclu qu'un nouveau régime d'exploitation et de contrôle fasse échec à cette dynamique de libération [12]. On voit donc que l'« être » paradoxal de la multitude consiste tout entier dans la tendance

---

4. Michael HARDT et Antonio NEGRI, *Multitude*, *op. cit.*, p. 131, nous soulignons.
5. *Ibid.*, p. 259 ; sur l'importance du concept de « tendance » dans la méthode de Marx, voir p. 175 *et sq.*
6. *Ibid.*, p. 260.
7. *Ibid.*, p. 394.
8. *Ibid.*, p. 257 : « ... la multitude constitue un sujet social... »
9. Michael HARDT et Antonio NEGRI, *Multitude*, *op. cit.*, p. 250.
10. Michael HARDT et Antonio NEGRI, *Empire*, *op. cit.*, p. 477.
11. Michael HARDT et Antonio NEGRI, *Multitude*, *op. cit.*, p. 263.
12. *Ibid.*, p. 250 ; sur ce point, voir dans la deuxième partie l'exposé de Christian Laval, « Pousser le capital au-delà de lui-même ? ».

par laquelle le sujet social qu'elle est déjà cherche à s'affirmer comme le sujet politique qu'elle n'est pas encore. En tant que sujet social, il est indifférent qu'on la désigne par le singulier (« multitude ») ou par le pluriel (« multitude*s* »). En revanche, en tant que sujet politique, elle doit impérativement se dire au singulier : « multitude » (« *mon* nom est... »), car seul le singulier est apte à signifier l'unité d'un agir en commun en tant qu'elle est constitutive du sujet politique : « Pour assumer un rôle politique constituant et faire société, la multitude doit être capable de prendre des décisions et d'agir en commun [13]. »

Le problème crucial du « devenir-sujet de la multitude [14] » trouve donc à se spécifier dans les termes suivants : quelles sont les caractéristiques de la multitude en tant que sujet social qui la rendent particulièrement apte à se constituer en sujet politique ? Plus précisément, qu'est-ce qui fait qu'en dépit de son être pluriel réfractaire à toute ordination la multitude est capable d'une décision politique et d'un agir politique ?

Un sujet social numériquement élargi

La première caractéristique de la multitude en tant que sujet social correspond au premier des deux aspects relevés plus haut, celui du nombre considéré dans son indéfinition même, par opposition à un nombre limité : si tout l'être de la multitude consiste en une tendance, alors il inclut potentiellement toutes les formes de la production sociale jusque dans leur plus extrême diversité. Par son caractère « ouvert » et « expansif », le concept de multitude se distingue ainsi de celui de classe ouvrière. En effet, le concept de classe ouvrière est un concept « restrictif » et « exclusif » [15]. Dans son acception la plus étroite, il isole les ouvriers de l'industrie des autres travailleurs salariés. Dans son acception la plus large, il inclut certes tous les travailleurs salariés, mais au prix de l'exclusion de tous les travailleurs non salariés. Dans les deux cas, on valorise certaines formes du travail à l'exclusion des autres en fonction de conditions singulièrement étroites : le caractère directement « productif » du

13. *Ibid.*, p. 261.
14. Michael HARDT et Antonio NEGRI, *Empire*, *op. cit.*, p. 489.
15. Michael HARDT et Antonio NEGRI, *Multitude*, *op. cit.*, p. 8 et p. 132-133.

travail producteur de plus-value par opposition au caractère « improductif » du travail qui repose sur l'échange de la force de travail contre du revenu, la concentration numérique sur le lieu de la production par opposition à la dispersion et à l'isolement, la non-propriété des moyens de production qui contraint à la vente de la force de travail par opposition à leur propriété, etc.

Par contraste, le concept de multitude réalise un élargissement considérable : le « nouveau prolétariat » que constitue la multitude ne présuppose aucune priorité du travail salarié par rapport au travail non salarié, mieux, il ne présuppose même pas la priorité du travail sur le non-travail. C'est ce que met en évidence la « définition » du prolétariat proposée par M. Hardt et A. Negri : « La totalité des individus qui travaillent *et* produisent sous la loi du capital [16]. » La conjonction est ici essentielle : elle implique que l'on peut produire sans travailler, et donc que le travail n'est jamais que l'une des formes que prend la participation à la production sociale. Indéniablement, la notion même de production sociale subit là une véritable dilatation relativement au sens que Marx pouvait lui donner. Ce sont les profondes transformations introduites par le capitalisme de l'ère « postmoderne » qui imposent une telle refonte conceptuelle.

Un trait permet de condenser ce qu'ont d'essentiel ces transformations : il s'agit de l'hégémonie du travail immatériel, c'est-à-dire du travail producteur de biens immatériels, tels le savoir, l'information ou la communication. Une telle hégémonie n'est pas à entendre en un sens quantitatif, comme si le nombre de ceux qui travaillent dans le secteur des « services » ou de la « communication » avait désormais dépassé le nombre des ouvriers de l'industrie, mais bien en un sens qualitatif, en ce que le travail immatériel tend à imposer ses caractéristiques et sa logique aux autres formes de travail et à la société tout entière. C'est ainsi que la flexibilité, la mobilité et la précarité tendent à s'imposer à toute la production sociale à l'époque du « postfordisme ». C'est en raison de ces mêmes transformations que toutes les distinctions entre travail productif et travail improductif, entre travail industriel et travail agricole, entre « travail industriel masculin » et « travail reproductif féminin », comme entre travailleur et chômeur ou entre « temps libre » et « temps d'activité » sont aujourd'hui brouillées et pour ainsi dire

16. *Ibid.*, p. 133, nous soulignons.

dissoutes. Ce qui décide de l'appartenance à la multitude, c'est donc la participation à la production sociale comprise comme production de savoirs et d'informations, quelle que soit par ailleurs la diversité des formes de cette participation.

Un tel processus est en cela foncièrement distinct d'une homogénéisation et d'une uniformisation des conditions de production : « Cela ne veut pas dire que les conditions de travail et de production deviennent les mêmes partout dans le monde ou dans les divers secteurs de l'économie [17]. » C'est donc en raison de ce processus que potentiellement nous appartenons tous à la multitude, puisque « nous participons tous à la production sociale [18] ». À cet égard, il n'y a aucune raison d'exclure *a priori* de la multitude ces anciens ouvriers « rouges » de la Vénétie qui sont devenus des petits patrons dans les années 1980 [19], pas plus qu'il n'y en a d'en exclure les « migrants » et les « pauvres ». En dépit de cette extension numérique potentiellement infinie, on peut pourtant soutenir que la multitude constitue une « classe » : sous ce dernier terme on entendra une relation conflictuelle à une autre classe ou, plus précisément, une relation d'opposition directe à une machine de pouvoir, et l'on dira alors que « l'ensemble de tous les exploités et soumis » forme une « multitude directement opposée à l'Empire, sans médiation entre eux [20] ».

En effet, le propre de la souveraineté impériale est de réaliser la coïncidence effective de l'État et du capital en dépassant la limite que constituait jusqu'alors l'État-nation [21]. Il faut comprendre par là que l'essor des sociétés capitalistes transnationales a donné naissance à des mécanismes inédits d'autorité à l'échelle mondiale qui intègrent en se les subordonnant les fonctions des États-nations [22]. L'affirmation selon laquelle « le capital et la souveraineté se confondent *totalement* dans l'Empire [23] » ne fait donc en un sens que tirer toutes les conséquences de la perte d'autonomie du politique relativement au

17. Michael HARDT et Antonio NEGRI, *Multitude*, *op. cit.*, p. 141 ; voir aussi, sur ce point, *Empire*, *op. cit.*, p. 84.
18. Michael HARDT et Antonio NEGRI, *Multitude*, *op. cit.*, p. 169.
19. Antonio NEGRI, *Du retour*, *op. cit.*, p. 29-30.
20. Michael HARDT et Antonio NEGRI, *Empire*, *op. cit.*, p. 474.
21. *Ibid.*, p. 293.
22. *Ibid.*, p. 372 *et sq.*
23. Michael HARDT et Antonio NEGRI, *Multitude*, *op. cit.*, p. 380, nous soulignons.

pouvoir du capital global : l'appareil de l'autorité et la classe capitaliste ont désormais complètement fusionné.

L'enjeu d'une telle position se laissera plus aisément saisir si l'on se rappelle que pour G. Deleuze et Félix Guattari il n'y a pas opposition entre deux classes antagonistes (la bourgeoisie et le prolétariat) pour la simple et bonne raison qu'il n'y a *stricto sensu* qu'une seule classe, la bourgeoisie, et que, pour eux, la véritable opposition est entre la classe des « servants » de la machine sociale (la bourgeoisie) et les « hors-classe » qui font sauter la machine [24]. M. Hardt et A. Negri tiennent quant à eux à réaffirmer la réalité de la bipolarisation des classes : « Capital et Travail sont opposés dans une forme *directement antagoniste* : telle est la condition fondamentale de toute théorie politique du communisme [25]. » Mais, en même temps, l'idée qu'à l'ère du marché mondial réalisé le capital *est* l'État (au sens de la constitution supranationale de l'Empire) leur permet de soutenir que l'antagonisme du Travail et du Capital coïncide entièrement avec l'antagonisme de la multitude et du pouvoir impérial : d'un côté, tous les coproducteurs de l'immatériel, de l'autre, la machine de pouvoir du capital mondial et ses agents. On a là ainsi comme une reprise postmoderne de la célèbre thèse du *Manifeste* sur la « simplification des oppositions de classes » à l'époque de la bourgeoisie. D'ailleurs, M. Hardt et A. Negri interprètent cette thèse de Marx, non pas au sens où une opposition binaire entre les deux grandes classes aurait déjà eu raison de toutes les classes intermédiaires (petite-bourgeoisie, paysannerie, etc.), mais au sens d'une « proposition politique » visant à unifier toutes les luttes du travail au sein d'une unique classe qui serait le prolétariat [26].

On pourrait, à la condition d'une telle interprétation, surmonter l'alternative entre conception « unitaire » et conception « pluraliste » des classes sociales : la « multitude productive » constituerait bien tendanciellement *une* classe tout en accueillant en elle-même des différences sociales irréductibles tenant à la *pluralité* des formes de travail et des formes de participation à la production sociale. Ainsi comprise, elle mériterait d'être

24. Gilles DELEUZE et Félix GUATTARI, *L'Anti-Œdipe*, Minuit, Paris, 1973, p. 302-303.
25. Michael HARDT et Antonio NEGRI, *Empire*, *op. cit.*, p. 293, nous soulignons.
26. Michael HARDT et Antonio NEGRI, *Multitude*, *op. cit.*, p. 130.

dénommée « *la* classe globale [27] », non parce qu'elle serait la seule classe (par une sorte de retournement de la position de G. Deleuze et F. Guattari), mais parce qu'elle est la seule classe productive, regroupant comme telle tous les producteurs, par opposition au capital conçu non comme classe des « servants de la machine », mais comme « classe-machine » purement parasitaire. C'est d'ailleurs là la raison pour laquelle on peut dire de la multitude qu'elle n'est pas *une* classe particulière parmi d'autres : elle est une « classe *qui n'en est pas une*, mais qui est l'ensemble de la force créative du travail [28] ». Quoi qu'il en soit de la validité d'une telle interprétation, on ne doit pas perdre de vue que le devenir identifié par Marx dans le présent de la société bourgeoise est d'abord et avant tout quant à lui un *devenir-homogène* : l'accroissement numérique et la concentration du prolétariat allant de pair, ce sont bien « les conditions d'existence au sein du prolétariat » qui « tendent à devenir *les mêmes* [29] ». Ainsi, alors que, chez Marx, la dénomination de « prolétariat » renvoie à l'homogénéité d'une condition d'existence (celle du salariat) continuellement produite par le mécanisme de l'industrialisation capitaliste, chez M. Hardt et A. Negri cette même dénomination désigne un sujet dont le nombre et la surface sociale sont inversement proportionnels à l'homogénéité de condition.

Un sujet social intérieurement multiple

Nous touchons par là même à la seconde caractéristique de la multitude comme sujet social, celle qui correspond précisément au second des deux aspects mentionnés plus haut comme faisant partie du champ sémantique réglant l'usage de ce terme dans la pensée politique classique. Il s'agit nommément de l'impossibilité d'ordonner la multitude : l'ordination n'est en effet possible qu'à la condition d'une certaine homogénéisation. Ce qui est donc en jeu, comme d'ailleurs l'avait compris Platon, c'est l'opposition fondamentale du cardinal à l'ordinal [30]. En ce sens, la multitude s'oppose au peuple : à la différence de la

27. *Ibid.*, p. 11, nous soulignons.
28. Antonio NEGRI, *Du retour*, *op. cit.*, p. 134, nous soulignons.
29. Karl MARX, *Manifeste du parti communiste*, *op. cit.*, nous soulignons.
30. Jacques RANCIÈRE, *Aux bords du politique*, *op. cit.*, p. 67.

« population »[31], le « peuple » tend par définition à l'identité et à l'homogénéité, alors que la multitude est une multiplicité irréductible à l'identité et à l'homogénéité[32].

En établissant une telle opposition, M. Hardt et A. Negri ont conscience de renouer les fils de la crise de la modernité européenne. Il convient en effet selon eux de définir la modernité par une crise issue du conflit de deux « espèces » ou « modes » radicalement antagonistes[33]. Le premier « mode de la modernité » consiste dans la découverte par l'humanisme de la Renaissance du « plan de l'immanence » : ce qui est désigné par là, c'est la révolution qui affirme et exalte les pouvoirs de *ce* monde qu'est le monde terrestre[34]. Cette révolution radicale, qui commence au début du XIVe siècle pour s'achever au XVIe siècle, se traduit sur le plan de la philosophie politique par l'élaboration d'une audacieuse théorie de la souveraineté populaire. Selon celle-ci, due pour l'essentiel à Marsile de Padoue[35], la souveraineté qui revient à l'ensemble des citoyens ne peut jamais être aliénée par eux, mais seulement déléguée à un magistrat suprême[36]. Le second « mode de la modernité » est précisément celui qui se constitue à cette époque par réaction à l'humanisme de la Renaissance et qui vise à rétablir l'ordre en réaffirmant les droits d'un pouvoir politique transcendant. Le premier acte de ce que nos deux auteurs n'hésitent pas à identifier comme un « Thermidor » fut la Contre-Réforme catholique[37]. C'est à ce second mode de la modernité qu'échut finalement la victoire. En témoigne tout particulièrement la mise en place de la figure de l'État souverain

---

31. Michael HARDT et Antonio NEGRI, *Multitude*, *op. cit.*, p. 8.

32. Michael HARDT et Antonio NEGRI, *Empire*, *op. cit.*, p. 140.

33. *Ibid.*, p. 107.

34. *Ibid.*, p. 103.

35. Mentionné élogieusement par Michael Hardt et Antonio Negri, *ibid.*, p. 106.

36. Quentin SKINNER, *Les Fondements de la pensée politique moderne*, Albin Michel, Paris, 2001, p. 104 à 109.

37. On voit par là que la notion de « réaction », telle qu'elle fut explicitée dans l'introduction de cet ouvrage, trouve à s'appliquer jusque dans l'histoire des idées : l'auto-affirmation de la vie relève de l'immanence, la « réaction » comprise tout à la fois comme « opposition au progrès » et comme « hostilité à soi » ressortit, sinon directement à la transcendance, du moins à la volonté de restaurer celle-ci. Il est ici à noter que M. Hardt et A. Negri situent la Réforme dans le prolongement direct de la Renaissance, alors que Nietzsche voit en elle un mouvement « plébéien » essentiellement « réactif », tout à l'opposé de l'esprit de la Renaissance. Selon eux, c'est justement la Contre-Réforme qui incarna la « contre-révolution » *et* la « répression du désir » (soit les deux sens de la « réaction »). Ce qui ressort de ces considérations, c'est que cette notion de « réaction » fonctionne chez eux tel un principe de déchiffrement de la totalité de l'histoire humaine.

destinée à restaurer la transcendance. Plus encore que Bodin, c'est Hobbes qui est le véritable théoricien de la souveraineté moderne. Il oppose d'emblée la « multitude » au « peuple » : tandis que la multitude n'est jamais qu'un ensemble de personnes « faisant nombre sans unité [38] », donc rien qu'un agrégat ou « une pluralité d'hommes dont chacun a sa propre volonté [39] », au contraire le peuple est « quelque chose d'*un*, ayant *une* volonté et auquel puisse être attribuée *une* action [40] ».

En conséquence, la multitude n'a aucun être politique, elle n'est *stricto sensu* rien du tout. Comme telle, elle relève de l'état de nature ou, ce qui s'en approche d'ailleurs beaucoup, de l'expérience de la guerre civile au cours de laquelle les séditieux soulèvent la multitude *contre* le peuple [41]. On voit par là que Hobbes est le premier à fonder théoriquement le sens péjoratif et polémique pris dès l'origine par le terme de « multitude ». Dépourvue de toute unité, la multitude ne peut se voir reconnaître aucune action, ni aucun droit. À l'inverse, le peuple se définit par une unité de volonté et d'action. De là, Hobbes tire cette conséquence radicale que le peuple ne peut se constituer que par l'acte même d'instituer un souverain : la personne du souverain n'est autre que le représentant que se donnent les représentés qui forment la multitude, et c'est justement l'*unité du représentant*, non celle du représenté, qui fait de la multitude un peuple [42]. Le peuple ne préexiste donc pas à l'acte par lequel la multitude se fait représenter, il n'a pas d'être distinct de celui de la personne qu'il institue comme souverain, de sorte que, dans une monarchie, où la personne du souverain s'identifie à un seul homme, « le roi est le peuple [43] ».

Enfin, l'acte par lequel naît un peuple consiste en un contrat *sui generis* en ce que ce n'est pas un contrat entre le peuple et le souverain (puisque le souverain est le peuple), pas plus que ce n'est un contrat entre la multitude et le souverain (puisque la multitude est par elle-même dépourvue d'unité), mais un contrat entre les membres de la multitude, par lequel chacun d'eux consent à autoriser le même représentant à parler et à agir en son

38. Thomas HOBBES, *De corpore politico*, II, 8, 9.
39. *Idem*, *De cive*, VI, 1.
40. *Ibid.*, XII, 8.
41. *Ibid.*, XII, 8.
42. *Idem*, *Léviathan*, XVI.
43. *Idem*, *De cive*, XII, 8.

nom. De cette façon, ces différents membres sont autant d'auteurs qui autorisent un même acteur (la personne du représentant) à parler et à agir en leur nom. Une telle théorie de la « représentation-autorisation » est aux antipodes de l'idée de « délégation » chère à Marsile de Padoue dans la mesure où elle implique bien une totale aliénation des sujets au souverain : le souverain est bien alors ce « dieu mortel » dont la transcendance par rapport aux sujets se manifeste en ceci qu'il n'est en rien lié par un engagement envers ses sujets. On a affaire ici à un nouage théorique très serré des concepts de « peuple », de « représentation » et de « souveraineté » qui a pour principale fonction de consacrer l'absolutisme de l'État-nation. Au-delà de l'idée très particulière que Hobbes se fait de la représentation, ce qui s'imposera à presque tous les penseurs de la modernité, c'est cet axiome selon lequel « toute nation doit faire de sa multitude un peuple[44] ». La meilleure preuve en est que Rousseau lui-même, dont on connaît la virulente critique de la représentation comme aliénation, n'hésite pas à reprendre à son compte la distinction entre « multitude » et « peuple », selon lui strictement parallèle à celle d'« agrégation » et d'« association[45] ». La même remarque vaut pour Hegel qui différencie explicitement *das Volk* (le peuple) et *die Menge* (la multitude), en parlant à propos de cette dernière de « multitude inorganique » et de « masse informe[46] ».

À l'opposé de cette ligne de pensée, la philosophie de Spinoza renouvelle « les splendeurs de l'humanisme révolutionnaire », tout particulièrement en « affirmant la démocratie de la multitude comme la forme absolue de la politique[47] ». Dans sa dernière œuvre, le *Traité politique* (1677), ce dernier identifie en effet la souveraineté (*imperium*) comme le droit et la puissance de la multitude (*potentia multitudinis*) : « Ce droit qui se définit par la puissance de la multitude, on a coutume de l'appeler *Souveraineté*[48]. » Pour comprendre ce qu'une telle affirmation a de radical, il faut se rappeler que pour Spinoza le droit naturel d'une chose n'est rien d'autre que sa puissance et que cette

44. Michael HARDT et Antonio NEGRI, *Empire*, *op. cit.*, p. 140.
45. Jean-Jacques ROUSSEAU, *Du contrat social*, I, 5.
46. Georg Wilhelm Friedrich HEGEL, *Principes de la philosophie du droit*, § 264, 279, et surtout 303.
47. Michael HARDT et Antonio NEGRI, *Empire*, *op. cit.*, p. 111.
48. Baruch SPINOZA, *Traité politique*, II, 17.

puissance, à son tour, est rigoureusement déterminée comme la force que cette chose déploie pour persévérer dans son être, ce que Spinoza appelle *conatus*. En conséquence, le droit naturel d'un homme n'est rien d'autre que l'« énergie naturelle » par laquelle cet homme fait effort pour se conserver dans son être, c'est-à-dire rien d'autre que son désir (*appetitus*). Lorsque plusieurs hommes en viennent à conjoindre leurs forces, se constitue alors par une sorte de composition un *conatus* collectif en vertu duquel le nouvel individu, ainsi né de l'union de plusieurs individus, s'efforce à son tour de persévérer dans son être.

C'est précisément cette puissance collective qui constitue la multitude comme telle et qui définit son droit. L'originalité de Spinoza est de faire l'économie de l'artifice du contrat pour penser la façon dont la multitude s'assemble en un État : alors que le contrat est toujours un acte de la raison, « si une multitude vient à s'assembler naturellement et à ne former qu'une seule âme, ce n'est point par l'inspiration de la raison, mais *par l'effet de quelque passion commune*, telle que l'espoir, la crainte ou le désir de se venger de quelque dommage[49] ». C'est donc par la force d'une passion commune que s'opère continuellement le transfert de puissance de chaque individu à la multitude, et c'est par le mécanisme de l'imitation et de la communication des affects (l'*affectuum imitatio*, loi fondamentale de la psychologie spinoziste) que se constitue cette passion commune qui fait toute la puissance de la multitude. Il en découle une conséquence décisive : les détenteurs du pouvoir (*potestas*) souverain ou suprême, les gouvernants, n'ont de droit (et donc de puissance) que celui qui leur est accordé à chaque instant par la multitude elle-même pour autant que celle-ci leur accorde l'usage de la puissance (*potentia*) collective qui lui appartient inaliénablement, puisqu'elle la fait proprement exister comme individu. Nulle trace de transcendance ici : si la multitude cesse de mettre à la disposition du pouvoir souverain sa propre puissance, celui-ci perd de ce fait même tout droit. Enfin, au début du chapitre XI resté inachevé et consacré à la démocratie, Spinoza écrit que ce troisième type d'État (après la monarchie et l'aristocratie) est

49. *Ibid.*, VI, 1, nous soulignons.

celui qui est « entièrement absolu » (*omnino absolutum*[50]). Au chapitre VIII du même traité, il avait affirmé, à propos de l'aristocratie, que la souveraineté confiée à une assemblée suffisamment nombreuse est « celle qui approche le plus de l'absolu », avant de préciser : « Car s'il y a une souveraineté absolue, c'est celle que possède la multitude tout entière (*integra multitudo*)[51]. »

Ainsi se trouve ébauchée une théorie de la démocratie comme affirmation absolue de la souveraineté absolue de la multitude, puisque c'est seulement dans ce régime politique que le pouvoir souverain est confié par la multitude, non à un roi ou à une assemblée de patriciens, mais à « une assemblée qui se compose de la multitude tout entière[52] ». On est là très exactement à la source de la définition que M. Hardt et A. Negri donnent de la « démocratie absolue » ou « démocratie de la multitude » comme « gouvernement de tous par tous[53] ». C'est donc Spinoza *contre* Hobbes : alors que chez Hobbes la pluralité comme pluralité est incapable de la moindre action politique, chez Spinoza la multitude est justement une pluralité qui persiste comme pluralité dans l'action politique[54]. C'est pourquoi « la multitude n'est pas un corps social[55] ». Nos deux auteurs récusent en effet de la manière la plus catégorique qui soit l'analogie traditionnelle entre corps humain et corps social développée par la philosophie politique classique. Il leur paraît que cette métaphore organiciste, loin d'être innocente, exprime invariablement une conception strictement hiérarchisée de la vie sociale. De fait, de la fable de la révolte absurde des membres contre l'estomac utilisée par le patricien Menenius Agrippa à l'adresse des plébéiens mécontents (présente chez Tite-Live et Plutarque, reprise par Shakespeare dans *Coriolan*) à la figure du frontispice de l'édition originale du *Léviathan* conçue par Hobbes lui-même (le corps du souverain est composé de centaines de corps plus petits qui sont ceux des citoyens[56]), la fonction de la métaphore de

---

50. *Ibid.*, XI, 1, cité par M. Hardt et A. Negri en exergue du III. 3. de *Multitude*, *op. cit.*, p. 373.
51. *Ibid.*, VIII, 3.
52. *Ibid.*, II, 17.
53. Michael HARDT et Antonio NEGRI, *Multitude*, *op. cit.*, p. 126 et p. 277.
54. Paolo VIRNO, *Grammaire de la multitude*, Éclat, Paris, 2002, p. 8.
55. Michael HARDT et Antonio NEGRI, *Multitude*, *op. cit.*, p. 375.
56. *Ibid.*

l'incorporation est toujours de signifier la nécessaire subordination de la société à l'Un de la souveraineté. Dans le schéma le plus répandu, le corps artificiel de l'État est en effet organisé à partir de la « tête » qui commande aux différents membres et aux différents organes pour le plus grand bien du tout. L'impossibilité de concevoir la multitude comme un corps social renvoie donc en définitive à ce fait que la multitude est une multiplicité irréductible à l'identité et à l'unité de l'homogène.

On en conclura que la multitude est le pur indéfini numérique (première caractéristique) en tant qu'il est irréductible à l'unité de l'homogène (deuxième caractéristique), et que c'est précisément en quoi elle n'est ni la « classe ouvrière » (restreinte numériquement et socialement) ni le « peuple » (dont l'identité exclut la pluralité et la différenciation interne).

Un sujet social se constituant dans l'action commune

Notre question initiale n'en revient qu'avec plus de force et d'insistance : comment éviter dans ces conditions que la multitude ne soit condamnée à l'incohérence et à l'impuissance politique ? À cet égard, la référence à Spinoza est moins une réponse que l'indication d'une difficulté persistante. Car l'attitude de ce dernier à l'égard de la *multitudo* est toujours marquée au coin d'une certaine ambivalence, comme l'a bien montré Étienne Balibar[57]. Ainsi, non seulement le terme de *multitudo* interfère-t-il dans le *Traité théologico-politique* avec ceux de *vulgus* (qui désigne la foule ignorante) et de *plebs* (qui désigne la masse des gouvernés), mais la « promotion théorique » du concept de multitude opérée par le *Traité politique* ne met nullement fin à l'ambivalence. On y trouve, à côté de la « thèse optimiste » selon laquelle la multitude ne peut pas absolument délirer, une série de textes qui énoncent une « thèse pessimiste » sur l'incapacité de la multitude à se gouverner elle-même et dans lesquels, ainsi que le note É. Balibar, « significativement, *plebs* et *vulgus*, voire *turba*, viennent à nouveau connoter *multitudo*[58] ». Certes, Spinoza prend ses distances avec les « adages anciens » de Tacite et de Tite-Live (en particulier, celui de Tite-Live, déjà cité

57. Étienne Balibar, *La Crainte des masses*, Galilée, Paris, 1997, p. 57-99.
58. *Ibid.*, p. 80-81.

par Machiavel : « Tel est le caractère de la multitude : ou bien elle sert bassement, ou bien elle domine avec superbe »), mais c'est pour affirmer que les vices de la multitude sont non pas propres à la multitude, mais communs à tous les hommes. Cela ne l'empêche nullement de reconnaître lui-même, dans le même texte, que le vulgaire devient terrible « dès qu'on cesse de le frapper de terreur[59] ».

La menace que la multitude prenne le visage de la foule déchaînée est donc toujours à ses yeux une possibilité avec laquelle il faut politiquement compter (le fameux *Ultimi barbarorum* lancé contre les assassins des frères De Witt en fait foi). Or la réhabilitation du concept de multitude à laquelle procèdent M. Hardt et A. Negri fait complètement disparaître cette ambivalence, puisque chez eux ce concept se trouve radicalement dissocié des concepts de « foule », de « masses », de « populace » ou de « plèbe »[60]. Deux différences sont mises en évidence. Selon la première, « foule », « populace » et « plèbe » sont caractérisées par une indifférenciation inerte et une uniformité, alors que la multitude, à l'inverse, constitue « un ensemble de singularités » ; ce dernier terme, repris à G. Deleuze, signifie proprement la différence de ce qui est différent, non par rapport à autre chose, mais en soi-même, ce qui emporte comme conséquence que les singularités ne sont jamais des identités[61] : il faut donc absolument se garder d'en faire un synonyme d'individu, car l'individu se définit justement par une identité, ne serait-ce que celle qui est reconnue par Locke au sujet « propriétaire » des « biens » que sont pour lui ses « désirs », ses « facultés », et son « âme »[62]. Selon la seconde, « foule », « populace » ou « plèbe » désignent des « sujets sociaux » qui sont fondamentalement « *passifs* », alors que la « multitude » désigne « un sujet social *actif* » : les premiers sont foncièrement incapables d'agir d'un commun accord et ont besoin d'être dirigés de l'extérieur — ce qui les rend aisément manipulables —, au contraire de la multitude qui se définit justement par cette aptitude à l'agir en commun[63].

---

59. Baruch SPINOZA, *Traité politique*, chapitre VII, 27.

60. Michael HARDT et Antonio NEGRI, *Multitude, op. cit.*, p. 125-126.

61. *Ibid.*, p. 125 et p. 158, note 1.

62. *Ibid.*, p. 241 ; selon Locke c'est la « propriété de soi » qui fonde la propriété des biens extérieurs.

63. *Ibid.*, p. 126.

On mesure mieux, à la lumière de cette seconde différence, l'écart qui sépare sur le fond le discours de M. Hardt et A. Negri sur la multitude du discours d'un Platon sur l'*ochlos* : même si certaines images du premier discours semblent faire écho à celles du second (en particulier, on a l'impression que la multitude « bigarrée » et « multicolore » est comme la réalisation collective du caractère « bariolé » et « multiforme » de l'homme démocratique), il n'en reste pas moins que c'est justement de la multitude que Platon affirme qu'elle est disposée en vertu de sa versatilité à être manipulée par le premier tyran ou le premier démagogue venu [64]. On réalise maintenant à quel point le geste théorique de nos deux auteurs ne saurait se réduire à une simple opération de retournement d'un terme négatif en terme positif : chez eux, contrairement à ce qui prévaut encore jusqu'à un certain point chez Spinoza, l'être de la multitude, quand bien même il serait tendanciel et ne saurait comme tel exclure la possibilité d'un échec de son action, ne peut en revanche qu'*exclure la possibilité de sa propre dégradation* en « foule », en « populace » ou en « plèbe ».

On trouve une confirmation de cette idée dans la manière dont A. Negri écarte la possibilité que le fascisme constitue une forme d'organisation de la multitude : « La multitude ne peut devenir fasciste que quand elle a été vidée de sa spécificité », c'est-à-dire « reconduite à la masse et à la solitude [65] ». Bref, la multitude ne devient fasciste que lorsqu'elle cesse d'être la multitude. Ce qu'il y a de véritablement inédit chez M. Hardt et A. Negri, c'est donc moins la valorisation en manière de défi d'une réalité depuis toujours reconnue mais unanimement décriée (somme toute une simple inversion de valeur) que l'affirmation d'une réalité nouvelle qui fait voler en éclats les catégories traditionnelles de la pensée politique ainsi que les associations qu'elles ne pouvaient manquer d'induire (par exemple, entre la « bigarrure » de la multitude et sa disposition à être manipulée). À l'évidence, on est là en présence d'une ontologie forte.

La question posée plus haut se laisse à présent reformuler de manière autrement précise : qu'est-ce qui dans l'être de la multitude interdit l'amalgame de celle-ci avec un « sujet social passif » ? ou encore, quelle est la garantie ontologique de

64. Platon, *République*, VIII, 565 e.
65. Antonio Negri, *Du retour, op. cit.*, p. 89.

l'aptitude de la multitude à l'action commune ? La réponse à cette question tient en un mot : le commun. Si la multitude est en elle-même singulièrement apte à l'action commune, c'est tout simplement parce qu'elle n'existe comme sujet social que pour autant que son être est déjà un « être-commun » (*commonality*). En quoi consiste un tel être ? En ceci que la production sociale est de plus en plus, en raison de l'hégémonie du travail immatériel, une activité fondée sur des réseaux de coopération, de collaboration et de communication, qui est indissociablement une activité de mise en commun et une activité de production du commun. Le « commun » est ainsi tout à la fois la condition de l'activité et le résultat de l'activité, c'est-à-dire « à la fois productif et produit[66] », ou encore, à adopter la terminologie hégélienne du Marx des *Grundrisse*, à la fois le « présupposé » et le « posé », de sorte que nous produisons continuellement du commun à partir du commun que nous avons en commun[67]. De quoi ce « commun » est-il fait ? Ce qui le constitue, c'est de l'information, du savoir, du langage, des relations affectives et des réactions émotionnelles[68]. De la sorte, « *toute* personne qui travaille avec de l'information ou du savoir, par exemple, depuis l'agriculteur qui développe les propriétés spécifiques des semences jusqu'aux programmateurs de logiciels, *utilise* le savoir commun transmis par d'autres et *contribue* à son tour à en produire[69] ». Le trait marquant de la nouvelle configuration de la production sociale est par conséquent qu'elle est de plus en plus production de relations sociales et de formes de vie, bref production de subjectivité, et pas seulement production de biens matériels[70]. De ce fait, elle tend à investir *toutes* les dimensions de la vie sociale (culturelle et politique, aussi bien qu'économique). Aussi sera-t-elle désignée comme « production biopolitique[71] ». En tant que telle, elle s'oppose au « biopouvoir » : alors que la « production biopolitique » est autoproduction de la vie, le « biopouvoir » est le pouvoir parasitaire de l'Empire en tant qu'il est pouvoir *sur* la vie elle-même[72] ; ce qui peut encore

66. Michael Hardt et Antonio Negri, *Multitude*, *op. cit.*, p. 234.
67. *Ibid.*, p. 161.
68. *Ibid.*, p. 134.
69. *Ibid.*, p. 9, nous soulignons.
70. *Ibid.*, p. 89.
71. *Ibid.*, p. 121 et p. 380.
72. *Ibid.*, p. 380.

s'exprimer en disant que la « production biopolitique » est entièrement immanente au social alors que le « biopouvoir » lui est constitutivement transcendant [73]. On condensera cette même idée en qualifiant le commun produit par l'activité de production de « commun(s) biopolitique(s) [74] ».

On aura donc soin de distinguer rigoureusement le « commun » et la « communauté » (à la manière dont le latin distingue *commune* — substantif tiré de l'adjectif *communis* — de *communitas*) : le « commun » procède de la communication entre des singularités qui s'expriment comme telles en lui, la « communauté » implique l'imposition par le haut d'une unité qui tend à la neutralisation et à l'effacement des singularités [75]. Dans la même ligne de pensée, on dissipera l'équivoque de la notion de « public » en distinguant l'« intérêt *commun* » de l'« intérêt *général* » : le premier procède entièrement de la démocratie de la multitude, le second se définit par le contrôle d'une bureaucratie d'État [76]. En raison même de cette équivoque, remarquablement perçue par Sieyès lorsqu'il mettait en garde contre la menace d'une dérive totalitaire de la « ré-*publique* » vers la « ré-*totale* » [77], on préférera parler de *Res communis* plutôt que de *Res publica* pour désigner la forme d'organisation par laquelle la multitude fera prévaloir l'« intérêt commun » [78]. D'un côté, du même côté, on a donc le « commun » et l'« être-commun » : le « commun » exprime la dimension communicative de l'activité qui constitue la multitude comme telle, l'« être-commun » exprime le type d'être généré par cette même

---

73. *Ibid.*, p. 121 ; voir ci-dessus note 37, sur l'association de l'« actif » à l'immanence et du « réactif » à la transcendance.

74. *Ibid.*, p. 9 et p. 115. On sera attentif ici à l'écho que fait entendre en anglais le pluriel *« commons »* (sur ce pluriel, voir *ibid.*, p. 9) : il désignait au XVIIe siècle les terres communales sur lesquelles chacun pouvait exercer un droit de pâture ou de collecte du bois et que les propriétaires terriens confisquèrent en les entourant de clôtures (*enclosures*). C'est précisément cette appropriation privée que Locke s'emploie à justifier par l'argument de la « propriété de soi » (*cf.* note 62).

75. *Ibid.*, p. 242.

76. C'est très certainement cette défiance à l'égard du « général » (par opposition au « commun ») qui explique le contresens consistant à identifier dans la « volonté générale » de Rousseau une « représentation » transcendante de la « volonté de tous » (Michael HARDT et Antonio NEGRI, *Multitude, op. cit.*, p. 280). En réalité, entre les deux aucun rapport de représentation n'est possible : la « volonté de tous » est la *somme* des intérêts particuliers alors que la « volonté générale » réalise l'*intégration* de ces mêmes intérêts (Jean-Jacques ROUSSEAU, *Du contrat social*, Livre II, chap. 3).

77. Michael HARDT et Antonio NEGRI, *Empire, op. cit.*, p. 151.

78. Michael HARDT et Antonio NEGRI, *Multitude, op. cit.*, p. 244.

activité, c'est-à-dire l'« être social commun » généré par la production en commun du commun. D'un autre côté, on a la « communauté », qui nourrit tous les fantasmes d'une incorporation organique, ce que l'allemand *Gemeinschaft* fait particulièrement entendre[79] — à la différence, faut-il préciser, de « l'excellent vieux mot allemand » *Gemeinwesen*, dont F. Engels[80] propose qu'il soit mis partout à la place du mot « État », et qu'il faudrait éviter de traduire par « communauté » dans la mesure même où il signifie littéralement « être-commun ». En somme, l'on doit opposer l'« être-commun » (*commonality*) à la « communauté » (*community*) dans l'exacte mesure où l'on doit opposer le communisme des singularités au communautarisme de l'identité.

Cette clarification nous permet de donner maintenant une nouvelle définition de la multitude, une définition proprement positive différant notablement de la définition purement négative précédemment énoncée à partir des deux premières caractéristiques (indéfinition du nombre et irréductibilité à l'homogène). Selon cette nouvelle définition, « la multitude est faite des singularités *agissant en commun*[81] ». Ce que l'on doit entendre non seulement au sens où il n'y a pas de contradiction entre singularité et être-commun, mais plus encore au sens d'une coïncidence des singularités et du commun : « Cette coïncidence du commun et des singularités est précisément ce qui définit le concept de multitude[82]. » De plus, cette définition est également remarquable en ceci qu'elle fait de l'agir en commun lui-même, et non simplement de la capacité à agir en commun, une propriété inhérente à l'être même de la multitude : l'être-commun de la multitude ne rend pas celle-ci seulement apte à l'agir en commun, il implique en lui-même *déjà* une activité commune puisqu'il ne peut procéder que de cette activité, ce qui veut dire que la multitude doit *déjà* agir en commun pour être un sujet social actif. Par conséquent, l'agir en commun constitue la multitude comme telle *avant* même qu'elle en vienne à se constituer comme sujet politique.

79. *Ibid.*, p. 192.

80. Friedrich Engels, « Lettre à Bebel sur le programme de Gotha », mars 1875, Éditions sociales, 1966, p. 59.

81. Michael Hardt et Antonio Negri, *Multitude*, *op. cit.*, p. 131, nous soulignons.

82. *Ibid.*, p. 354.

On a là une profonde rupture avec la tradition issue d'Aristote et reprise par Hannah Arendt en vertu de laquelle la production (*poièsis*) diffère radicalement de l'action (*praxis*) : la production met l'homme en rapport avec la nature et a sa fin dans une œuvre extérieure à elle (ainsi la maison pour le processus de construction), l'action met l'agent en rapport avec les autres hommes devant lesquels il paraît et a sa fin en elle-même (ce qu'illustrerait exemplairement l'initiative de l'homme politique en ce qu'elle implique l'existence d'un « espace public »). Conformément à l'une des idées les plus fortes de Marx, celle de l'identification de la *poièsis* et de la *praxis* [83], M. Hardt et A. Negri considèrent l'activité de production qui fait communiquer entre elles les singularités de la multitude comme une véritable *praxis*. Cela est d'autant plus vrai aujourd'hui que l'avènement d'un « espace biopolitique » a dissous l'ancienne partition entre le travail et l'action au profit d'une « hybridation » par laquelle le travail a lui-même acquis de nombreux traits de la *praxis* : l'activité de communication est une activité *sans œuvre*, qui contient son propre accomplissement [84], car *le* commun n'est pas une œuvre dans laquelle l'activité de communication rencontrerait son terme, étant à la fois, on l'a vu, le produit de cette activité et sa condition interne. À la lumière de la redéfinition de la multitude par le commun, la question n'est donc plus de savoir comment la multitude pourrait mettre en œuvre une capacité d'agir en commun qu'elle posséderait par nature, mais elle est de savoir si l'agir en commun qui lui permettrait de se constituer comme sujet proprement politique diffère spécifiquement, et si oui en quoi, de l'agir en commun qui lui appartient d'emblée en qualité de sujet social.

Dernier corollaire de la nouvelle définition citée plus haut, l'unité du commun dont procède l'être social de la multitude n'a rien à voir avec une quelconque réduction à l'Un. De ce point de vue, il convient d'opposer à l'*Un* comme négation ou soustraction de toutes les singularités l'*unité* comme pratique ou comme action qui est la condition de la libre expression des singularités, ou encore à l'unité abstraite de l'homogène ou de l'identique l'unité comme « processus d'unification [85] ». Mais, puisque

---

83. Étienne Balibar, *La Philosophie de Marx*, La Découverte, Paris, 2001, p. 39.
84. Paolo Virno, *Grammaire de la multitude*, *op. cit.*, II « Travail, action, intellect ».
85. Antonio Negri, *Du retour*, *op. cit.*, p. 191-192.

l'activité de la multitude productive est en elle-même une activité commune, on n'hésitera pas à identifier « une tendance au devenir commun des conditions de production et de travail[86] » et, par voie de conséquence, à déceler l'apparition d'une condition commune de la multitude[87]. Car on comprend maintenant que cette condition commune n'est pas une condition homogène, pas plus que le devenir-commun qui fait surgir une telle condition n'est un devenir-homogène (contrairement au devenir identifié par Marx dans la tendance de la société bourgeoise à simplifier les antagonismes de classes) : la condition commune présuppose en effet l'hétérogénéité des formes de travail et, plus largement, celle des formes de participation à la production, elle ne la réduit nullement, mais elle fait assurément participer tous les agents de la multitude à la production du commun.

86. Michael HARDT et Antonio NEGRI, *Multitude*, *op. cit.*, p. 264.
87. *Ibid.*, p. 162.

2

De la pauvreté « en puissance » à la pauvreté comme puissance

« Le pauvre lui-même est le pouvoir », *Empire*, p. 203.

COMMENT comprendre plus précisément la réalité de cette « condition commune » ? M. Hardt et A. Negri soutiennent que « le devenir-commun des formes singulières du travail » fait apparaître une condition qui est « la condition commune de la pauvreté *et* de la productivité[1] ». Pour être comprise, cette formulation demande à être référée à un passage des *Grundrisse* cité et commenté plus haut dans le même ouvrage[2], qui se trouve au début du cahier n° III, page 10[3]

La « condition commune » : « pauvreté absolue » et « possibilité de la richesse »

Ce développement s'inscrit dans le contexte d'une réflexion sur la « séparation de la propriété et du travail » comme condition nécessaire de l'échange entre capital et travail. Marx y distingue deux « côtés » du travail. En premier lieu, le travail est à saisir négativement comme *non*-matière première, *non*-produit

1. Michael HARDT et Antonio NEGRI, *Multitude*, *op. cit.*, p. 250, nous soulignons.
2. *Ibid.*, p. 185-186.
3. Pour la traduction française : Karl MARX, *Grundrisse : Manuscrits de 1857-1858*, Éditions sociales, Paris, 1980, tome I, p. 234.

brut, *non*-instrument de travail, c'est-à-dire en tant qu'il est totalement séparé de tous les objets de travail et de tous les moyens de travail, donc dépourvu de toute objectivité : c'est cette existence purement subjective du travail que Marx appelle le « complet dépouillement » ou encore la « pauvreté absolue », c'est-à-dire « la pauvreté non comme manque, mais comme exclusion totale de la richesse objective [4] ». Mais, en même temps, le travail est à saisir positivement comme activité créatrice de valeur, comme « la source vivante de la valeur », et, en tant que tel, comme « la possibilité universelle de la richesse ». Le travail « non objectivé » (parce que séparé de toutes les conditions objectives de la production) demande donc à être considéré simultanément sous deux rapports : d'un côté, il existe lui-même immédiatement en tant qu'objet (comme valeur d'usage immédiate donnée avec et dans le corps du travailleur) et, à cet égard, il est bien « la pauvreté absolue *en tant qu'objet* » ; de l'autre, il est non pas objet, mais activité, il est donc « la possibilité universelle de la richesse *en tant que sujet et qu'activité* [5] ».

On voit en quel sens il convient de prendre l'expression de « pauvreté absolue » dont M. Hardt et A. Negri font si grand cas : cette pauvreté définit en propre la « puissance de travail » (*Arbeitsvermögen*), puissance que Marx pense alors dans les termes de la *dunamis* aristotélicienne (la puissance en tant que faculté distincte de sa mise en œuvre — de l'*energeia*). Cette même notion de « puissance » est d'ailleurs explicitement convoquée pour penser le fait que le travailleur salarié soit un travailleur « libre ». Marx parle ainsi du procès de dissolution qui transforme une masse d'individus « en travailleurs salariés *dunamei* libres — c'est-à-dire en individus que seule leur absence de propriété contraint au travail et à la vente de leur travail [6] ». C'est le travailleur libre « en puissance » qui est justement un pauvre « en puissance » : « La notion de *travailleur libre* implique déjà qu'il est un *pauvre* (Marx dit : *pauper*) : un *pauvre* en puissance. Ses conditions économiques en font une simple *puissance de travail vivante* et donc également soumise aux besoins de la vie. Un état de besoin sur tous les plans, sans existence objective comme puissance de travail pour réaliser

4. *Ibid.*
5. *Ibid.*, nous soulignons.
6. *Ibid.*, tome I, p. 440.

celle-ci [...]. En tant que travailleur, il ne peut vivre que dans la mesure où il échange sa puissance de travail contre la partie du capital qui constitue le fonds de travail. Cet échange lui-même est à son tour lié à des conditions qui, *aux yeux du travailleur*, sont contingentes et indifférentes à son Être *organique*. Il est donc en puissance un *pauvre*[7]. »

Ce que Marx veut dire, c'est par conséquent que le « travailleur libre » est *en puissance* un pauvre dans la mesure même où, en tant que porteur de la pure puissance de travail, il est lui-même totalement séparé de toutes les conditions objectives de sa propre mise en œuvre : « La puissance de travail dépouillée des moyens de travail et de subsistance est donc la *pauvreté absolue* en tant que telle » et l'ouvrier est « *pauper* en tant que personnification et que porteur de cette puissance pour soi, isolée de son objectivité[8] ».

Relativement au passage cité par M. Hardt et A. Negri[9], les deux passages qui viennent d'être cités[10] introduisent une nouveauté remarquable : pour désigner le côté « négatif » du travail, ils substituent l'expression de « puissance de travail » (*Arbeitsvermögen*) au simple mot de « travail » (*Arbeit*). Cette expression cédera à son tour la place à celle de « force de travail » (*Arbeitskraft*). Mais on retrouvera toujours les deux « côtés » distingués dans le cahier n° III, côtés qui seront dorénavant considérés systématiquement comme ceux de la « puissance » ou de la « force de travail » elle-même. Cette force représente tout d'abord en face du possesseur d'argent (le capitaliste) le pôle de la valeur d'usage : elle se définit alors par exclusion de toutes les conditions de sa mise en œuvre dans un procès de travail effectif, pour autant que toutes ces conditions sont exclusivement détenues par le capitaliste et lui font donc face en tant qu'argent et valeur appartenant à autrui, elle est en ce sens « non-matière première, non-instrument de travail, non-produit, non-moyens de subsistance, non-argent », bref, la « puissance de travail comme la *pauvreté absolue*, c'est-à-dire l'exclusion totale de la richesse objective[11] ».

---

7. *Ibid.*, tome II, p. 94.

8. Karl MARX, *Manuscrits de 1861-1863*, Éditions sociales, Paris, 1980, p. 46, nous soulignons.

9. Cahier n° III des *Manuscrits de 1857-1858*.

10. Cahier n° VI des *Manuscrits de 1857-1858* et cahier n° I des *Manuscrits de 1861-1863*.

11. *Ibid.*, p. 175, où l'on peut donc relever une nouvelle fois l'expression remarquable de « pauvreté absolue ».

Mais la force de travail est en même temps la valeur d'usage du capital, elle n'est valeur d'usage que pour le capital lui-même, puisque seule sa consommation (sa dépense dans un procès de travail effectif) est créatrice de valeur (survaleur ou plus-value). On a donc affaire à une contradiction interne à la force de travail, entre la force de travail comme non-valeur ou non-capital ou encore en tant que valeur d'usage immédiate et la force de travail comme valeur d'usage du capital ou valeur d'usage créatrice de valeur, et ces deux pôles de la contradiction intérieure à la force de travail correspondent très exactement aux deux « côtés » du travail présentés dans le passage des *Grundrisse* cité par M. Hardt et A. Negri : tandis que la force de travail comme valeur d'usage immédiate correspond au côté « négatif » du travail comme « pauvreté absolue », la force de travail comme valeur d'usage créatrice de valeur correspond au côté « positif » du travail comme « possibilité universelle de la richesse ». Autrement dit, alors que le capital est la « *réalité* de la richesse universelle », le travail apparaît « en tant que *possibilité* universelle de celle-ci, se vérifiant comme telle dans l'action », c'est-à-dire « comme source vivante de la valeur [12] ».

À la lumière de tous ces passages, on comprend que la notion de « pauvreté absolue » renvoie au processus de la « genèse historique » du capital, processus qui a permis l'apparition sur le marché du « travailleur libre », contraint pour subsister de vendre sa force de travail. Plus précisément, comme Marx l'explique dans le long développement des *Manuscrits de 1857-1858* consacré aux « formes antérieures à la production capitaliste [13] », le surgissement du capital présuppose la dissolution de trois types de rapports sociaux : il faut d'abord que le travailleur soit séparé de la terre (ce qui implique la dissolution du rapport de l'homme comme membre d'une communauté humaine à la terre, donc de la propriété commune immédiate de la terre ou de la propriété foncière collective, sous ses formes antique, orientale et germanique), il faut ensuite qu'il soit séparé de ses instruments (ce qui implique la dissolution du rapport où l'homme apparaît comme propriétaire de son instrument de travail, donc du rapport du travail artisanal tel qu'il se développe dans le système urbain médiéval des corporations et des

12. *Manuscrits de 1861-1863*, *op. cit.*, p. 175.
13. *Ibid.*, tome I, p. 410 *et sq.*

jurandes), il faut par conséquent qu'il n'ait plus en sa possession, avant même de produire, les moyens de consommation nécessaires pour vivre en tant que producteur, comme c'était encore le cas dans ces deux premiers types de rapports, il faut enfin que le travailleur lui-même soit « libre », c'est-à-dire qu'il ne soit plus lui-même objet de propriété (ce qui implique la dissolution du rapport dans lequel le travailleur lui-même appartient encore immédiatement aux conditions objectives de production, comme dans le servage et l'esclavage).

C'est cette même idée que l'on retrouve, dans une présentation beaucoup plus schématique, au cœur de la section 7 du chapitre XXIV du Livre I du *Capital*, intitulé « Tendance historique de l'accumulation capitaliste ». Marx y analyse le processus de l'« expropriation des producteurs immédiats » qui accomplit la dissolution de la propriété privée fondée sur le travail personnel des individus, en tant qu'il constitue la présupposition de l'émergence de la propriété privée capitaliste. Dans la perspective de la « préhistoire du capital », la même conclusion s'impose toujours avec encore plus de force : la « pauvreté absolue » définit spécifiquement l'un des deux côtés de la condition ouvrière pour autant qu'elle implique la rupture de l'« unité intrinsèque » du travailleur et de ses conditions de travail.

Que devient maintenant cette contradiction entre les deux côtés du « travail » dans l'interprétation que M. Hardt et A. Negri donnent du passage des *Grundrisse* (cahier n° III) ? En fait, ce passage est convoqué à l'appui d'une thèse pour le moins singulière sur l'exemplarité de la figure du « pauvre » : « Il nous semble que, sous l'hégémonie de la production immatérielle, *le pauvre* est la figure paradigmatique [14]. » Conscients d'opérer là une « inversion de l'image traditionnelle du pauvre », M. Hardt et A. Negri n'hésitent pas à faire de ce dernier « le représentant ou, mieux, l'expression commune de toute activité sociale créative [15] », donc « une figure susceptible de désigner la société dans toute sa généralité [16] ». Le pauvre dont il s'agit ici n'est plus le travailleur salarié considéré comme le porteur de la puissance de travail, c'est bien plutôt celui qui est « exclu du travail salarié ». Mais cette exclusion hors de la sphère du travail salarié révèle, ne

14. Michael HARDT et Antonio NEGRI, *Multitude*, *op. cit.*, p. 185.
15. *Ibid.*, p. 166.
16. *Ibid.*, p. 184.

serait-ce que négativement, à quel point la participation à la production sociale s'est aujourd'hui dissociée de l'appartenance au salariat : « Le pauvre est *exclu* de la richesse *et* pourtant *inclus* dans les circuits de la production sociale [17]. » Plus précisément, cette inclusion dans la production sociale doit être comprise comme une « inclusion différentielle », donc comme une inclusion non exclusive de différences internes à la condition commune de la multitude [18].

C'est, à l'intérieur de la vaste catégorie des pauvres, au « migrant » qu'il revient d'incarner le mieux cette condition commune. La raison en est que, malgré l'extrême dénuement dans lequel ils vivent, les « migrants » donnent à voir ce « commun » dont nous avons déjà noté qu'il était « le lot de la multitude [19] ». En effet, mus qu'ils sont dans la traversée des frontières, non seulement par un refus de la violence et de la misère, mais par un « désir positif de richesse, de paix et de liberté », « ils traitent le monde comme un unique espace commun, témoins vivants d'une mondialisation irréversible » et, au cours de ces déplacements, ils transportent avec eux une somme « de connaissances, de langages, de compétences et de capacités créatives » qui fait précisément leur « richesse [20] ». Ce faisant, ils ne sont pas sans participer à la production sociale comme « production en commun du commun » et c'est précisément en *ce* sens que, jusque dans leur extériorité à l'égard du salariat, ils sont emblématiques de la condition de la multitude tout entière (et certainement pas au sens où ils préfigureraient une paupérisation généralisée de celle-ci).

C'est donc *strictement* en ce même sens qu'il convient de prendre l'affirmation selon laquelle « nous sommes tous des pauvres [21] ». Bref, ce que la figure du pauvre exhibe en pleine lumière, c'est la contradiction qui veut que le producteur de la richesse commune soit exclu de la richesse qu'il produit par la souveraineté impériale du capital global. On finirait ainsi par

---

17. *Ibid.*, p. 185, nous soulignons.
18. *Ibid.*, p. 167.
19. *Ibid.*
20. *Ibid.*, p. 166-167.
21. *Ibid.*, p. 185. C'est donc méconnaître le véritable sens de la figure du « pauvre » que d'y déceler un « populisme régressif » renouant avec le fétichisme du « peuple fusionnel » (Daniel Bensaïd, *Un monde à changer*, Textuel, Paris, 2003, p. 79-81) : le « pauvre » ne fait qu'exprimer le « commun » d'une condition, il n'est pas la promesse d'une quelconque fusion.

retrouver la contradiction identifiée par Marx entre les deux côtés du « travail » : de même que le travail est *à la fois*, en tant que pure puissance, « pauvreté absolue » *et*, en tant qu'activité, « possibilité universelle de la richesse », de même « la multitude est tout entière pauvre *et* productive [22] », « pauvre » en tant qu'elle est exclue de la richesse et « productive » en tant qu'elle produit la richesse dont elle est exclue.

L'excès du « commun » ou la « pauvreté » comme pure positivité

Le parallèle se révèle à l'examen foncièrement trompeur. La différence la plus remarquable réside en ceci que la « pauvreté absolue » a complètement changé de sens : alors que chez Marx elle signifie que la force de travail est totalement séparée des conditions objectives de sa mise en œuvre qui appartiennent toutes au capital, chez M. Hardt et A. Negri, elle signifie que la richesse produite en commun est « dérobée » aux producteurs par le capital [23]. Ce n'est donc pas que *ce par quoi* la multitude produit (les *conditions* de la production) ne lui appartient pas, c'est que *ce qu'*elle produit (le *résultat* de la production) ne lui appartient pas. La même expression, celle de « pauvreté absolue », désigne dans un cas l'état de dépouillement de la puissance de travail avant le procès effectif de production, dans l'autre le fait pour les producteurs d'être privés du résultat de leur production commune, c'est-à-dire du produit issu de cette production. Il n'y a là rien que de très logique à partir du moment où, comme nous l'avons vu, le « commun » (informations, langages, connaissances, désirs, affects) « figure aux deux extrémités de la production immatérielle, à la fois comme présupposition et comme résultat [24] ». Car si c'est le « commun » déjà produit (le « résultat ») par la multitude qui est en même temps la condition (la « présupposition ») de la production ultérieure du « commun » par cette même multitude, cela signifie que les moyens de production eux-mêmes, qui figurent au nombre des conditions de la production, relèvent désormais du « commun »

22. *Ibid.*, p. 167, nous soulignons.
23. *Ibid.*, p. 186.
24. *Ibid.*, p. 181.

dans la mesure même où ils relèvent de l'immatériel. Le temps est révolu où le capitaliste fournissait aux ouvriers les moyens de production dont il était le propriétaire exclusif : aujourd'hui « le travail tend à produire lui-même directement les moyens de production que sont l'interaction, la communication et la coopération[25] ».

On comprend mieux que dans cette perspective le critère du rapport aux moyens de production, donc de la propriété ou de la non-propriété des moyens de production, ne soit plus regardé aujourd'hui comme opératoire lorsqu'il s'agit de fonder objectivement les antagonismes de classes. Ce n'est pas que la multitude productive soit devenue comme par enchantement propriétaire des moyens de production, c'est qu'elle est de plus en plus directement productrice des moyens de production qu'elle met elle-même en œuvre au cours du procès de production. On pourrait objecter que cela ne change rien quant au fond. En effet, si c'est le résultat de la production qui est « dérobé » par le capital, et si le résultat est lui-même la condition de toute nouvelle production, il s'ensuit alors que la condition de la production est d'emblée l'objet d'une appropriation privée de la part du capital, de sorte que la production en commun du commun s'effectue toujours à partir d'un commun qui n'en est plus véritablement un, puisqu'il n'a pu devenir condition de production qu'en étant privatisé. En fin de compte, en amont comme en aval du procès de la production sociale, c'est le privé qui l'emporterait sur le commun. Tout au plus pourrait-on concéder que le commun caractérise en propre le milieu du procès et non ses extrémités : on produit certes en commun (dimension coopérative de l'activité elle-même), mais sous la condition d'un ancien commun maintenant privatisé, et, de plus, on produit un nouveau commun qui est privatisé aussitôt que produit.

Le seul moyen de rompre ce cercle vicieux est de prêter attention à la manière dont M. Hardt et A. Negri redéfinissent la notion marxiste d'*exploitation*. On sait que pour Marx l'exploitation consiste en une appropriation gratuite d'une partie du travail de l'ouvrier et que c'est donc le rapport entre travail payé et travail non payé qui définit chez lui le taux d'exploitation. Ce cadre conceptuel implique que l'exploitation soit « définie à

25. *Ibid.*, p. 180-181, nous soulignons.

partir de quantités de temps[26] », puisque c'est le temps de « surtravail », c'est-à-dire le temps de dépense de la force de travail au-delà de ce qui est strictement nécessaire à son propre entretien et à sa propre reproduction, qui permet de déterminer le « degré d'exploitation » (et ce même dans le mécanisme de la plus-value relative, où c'est l'accroissement de la productivité du travail par le perfectionnement des techniques qui permet à un travailleur de produire davantage dans le même temps et avec la même intensité). L'hégémonie du travail immatériel impose là encore une réélaboration théorique profonde. Il nous faut aujourd'hui « concevoir l'exploitation comme l'*expropriation du commun*[27] », ou encore comme la *privatisation du commun* (à laquelle œuvre continuellement le capital global des grandes sociétés transnationales).

Cette idée présente une double articulation. En premier lieu, la « richesse commune » (le « commun ») qui est produite par le travail immatériel est produite en dehors du contrôle du capital : « La coopération qui est au cœur de la production immatérielle est suscitée par un processus *interne* au travail et, par conséquent, *extérieur* au capital[28]. » En second lieu, la richesse sociale ainsi créée en dehors du contrôle du capital tend, par un mouvement « en spirale » irrésistible[29], à engendrer toujours plus de richesse sociale, donc à mettre toujours plus de « commun » à la disposition de la multitude productive : ainsi, au fur et à mesure que les savoirs, les formes de communication et les affects se répandent et se diffusent, « ils forment une sorte de *matière première* qui n'est pas consommée dans la production mais qui, au contraire, *augmente à mesure qu'on l'utilise*[30] ». En effet, à partir du moment où le travail immatériel devient hégémonique, la matière première comme les moyens de production sont eux-mêmes constitués d'« immatériel » et, dans cette mesure, ils échappent au sort auquel étaient par nature voués le produit brut et les moyens de production dans la production de biens matériels, à savoir à la consommation dans l'usage et, à plus ou moins court terme, à la disparition pure et simple.

26. *Ibid.*, p. 183.
27. *Ibid.*, p. 184.
28. *Ibid.*, p. 181, nous soulignons.
29. *Ibid.*, p. 234.
30. *Ibid.*, nous soulignons.

C'est là une manière de vérifier ce que nous avons dit plus haut sur l'impossibilité de continuer à valider la vieille distinction entre le travail et l'action, ou encore entre l'œuvre et l'action : non seulement le « commun » immatériel n'est pas l'œuvre à laquelle tend le procès de production comme vers sa fin, mais il est une « matière première » que son utilisation ne fait qu'accroître au lieu de la promettre à l'anéantissement (ce qui serait le cas s'il ne s'agissait que d'une simple consommation). Au prix du détournement d'un concept marxiste bien connu, on pourrait dire qu'on a affaire à une sorte de « reproduction élargie », non du capital, mais de la richesse sociale produite indépendamment du capital. Pour peu que l'on tienne ensemble les deux prémisses qui viennent d'être énoncées, la conclusion se tire d'elle-même : si la production de la richesse commune est soustraite au contrôle du capital (*postulat de l'extériorité*), et si la richesse ainsi produite tend à s'autogénérer à une échelle toujours plus étendue (*postulat de la reproduction élargie ou de l'expansion continuelle*), alors il est impossible au capital de privatiser la totalité de ce « commun », ce qui veut dire, en d'autres termes, que l'expropriation ou la privatisation du « commun », par quoi se définit désormais l'exploitation, est condamnée à rester *partielle*, et donc que se constitue un « surplus commun [31] » dans lequel la multitude puise toujours davantage pour produire toujours davantage de richesse commune ; c'est ce que l'on pourrait appeler la *loi de l'excès du « commun » sur la capture du capital* : la production biopolitique est « toujours *en excès* par rapport à la valeur que le capital est capable d'en extraire, puisque ce dernier ne peut jamais *capturer* la vie dans son ensemble [32] ». Il en découle cette conséquence décisive : puisque l'appropriation privée du « commun » est nécessairement partielle, la plus grande partie de la richesse sociale produite échappe à la privatisation, et, du même coup, la multitude produit continuellement à partir de conditions de production qui appartiennent encore elles-mêmes à la sphère du « commun », car les moyens de production et la matière première qu'elle utilise dans son activité sont encore, pour leur plus grande part, du « commun » immatériel soustrait à l'appropriation privée.

31. *Ibid.*, p. 250.
32. *Ibid.*, p. 180, nous soulignons.

On comprend mieux maintenant en quoi l'insistance sur la condition de temps (l'état de la force de travail avant le procès de travail ou le sort après coup du résultat de la production sociale) était justifiée lorsqu'il s'est agi de saisir le nouveau sens donné par M. Hardt et A. Negri à la notion marxienne de « pauvreté absolue ». Chez eux, la « pauvreté absolue » exprime le rapport de « dépossession » qui résulte de l'appropriation privée d'une partie du « commun » produit par la multitude. Chez Marx, la « pauvreté absolue » exprime le « complet dépouillement » d'une puissance séparée des moyens de sa propre activation en raison de l'appropriation privée de toutes les conditions de la production par le capital. Chez eux, la réalité de l'« exploitation » n'empêche nullement les agents producteurs de mettre en œuvre des moyens de production et une matière première qui sont à la disposition de tous, elle n'interdit nullement une certaine manière de « jouissance du commun » — ce qui permet d'ailleurs de soutenir que les nouvelles formes du travail « offrent des possibilités inédites d'autogestion économique [33] ». Chez Marx, la réalité de l'« exploitation » se mesure au non-paiement d'une partie du travail accompli par l'ouvrier et cette appropriation sans contrepartie ni échange n'est précisément rendue possible que par la séparation du travailleur et de toutes les conditions objectives du travail. Par conséquent, alors que, chez eux, la « pauvreté absolue » n'est jamais qu'un *effet* de l'exploitation comme détournement ou confiscation d'une partie du « commun » par le capital, chez Marx, la « pauvreté absolue » est nécessairement une *condition de possibilité* de l'exploitation comme appropriation gratuite du surtravail. De l'un à l'autre sens, le retournement est complet. Alors que K. Marx n'a de cesse d'établir, tout particulièrement à l'encontre de Proudhon, que le non-paiement d'une partie du travail accompli par l'ouvrier n'est pas un « vol », M. Hardt et A. Negri ne sont pas sans revenir sur ce point à une certaine forme de « proudhonisme » en faisant leur tout le vocabulaire de la « spoliation » : soutenir que la richesse commune est « dérobée » ou « capturée » par le capital à ceux qui la produisent, n'est-ce pas précisément accréditer l'idée que « la propriété du commun immatériel c'est le vol » ?

33. *Ibid.*, p. 382.

On est dès lors en droit de se demander s'il est bien justifié de reprendre à Marx l'expression de « pauvreté absolue » pour désigner l'un des deux aspects de la condition d'une multitude dont le salariat n'est plus le plus petit dénominateur commun. Ainsi, peut-on encore considérer que toutes les conditions objectives de la production « font face » aux coproducteurs de la richesse sociale alors que ces derniers utilisent en commun des moyens de production et une matière première qu'ils ont eux-mêmes directement produits en commun ? Significativement, dans leur interprétation du passage des *Grundrisse* (cahier n° III), M. Hardt et A. Negri s'emploient à minimiser, voire à supprimer, le caractère négatif de la « pauvreté absolue ». En témoignent tout particulièrement les deux énoncés suivants qui font suite à la citation de Karl Marx : « Dès que Marx pose cette conception *négative* de la pauvreté comme exclusion, cependant, c'est pour *en* inverser la définition dans une forme positive », puis, quelques lignes plus bas : « ... mais d'autre part K. Marx voit *dans la pauvreté* l'épicentre de l'activité humaine, la figure de la possibilité générale et par conséquent la source de toute richesse [34] ». Dans le premier énoncé, nos auteurs prêtent à Marx l'intention d'« inverser » la conception négative *de la pauvreté* en une définition positive *de la pauvreté* (comme l'indique suffisamment le « en »). Or, nous l'avons vu, le propos de Marx est tout autre : loin de vouloir donner une quelconque « définition positive de la pauvreté », il conçoit la « pauvreté absolue » comme le côté exclusivement négatif du « travail », ce qui ne l'empêche pas de penser en même temps l'activité de création de la valeur comme le côté positif du « travail », autrement dit il pense ensemble les deux côtés du « travail » comme les deux pôles d'une contradiction intérieure au « travail » lui-même (ou plus exactement à la « force de travail »), mais la seule « définition positive » que l'on trouve chez lui est celle du travail comme « activité », non celle de la pauvreté, pour la simple et bonne raison que la « pauvreté » est en elle-même le négatif (ce que n'atténue pas, mais au contraire renforce, le fait que la pauvreté ne soit pas simple « manque », mais « exclusion totale »). Dans le second énoncé, M. Hardt et A. Negri prêtent à K. Marx (« Marx voit dans la pauvreté ») l'idée que la pauvreté elle-même est « la figure de la possibilité générale et par conséquent la source de toute

34. *Ibid.*, p. 185-186, nous soulignons.

richesse » : là encore ils font de ce qui est chez Marx un attribut du travail un attribut de la pauvreté, puisque c'est du travail que ce dernier affirme qu'il est « la possibilité universelle de la richesse ». Ils font donc du « côté positif » du travail le « côté positif » de la pauvreté, c'est-à-dire le « côté positif » de ce qui n'est pour Marx que le « côté négatif » du travail. Tout se passe en définitive comme si une dualité entre deux aspects de la « pauvreté » se substituait dans leur esprit à la contradiction, intérieure au « travail » comme tel, entre la « pauvreté absolue » et la « possibilité universelle de la richesse ».

Du même coup, on peut s'interroger sur le sens que prend chez eux cette expression de « possibilité universelle de la richesse ». « Possibilité » semble s'y identifier à « capacité » : « Nous sommes fondamentalement une possibilité, une capacité productive générale », de sorte qu'en un premier sens la « possibilité de la richesse » n'est rien d'autre que la « capacité à produire de la richesse[35] ». Mais, en un second sens, c'est cette capacité elle-même qui est déjà en tant que telle la richesse, ce qui veut dire que la possibilité de la richesse est elle-même la véritable richesse. Proposition moins déconcertante qu'il y paraît quand on se rappelle ce qui a été dit plus haut du « commun » et de l'« être-commun » : « La véritable richesse, qui est une fin en soi, réside dans le *commun*, somme des plaisirs, des désirs, des *capacités* et des besoins que nous *avons* tous en commun[36]. » Ce qui est une manière de signifier que l'« *avoir*-en-commun » se fonde dans l'« *être*-commun » lui-même, puisque, nous venons de le voir, « nous *sommes* nous-mêmes une capacité ». Et c'est parce que le pauvre *est* lui-même cette « capacité productive générale » qu'il *est* riche : autrement dit, c'est le fait d'être cette capacité qui fait la « richesse du pauvre[37] ». On joue ainsi sur le double sens de « richesse », puisqu'on passe de la richesse en tant que *produit* de l'activité (= le « commun ») à la richesse en tant que *capacité* de produire ce produit, c'est-à-dire de la richesse comme bien susceptible d'appropriation (catégorie de l'économie) à la richesse comme plénitude de l'être (catégorie de l'ontologie).

35. *Ibid.*, p. 186.
36. *Ibid.*, p. 183, nous soulignons.
37. *Ibid.*, p. 161.

Si l'on résume, non seulement la définition négative de la pauvreté s'inverse immédiatement en une définition positive qui inscrit la possibilité de la richesse dans l'être du pauvre, mais la définition positive elle-même finit par réaliser l'inscription directe de la richesse dans l'être du pauvre : comme la *réalité* de la richesse finit par s'identifier à la *possibilité* de la richesse entendue comme capacité de produire celle-ci, elle finit du même coup par s'identifier à la réalité du travail en tant que « pauvreté » ou en tant que possibilité de la richesse, alors que, pour Marx, si le travail est bien la *possibilité* de la richesse en tant que « source vivante » de celle-ci, c'est le capital, et seulement lui, qui est la « *réalité* de la richesse universelle », en tant que c'est seulement en lui que la richesse universelle existe objectivement[38]. Mais en concluant ainsi de la possibilité de la richesse, c'est-à-dire de la capacité de créer de la richesse, à la réalité de la richesse constituée par cette possibilité ou par cette capacité elle-même, on ne peut qu'exclure de la pauvreté toute forme de négatif : la « pauvreté » de la multitude n'a décidément rien d'une « pauvreté *absolue* », elle est de part en part une pure positivité vouée à l'auto-affirmation.

Le génie de la multitude (*ingenium multitudinis*)

Pareille conception antidialectique de la « pauvreté » n'est intelligible que si l'on s'avise du fait que l'antagonisme de la multitude et du pouvoir impérial n'oppose nullement deux forces positives, mais bien une force positive à un pur négatif qui est un pur réactif. Rappelons-le une nouvelle fois, d'un point de vue ontologique, « l'autorité impériale est purement négative et passive[39] ». C'est en ce point que s'impose tout particulièrement la nécessité de penser la capacité productive de la multitude comme une semblable force positive, et non simplement comme une simple somme de compétences ou de connaissances.

Il est un concept clé qui joue à cet égard une fonction absolument centrale : c'est le concept d'« intellect général » tel qu'il est

38. Karl Marx, *Manuscrits de 1857-1858*, tome I, *op. cit.*, p. 234 ; *Manuscrits de 1861-1863*, *op. cit.*, p. 175, nous soulignons.
39. Michael Hardt et Antonio Negri, *Empire*, *op. cit.*, p. 435-436 ; sur ce point, voir l'introduction.

repris par Michael Hardt et Antonio Negri d'un célèbre passage des *Grundrisse*. Ainsi que le contexte permet aisément de l'établir, ce passage, qui figure dans le cahier n° VII, prend place dans un développement consacré au *capital fixe*. Par cette expression, Marx désigne cette partie du capital qui ne transfère que progressivement sa valeur à la valeur de la marchandise produite ; il faut ainsi plusieurs périodes de travail pour que les instruments de travail accomplissent cette transmission de leur valeur, alors que la force de travail et les matières premières transmettent intégralement leur valeur à *chaque* période de travail. Le capital fixe, c'est donc cette partie du capital qui est investie dans les instruments de travail en tant qu'elle est considérée sous l'angle de sa fonction sociale spécifique relativement à la partie du capital investie dans la force de travail et les matières premières (celle que Marx désigne du nom de « *capital circulant* »). C'est précisément des instruments de travail qu'il est question au début du passage qui retient ici notre attention. Marx y établit que locomotives, chemins de fer, télégraphes électriques, métiers à filer automatiques, etc. constituent « *des organes du cerveau humain créés par la main de l'homme* », c'est-à-dire « de la force du savoir objectivée[40] ». Immédiatement après, il ajoute : « Le développement du *capital fixe* indique jusqu'à quel degré le savoir social général, la *connaissance*, est devenu *force productive immédiate*, et, par suite, jusqu'à quel point les conditions du processus vital de la société sont elles-mêmes passées sous le contrôle de l'*intellect général*, et sont réorganisées conformément à lui[41]. » Si Marx fait donc du développement du capital fixe l'indice du développement de la richesse en général, c'est dans la mesure où le système des machines est l'objectivation de la capacité que la science donne à l'homme de dominer la nature, et c'est cette capacité objectivée que Marx désigne de l'expression d'« intellect général ».

C'est là précisément le motif de l'insatisfaction éprouvée par PaoloVirno devant ces formulations : il faut surtout éviter, selon lui, de réduire le *general intellect* à cette capacité scientifique objectivée dans les machines et les instruments de travail si l'on veut saisir la nature des transformations induites par l'hégémonie du travail immatériel dans tout le champ de la production sociale,

40. Karl MARX, *Manuscrits de 1857-1858*, *op. cit.*, tome II, p. 194.
41. *Ibid.*

il faut considérer plutôt la façon dont l'intellect général « existe comme *attribut du travail vivant* », c'est-à-dire « s'exerce dans l'interaction communicative » entre des sujets vivants au lieu de « se figer » sous la forme du capital fixe [42]. De ce point de vue, le capital fixe apparaît en effet comme du *travail mort*, c'est-à-dire comme du travail « passé », au double sens où il a été accompli et où il est passé dans les machines, déposé en elles. Pour peu que l'on suive cette recommandation, on aboutit à une définition élargie de l'« intellect général » en termes de faculté commune à tous les hommes : le *general intellect*, ce n'est pas l'« ensemble des connaissances acquises par l'espèce », c'est « l'intellect en tant que *faculté humaine générique* [43] ». On s'explique dès lors que l'ontologie de la multitude ne puisse qu'être une ontologie de la richesse : tous les coproducteurs de l'immatériel sont en quelque façon cette faculté ou capacité de l'« intellect général », ce qu'on ne pourrait soutenir si cet intellect s'identifiait de façon restrictive à la science incorporée dans le capital fixe [44]. Considéré sous le rapport du travail vivant, le « commun » prend donc la figure d'une « faculté commune » qui est mise en œuvre par tout travailleur dans la dépense effective de sa force de travail. En ce sens, l'« intellect général » semble bien constitutif de la force de travail du travail immatériel.

Peut-on cependant se satisfaire d'une telle formulation ? Parler de « faculté », ou de « possibilité », c'est en effet reconduire implicitement la distinction aristotélicienne de la puissance (*dunamis*) et de l'acte (*energeia*), c'est du même coup faire consister la richesse de la multitude dans « la pure faculté de penser [45] », ce qui se concilie malaisément avec l'idée que l'être de la multitude est intégralement positif : une richesse qui ne serait qu'« en puissance » serait encore menacée de négatif, précisément en raison de sa *non*-actualité ou de sa *non*-activité. Certes, comme nous l'avons vu, K. Marx lui-même n'hésite pas

42. Paolo VIRNO, *Grammaire de la multitude*, *op. cit.*, p. 67, nous soulignons.

43. *Ibid.*, p. 67 et 69, nous soulignons.

44. On pourrait se demander si Marx adhérait vraiment à une conception aussi étroite de l'« intellect général ». En tout état de cause il est une voie qui permet d'échapper à cette conception, c'est celle qui consiste à penser les connaissances activées par le travail immatériel comme un « nouveau capital fixe » inappropriable, indivisible et commun à tous, différent en cela du « capital fixe matériel ». Sur ce point, on se reportera aux explications d'André GORZ, *L'Immatériel*, Galilée, Paris, 2003, p. 40 *et sq.*, ainsi qu'à celles données plus loin par El Mouhoub Mouhoud.

45. Paolo VIRNO, *Grammaire de la multitude*, *op. cit.*, p. 69.

à recourir à la distinction de la puissance et de l'acte, mais il s'agit pour lui de penser la pauvreté, et non la richesse, comme possibilité séparée de son acte, c'est-à-dire comme pauvreté « en puissance », donc comme un négatif. C'est pourquoi la force (*Kraft*) de travail n'est rien d'autre chez lui qu'une faculté (*Vermögen*) de travail qui, comme telle, n'est pas immédiatement et par elle-même efficiente[46]. Or c'est bien comme force, comme « force absolument positive[47] », et non comme pure faculté ineffective, qu'il faut penser l'être positif de la multitude en tant qu'il est constitué par l'« intellect général ». Aussi cette force n'est-elle plus tant la force *de* travail que la force *du* travail. Plus exactement, c'est la distinction même entre force de travail (comme faculté) et travail (comme actualisation de cette faculté, c'est-à-dire dépense effective de la force de travail) qui est ici comme résorbée, dans la mesure où, ainsi que cela a été relevé plus haut[48], le travailleur immatériel au chômage continue à sa manière de produire et donc de mettre en œuvre sa force de travail, de sorte que cette dernière ne demeure jamais à l'état de faculté inemployée. M. Hardt et A. Negri parlent significativement d'une « *force* collective coopérante autonome » ou encore des « *forces* scientifiques, affectives et linguistiques » de la multitude[49] ; de même, s'ils parlent plus volontiers de *la* force productive que *des* forces productives en général, alors que Marx emploie aussi bien l'expression de « forces productives matérielles » que de « forces productives humaines[50] », c'est pour signifier que *la force productive originaire est celle du travail vivant*, et, s'il leur arrive, comme cela a été noté, de parler de la « productivité » de la multitude, c'est justement au sens de la « force productive » qu'*est* en elle-même cette dernière : « La

46. Anson Rabinbach a montré que la substitution de *Kraft* à *Vermögen* qui s'opère vers 1857-1859 dans le vocabulaire de Marx trahissait une « vision énergétiste de la force de travail » en vertu de laquelle la mise en œuvre de cette dernière devait être comprise comme une « dépense d'énergie », selon le modèle physique alors dominant, celui du matérialisme de Helmholtz (Anson RABINBACH, *Le Moteur humain*, La Fabrique, Paris, 2004, chapitre III, p. 134 à 142).

47. Michael HARDT et Antonio NEGRI, *Empire*, *op. cit.*, p. 94.

48. Voir la première partie, chapitre 1, « Un sujet social numériquement élargi ».

49. Michael HARDT et Antonio NEGRI, *Empire*, *op. cit.*, p. 442, nous soulignons.

50. Karl MARX, *Manuscrits de 1857-1858*, *op. cit.*, tome II, p. 33 ; là encore, on doit à Anson Rabinbach d'avoir établi que cette relative indifférence tenait à un « paradigme de production » dans lequel la distinction entre « forces naturelles de production » et « forces productives de la société » n'a plus cours (Anson RABINBACH, *Le Moteur humain*, *op. cit.*, p. 142).

multitude est *la* force productive réelle de notre monde social[51]... » Par conséquent, il faut bien se garder d'entendre cette affirmation d'une façon étroitement économiste comme une référence à l'augmentation de la « force productive du travail » dans le mécanisme de la plus-value relative : car ce qui est ici en cause, ce n'est pas l'aptitude du travailleur à produire une plus grande quantité de produits dans le même temps de travail, c'est beaucoup plus que cela, ou plutôt c'est d'un autre ordre, c'est la puissance productrice de la vie elle-même, c'est donc moins la force productive *du* travail que le travail *en tant que* force productive.

Il se trouve que c'est à Spinoza qu'on doit justement d'avoir pensé *l'être positif de la puissance comme force* en le dissociant radicalement de « l'être-en-puissance » ou de la « possibilité ». Le fil conducteur de l'interprétation élaborée par Antonio Negri dans *L'Anomalie sauvage*[52] est précisément de comprendre le spinozisme comme une « métaphysique de la force productive » pour laquelle Dieu n'est rien d'autre que cette productivité infinie et inépuisable de la nature qui est entièrement immanente aux choses (à l'opposé des autres métaphysiques classiques qui ont toutes été des métaphysiques des « rapports de production ») : c'est ainsi *chaque* chose existante qui, en vertu de la force productive qui est la sienne, fait effort pour se continuer dans l'être. Aussi la « puissance » (*potentia*) de la multitude n'est-elle pas pour Spinoza une « possibilité » ou une « faculté », elle se confond avec l'essence même de la multitude, et elle est en ce sens une puissance d'agir déterminée elle-même comme effort ou *conatus*. On peut donc dire que le concept de « force productive », réinterprété en un sens vitaliste, permet à M. Hardt et A. Negri d'opérer le « branchement théorique » du concept spinoziste de « puissance de la multitude » sur le concept d'« intellect général » utilisé par Marx dans les *Grundrisse*, sous la condition que ce dernier concept soit lui-même rapporté au travail vivant au lieu de l'être au seul développement du capital fixe. Par là s'éclaire l'insistance de A. Negri à affirmer que « la multitude est une puissance ontologique[53] » et,

51. *Ibid.*, p. 94, nous soulignons.
52. Antonio NEGRI, *L'Anomalie sauvage*, PUF, Paris, 1982.
53. Antonio NEGRI, *Du retour*, *op. cit.*, p. 134.

par conséquent, que le concept de multitude est « le concept d'une puissance[54] ».

Il y a plus. Ce concept d'une puissance de vie qui est une puissance absolument positive permet de penser, contre une tendance à privilégier la seule dimension intellectuelle et linguistique de l'« intellect général[55] », la dimension corporelle et affective de l'être de la multitude. On peut donner ainsi sa pleine portée à l'idée spinoziste évoquée plus haut selon laquelle la puissance de la multitude est la puissance de passions communes. La puissance du travail immatériel est aujourd'hui à la fois celle d'une « intellectualité de masse » et celle d'affects communs, ou plutôt elle est celle d'une intelligence sociale faite d'affects et de passions. De ce nouveau point de vue, dans la mesure même où les affects s'originent dans le corps, il n'est pas interdit de recourir à l'analogie du corps pour penser l'être de la multitude et il est donc permis à cet égard de parler du « corps de la multitude[56] ». Cependant, il faut préciser que ce « corps » est « fondamentalement nouveau » et qu'il n'a rien à voir avec le corps organique hiérarchisé dont la fonction a toujours été de métaphoriser la subordination du social au souverain. Afin de prévenir toute confusion, on préférera parler de la « *chair* de la multitude » plutôt que du « *corps* de la multitude » : en reprenant à Maurice Merleau-Ponty le terme de « chair », on signifiera précisément le caractère *élémentaire* de ce corps qui, à l'image des « éléments » (l'eau, l'air, la terre et le feu), constitue une « force vitale dénuée de forme » et, comme telle, soustraite à tout contrôle[57]. Si bien qu'on n'hésitera pas à reconnaître dans la puissance de la multitude une sorte de « puissance de la chair[58] ».

---

54. Antonio NEGRI, « Pour une définition ontologique de la multitude », in *Multitudes* nº 9, mai 2002.

55. Michael HARDT et Antonio NEGRI, *Empire*, *op. cit.*, p. 55-56.

56. Michael HARDT et Antonio NEGRI, *Multitude*, *op. cit.*, p. 225-226.

57. *Ibid.*, p. 228-229.

58. *Ibid.*, p. 191 ; il y aurait lieu de s'interroger sur la rigueur de ce recours au concept de « chair ». Rappelons en effet que chez M. Merleau-Ponty ce concept a pour fonction essentielle de penser le *sensible* en deçà de la bifurcation de la « conscience de » et de l'objet, donc de la dualité du sentant et du senti (Maurice MERLEAU-PONTY, *Le Visible et l'invisible*, Gallimard, Paris, 1979, p. 186.), alors que, chez M. Hardt et A. Negri, c'est en tant que *sujet* de la production (*Multitude*, p. 127) que la multitude est désignée par le terme de « chair », ce qui revient à surinterpréter la « chair » comme *force* (puisque le sujet social est une force). De plus, la référence à M. Merleau-Ponty interfère fâcheusement avec une autre référence, religieuse celle-là, à la notion paulinienne d'une « puis-

Le concept qui réalise la condensation théorique de tous ces aspects de la puissance de la multitude (intelligence générale, dimension corporelle et affective, force créative...) est le concept remarquable de « génie de la multitude [59] ». Dans le dernier chapitre de *Multitude*, il est introduit tout d'abord sous la forme d'une expression latine : *ingenium multitudinis*, puis traduit un peu plus loin par la formulation précitée. L'expression latine est directement inspirée de Spinoza et on la trouve d'ailleurs sous sa plume. On peut en effet identifier chez cet auteur un usage bien déterminé du concept d'*ingenium*. À l'âge classique, ce concept oscille entre deux sens, celui qui marque la diversité des individus en renvoyant au « naturel » de chacun d'eux, et celui qui exprime la supériorité et l'originalité de certains individus par opposition à tous les autres sous le rapport de l'« esprit » ou du « talent » (ce que signifie proprement le mot de « génie »). Il semble que, chez Spinoza, le premier sens l'emporte assez systématiquement, au point de se subordonner le second, de sorte que le terme d'*ingenium* désigne d'abord et avant tout le complexe passionnel propre à chaque individu [60]. C'est pourquoi le terme d'*ingenium* est le plus souvent traduit en français par « complexion ». Par extension, il arrive à Spinoza de parler de l'*ingenium* propre à tel ou tel peuple ou nation (*ingenium gentis*), par exemple de celui des Romains, des Grecs, des Hébreux, ou encore des Aragonais : c'est que pour lui une nation est caractérisée par un *ingenium* collectif auquel il importe que le législateur approprie les lois [61]. Il lui arrive, beaucoup plus rarement, de parler de l'*ingenium* de la multitude : ainsi, dans le *Traité théologico-politique*, il évoque « la complexion si inconstante de la masse (*varium multitudinis ingenium*) [62] ».

On n'est pas sans retrouver ici l'ambivalence qui caractérise l'attitude de Spinoza à l'égard de la multitude et qui se réfléchit jusque dans l'usage qu'il fait du concept de multitude [63]. Il est d'autant plus remarquable que M. Hardt et A. Negri, qui font

sance de la chair » (*Multitude*, p. 191) : il est donc à craindre que l'expression de « chair de la multitude » souffre d'une irrémédiable équivocité.

59. Michael HARDT et Antonio NEGRI, *Multitude*, *op. cit.*, p. 382 et 384.

60. On se reportera sur ce point aux remarques très éclairantes de Pierre-François Moreau, *Spinoza : l'expérience et l'éternité*, PUF, Paris, 1994, p. 396-397.

61. *Ibid.*, p. 427 *et sq.*

62. Cité par Étienne BALIBAR, *La Crainte des masses*, *op. cit.*, p. 70.

63. Voir ci-dessus, I, « Un sujet social se constituant dans l'action commune ».

disparaître cette ambivalence, donnent à l'expression *ingenium multitudinis* un sens tout uniment positif. Certes, l'idée d'un complexe passionnel collectif y est reprise, mais c'est pour être complètement dissociée de toute réflexion sur la diversité des individus et des nations, puisqu'elle procède cette fois-ci d'un transfert à la multitude comme « classe globale » des particularités reconnues par Spinoza aux individus et aux nations. De plus, l'accent est mis sur la « création » et l'« invention » de la multitude, ainsi qu'en témoigne suffisamment le contexte : « Il nous faut nous débarrasser de l'idée que l'innovation dépend du génie d'un individu. Nous ne produisons et n'innovons qu'ensemble, en réseau. Le seul génie qui soit est le génie de la multitude[64]. » Il apparaît donc clairement que M. Hardt et A. Negri, loin de subordonner, à l'instar de Spinoza, le second sens d'*ingenium* (celui de « talent ») au premier (celui de « complexion passionnelle »), s'emploient à promouvoir le second sens tout en le détachant de toute idée d'une supériorité individuelle. De cette manière et à cette condition, le second sens peut s'amalgamer avec le premier, puisque le premier a lui-même été détaché de l'idée d'un « naturel » propre à chaque individu ou à chaque peuple. On obtient *in fine* le concept d'une créativité foisonnante et inépuisable, affranchie de toute direction centrale, qui est bien davantage qu'une simple « ingéniosité » et qui procède d'une intelligence collective toute pénétrée de passions et d'affects.

Assurément un tel concept doit beaucoup à Spinoza, même s'il opère relativement à lui un déplacement théorique qui n'est rien moins que mineur. On pourrait cependant se demander si une autre source n'intervient pas dans la formation de ce concept. En effet, l'idée d'un intellect qui est unique pour tous les hommes, en ce qu'il est le même pour tous les hommes, a été soutenue dès le XIIe siècle par le philosophe Averroès. Cette thèse, désignée tardivement en Occident du nom de « monopsychisme », pose l'existence d'un intellect « hylique » ou « patient », éternel, et séparé des âmes individuelles unies à un corps, qui serait la *puissance de penser* et, en ce sens, une sorte de matière (*hylè* veut dire en grec « matière »). L'actualisation de cette puissance relèverait quant à elle de l'intellect « agent », lequel n'est pas à concevoir comme une deuxième substance qui

64. Michael Hardt et Antonio Negri, *Multitude*, *op. cit.*, p. 384.

viendrait s'ajouter à l'intellect « patient », mais comme la *même* pensée regardée comme activité pure et non comme puissance ou réceptivité. L'essentiel est de comprendre que, dans cette perspective, c'est la *pensée*, qu'elle soit en puissance ou en acte, qui constitue le véritable point de départ, et non l'âme humaine ou le sujet individuel (comme chez Descartes) : c'est la pensée qui, en nous, nous permet de penser, par conséquent le fait qu'un individu pense n'implique nullement que la pensée lui appartienne à titre d'attribut, il exprime bien plutôt la participation de son âme à la pensée éternelle et incorruptible [65].

Pour peu que l'on corrige cette thèse dans un sens radicalement immanentiste, en refusant toute séparation de l'intellect « patient-agent » d'avec les corps et corrélativement d'avec les « âmes » individuelles, en concevant quelque chose comme un *intellect générique incarné*, mais sans pour autant renoncer à l'idée d'une primauté de la pensée sur le sujet individuel, on aura quelque chose de très proche de ce que M. Hardt et A. Negri tâchent de penser sous le concept de « génie de la multitude ». On peut peut-être solliciter à l'appui de cette suggestion un passage autobiographique dans lequel A. Negri évoque son expérience du début des années 1960 à Padoue : « Il nous semblait que nous incarnions une version moderne des averroïstes qui se trouvaient à Padoue au XVIe siècle — une grande école matérialiste et athée —, nous étions au service d'un *General Intellect* qui connaissait l'action, exactement comme chez Spinoza [66]. » On risquera donc ici l'hypothèse que, du point de vue de sa généalogie théorique, le concept de « génie de la multitude » procède d'une sorte d'averroïsme de l'« intellect général » revu et corrigé dans un sens radicalement immanentiste par l'idée spinoziste de la vie comme puissance ou force productive. Avec un tel concept, il nous est vraiment donné d'atteindre les fondations théoriques de la thèse de l'« autonomie ontologique » de la multitude [67].

---

65. Sur ce point, on lira les explications de Ali BENMAKHLOUF, *Averroès*, Belles Lettres, Paris, 2003, p. 136 *et sq.*

66. Antonio NEGRI, *Du retour*, *op. cit.*, p. 40.

67. Sur la centralité de cette thèse, voir l'introduction.

3

La décision comme excès de l'« événement »

> « … il nous faut aussi reconnaître la décision comme un événement », *Multitude*, p. 403.

NOUS sommes à présent en mesure de mieux comprendre ce qu'il en est véritablement de la « condition commune » de la multitude. L'ontologie de la puissance nous est apparue comme étant fondamentalement une ontologie de la richesse, excluant comme telle toute forme de négativité. De fait, la productivité collective qui constitue la multitude en tant que sujet social fait déjà d'elle une force agissante, son « être-commun » est déjà en lui-même un « agir commun ». Il se vérifie par conséquent que le problème de l'autoconstitution de la multitude en sujet politique n'est pas le problème du passage à l'acte d'une simple faculté d'agir en commun, mais bien le problème du passage d'un certain mode de l'agir en commun, celui qui appartient d'emblée à son être social, au mode spécifiquement politique de cet agir [1].

La « décision commune » : un « pouvoir constituant » non souverain

Ainsi resserré, le problème se formule dans les termes suivants : comment passer d'une production en commun à une

1. Voir ci-dessus p. 44.

décision commune, ou, plus simplement encore, « comment la multitude peut-elle parvenir à une décision[2] ? ». Ce qui appelle cette double question : pourquoi une décision est-elle requise et de quelle décision s'agit-il au juste ? La décision constitue l'acte par excellence de la volonté, et le propre d'un tel acte est de « *concentrer* en un lieu et un temps donnés le pouvoir commun de la multitude[3] ». C'est seulement par la concentration de la volonté dans la décision que la multitude peut créer une « nouvelle structure institutionnelle », celle qu'exige la démocratie comme « gouvernement de tous par tous ».

Pour le dire autrement, ce qui est en jeu, c'est ce que M. Hardt et A. Negri appellent le « pouvoir constituant ». La distinction entre « pouvoir constituant » et « pouvoir constitué » remonte à Sieyès. Selon ce dernier, « une constitution suppose avant tout un pouvoir constituant » qui, en tant que source de la constitution, ne peut être lui-même « soumis d'avance à une constitution donnée[4] ». Le pouvoir constituant consiste ainsi en une volonté qui est par essence libre de toute forme et de toute règle : par conséquent, en qualité de sujet d'une telle volonté, « une nation ne sort jamais de l'état de nature », il suffit à sa volonté de paraître « pour que tout droit positif cesse devant elle comme devant la source et le maître suprême de tout droit positif[5] ». La « nation » est donc bien le *seul* sujet du pouvoir constituant, en ce sens que c'est à elle *seule* qu'il revient d'exercer ce pouvoir en édictant effectivement une constitution, alors que les différents organes du « gouvernement » (le pouvoir législatif y compris) sont des pouvoirs constitués qui présupposent pour leur établissement cet acte de donner une constitution, dans la mesure où c'est en vertu d'un tel acte que leurs fonctions sont strictement délimitées les unes des autres.

L'identification du pouvoir constituant à une volonté politique qui décide ultimement de la validité de toutes les normes et de toutes les lois se trouve radicalisée dans la *Théorie de la constitution* de Carl Schmitt[6] : que le pouvoir constituant

2. Michael HARDT et Antonio NEGRI, *Multitude*, *op. cit.*, p. 384.
3. *Ibid.*, p. 397, nous soulignons.
4. Emmanuel Joseph SIÈYES, *Préliminaire de la constitution*, *Écrits politiques*, EAC, 2001, p. 199.
5. Emmanuel Joseph SIÈYES, *Qu'est-ce que le Tiers État ?*, *Écrits politiques*, EAC, 2001, p. 163.
6. Carl SCHMITT, *Théorie de la constitution*, PUF, Paris, 1990.

appartienne au peuple ou au roi, l'essentiel est que ce pouvoir ne peut être compris comme un pouvoir supplémentaire existant à côté des autres pouvoirs, puisque c'est à lui qu'incombe la « décision politique fondatrice » dont procèdent tous les autres pouvoirs. Par conséquent, tandis que tous les pouvoirs constitués dépendent de lois constitutionnelles, aucune constitution et *a fortiori* aucune loi constitutionnelle ne peuvent conférer un pouvoir constituant. Un pouvoir constituant conféré par une constitution serait en effet une *contradictio in adjecto*, puisque ce serait un pouvoir de donner une constitution qui serait lui-même donné par une constitution, donc assujetti à la forme de cette constitution, donc constitué et non constituant. Fort logiquement, Schmitt refuse d'identifier le pouvoir de réviser la constitution, lui-même fixé par la constitution, au pouvoir constituant, absolument libre à l'égard de toute constitution, et en vient à prêter à ce dernier les attributs fondamentaux de la souveraineté : ainsi, s'agissant de la Constitution de Weimar, il prend bien soin de distinguer les pouvoirs formellement attribués au « peuple » (les citoyens ayant le droit de vote) par les lois constitutionnelles « des pouvoirs du peuple *souverain* qui se donne une constitution et établit des actes du pouvoir constituant [7] ». C'est aussi pourquoi il récuse comme absurde l'affirmation libérale de la « souveraineté de la constitution » : au sens politique seul peut être souverain un sujet, que ce soit le peuple ou le prince, pour autant qu'il a à décider de la constitution elle-même [8]. Avec cette idée d'un pouvoir constituant situé au-delà de toute norme, on renoue d'une certaine façon avec l'idée fort ancienne d'un pouvoir ab-*solu*, c'est-à-dire affranchi des lois (*potestas legibus soluta*), idée qui entrait depuis Bodin dans la définition même de la souveraineté. On a donc raison de souligner combien il est difficile, à partir de telles prémisses, de distinguer le pouvoir constituant du pouvoir souverain [9]. C'est également sous cet angle que l'on peut comprendre le jugement d'Hannah Arendt selon lequel l'absolutisme du pouvoir constituant chez Sieyès consiste à « mettre simplement la souveraineté de la nation à la place laissée vacante par un roi souverain [10] ».

---

7. *Ibid.*, p. 236, nous soulignons.
8. *Ibid.*, p. 136.
9. Giorgio AGAMBEN, *Homo sacer I*, Seuil, Paris, 1997, p. 53.
10. Hannah ARENDT, *Essai sur la révolution*, Gallimard, Paris, 1985, p. 228.

Tout l'effort de M. Hardt et de A. Negri est au contraire de soustraire le pouvoir constituant à la logique de la souveraineté en opposant l'un à l'autre ces deux concepts (dans la ligne de pensée qui était déjà celle de A. Negri dans *Le Pouvoir constituant*). Pour cela il faut tout à la fois affirmer l'absolue irréductibilité du pouvoir constituant à toute constitution donnée comme à tout constitué donné *et* la tendance de ce pouvoir vers la démocratie. Ce qu'il faut opposer à Schmitt, c'est en effet que le pouvoir constituant « va vers la démocratie » au lieu d'aller vers une auto-affirmation de sa propre transcendance, c'est-à-dire vers la souveraineté [11]. Dans cette perspective, c'est la multitude elle-même qui est le sujet du pouvoir constituant, et non le « peuple » ou la « nation », de telle sorte que l'exercice de ce pouvoir s'identifie au déploiement purement immanent de la *potentia multitudinis*. À cet égard, on doit relever à quel point l'analogie pointée par Schmitt entre la *natura naturans* dans son rapport à la *natura naturata* chez Spinoza et le pouvoir constituant dans son rapport au pouvoir constitué [12] est bancale et trompeuse du point de vue même de Schmitt, puisque la « nature naturante » (la force productive infinie de Dieu) est absolument immanente à la « nature naturée » (les effets produits par cette force), alors que le pouvoir constituant est absolument transcendant à tout pouvoir constitué [13]. Ce qui peut néanmoins être sauvé de cette analogie, c'est que la « nature naturante » ne s'épuise pas dans la production de ses effets, de même que le pouvoir constituant ne s'épuise pas dans l'acte de donner une constitution pas plus que dans l'organisation subséquente des pouvoirs constitués : on a donc bien, avec le pouvoir constituant, une « force vitale » expansive et une « énergie » proprement inépuisable qui résistent à toute institutionnalisation.

Pour M. Hardt et A. Negri, cette inépuisabilité et cette illimitation, loin de renvoyer comme chez Schmitt à une quelconque transcendance par rapport au social, réfléchissent la puissance même du social dans son absolue positivité : donc, si l'on veut, « transcendance » relativement aux normes institutionnelles (puisque celles-ci valent comme autant de limites qui ne peuvent

11. « Carl Schmitt, le droit, le pouvoir », interview de Antonio Negri réalisée par Nicolas Guilhot, *Mouvements*, n° 37, 2005.

12. Carl SCHMITT, *Théorie de la constitution*, PUF, Paris, 1993, p. 215.

13. Giorgio AGAMBEN, *État d'exception : Homo sacer II*, Seuil, Paris, 2003, p. 62.

que s'opposer à l'illimitation du pouvoir constituant), mais entière immanence relativement au social. C'est précisément en raison de cette immanence que le pouvoir constituant de la multitude tend vers la démocratie : résistant en vertu de son être à toute institutionnalisation, ce pouvoir tend par là même à faire échec à toute séparation d'avec la société. À l'inverse, la souveraineté renvoie toujours à l'instance d'un « sujet politique unitaire » en position de transcendance à l'égard de la société. Que ce sujet s'identifie à un individu, « empereur, Führer, ou césar », ou à « un parti, un peuple ou une nation » est ici parfaitement indifférent, dans la mesure où cela n'affecte en rien le noyau essentiel de la souveraineté [14]. Car l'essentiel est que le pouvoir de décision appartienne à l'*Un*, quelle que soit par ailleurs la figure que prend cet Un : « Quelqu'*un* doit gouverner, quelqu'*un* doit décider [15]. » D'une manière ou d'une autre, l'axiome de la souveraineté fait de la transcendance de l'Un la condition du lien social. Tout le problème est de défaire l'alternative « souveraineté ou anarchie [16] », c'est-à-dire soumission à l'Un ou dissolution de la société. Pour cela, il faut tenir ensemble deux affirmations : la première est que « la multitude *ne peut* être souveraine [17] », mieux, qu'elle « bannit » la souveraineté « hors de la politique [18] », la seconde est que seule la multitude peut « faire société » dans la mesure où seule elle est capable d'établir une organisation politique absolument immanente à la société [19], ce qui est précisément la définition même de la démocratie. On doit donc substituer au « vieux chantage » de l'alternative « souveraineté ou anarchie » la véritable alternative « souveraineté ou démocratie », laquelle peut à son tour se ramener à l'alternative « transcendance ou immanence ». La tâche de la multitude comme sujet politique est bien d'« abolir la souveraineté au niveau global [20] », c'est-à-dire d'opérer « la destruction de la séparation entre le pouvoir souverain et la société » et, par là même, elle est d'abolir l'État [21]. Par où l'on retrouve la vieille définition, en elle-même d'inspiration

14. *Ibid.*, p. 376.
15. *Ibid.*, p. 374, nous soulignons.
16. *Ibid.*
17. *Ibid.*, p. 375.
18. *Ibid.*, p. 386.
19. *Ibid.*, p. 382.
20. *Ibid.*, p. 399.
21. *Ibid.*, p. 289.

anarchiste plutôt que spécifiquement marxiste, du communisme comme abolition de l'État dans l'immanence de l'« être-commun » (*Gemeinwesen*)[22].

On voit donc que la difficulté est bien de penser un « pouvoir constituant » à la fois immanent au social et illimité relativement à toute norme prédéfinie, ce qui impose de dissocier, contre Schmitt, l'illimitation de la transcendance (ou la « transcendance » par rapport aux normes de la transcendance par rapport au social). D'un côté (celui de l'immanence), la décision constituante doit être une décision commune, c'est-à-dire une décision qui ne procède pas d'une position de supériorité relativement au plan de l'« être-commun », faute de quoi on se condamnerait à reconduire la logique de la souveraineté : que dire en effet d'une décision d'abolir toute forme de transcendance par rapport au social qui présupposerait elle-même cette transcendance ? D'un autre côté (celui de l'illimitation et de l'absence de forme), la décision constituante, pour être vraiment « fondatrice » de nouvelles normes, doit consister en un pur acte de choix nécessairement ponctuel (au moins relativement à ce qui le précède), et cette ponctualité même lui interdit de se réduire au simple prolongement de ce qui lui préexiste, puisqu'il lui appartient d'ouvrir un nouvel horizon institutionnel, entièrement différent de tout ce qui a pu exister jusqu'alors dans l'histoire de l'humanité. On tient là ce que l'on pourrait appeler l'aporie d'un pouvoir constituant entièrement immanent, donc non souverain.

Le « moment de la rupture » dans l'être positif de la multitude

À dire vrai, la difficulté n'est pas complètement inédite. On rencontre une difficulté assez semblable chez Marx lui-même. Elle tient, nous semble-t-il, à sa conception du prolétariat. Comme Étienne Balibar l'a montré, celle-ci oscille entre la description d'une *condition* sociale et la description d'un *mouvement* de masse ou, pour le dire autrement, elle est polarisée par la

22. On sait que Marx et Engels préfèrent parler quant à eux, non de l'« abolition » de l'État, mais de son « autodissolution » (voir à ce sujet la lettre d'Engels à Bebel de mars 1875 déjà citée plus haut).

distinction entre le prolétariat comme classe et le prolétariat comme masse [23].

Que faut-il entendre exactement par une telle polarité ? On a d'un côté une condition avant tout caractérisée par un « isolement radical des individus » résultant de l'action dissolvante du capital sur les liens communautaires traditionnels. Sous ce premier rapport, le prolétariat est défini par un « dépouillement » et une « nudité » de l'individu qui n'ont aucun précédent dans l'histoire humaine : ce qui est pensé par là c'est l'absolue non-propriété de la force de travail coupée de toutes les conditions de la production, c'est donc très exactement ce que Marx désigne dans les *Manuscrits de 1857-1858* comme « pauvreté absolue » ou encore comme pauvreté du « pauvre en puissance », c'est-à-dire comme le côté strictement négatif du « travail » [24]. Envisagé de ce premier point de vue, c'est-à-dire comme classe, le prolétariat semble condamné à une certaine passivité.

Mais, d'un autre côté, ce même prolétariat apparaît comme une véritable « force collective », comme un mouvement de masse, accomplissant en acte la négation radicale de l'état de choses existant pour le compte de toute la société. Bref, le prolétariat comme masse, c'est le prolétariat en action, ou le prolétariat comme action. La tension de ces deux points de vue se trouve réfléchie dans *L'Idéologie allemande* à travers le concept problématique d'une classe qui est en même temps une non-classe, ou encore d'une classe universelle. Car, à parler strictement, la bourgeoisie est la *seule* vraie classe de l'histoire dans la mesure où avant elle il n'y a jamais eu que des ordres, des castes et des états, affirmation directement reprise de Saint-Simon dont on a vu qu'elle n'était pas sans trouver un écho jusque chez G. Deleuze et F. Guattari [25]. À l'inverse, si le prolétariat n'a aucun intérêt particulier à faire prévaloir, c'est parce qu'il *est déjà* dans la nudité de la non-propriété, la dissolution de tout l'ordre ancien et donc celle de toutes les « classes » (au sens large où celles-ci sont définies par la lutte pour leurs intérêts particuliers contre ceux des autres classes) ; mais, en même temps, il ne lui est donné de réaliser dans l'action cette

23. Étienne BALIBAR, *La Crainte des masses*, *op. cit.*, p. 182 et surtout p. 244-248.
24. Voir ci-dessus, II, « La "condition commune" : "pauvreté absolue" et "possibilité de la richesse" ».
25. Voir la première partie, chapitre 1, « Un sujet social numériquement élargi ».

dissolution constitutive de sa condition que pour autant qu'il parvient à surmonter l'isolement de ses membres individuels en s'affirmant comme mouvement de masse, ce qui est proprement se constituer comme sujet.

Cette conception singulière du prolétariat comme classe qui ne peut accomplir en acte son être « propre » que comme non-classe (comme « masse ») retentit directement sur l'idée que Marx se fait du rapport du prolétariat à la politique. En effet, au moment où cette conception est élaborée, la politique est fort logiquement pensée comme relevant intrinsèquement de l'illusion et de la mystification, ne serait-ce que parce qu'elle implique le déguisement de l'intérêt particulier de la classe dominante en « intérêt général ». Tout se tient : le prolétariat est une non-classe, le « communisme », qui est proprement l'action du prolétariat, est un mouvement non politique, et l'« état de choses » (*Zustand*) créé par cette action est un non-État (*Staat*). Là encore, l'influence saint-simonienne est aisément décelable [26], et cela seul suffit à expliquer qu'il ne puisse absolument pas être question de la révolution comme conquête du pouvoir d'État, pas davantage que de la construction d'un parti censé représenter le prolétariat sur le terrain politique. Marx nous dit, d'une formule énigmatique, que le communisme n'est lui-même possible que « comme *l'acte "soudain" et simultané* des peuples dominants [27] ». Ce qui fait alors problème, c'est le rapport de la révolution mondiale comme « acte absolu et instantané » (É. Balibar) avec le mouvement de masse qui fait surgir le prolétariat comme sujet social, c'est-à-dire avec « le mouvement *réel* qui abolit l'état actuel [28] » : comment penser un tel rapport à la fois sur le mode de la rupture *et* sur celui de l'accomplissement ? D'une certaine manière, on retrouve là le problème du hiatus introduit dans la continuité pleine de l'action commune de la multitude par la « décision constituante », à cette différence près que l'acte absolu de l'insurrection mondiale ne fait pas pour

26. Elle persistera d'ailleurs bien au-delà de cette première période : à preuve, notamment, la façon dont Engels fera valoir que l'« abolition de l'État », si bruyamment réclamée par les anarchistes, avait été clairement annoncée par Saint-Simon dès 1816 sous la forme du passage du gouvernement politique des hommes à l'administration des choses (Friedrich ENGELS, *Socialisme utopique et socialisme scientifique*, Éditions sociales, Paris, 1984, p. 99).

27. Karl MARX, *L'Idéologie allemande*, *op. cit.*, p. 64.

28. *Ibid.*

Marx du prolétariat un sujet politique, puisqu'elle consiste en l'abolition pure et simple du politique.

On sait qu'à partir de 1847, avec le *Manifeste*, et plus encore après 1870, à partir de l'expérience de la Commune, Marx entreprendra de réélaborer ce rapport du prolétariat à la politique dans un sens nettement « positif ». Ce qui est désormais à l'ordre du jour, c'est la « conquête du pouvoir politique par le prolétariat », sa constitution « en classe » et « en nation », et par voie de conséquence, son organisation « en parti politique ». Mais, ce faisant, le prolétariat est condamné à agir, non plus comme une classe universelle, mais comme une classe particulière [29], puisqu'il lui faut affronter la résistance de cette classe particulière antagoniste qu'est la bourgeoisie. Il lui est en effet impossible de se constituer en classe dominante tout en étant encore une non-classe. Il n'est donc plus question de ramener la révolution communiste à un acte « soudain », on a maintenant une pensée de la « transition politique » au communisme, ce qui implique à la fois de concevoir le « communisme » comme état de choses créé par le « communisme » comme action et de justifier, de la part du communisme comme action, l'utilisation de l'État comme institution (la « dictature du prolétariat »).

M. Hardt et A. Negri ne peuvent bien évidemment faire droit de cité à une telle pensée de la « transition au communisme » pour cette raison fondamentale que le « communisme du capital » réalisé par le postfordisme [30] sape d'ores et déjà les bases de l'existence de l'État-nation, ce qui dispense la multitude d'avoir à en passer par l'étape de la conquête du pouvoir politique, *a fortiori* par la phase de la « dictature du prolétariat ». Chez eux, la « décision constituante » qui fait de la multitude un sujet politique a pour sens de parachever le mouvement de dissolution de l'État déjà engagé dans le cadre de l'Empire. Reste que ce « parachèvement » a à s'effectuer dans la forme d'un acte fondateur qui ne peut être que « soudain », ce qui fait qu'on est toujours devant le problème d'un accomplissement qui est en même temps une rupture par rapport à ce qu'il accomplit.

Il faut aller plus loin. Marx nous confronte à un double problème : on doit penser non seulement le rapport de l'« acte absolu » au mouvement de masse qui en crée les conditions, mais

29. Étienne BALIBAR, *La Crainte des masses*, *op. cit.*, p. 192.
30. Paolo VIRNO, *Grammaire de la multitude*, *op. cit.*, p. 134.

également le rapport du mouvement de masse à l'être purement négatif qui définit la condition du prolétariat. Or, si une pensée de la transition peut permettre d'éviter de penser la révolution comme « acte absolu » en articulant le « communisme » comme nouvel état de choses au « communisme » comme action d'abolir l'ancien état de choses, le second rapport fait apparaître une difficulté au moins aussi grave en amont. Ce qui est en cause en effet, c'est tout simplement la possibilité d'opérer la conversion du négatif en positif. L'universalité du prolétariat n'est, donnée comme condition, qu'une universalité négative, c'est, on y a suffisamment insisté, l'universalité du « dépouillement » et de la « nudité ». Pour pouvoir se constituer en sujet social autonome, c'est-à-dire pour pouvoir entraîner dans l'action des masses de plus en plus larges, le prolétariat doit faire de cette universalité négative une universalité positive. Autrement dit, il lui faut faire apparaître dans l'être négatif de sa « pauvreté absolue » l'être positif d'une nouvelle organisation sociale. Faute d'une telle transformation, il n'y aurait pas non plus, *a fortiori*, de sujet politique possible.

La découverte théorique que Marx consigne dans *Le Capital* est qu'il existe quelque chose comme un mécanisme objectif de conversion du négatif en positif qui favorise, sans pour autant la garantir d'avance, la constitution du prolétariat en sujet social autonome. Il n'est que de se reporter à la dernière partie du chapitre XXIV du Livre I (intitulée « Tendance historique de l'accumulation capitaliste ») pour comprendre de quoi il retourne. Marx y présente le processus de concentration des capitaux comme s'accomplissant « par le jeu des lois immanentes de la production capitaliste elle-même » et, tout de suite après, il met en évidence que, parallèlement à ce processus de concentration des capitaux, « s'accroît le poids de la misère [...], mais aussi la colère d'une classe ouvrière en constante augmentation, *formée, unifiée, et organisée par le mécanisme même du procès de production capitaliste*[31] ». En d'autres termes, processus de concentration du capital et processus de concentration du prolétariat vont nécessairement de pair. C'est le capital lui-même qui, sous la pression de la concurrence, regroupe des masses toujours croissantes d'ouvriers sur le même lieu de travail (l'usine de la grande industrie), centralise sur ce même lieu des moyens de

31. Karl MARX, *Le Capital*, Livre I, 4e édition allemande, p. 856, nous soulignons.

production de plus en plus perfectionnés et réalise dans le procès de travail la combinaison et la coopération de toutes les forces de travail. En dernière analyse, c'est donc la contrainte du marché qui pousse le capital à socialiser toujours davantage le travail, et comme cette contrainte s'exerce à travers le « réseau du marché mondial », on peut affirmer que c'est la contrainte du marché mondial qui constitue l'opérateur de conversion du négatif en positif : le négatif, qui est la « pauvreté absolue » de la force de travail (le « côté négatif » du travail, selon la formulation des *Grundrisse*), est comme renversé dans le positif de la socialisation du travail, et ce positif correspond à la mise en œuvre des moyens de production par plusieurs forces de travail associées à cet effet, donc à la manière dont le capital réalise la « consommation productive » de la force de travail, c'est-à-dire très exactement à l'activité de travail elle-même dans laquelle, on s'en souvient, Marx voyait la « possibilité universelle de la richesse » (ou encore le « côté positif » du travail).

C'est précisément ce positif de « la forme coopérative du procès de travail » qui fait apparaître en creux le positif d'une nouvelle organisation sociale, caractérisée par le contrôle collectif des individus sur des forces productives se développant à l'échelle de l'« histoire mondiale ». Il n'est donc guère étonnant que Marx accorde une importance décisive à l'existence du marché mondial dans le plan initial du *Capital* : c'est avec le marché mondial créé par le capital que l'ouvrage devait se conclure, dans la mesure où c'est lui qui fait fonction d'opérateur de la conversion dialectique et où c'est par lui que « toutes les contradictions entrent dans le procès [32] ». C'est avant tout son action qui fait que l'association des ouvriers dans l'usine, qui est d'abord « posée par le capital [33] », tend de plus en plus à être posée par les ouvriers eux-mêmes à travers leur coopération dans le travail.

« Entre » le prolétariat comme condition et le prolétariat comme mouvement de masse (ou sujet social), Marx pense donc quelque chose comme une tendance de la condition à se transformer en mouvement sous l'effet de la contrainte exercée par le marché mondial sur le mouvement du capital. Seule la reconnaissance d'une telle tendance permet de comprendre que Marx ait

32. *Idem, Manuscrits de 1857-1858, op. cit.*, tome I, p. 167.
33. *Ibid.*, p. 75.

pu identifier un *devenir-homogène* des conditions d'existence du prolétariat [34], puisque ce devenir n'est jamais pour lui que l'effet du processus de concentration du prolétariat. C'est également à la lumière du concept de cette tendance qu'il convient de lire la célèbre affirmation du *Manifeste* selon laquelle le développement de la grande industrie « substitue à l'isolement des ouvriers résultant de leur concurrence leur union révolutionnaire par l'association » : il est en effet au plus haut point significatif que ce passage soit reproduit en note à la fin de la section 7 du chapitre XXIV consacré justement à la « Tendance historique de l'accumulation capitaliste ». Ce n'est bien sûr pas dire que l'organisation du prolétariat en parti soit l'œuvre directe de la grande industrie, mais c'est assurément donner à entendre que l'unification des ouvriers dans le travail réalisée par « le mécanisme même du procès de production capitaliste » agit comme stimulant de « l'organisation des prolétaires en classe, et *par suite* en parti politique », pour reprendre les termes mêmes du *Manifeste* (nous soulignons).

Avec M. Hardt et A. Negri, on est sans doute fondé à identifier dans cette dernière formule une « causalité linéaire et nécessaire », en vertu de laquelle l'organisation croissante du prolétariat « entraîne » la création du parti [35]. C'est également à bon droit que l'on fera valoir à quel point il nous est impossible de continuer à penser la relation entre sujet social et sujet politique selon un tel modèle [36]. Mais il faut bien voir que les problèmes rencontrés par Marx sont ailleurs. D'un côté, il est conduit à penser le rapport du prolétariat comme condition au prolétariat comme mouvement, et donc le processus de sa constitution en sujet social, dans les termes d'une tendance objective à la transformation de la condition en mouvement. D'un autre côté, il en vient à repenser le rapport à l'État du communisme comme action dans les termes d'une « transition politique », et c'est seulement de l'intérieur de cette réélaboration qu'il en vient à poser la nécessité de la constitution du prolétariat en sujet politique, c'est-à-dire en parti. Ce qui veut dire que pour lui la question est moins celle de la transformation du sujet social en sujet politique que celle, en amont, des conditions de la formation du

34. Voir la première partie, chapitre 1, « Un sujet social numériquement élargi ».
35. Michael HARDT et Antonio NEGRI, *Empire*, *op. cit.*, p. 96.
36. *Ibid.*, p. 97.

sujet social et celle, en aval, de l'utilisation de l'État par le prolétariat constitué en parti.

Tout est donc fonction ici du point de départ : il est inhérent au « rapport capital » de réduire le prolétariat à l'être purement négatif de la « pauvreté absolue », mais il est également inhérent au mouvement du capital de tendre, sous l'aiguillon de la concurrence, à convertir cet être négatif en être positif *via* la coopération requise par l'activité de travail. Or cette question de la conversion du négatif en positif ne peut tout simplement pas se poser pour M. Hardt et A. Negri, dans la mesure où ils pensent d'emblée l'être de la multitude comme un être intégralement positif (la « richesse du pauvre »). C'est d'ailleurs ce qui fait que la « classe globale » (la multitude) ne peut pas s'identifier à la « classe universelle » (le prolétariat industriel) : en effet, si la classe globale n'est pas une classe, c'est seulement au sens où elle englobe tous ceux qui contribuent d'une manière ou d'une autre à la production sociale, c'est donc en raison directe de la surface de sa « force créative », ce n'est certainement pas au sens où elle serait la négation des conditions d'existence de toutes les autres classes, donc en raison directe du caractère absolu de son dénuement. En d'autres termes, la « classe globale » n'est assurément pas une classe, mais elle n'est pas pour autant une non-classe, ce qu'est en revanche la « classe universelle ». Mais ce qui peut apparaître d'un certain point de vue comme un avantage se paie d'une contrepartie théorique très lourde : alors que, chez Marx, la constitution du prolétariat en parti s'inscrit dans le prolongement de sa constitution en sujet social, chez M. Hardt et A. Negri la constitution de la multitude en sujet politique introduit une telle rupture dans l'« être-commun » de la multitude, qui est précisément son être positif comme sujet social, qu'on est en droit de se demander si elle est pensable de l'intérieur de leur ontologie.

De la politique comme dimension de l'être à la politique comme « événement »

On relève en fait, jusque dans le vocabulaire, une tension entre deux façons de penser le rapport de la « décision commune » à l'« être-commun ». Cette tension est tout particulièrement perceptible dans les dernières pages de *Multitude*.

Selon une première ligne de pensée, l'acte constituant de la multitude s'inscrit d'autant plus aisément dans la continuité de la production sociale que celle-ci est déjà politique en elle-même, essentiellement et nullement accidentellement. C'est ainsi qu'on lira que cette production « *enveloppe* une forme de pouvoir constituant, dans la mesure où les réseaux de production coopérative représentent eux-mêmes une logique institutionnelle [37] », ou encore, dans le même sens, que la structure institutionnelle de la nouvelle société « est *enchâssée dans* les relations affectives, coopératives et communicatives de la production sociale [38] ». Les métaphores de l'« enveloppement » et de l'« enchâssement » parlent d'elles-mêmes : elles disent suffisamment que la volonté constituante est comme préformée ou préfigurée dans l'être-commun, qu'elle n'est que le développement de ce qui est enveloppé en lui, et donc que la constitution du sujet politique est comme anticipée dans cet être-commun qui est déjà, ne l'oublions pas, un agir commun en raison de la coïncidence du politique et de l'économique qui s'y accomplit.

Mais, en même temps, en contrepoint à ces formulations, apparaissent des expressions et des tournures qui donnent à penser que la coïncidence entre production économique et production politique ne relève pas d'un donné, mais bien d'une tâche, celle-là même qu'il revient au sujet politique encore à venir de mener à bien. Significatif d'un tel déplacement, le passage de l'indicatif au conditionnel : « La production économique et la production politique *coïncideraient*, et les réseaux coopératifs de production *produiraient* ainsi une nouvelle structure institutionnelle [39] », tout comme le recours explicite à l'impératif : « Les institutions de la démocratie *doivent* aujourd'hui coïncider avec les réseaux communicatifs et collaboratifs qui ne cessent de produire et reproduire la vie sociale [40]. » Ou encore : « Non seulement la multitude *doit* faire de son exode une résistance, mais elle *doit* aussi transformer cette résistance en pouvoir constituant [41]... » Avec de telles formulations, on a un bel exemple de ce que David Hume identifie comme la

37. Michael HARDT et Antonio NEGRI, *Multitude*, *op. cit.*, p. 396, nous soulignons.
38. *Ibid.*, nous soulignons.
39. *Ibid.*, p. 396, nous soulignons.
40. *Ibid.*, p. 400, nous soulignons.
41. *Ibid.*, p. 394, nous soulignons.

substitution soudaine du « doit » (*ought*) au « est » (*is*), autrement dit du devoir-être à l'être[42].

Pour peu que l'on prenne au sérieux ces indications, se dessine alors une seconde ligne de pensée, non seulement fort différente, mais très difficile à accorder à la première. En effet, ce qui prévaut alors, ce n'est plus la métaphore continuiste de l'« enveloppement », c'est celle, autrement périlleuse, de l'« émergence ». Deux passages sont particulièrement révélateurs à cet égard. Dans le premier, M. Hardt et A. Negri affirment que « la décision *émerge* de la multitude[43] ». Dans le second, ils disent du pouvoir constituant lui-même : « Il s'agit d'une décision qui *émerge* du processus ontologique et social du travail productif[44]. » Mais le plus remarquable, c'est qu'ils ajoutent aussitôt après : « d'une forme institutionnelle qui *développe* un contenu commun ; d'un *déploiement* de forces qui défend la progression historique de l'émancipation et de la libération » (nous soulignons).

On est alors devant un véritable tour de force, celui qui consiste à réunir dans la même phrase *et* la métaphore du « développement » *et* la métaphore de l'« émergence », sans que le croisement des deux lignes de pensée auxquelles renvoient les deux métaphores soit jamais problématisé. Or la notion d'« émergence » est généralement chargée de signifier la production du nouveau et s'oppose en ce sens directement à toute forme de « réductionnisme » : le nouveau qui émerge est comme tel absolument irréductible à ce dont il émerge, et c'est pourquoi il est imprévisible et imprédictible. On voit donc que la métaphore de l'« émergence » appliquée à la décision constituante ne peut que donner à penser l'irréductibilité de cette dernière à l'être de la production commune, alors que celle du « développement », même si elle n'est pas synonyme de réduction pure et simple, implique comme une préexistence de la décision à elle-même dans l'être social commun, précisément sous la forme d'un état de germe ou d'« enveloppement ». Ce qui va indéniablement dans ce sens, c'est l'analogie dessinée par M. Hardt et A. Negri entre la production de sens réalisée par un nouvel énoncé et l'émergence de la décision commune du sein

42. David HUME, *Traité de la nature humaine*, III, section 1.
43. Michael HARDT et Antonio NEGRI, *Multitude*, *op. cit.*, p. 385, nous soulignons.
44. *Ibid.*, p. 397, nous soulignons.

même de la multitude : pas plus qu'un tel énoncé ne se réduit à la simple combinaison d'éléments linguistiques préexistants [45], la décision ne saurait se réduire, est-on tenté de conclure, à la recombinaison d'éléments préalablement donnés de la production sociale.

Il est enfin une dernière opposition qui contribue largement à radicaliser ce ponctualisme de la décision politique, c'est celle de *Kairos* à *Chronos* qui perce dans l'avant-dernière page de *Multitude* [46]. *Kairos* (l'occasion, le moment opportun) désigne précisément le « moment de la rupture », « le moment où la corde de l'arc décoche la flèche », c'est-à-dire un moment « d'invention de l'Être sur le bord du temps [47] », à l'inverse de *Chronos* qui désigne proprement le temps de l'« accumulation linéaire », c'est-à-dire le temps uniforme et homogène que mesurent les horloges [48]. Si l'on prend au sérieux cette opposition, cela veut dire que le moment de la décision d'agir ouvre un temps propre à celui qui agit, « une nouvelle temporalité constitutive » qui rompt avec la continuité de la chronologie : *Kairos* n'a pas un passé qui le précéderait et dont il résulterait, il s'ouvre lui-même un passé qui lui est propre en ouvrant le temps. Le rapport de *Kairos* à *Chronos* ne peut donc pas se penser d'après le modèle d'un processus de maturation organique, c'est-à-dire finalement encore selon le schème d'un « enveloppement/développement ».

La conclusion fondamentale de tout cela, c'est qu'il nous faut « reconnaître la décision comme un *événement* [49] ». Cette idée de la décision politique comme « événement » est déjà présente dans les dernières pages d'*Empire* : elle renvoie à la ponctualité d'un « seuil » ou encore d'un « moment fondateur », celui où l'autogestion de la production devient « pouvoir constituant », mais en même temps, et paradoxalement, l'« événement » y est présenté comme le résultat d'un processus de « maturation » [50]. On retrouve à la fin de *Multitude* la même équivoque, puisque M. Hardt et A. Negri vont jusqu'à y parler, pour caractériser la situation présente, de la maturation du pouvoir constituant de la

45. *Ibid.*, p. 385.
46. *Ibid.*, p. 403.
47. Antonio NEGRI, *Du retour*, *op. cit.*, p. 126.
48. Michael HARDT et Antonio NEGRI, *Multitude*, *op. cit.*, p. 403.
49. *Ibid.*, nous soulignons.
50. Michael HARDT et Antonio NEGRI, *Empire*, *op. cit.*, p. 493.

multitude lui-même[51]. La difficulté d'un pareil propos est que l'« événement », pas plus que le *Kairos*, n'est susceptible de mûrir, et qu'on voit mal par conséquent comment le pouvoir constituant pourrait être un « événement » tout en relevant de l'arrivée à maturité d'un « développement ». De nouveau, on peut surprendre ici comme l'entrecroisement des deux lignes de pensée dont nous avons déjà parlé. Car l'« événement » n'est pas tant ce qui arrive que le fait même pour ce qui arrive d'arriver sans pouvoir s'expliquer par ce dont il provient.

Tel qu'il est thématisé par G. Deleuze, l'événement doit être rigoureusement distingué de l'état de choses, dans la mesure où il ne s'explique pas par l'état de choses qui le suscite ou dans lequel il retombe[52]. L'état de choses dans lequel l'événement retombe, c'est en effet son effectuation *dans* le temps. Mais l'événement lui-même ne se réduit jamais à son effectuation, c'est pourquoi, loin d'avoir lieu dans le temps, il n'appartient pas à *Chronos*, il est une manière de « non-temps » ou d'« entre-temps » que G. Deleuze pense sous le terme de *Aiôn*. Pur instant, pur point de disjonction d'un avant et d'un après, l'événement marque ainsi une coupure et une césure, une interruption du temps à la faveur de laquelle se réalise un changement dans l'ordre du sens[53]. En ce sens, le concept d'« événement » peut être rapproché de celui d'« émergence », au point que l'événement lui-même peut être défini comme « dimension émergente[54] ». Ainsi compris, l'événement permet de penser la subjectivation, c'est-à-dire l'acte par lequel des individus ou des collectifs se constituent comme sujets. Parler de « subjectivation », c'est en effet destituer l'idée d'un « sujet » qui serait donné en vertu d'une identité qui le constituerait, c'est s'obliger à penser précisément l'« émergence » d'une forme de subjectivité à même l'action, en dehors de toute garantie inscrite par avance dans l'être lui-même. De sorte que « reconnaître la

51. Michael HARDT et Antonio NEGRI, *Multitude*, *op. cit.*, p. 402.

52. Gilles DELEUZE, *Pourparlers*, *op. cit.*, p. 238-239. Sur ce point, on notera avec François Zourabichvili que G. Deleuze défend une conception « involontariste » de la politique qui contraste fortement avec le « volontarisme » de A. Negri tel qu'il s'exprime en particulier dans l'idée de la multitude comme sujet politique (« Les deux pensées de Deleuze et de Negri : une richesse et une chance », *Multitudes*, n° 9, mai-juin 2002).

53. Sur le sens de l'opposition *Aiôn/Chronos* chez G. Deleuze, voir François ZOURABICHVILI, *Deleuze : une philosophie de l'événement*, PUF, Paris, 1996, p. 85-88, ainsi que *Le Vocabulaire de Deleuze*, Ellipses, Paris, 2003, p. 10-13.

54. François ZOURABICHVILI, *Deleuze : une philosophie de l'événement*, *op. cit.*, p. 107.

décision comme un événement », c'est penser la subjectivation elle-même comme un événement : l'acte d'autoconstitution de la multitude en sujet politique est en ce sens l'événement par excellence[55].

En définitive, ce que l'on obtient ainsi, c'est un dédoublement de la notion de politique. Selon la première ligne de pensée, la politique se dit de l'être lui-même, elle en constitue une dimension essentielle, elle appartient par conséquent à ce que M. Hardt et A. Negri appellent, à la suite de G. Deleuze, le « plan d'immanence », et elle relève entièrement de l'ontologie. Mais, selon la seconde ligne de pensée, la politique s'identifie à la décision constituante comme événement, et comme telle elle « émerge » de l'être, elle en sort, mais sans pouvoir s'expliquer à partir de l'être dont elle sort, elle prend alors la figure d'un acte dont la contingence est radicale. Toute la question est, on le comprend, celle du rapport entre ces deux acceptions de la politique : comment penser le rapport entre la politique comme attribut ou dimension de l'être et la politique comme décision ou événement ? Si l'on tient que la politique comme décision se déduit de la politique comme dimension de l'être, que reste-t-il encore de la ponctualité de l'acte de volonté qui ne peut qu'être indérivable en lui-même ? Mais si l'on entend préserver la décision de toute immersion dans l'être, comment ne pas reconnaître l'irréductibilité de la politique à l'être social, et comment par suite ne pas admettre que de la multitude comme sujet social à la multitude comme sujet politique il ne saurait y avoir de « passage » ?

La vérité est que la politique comme décision ou événement relève d'une kairologie et que la kairologie excède toute ontologie du social. Pourquoi faudrait-il s'enfermer dans la fausse alternative d'avoir soit à résorber entièrement la politique dans

---

55. Là encore, il importe de marquer une différence importante entre Antonio Negri et Gilles Deleuze, dans le prolongement de la note 52 : alors que chez G. Deleuze le couple conceptuel fondamental est celui du *virtuel* et de l'*actuel* et non celui du *possible* et du *réel* (le réel n'étant jamais, pour lui comme pour Henri Bergson, que le « développement » du possible), chez M. Hardt et A. Negri le problème est celui du passage *du possible au réel via le virtuel* (*Empire*, *op. cit.*, p. 539, note 8, et p. 445 sur la virtualité comme « connexion » ou « charnière » entre le possible et le réel). Plus précisément, c'est l'autoconstitution de la multitude en sujet politique, à partir des *virtualités* (des pouvoirs productifs) de la multitude comme sujet social, qui accomplit le passage du possible au réel. Ce passage ne fait donc qu'un avec l'« événement » lui-même. On peut d'ailleurs se demander si le maintien de la notion de « possible » n'est pas dicté par le souci, si manifestement étranger à G. Deleuze, d'inscrire l'« événement » dans un processus de « maturation » et de « développement ».

l'être social, soit à sombrer, à l'instar de Schmitt, dans un mysticisme de la décision comprise comme « un pur acte politique, séparé de l'être social [56] » ? Ne convient-il pas de dissocier spécificité de la politique et transcendance de la politique ? Et à cette fin n'est-il pas temps de renoncer à cette axiomatique (dont le marxisme s'est voulu l'inflexible gardien) qui veut à tout prix que le sujet politique ait à se constituer à partir d'un sujet social identifiable par sa place dans le processus de la production ? Ne faut-il pas commencer par reconnaître à l'authentique action politique l'immense mérite d'ouvrir une fracture dans l'être social obligeant à une reconfiguration radicale de la structure même de cet être ?

La « méthode institutionnelle » du fédéralisme et la « démocratie de la multitude »

Cette difficulté d'articuler la politique comme événement à la politique comme dimension de l'être se retrouve jusque dans la manière dont M. Hardt et A. Negri tentent d'indiquer quel type de structure institutionnelle le pouvoir constituant de la multitude pourrait mettre en place. À dire vrai, de telles indications sont éparses, allusives et, dans l'ensemble, assez décevantes. En tout état de cause, il semble que la « démocratie absolue » portée par le projet de la multitude exclut tout mécanisme de représentation [57]. M. Hardt et A. Negri rappellent à ce sujet l'argumentation de Madison opposant au danger de la démocratie (le gouvernement direct du peuple) la vertu du « filtre » représentatif prévu par la Constitution américaine (selon lui la marque distinctive du républicanisme moderne [58]). Ils y voient la preuve que « la démocratie et la représentation font mauvais ménage [59] ».

---

56. Michael HARDT et Antonio NEGRI, *Multitude*, *op. cit.*, p. 397.

57. « Il semble » seulement, dans la mesure où certaines formulations vont dans le sens de la recherche de *nouvelles* formes de représentation plutôt que dans celui de l'abolition de *toute* forme de représentation (voir en particulier *Multitude*, *op. cit.*, p. 340-341). Reste que ces formulations sont isolées et pour le moins elliptiques.

58. Pour Madison, le républicanisme exige que le pouvoir politique soit confié à ceux qui possèdent « le plus de sagesse et le plus de vertu » (Bernard MANIN, *Principes du gouvernement représentatif*, Champs Flammarion, Paris, 2001, p. 153).

59. Michael HARDT et Antonio NEGRI, *Multitude*, *op. cit.*, p. 282.

Après avoir repris à grands traits la typologie wébérienne de la représentation (représentation « appropriée », représentation « libre », représentation « mandatée »), ils concluent que *toute* représentation, quelle qu'en soit la forme, « relie et sépare en même temps » représentants et représentés, de telle sorte que les représentants soient à la fois les serviteurs des représentés et les défenseurs de l'unité de la volonté souveraine, ou, pour le dire autrement, la nature double de la représentation, qui relie et sépare, fait d'elle une « synthèse disjonctive [60] » qui fonctionne en dernière analyse comme instrument de la souveraineté. Aussi s'emploient-ils à mettre en évidence les limites de certaines propositions de réforme de la représentation à l'échelle mondiale (création d'une « assemblée des peuples » venant doubler aux Nations unies l'assemblée des États, mise en place d'un « parlement global », etc.) : toutes présupposent le « concept moderne de représentation », élaboré à l'échelle de l'État-nation, et toutes procèdent de façon non critique à une transposition de ce modèle au niveau global. Ce qui est fondamentalement en cause, c'est donc l'« analogie domestique » en vertu de laquelle une telle transposition du national au mondial est indûment opérée [61].

C'est en ce point de leur argumentation que M. Hardt et A. Negri en appellent à une « nouvelle science politique » qui réaliserait pour la « démocratie globale » ce que les révolutionnaires du XVIIIe siècle avaient fait pour les structures internes de l'État-nation : de la même manière que ces derniers, comprenant qu'on ne pouvait transposer le modèle athénien de la *polis* à l'échelle de la nation moderne, avaient inventé le modèle inédit de la représentation, nous devons aujourd'hui renoncer à transposer le modèle de l'État-nation à l'échelle du monde pour tenter d'inventer « de nouvelles formes de démocratie qui vont au-delà de la représentation [62] ». Qu'on ne s'y trompe pas : il ne s'agit pas là essentiellement d'une contrainte liée à un changement d'échelle, mais d'une exigence qui procède de la nature même de la démocratie comme « gouvernement de tous par tous ». Aussi la façon dont, dans le dernier chapitre de leur ouvrage, M. Hardt et A. Negri placent cette « nouvelle science de la démocratie » sous le double patronage de Lénine et de Madison

60. Michael HARDT et Antonio NEGRI, *Multitude*, *op. cit.*, p. 279 et 285.
61. *Ibid.*, p. 353.
62. *Ibid.*, p. 294.

est-elle pour le moins déroutante. Certes, la première référence trouve sa justification dans l'objectif même de la démocratie : sa réalisation requiert la destruction de la souveraineté qui, au dire des auteurs, était précisément « au cœur de la conception communiste et anarchiste de l'abolition de l'État » renouvelée par Lénine dans *L'État et la révolution*[63].

Que dire en revanche de Madison ? Son nom est invoqué, non pas bien entendu au titre de sa perception des dangers de la démocratie, mais à celui d'une « méthode institutionnelle » faite « d'équilibres entre les pouvoirs, de droits et de garanties[64] ». La question est alors de savoir ce qui rend nécessaire le recours à une telle « méthode institutionnelle ». On sait assez que le projet léniniste d'une « destruction de la souveraineté » a abouti dans les faits à la création d'une nouvelle forme de souveraineté, celle du parti d'avant-garde. La référence à Madison prend alors tout son sens : « La révolution de la multitude doit échapper à la malédiction de Thermidor[65]. » C'est donc pour empêcher la restauration de la souveraineté, ou du moins lui faire efficacement obstacle, que des « garanties constitutionnelles » spécifiques sont indispensables. Cependant, les conditions radicalement nouvelles dans lesquelles, nous assure-t-on, prend corps le projet politique de la multitude devraient en elles-mêmes suffire à rendre ce genre de garanties superflues. S'il est vrai, comme nous l'avons vu, que le pouvoir constituant est entièrement immanent au champ de la production sociale (pour ainsi dire « enveloppé » en elle), si la structure institutionnelle de la démocratie à venir est effectivement « enchâssée » dans les réseaux qui donnent dès à présent à la production son mode d'organisation spécifique, quel besoin y a-t-il de protéger par avance cette structure de la corruption et de la dissolution ? En quoi la menace d'une rechute dans la souveraineté pourrait-elle la concerner ? D'autant que le pouvoir constituant de la multitude est par essence inaliénable et non délégable. Sur ce point, nos deux auteurs rejoindraient volontiers la critique adressée par Schmitt à Sieyès : le sujet du pouvoir constituant, quel qu'il soit, ne peut être représenté dans l'exercice de ce pouvoir[66]. Puisque

63. *Ibid.*, p. 399. Voir ci-dessus note 22.
64. *Ibid.*, p. 400.
65. *Ibid.*, p. 401.
66. Carl SCHMITT, *Théorie de la constitution*, *op. cit.*, p. 216, où C. Schmitt reproche à E. J. Sieyès d'avoir associé « la théorie démocratique du pouvoir constituant du peuple »

le pouvoir constituant est d'emblée soustrait à la logique de la représentation et qu'il ne fait que consacrer la « logique institutionnelle » déjà à l'œuvre dans les réseaux de la production, d'où vient que la « méthode » de Madison soit si précieuse ? Plus précisément encore, quel sens l'organisation d'un « équilibre des pouvoirs » pourrait-elle garder en dehors du contexte institutionnel du fédéralisme dans lequel elle s'est imposée ? Et peut-on dissocier si facilement le fédéralisme lui-même du mécanisme de la représentation ? Autant de questions dont il est difficile de faire l'économie pour peu que l'on se rappelle les conditions bien particulières dans lesquelles Madison élabora le « principe fédératif » de la combinaison de pouvoirs constitués indépendamment les uns des autres.

On doit à H. Arendt d'avoir mis en lumière dans son *Essai sur la révolution* la singularité de l'expérience américaine relativement à la question du rapport entre pouvoir constituant et pouvoir constitué. Elle y établit en particulier en quoi cette expérience résout cette question d'une tout autre manière que la révolution française. Pour Sieyès, on s'en souvient, la nation détentrice du pouvoir constituant est dans un perpétuel « état de nature » puisque, en tant que source unique de la loi, elle ne peut qu'être elle-même en dehors et au-dessus de toute loi. De l'avis de H. Arendt, cet axiome entraîna des conséquences proprement ruineuses : aucune assemblée constituante ne put acquérir au cours de la révolution suffisamment de légitimité pour faire reconnaître dans la constitution qu'elle avait élaborée la loi du pays, car aucune assemblée constituante, étant par définition supérieure à toute loi constitutionnelle, ne pouvait se prévaloir d'une quelconque constitutionnalité. À l'inverse, la révolution américaine parvint à échapper au « cercle vicieux du pouvoir constituant et du pouvoir constitué » dans la mesure où elle procéda dès l'origine de « corps constitués » antérieurement au conflit avec l'Angleterre et se gouvernant eux-mêmes (districts, comtés, communes) : ainsi, ceux qui siégèrent aux conventions des différents États, puis à la convention fédérale elle-même, « reçurent pouvoir de constituer » de ces corps constitués dont ils étaient eux-mêmes les délégués[67]. On voit que leur pouvoir

à « la théorie antidémocratique de la *représentation* de la volonté populaire par l'Assemblée nationale constituante ».

67. Hannah ARENDT, *Essai sur la révolution*, *op. cit.*, p. 242 et sq.

constituant n'avait rien de commun avec la fiction d'un « état de nature » et qu'il n'était donc pas délié de toute loi, puisqu'il était entendu qu'il ne devait s'exercer que dans les limites des lois que les corps constitués s'étaient déjà données à eux-mêmes.

À la lumière d'une telle expérience, on a un pouvoir constituant qui perd en absoluité ce qu'il gagne en légitimité : étant issu de « pouvoirs constitués » qui lui préexistent, il tient d'eux sa propre autorité, mais de ce fait même il ne peut que renoncer à la prétention exorbitante d'être au-dessus des lois. En ce sens, on peut affirmer d'un tel pouvoir constituant qu'il échappe à la logique de la souveraineté. Il reste cependant « constituant » pour autant qu'à lui seul appartient de donner une constitution à l'ensemble des États, mais cette prérogative ne l'autorise nullement à abolir les lois de ces États, pas plus que celles des corps constitués subalternes qui ont également leurs propres lois. À la différence du pouvoir constituant de la multitude (tel que s'efforcent de le penser M. Hardt et A. Negri), ce pouvoir constituant résultant de corps constitués n'est non souverain que dans la mesure où il n'est pas transcendant à l'égard de toute loi. À cette première différence vient s'en ajouter une seconde, tout aussi décisive. Ce pouvoir constituant non souverain n'est aucunement « immanent au social ». Les corps constitués dont il procède sont des « sociétés politiques », de véritables « corps politiques civils » liés par une « promesse mutuelle[68] ». En ce sens, ils contribuent à définir un espace public propre, comme tel irréductible au jeu spontané des forces sociales. Ce qui le montre en particulier, c'est que leur combinaison procède à tous les niveaux du mécanisme « séparateur » de la représentation.

En fin de compte, un tel pouvoir constituant est tout ensemble redevable au constitué de sa légitimité et irréductible au social, alors que celui de la multitude devrait être tout à la fois supérieur à tout constitué et entièrement immanent au social. Il semble donc difficile d'invoquer l'exemple de la révolution américaine pour penser la structure institutionnelle de la « démocratie de la multitude ». Cela est d'autant plus vrai que le souci d'éviter le « gouvernement de la multitude » animait non seulement un Madison, mais également un Jefferson. On sait pourtant que ce dernier, précisément pour prévenir la corruption de la République, avait projeté de « diviser les comtés en circonscriptions »

68. *Ibid.*, p. 246-247.

de manière à créer des « républiques élémentaires » permettant à chaque citoyen d'agir en tant que citoyen, c'est-à-dire de participer au gouvernement des affaires publiques. Mais, comme l'atteste suffisamment la correspondance de Jefferson, ce projet n'avait absolument pas pour fin d'établir le pouvoir de la multitude (*the power of the many*) : il s'agissait bien plutôt dans son esprit de « diviser le gouvernement entre les membres de la multitude (*to divide government among the many*), en distribuant à chacun exactement la fonction pour laquelle il est compétent [69] ». Par conséquent, non seulement cette division du gouvernement par la création de « petites républiques » diffère du gouvernement de la multitude, mais elle est explicitement conçue comme un moyen de prévenir la dégénérescence du gouvernement qui aboutirait à la concentration des pouvoirs « entre les mains d'un seul, du petit nombre, des bien nés ou de la multitude » (*in the hands of the one, the few, the wellborn or the many*) [70]. De la combinaison de cet échelon élémentaire (arrondissements) avec les autres (comtés, États, Union) aurait ainsi dû naître un système « d'équilibre et de freins » (*balances and checks*) susceptible de prévenir la corruption du gouvernement [71]. On voit donc que, même dans sa version la plus audacieuse, la « méthode institutionnelle » élaborée par la révolution américaine est difficilement séparable de la structure institutionnelle du fédéralisme et, pour cette même raison, difficilement conciliable avec le « gouvernement de tous par tous », puisqu'elle ne vise pas à remédier à ses éventuels défauts, mais purement et simplement à empêcher qu'il ne voie le jour.

Pour échapper à une telle conclusion, il nous est toujours loisible de prolonger les réflexions ébauchées par Jefferson en dissociant clairement le principe fédératif du principe représentatif : c'est précisément là ce que tente H. Arendt en rapprochant le système des « républiques élémentaires » du système des « conseils ». Ce qui se dessine alors, c'est la vision d'un « nouveau corps politique » dont la structure serait fédérative et qui formerait de ce fait comme une « pyramide » dont la base serait constituée par des organes d'action et de participation, et non par des organes de représentation. Mais, dans cette vision, il

69. *Ibid.*, p. 375 (nous retraduisons).
70. *Ibid.*
71. *Ibid.*, p. 376.

est essentiel que les « conseils » soient conçus comme des organes d'action, et non comme des organes de gestion ou d'administration de la production [72]. Autrement dit, la condition de possibilité d'un tel État fédératif affranchi de la contrainte de la représentation n'est autre que l'autonomie du politique (l'action) relativement au social et à l'économique (la direction de la production). Ce qui implique notamment que les « conseils » soient dès l'origine dotés d'un pouvoir constituant : on retombe par là même sur l'idée d'un pouvoir constituant qui n'est pas immanent au social, idée que M. Hardt et A. Negri récusent au nom de l'impossibilité de continuer à différencier comme par le passé la production économique de l'action spécifiquement politique.

D'une façon plus générale, ce qui est une nouvelle fois en cause, c'est le rapport que l'« être-commun » de la multitude entretient avec la politique. Dans la pensée arendtienne, comme dans toute la tradition de la pensée politique classique, la multitude comme telle relève encore de l'« état de nature ». C'est bien pourquoi, aux yeux de H. Arendt, le tort fondamental des dirigeants de la Révolution française fut d'ouvrir le domaine politique à « cette force naturelle, prépolitique de la multitude » (*this pre-political, natural force of the multitude*), en quoi ils se montrèrent liés par la fiction chère à Sieyès d'un absolu supérieur à toute loi [73]. À l'inverse, le mérite de la révolution américaine fut de reconnaître à la structure politique des corps déjà constitués un pouvoir constituant, de telle sorte que le pouvoir constituant à l'échelle fédérale émane du pouvoir constituant des corps constitués aux échelons inférieurs, ce qui permit d'éviter l'abîme d'un pouvoir voué en tant que source de toute loi à la condition prélégale de l'état de nature, c'est-à-dire au déchaînement de la violence. Dans cette perspective, on doit opposer à la « prétendue volonté » d'« une multitude libre de tous liens mutuels et de toute organisation politique » (*a multitude outside all bonds and all political organization*), qui est instable par définition et incapable de servir de fondation à l'État, la « réalité vivante » de la « multitude organisée » (*the organized multitude*) dont le pouvoir s'exerce en conformité avec les lois [74].

72. *Ibid.*, p. 405 à 407.
73. *Ibid.*, p. 267.
74. *Ibid.*, p. 239, 267 et 244.

La conception de M. Hardt et de A. Negri est, comme on le sait, tout autre. À les en croire, la multitude comme sujet social est d'emblée, spontanément et naturellement, une « multitude organisée », une telle affirmation suffisant par elle-même à disqualifier le problème de la transformation de la multitude « naturelle » en multitude « organisée » comme un faux problème. Si la notion de l'état de nature peut être néanmoins appliquée à la multitude de l'Empire, c'est seulement pour autant que cet état de nature diffère radicalement de l'état de nature défini par la violence tel que cherchèrent à le penser les théoriciens de la philosophie politique de l'âge classique (le fameux *bellum omnium contra omnes* de Hobbes). Pour nos auteurs, « notre état de nature est ce qui est créé au sein des réseaux communs de la multitude[75] ». Par où il faut entendre que cet état est constitué d'interactions de toutes sortes, rendues possibles dans les faits par des relations démocratiques entre les singularités qui appartiennent à la multitude. La démocratie n'est donc pas simplement une exigence, elle est dès maintenant la véritable fondation de « notre vie commune » ; pour le dire autrement, elle ne relève pas d'un devoir-être abstrait, elle constitue d'ores et déjà notre « être-commun », et en ce sens elle relève bien du « mouvement réel qui abolit l'état de choses existant[76] ». L'état de nature de la multitude a donc ceci de singulier que, loin d'être *a*-politique ou *pré*politique, il est déjà en lui-même un état de nature politique.

On retombe ainsi sur l'idée que le pouvoir constituant de la multitude est « enveloppé » dans les réseaux de la production sociale, qu'une « logique institutionnelle » foncièrement démocratique est déjà à l'œuvre dans ces multiples réseaux et, corrélativement, que la transformation de la multitude en sujet politique, tout comme la mise en place de la démocratie, n'est que le « développement » de cette logique qui est déjà au travail. Mais comme auparavant, peut-être même sous une forme encore aggravée, on retrouve la même difficulté théorique. La question est en effet de savoir comment comprendre le rapport entre la « dynamique constituante[77] » actuellement en cours (ou encore le « moteur constituant[78] » déjà en marche) et le « pouvoir constituant »

75. Michael HARDT et Antonio NEGRI, *Multitude*, *op. cit.*, p. 357.
76. Sur ce point, voir l'introduction, p. 17.
77. Michael HARDT et Antonio NEGRI, *Multitude*, *op. cit.*, p. 351.
78. *Ibid.*, p. 396. Sur la fonction centrale du schème du « moteur » dans la pensée de M. Hardt et de A. Negri, voir plus loin le chapitre de Christian Laval, « Pousser le capital

comme « décision constituante ». N'en sommes-nous pas alors réduits à faire directement *découler* la décision constituante des multiples « mécanismes institutionnels [79] » à travers lesquels la dynamique constituante s'accomplit dès maintenant et s'accomplira plus encore demain ? Dans ces conditions, comment sauvegarder le caractère de *rupture* propre au *Kairos* dont nous avons vu qu'il était essentiel à la décision comme « événement » ? En fin de compte, le rapport de la « dynamique constituante » ou du « moteur constituant » à la « décision constituante » ne nous reconduit-il pas directement au rapport de la politique comme « dimension de l'être » à la politique comme « événement » ?

Il ne sert à rien, pour tenter d'échapper à cette difficulté, de dédoubler la notion de « décision » elle-même, en ménageant une place, à côté de la décision comme événement, à la « décision coopérative » conçue d'après le modèle neurobiologique comme la « disposition » ou la « configuration » commune de tous les éléments d'un réseau [80]. Car *le dédoublement de la notion de décision ne fera que réfléchir le dédoublement de la notion de politique*, de sorte que la difficulté sera moins résolue que déplacée. La même question reviendra toujours : comment passer de la multiplicité des « décisions coopératives » à *la* décision globale comme événement ? Dit autrement, comment un pouvoir constituant pourrait-il être « entièrement immanent au social » sans perdre par là même son caractère constituant, puisqu'il ne tient ce caractère que de son irréductibilité même ? Plus simplement encore, comment penser de l'émergence, donc de l'irréductible, si tous les éléments de l'organisation biopolitique interagissent exactement « sur le *même* niveau [81] » ?

---

au-delà de lui-même ? ». Le plus remarquable est ici que ce schème d'origine physique informe ce qui est le moins susceptible de se laisser penser par lui, à savoir le processus de la décision politique.

79. *Ibid.*, p. 400.

80. Michael HARDT et Antonio NEGRI, *Multitude*, *op. cit.*, p. 403. (« Si nous avons auparavant parlé de la décision politique en termes de réseaux…, il nous faut *aussi* reconnaître la décision comme un événement… », nous soulignons), et p. 383-384 (pour le modèle neurobiologique dont s'inspirent M. Hardt et A. Negri, on se reportera aux réflexions de Antonio R. Damasio sur le processus de la prise de décision : Antonio R. DAMASIO, *Spinoza avait raison*, Odile Jacob, Paris, 2003, p. 146-150).

81. Michael HARDT et Antonio NEGRI, *Multitude*, *op. cit.*, p. 382, nous soulignons. On rappellera à cet égard que la notion d'« émergence » trouve précisément son origine dans une certaine compréhension de la relation de la conscience aux processus neurologiques en termes de *discontinuité qualitative* (Daniel ANDLER, Anne FAGOT-LARGEAULT, Bertrand SAINT-SERNIN, *Philosophie des sciences II*, Gallimard, Paris, 2002, p. 988-989). Pour une discussion des différents sens de la notion d' « émergence » relativement au

Au terme de ce parcours, il nous est donné de comprendre le caractère fortement aporétique du marxisme de M. Hardt et A. Negri. On y retrouve indéniablement la matrice conceptuelle du marxisme de Marx, le couple forces productives/rapports de production, mais réélaboré au prix de la constitution de difficultés théoriques quasi insurmontables. La principale innovation consiste à concevoir *la* force productive comme extérieure aux rapports de production et indépendante de ceux-ci : les forces productives ne sont plus ici les forces productives du capital, elles ne sont plus la contradiction *in actu*, elles sont la puissance productive de la multitude en tant qu'elle échappe en sa source même au contrôle du capital, et c'est dans cette mesure que cette puissance présente une positivité sans faille, car s'il n'y a en elle que du positif, c'est parce que son rapport au capital n'est pas tel qu'il constitue pour elle un obstacle *interne*. Tout procède de la volonté manifeste d'expulser de l'être de la multitude toute forme de négatif. Tandis que Marx s'efforce de penser comme une tendance à la transformation de la condition (le négatif de la « pauvreté absolue ») en mouvement (le sujet social), M. Hardt et A. Negri s'efforcent de penser comme une tendance à la transformation du mouvement (le positif de l'être-commun qui fait le sujet social) en sujet politique (la décision constituante). Cependant, cette ontologie vitaliste de la « force productive » se voit contrainte malgré tout de faire droit au négatif, mais à un négatif qui a la forme d'une *disruption* ou d'une *fracture* dans l'être-commun lui-même, c'est-à-dire à un *négatif non dialectique* qui n'est jamais assumé comme tel. L'ontologie fait ici obstacle à toute véritable théorie de la décision politique.

problème de l'irréductibilité de la conscience, voir John R. SEARLE, *La Redécouverte de l'esprit*, Gallimard, Paris, 1995, chapitre V, p. 159-160).

II

De la « limite » du capital au « seuil » du communisme

CHRISTIAN LAVAL

« La multitude, dans sa volonté d'être-contre et son désir de libération, doit pousser sa pointe à travers l'Empire pour sortir de l'autre côté », *Empire*, p. 272.

4

Pousser le capital au-delà de lui-même ?

Dans *Empire* et *Multitude*, M. Hardt et A. Negri entendent refonder les catégories de la pensée politique pour repenser un projet émancipateur dans les conditions nouvelles qui sont celles de l'Empire. C'est non seulement le grand modèle de la souveraineté étatique, mais également celui de la révolution bolchevique visant la prise du pouvoir d'État qui sont à leurs yeux des figures désormais épuisées. Penser les transformations du monde avec d'autres outils, tel est l'objectif déclaré d'une réflexion qui se situe philosophiquement dans la postmodernité.

Un projet d'émancipation

Pourtant, M. Hardt et A. Negri ont beau avancer que l'État et la Révolution, deux termes décisifs de la politique moderne que Lénine a rassemblés dans un ouvrage fameux, appartiennent à un passé révolu, ils n'en maintiennent pas moins, en le renouvelant certes dans ses formulations, un schème théorique qui est peut-être le plus typique de la philosophie politique moderne et qui ordonne la pensée marxiste dans son mouvement le plus caractéristique. Il consiste à penser le passage au communisme comme l'issue sinon inéluctable du moins probable des mutations du capitalisme. Autrement dit, si le communisme est la visée d'un sujet collectif, s'il réclame un « désir de communisme », ce communisme pour être désiré et *a fortiori* pour se réaliser suppose des conditions historiques spécifiques que le développement du capitalisme permet justement seul de réunir. Les ouvrages de M. Hardt et de A. Negri font preuve à cet égard de la plus grande fidélité à ce schème.

Il ne faudrait pas se méprendre ici : nos auteurs ne tombent pas dans la proclamation facile d'une issue communiste fatale. On ne trouve chez eux aucun déterminisme, mais plutôt l'affirmation réitérée que « le passage à l'Empire et ses processus de globalisation offrent [...] de nouvelles possibilités aux forces de libération [1] ». Mieux même, toute possibilité de transformation suppose de « passer au travers de l'Empire pour sortir de l'autre côté ». Ce qui conduit à la question de savoir si, pour accéder au communisme de façon plus rapide ou plus probable, il ne faudrait pas donner un coup de pouce au capital, le pousser au-delà de lui-même ou, pour reprendre une expression de F. Nietzsche qu'affectionnaient G. Deleuze et F. Guattari, s'il ne faudrait pas « accélérer le processus » ? C'est ce que M. Hardt et A. Negri reprennent à leur compte de la manière la plus explicite (en se référant d'ailleurs à ces mêmes auteurs) quand ils avancent que « l'Empire ne peut effectivement être contesté qu'à son niveau de généralité, et en poussant les processus qu'il met en œuvre au-delà de leurs limitations actuelles [2] ».

Cette pensée qui appelle à pousser jusqu'à ses conséquences ultimes l'extension du marché prend à contre-pied les discours critiques les plus courants que l'on tient sur la période. Alors que ces derniers font généralement état d'une constante régression des rapports de forces sociaux et politiques, ce qui tendrait à nous éloigner d'une perspective révolutionnaire, M. Hardt et A. Negri tiennent que nous n'avons jamais été aussi près du communisme, ou plutôt que nous sommes toujours, et plus que jamais, engagés dans le mouvement réel du communisme.

Les réflexions de M. Hardt et de A. Negri posent une double question. Il convient de s'interroger évidemment sur les implications politiques, stratégiques et tactiques de cet optimisme qui voit le communisme se dessiner dans le nouveau capitalisme et sur les difficultés nombreuses qu'une telle postulation suppose. Mais, avant de savoir de quelle nature peut être une politique qui se déduit de cette nécessité d'« aller au-delà de l'Empire », il faut

1. Michael HARDT et Antonio NEGRI, *Empire*, *op. cit.*, p. 20.
2. Michael HARDT et Antonio NEGRI, *Empire*, *op. cit.*, p. 259.

se demander si M. Hardt et A. Negri parviennent vraiment à échapper, quoi qu'ils en disent, à une manière typiquement progressiste de penser que Marx a poussée au plus loin. Celle-ci consiste à tenir que l'histoire est faite de phases nécessaires qui nous amènent toujours plus près d'un système social souhaitable, ce qui nous oblige à voir dans les périodes qui le précèdent ce qui déjà le préparait. On sait que Marx, de l'*Idéologie allemande* au *Capital*, n'a cessé de dire que le communisme présupposait la réalisation du marché universel. Sans doute nos auteurs se défendent-ils de tout finalisme et ne veulent-ils admettre qu'une téléologie « *post-factum* ». Mais c'est sous le couvert d'une proposition qui contient déjà par elle-même la fin du processus, proposition selon laquelle les différentes étapes du capitalisme ne seraient que des réponses à la créativité combative des exploités de sorte qu'il n'y aurait, selon eux, nul finalisme à voir dans la dernière étape du capitalisme postfordiste mondialisé — conçu comme « réponse » au prolétariat — le seuil décisif à franchir pour accéder au communisme [3]. Notre problème n'est donc pas de savoir si les auteurs suivent parfaitement la lettre de Marx. Il est plutôt de se demander jusqu'à quel point l'on peut encore adhérer à de telles façons de réfléchir le cours de l'histoire lorsque l'on prétend reconstruire la pensée critique.

De nouvelles possibilités de libération

« Pour la première fois » dans l'histoire de l'humanité, la démocratie devient possible, affirment M. Hardt et A. Negri [4]. La démocratie absolue, ou démocratie pure a été contaminée et capturée par le modèle de la souveraineté comme on le voit chez la plupart des penseurs du politique, de Hobbes à Lénine. Or la mondialisation, l'affaiblissement des États-nations, la constitution d'un pouvoir réticulaire à l'échelle de la planète mais surtout l'hégémonie du travail immatériel dans la sphère de la production et son extension à l'ensemble des activités sociales renvoient à la préhistoire les concepts élaborés par la philosophie politique moderne.

3. Michael Hardt et Antonio Negri, *Empire*, *op. cit.*, p. 82.
4. Michael Hardt et Antonio Negri, *Multitude*, *op. cit.*, p. 386.

L'argument central consiste à dire que le modèle hégémonique du travail industriel qui constituait la base du capitalisme et du socialisme « à l'ancienne » est désormais supplanté par un nouveau modèle caractérisé par le travail immatériel et l'intellectualité de masse [5]. Toutes les activités humaines, bien au-delà de la seule production économique *stricto sensu*, en sont affectées soit directement, soit indirectement. Ce travail immatériel ne se caractérise pas seulement par le fait qu'il mobilise des ressources différentes ou produit des biens d'une autre nature que le travail matériel. Sa caractéristique est de produire essentiellement des relations sociales, politiques et affectives. En un mot, cette forme de travail hégémonique donne lieu à une « production biopolitique » de l'existence humaine dans tous ses aspects [6]. Tout se passe comme si, avec le développement de ce nouveau modèle, on ne pouvait plus penser de façon séparée les domaines de l'économique et du politique, du privé et du public, de l'intellectuel et du matériel, du cognitif et de l'affectif. Ce changement majeur qui efface toutes les frontières sur lesquelles était établie la vie sociale et individuelle déclasse en même temps toutes les catégories théoriques comme il modifie toutes les perspectives de lutte et de projet.

Ce travail immatériel est le fondement historique de la multitude en ce qu'il est une « production de commun sur la base de commun » : les singularités qui entrent en relation communicationnelle produisent des connaissances, des affects, des images, qui deviennent la base de leur production ultérieure. Les caractères propres de ces activités productives permettent de concevoir et d'affirmer politiquement, comme jamais il n'avait été possible de le faire auparavant, l'autonomie du travail vivant vis-à-vis du capital, sa constante expansion, son excès par rapport à toute appropriation [7].

---

5. Il s'agit d'une thèse déjà ancienne. *Cf.* par exemple, Maurizio LAZZARATO et Antonio NEGRI, « Travail immatériel et subjectivité », *Futur antérieur*, n° 6, été 1991. On se reportera sur ce point à la troisième partie de El Mouhoub Mouhoud.

6. Michael HARDT et Antonio NEGRI, *Empire*, *op. cit.*, p. 47 *et sq.* Le terme emprunté à Michel Foucault est pris dans un sens nouveau de « production de vie », de rapports interindividuels et de formes d'existence. *Cf.* chapitre 6, « La communication, enjeu biopolitique ? ».

7. Voir les deux postulats et la loi dégagés par Pierre Dardot dans la première partie et la discussion de cette question par El Mouhoub Mouhoud dans la troisième partie.

Les effets révolutionnaires du postfordisme

L'analyse historique proposée par M. Hardt et A. Negri mériterait évidemment débat. Rappelons-la. La crise du fordisme puis l'avènement du postfordisme dans les années 1970 sont regardés comme une mutation fondamentale du capitalisme. Cette période se caractérise par la perte de centralité du travail immédiatement productif et par l'autonomisation de la coopération sociale [8]. Pour A. Negri, le capital a répondu à l'offensive ouvrière et anti-impérialiste des années 1960 par une réorganisation qui inclut toute la société dans la production : dispersion des usines, domination de la circulation sur la production, construction de réseaux communicationnels qui couvrent toute la société : « Toute innovation est une révolution ratée, mais qui a été tentée. Toute innovation est sécularisation de la révolution [9]. » A. Negri tient que c'est désormais toute la société qui peut être considérée comme productive et pas seulement l'entreprise, du moins si on la considère comme un isolat économique. Malgré la généralisation de cette subordination des rapports sociaux au capital, ou plutôt à cause d'elle, ce dernier ne parvient plus à contrôler le procès de travail, de multiples formes d'auto-organisation et d'autovalorisation se créent en dehors de lui, les « lignes de fuite » se multiplient. L'entrepreneur essaie, mais en vain, de contrôler une coopération sociale qui reste extérieure à son emprise directe [10]. Cette coopération, à laquelle l'État tente bien de donner encore une forme capitaliste, échappe de plus en plus au commandement par le capital : « Dans la nouvelle forme de la coopération sociale productive, face à chaque travailleur qui, pour déterminer de la valeur, « met l'âme au travail » (et s'il ne le fait pas, la valeur n'y est pas), le patron est un élément parasitaire [11]. » La contradiction entre la subsomption réelle de toute la société au capital et la nature intellectuelle, expansive, coopérative, communicationnelle et réticulaire du travail immatériel s'approfondit et s'élargit

8. La catégorie d'« ouvrier social » n'est pas nouvelle. Issue des théorisations de Mario Tronti, elle est au cœur des travaux de Antonio Negri dans les années 1970 : l'usine s'est répandue dans la société qui est, plus que jamais, une « usine » productive généralisée.

9. Antonio NEGRI, « Vingt thèses sur Marx », *in* Michel VAKALOULIS, Jean-Marie VINCENT (dir.), *Marx après les marxismes*, tome 2 : *Marx au futur*, L'Harmattan, Paris, 1997, p. 345.

10. Maurizio LAZZARATO et Antonio NEGRI, *loc. cit.*, p. 91

11. Antonio NEGRI, « À quoi sert encore l'État », *Futur antérieur*, n° 25-26, mai et juin 1995.

partout. La « résolution » capitaliste de la crise du fordisme crée les conditions d'une mise en question encore plus radicale du pouvoir du capital.

Cette hégémonie de la nouvelle forme de travail donne des chances nouvelles au communisme. Ce qui n'était pas réalisable dans les utopies socialistes anciennes sur le seul fondement du travail industriel le devient grâce aux nouvelles formes de coopération et à la nature « biopolitique » de la production. Comment peut-on penser cette occasion nouvelle ?

La production est plus que jamais production de la vie sociale. Marx, on se le rappelle, pensait que la concentration ouvrière et la coopération généralisée propres à la grande industrie, qu'il posait comme modèle de toutes les formes particulières de travail, constituaient historiquement la condition de possibilité de l'association des producteurs. Dans le chapitre XXIV du Livre I du *Capital*, K. Marx expliquait que, parallèlement à la concentration des capitaux, liée elle-même à l'extension du marché, devaient s'accroître « le poids de la misère mais aussi la colère d'une classe ouvrière en constante augmentation, formée, unifiée et organisée par le mécanisme même du procès de production capitaliste [12] ». Pour nos auteurs, toute l'histoire du socialisme réel montre que cette perspective d'autogestion porteuse des aspirations démocratiques est « restée clouée au sol » faute d'une conception de la représentation qui ne se confonde pas avec celle de la souveraineté moderne fondée sur l'unité de l'intérêt général garantie par le souverain, mais faute surtout d'avoir pu s'appuyer matériellement et socialement sur une forme de travail qui aurait permis la démocratie économique. Le funeste destin du socialisme est pensé comme l'effet de la dualité entre l'activité économique de type mécanique, exécutoire, manuel et le travail intellectuel de conception et d'organisation, division qui a été reconduite dans le mouvement ouvrier par toute une série de dédoublements : entre le parti centralisant la lutte et représentant l'intérêt général de la classe et les organisations représentant les intérêts locaux, partiels, immédiats des travailleurs ; entre l'avant-garde et l'organisation de masse ; entre les dirigeants qui décident de la stratégie et les militants qui luttent « sur le terrain ».

12. Karl MARX, *Capital*, *Livre I*, cité par Pierre Dardot, partie I, p. 77.

À suivre M. Hardt et A. Negri, l'impossibilité historique de construire le socialisme démocratique tel que l'avait imaginé Marx d'après le modèle de la Commune de Paris aurait donc tenu pour l'essentiel au modèle hégémonique du travail matériel. La production des biens industriels n'avait pas de rapport immédiat avec l'activité intellectuelle, elle se confondait encore moins avec l'action politique et le développement des liens sociaux. Cette production se réalisait dans des lieux séparés, confinés, en dehors du reste de la vie sociale. Il y avait sans doute, comme le pensait Marx, une dynamique coopérative dans et par la socialisation des forces productives dans la grande industrie, mais force est d'admettre qu'elle n'a pas suffi à la prise en main par les travailleurs de l'organisation de toute la vie sociale. La coopération à l'échelle des usines constituait en réalité une base trop étroite pour l'autogouvernement de la société entière. La nouvelle production hégémonique comme « production biopolitique », qui produit et reproduit la vie sociale dans son ensemble et non sa seule base matérielle, fournit désormais la « base ontologique » du communisme. La constitution des réseaux coopératifs, l'intégration de la communication dans la production dépassent de très loin le seul terrain économique : il s'agit d'une réorganisation des liens sociaux et du cadre institutionnel. En un mot, la production biopolitique « pose les bases d'un pouvoir constituant », elle rend possible la démocratie de la multitude.

La citation suivante résume et illustre le propos : « Souvenons-nous de la remarque ironique d'Oscar Wilde, pour qui le problème du socialisme était qu'il exigerait trop de soirées libres. La production biopolitique offre la possibilité d'accomplir le travail politique de création et de maintien des relations sociales de façon collaborative, au sein des réseaux communicatifs et coopératifs de production sociale, et non au cours d'interminables réunions tardives. La production de relations sociales, après tout, n'a pas qu'une valeur économique : elle est aussi un travail politique. La production économique et la production politique coïncideraient, et les réseaux coopératifs de production produiraient ainsi une nouvelle structure institutionnelle [13]. »

Le capital est plus que jamais parasitaire, du fait même que la force productive, dans le travail immatériel, se confond avec la

13. Michael Hardt et Antonio Negri, *Multitude*, *op. cit.*, p. 396. Le conditionnel ici est exceptionnel.

multitude, que cette dernière est la force productive indépendante du contrôle du capital, située en extériorité vis-à-vis des rapports de production, dont le produit commun issu d'une production commune ne peut être entièrement exproprié par le capital. L'importance, à cet égard, du passage du travail industriel au travail immatériel ne saurait être ici encore sous-estimée. L'exploitation reposait sur la dépossession et la séparation des ouvriers d'avec les moyens de production, obligés de vendre leur force de travail aux détenteurs des conditions matérielles de production, lesquels disposaient du pouvoir d'extraire une survaleur. Ce mécanisme de l'exploitation reposant sur la domination du capital, travail mort accumulé sur le travail vivant, s'enraye quand prend fin cette séparation et que le travail vivant s'autonomise en tant qu'*intellect général* immédiatement mis en œuvre dans la production. L'immatériel doit donc être pensé au sens fort comme la caractéristique nouvelle des moyens de production qui sont aussi, en tant que connaissances, affects, liens sociaux, les produits et les attributs de la multitude. Le travail immatériel, c'est la possibilité d'une réappropriation collective des conditions de production et d'une autonomie du travail vivant [14].

L'hégémonie du travail immatériel donne une base suffisamment large pour l'auto-administration démocratique de la société et la disparition totale de la souveraineté étatique moderne comme pouvoir séparé. La société de communication mondiale a réuni les conditions pour réaliser ce que la Commune de Paris n'a pas pu faire. Le problème consiste alors à se demander comment se constituent « les soviets de l'intellectualité de masse [15] », c'est-à-dire la démocratie de la multitude, et par quel type de décision elle est capable de devenir sujet politique. La coïncidence pratique entre économique, affectif, intellectuel, social et politique permet enfin de penser et de réaliser la destruction de la souveraineté dont le principe est la réduction à l'une des différences et la subordination des sujets à l'autorité unifiée du souverain, incarnation fictive du peuple [16].

---

14. Voir la discussion de la notion d'intellect général par Pierre Dardot, p. 59 *et sq.*

15. Antonio NEGRI, « République constituante », *Futur antérieur*, n° 15, 1993/1, p. 78-79.

16. Voir sur ce point Pierre DARDOT, p. 72.

De l'enfantement au moteur

L'analyse que nous venons de rappeler est fondamentale pour saisir la fidélité, du moins en apparence, que la réflexion de M. Hardt et de A. Negri entretient avec la tradition marxiste, en particulier avec le « trait de fabrique » peut-être le plus fameux du marxisme qui veut que le capitalisme engendre les conditions de son dépassement. On se rappelle la formulation classique de Marx et de Engels dans le *Manifeste* : « À mesure que la grande industrie se développe, la base même sur laquelle la bourgeoisie a assis sa production et son appropriation des produits se dérobe sous ses pieds. Ce qu'elle produit avant tout, ce sont ses propres fossoyeurs. Son élimination et le triomphe du prolétariat sont également inévitables [17]. » Cette idée ne vient pas en passant et au hasard chez Marx et Engels. Elle est au centre de leur conception du mouvement de l'histoire, laquelle permet de définir le communisme non pas comme un état de choses, encore moins comme une utopie mais comme le mouvement réel qui se développe à l'intérieur du capitalisme.

On a là toute une conception de l'histoire comme processus d'enfantement de chaque nouvelle société par celle qui la précède, selon une logique de progression de l'inférieur au supérieur qui n'est pas sans procéder d'une naturalisation de la dialectique hégélienne. La récurrence des métaphores empruntées au registre de l'obstétrique en constitue sans doute l'illustration la plus frappante. Ainsi, la préface de la première édition allemande du *Capital* (1867) affirme-t-elle que, loin de pouvoir sauter par-dessus les « phases de son développement naturel », une société peut tout au plus « abréger la période de la gestation et adoucir les maux de leur enfantement ». Ainsi encore, Marx fait-il de la révolution « l'accoucheuse de toute vieille société qui en porte une nouvelle dans ses flancs ». On voit que ce n'est pas sans raison que Engels appelait Marx le « Darwin de l'Histoire ». On comprend également que Marx ait salué le jugement d'un critique selon lequel la méthode mise en œuvre par *Le Capital* éclaire « les lois particulières qui régissent la naissance, la vie, le

17. Karl MARX et Friedrich ENGELS, *Manifeste communiste*, in *Œuvres I*, Gallimard, La Pléiade, Paris, 1963, p. 173.

développement, la mort d'un organisme social donné et son remplacement par un autre qui lui est supérieur [18] ».

Une certaine continuité semble se dessiner dans le raisonnement de M. Hardt et de A. Negri : de même que la grande industrie a donné naissance au prolétariat révolutionnaire, la diffusion croissante du travail immatériel « produirait » aujourd'hui la multitude constituante. À considérer les choses avec attention, on prend cependant la mesure de l'irréductible écart qui sépare les auteurs d'*Empire* d'une telle conception : M. Hardt et A. Negri récusent d'emblée, et c'est tout à leur crédit, le geste théorique d'une naturalisation de la dialectique. Quand Marx et Engels disent que la destruction de la bourgeoisie et le triomphe du prolétariat sont « inévitables », M. Hardt et A. Negri tiennent que la victoire de la multitude est seulement « possible », se gardant ainsi soigneusement de cet optimisme déterministe et évolutionniste qui a sous-tendu l'action du vieux mouvement ouvrier. Et si l'on trouve bien chez eux une opposition entre la « génération » et la « corruption » [19], celle-ci ne fait que réfléchir l'opposition entre la force collective du désir de la multitude et la négation unilatérale de ce même désir par l'Empire. Elle n'autorise nullement, mieux elle exclut catégoriquement, une quelconque « génération de la multitude à partir de l'Empire ». La constitution de la multitude comme force sociale ne saurait ressortir, même analogiquement, à la logique d'un processus naturel. L'opposition de la « génération » et de la « corruption » n'a donc ici rien d'une opposition dialectique. On vérifie par là que l'« être-dans » de la multitude n'est aucunement un « être-engendré-par », mais un « être-antérieur-à » qui est en même temps un « être-indépendant-de » [20].

Si l'on rencontre chez Marx la figure obsédante de la gestation et de l'accouchement, elle est absente chez M. Hardt et A. Negri qui lui préfèrent celle du « moteur de l'histoire ». Cette métaphore artificialiste et technicienne éclipse totalement la métaphore naturaliste de l'« engendrement ». Si le pouvoir impérial « manque du moteur qui propulserait le mouvement [21] », c'est précisément parce que le « collectif » constitué par la

18. Karl MARX, *Le Capital*, Livre I, Postface à la 2e édition allemande, Éditions sociales, 1983, p. 17.

19. Michael HARDT et Antonio NEGRI, *Empire*, *op. cit.*, p. 465 *et sq.*

20. Voir l'introduction, p. 14-15.

21. Michael HARDT et Antonio NEGRI, *Empire*, *op. cit.*, p. 94.

multitude « est le moteur » du monde biopolitique [22]. En d'autres termes, si la « corruption » est le « contraire du désir », c'est-à-dire de la « génération », c'est pour autant que cette force du désir est le véritable « moteur ontologique » [23]. Les auteurs d'*Empire* sont très explicites dans l'usage qu'ils font de cette figure mécanique : « Le désir déterritorialisant de la multitude est le moteur qui propulse le processus entier du développement capitaliste, et le capital doit constamment essayer de le freiner [24]. » Si Marx fit de la force de travail la force productive fondamentale « faisant tourner le moteur téléologique du progrès de l'histoire » [25], M. Hardt et A. Negri font du désir de la multitude la force qui pousse en avant le cours de l'histoire, tout à la fois celle qui « appelle l'Empire à l'être » et celle qui « appelle et rend nécessaire sa destruction ». Cette classe productive n'est au fond que l'agent d'une force humaine qui se libère dans l'histoire ou, mieux, qui est l'histoire même comme expansion de la puissance humaine [26].

On pourrait sans doute retrouver dans cette métaphore du « moteur » des formes de pensée qui, au XIXe et au XXe siècle, ont été au fondement de la représentation de la société industrielle centrée sur le travail, et auxquelles Marx n'a pas échappé dans sa maturité comme l'a démontré de façon très documentée Anson Rabinbach [27]. Le concept de force de travail tel qu'il l'utilise s'éclaire beaucoup lorsqu'on le rapporte à la découverte de la loi de la conservation de l'énergie. La critique que fait Marx du capitalisme tient précisément à ce qu'il transforme en travail productif une énergie humaine considérable mais qu'il en gaspille aussi une part croissante du fait de son « anarchie ». L'exploitation elle-même se ramène à une économie de force dans la mesure où la plus-value est la différence entre une valeur produite par une certaine consommation de force de travail et la valeur que représentent les biens permettant de reconstituer l'énergie humaine qui pourra être utilisée comme force de

22. *Ibid.*, p. 467.
23. *Ibid.*, p. 468.
24. *Ibid.*, p. 164.
25. Anson Rabinbach, *Le Moteur humain*, *op. cit.*, p. 141.
26. On pourrait s'interroger, comme Michel Foucault l'a fait d'ailleurs, sur les rapports qui se nouent entre une telle conception de l'histoire, la promotion du travail et le vitalisme biologique au début du XIXe siècle. Voir plus loin chapitre 6 : « La communication, enjeu biopolitique ? ».
27. Anson Rabinbach, *Le Moteur humain*, *op. cit.*

travail. Le capital structure et capte à son profit la différence entre le fruit économique d'une dépense d'énergie et le coût économique de la recomposition de cette énergie dépensée. De la productivité de cette force de travail dépend l'ampleur de la différence énergétique accaparée par le capital, mais dépendent aussi les capacités pour l'humanité de se libérer du travail. C'est sans doute là que les perspectives que semble ouvrir Marx dans le « Fragment sur les machines » prennent toute leur importance. Car la vision d'un système productif fondée sur « une force motrice qui se meut elle-même [28] » permet de faire l'économie, si l'on peut dire, de la deuxième loi de la thermodynamique, celle de l'entropie qui est abandonnée aux seuls défauts du capitalisme anarchique.

Le progressisme de M. Hardt et de A. Negri se construit autour de cette idée clé du moteur désirant de la multitude, qui, en se manifestant comme travail immatériel, aurait le considérable avantage non seulement de ne rien coûter en termes d'utilisation énergétique, mais de produire une énergie en croissance exponentielle, n'était le frein que constitue le capital. L'immatérialisation du travail a justement cette vertu de nous faire sortir des lois de la thermodynamique au fondement de la théorie de la valeur de Marx, dont A. Negri nous dit qu'il ne reste sans doute rien [29]. Pour A. Negri, il n'y a plus de fondement naturel à la valeur de la force de travail, il n'y a plus de dehors naturel possible : « La valeur de la force de travail était basée sur un dehors, qui était sa capacité de reproduction de la force de travail définie justement comme travail nécessaire à cette reproduction de la force de travail. » C'est que, selon A. Negri, la différence réelle avec le passé industriel tient à ce que « quand je travaille avec mon cerveau, je ne consomme pas ». Et il devient plus explicite encore lorsqu'il affirme que « le travail immatériel, intellectuel, affectif, relationnel est un travail qui n'est pas consommé, qui n'implique pas une consommation mais constitue au contraire un travail multiplicateur. Ceci permet une libération. On ne peut pas nier, me semble-t-il, qu'il y a là un

28. Karl MARX, *Grundrisse*, cité par Anson Rabinbach, *Le Moteur humain*, *op. cit.*, p. 140.

29. Antonio NEGRI, *Job, la force de l'esclave*, Bayard, Paris, 2002, p. 32.

moment révolutionnaire, qu'a surgi là un élément qui a changé la nature du contrôle capitaliste [30] ».

Se confondant avec la vie, le travail, loin de disparaître comme certains l'annoncent, se généralise, s'intellectualise, s'identifie à une force humaine générique et transhistorique qui échappe à toute mesure et à toute limite et qui est fondamentalement un désir de libération. Toutefois, dans la mesure où ce qui fait tourner le moteur est l'énergie d'un désir de libération, rien n'assure par avance que cette énergie ne sera pas dévoyée par le pouvoir : dans cette téléologie « nouvelle manière [31] », l'accomplissement du *telos* est comme soustrait à la nécessité naturelle et rendu à l'incertitude de la *praxis* humaine et à l'issue des confrontations sociales et politiques : « On peut très bien imaginer que le capital s'appuyant sur des nouvelles technologies aura la capacité de récupérer cette nouvelle force. Ce que l'on voit en tout cas aujourd'hui est que les grandes luttes concernent aujourd'hui la liberté de l'information, les réseaux, les droits de propriété, la réglementation de la toile », ajoute encore A. Negri [32]. Cette lutte pour « le droit à la réappropriation [33] » repose sur l'idée que la multitude est de plus en plus « machinique » et plus précisément encore que la production biopolitique qui est la sienne se sert de moyens qui sont « intégrés aux esprits et aux corps » qui la composent. De sorte qu'avant même que ne soit réalisé ce droit de réappropriation, les bases ontologiques de l'« autoproduction » se sont mises en place [34]. Qu'est-ce donc que l'« autoproduction » sinon l'idée d'une production non seulement « sans mesure » comme insistent M. Hardt et A. Negri [35], mais sans perte d'énergie et donc potentiellement illimitée ? Le capital, dans ce dispositif, est considéré comme un simple frein au moteur désirant. On comprend alors que, politiquement, toute action ou toute position résistancielle qui viserait elle aussi à freiner le mouvement ne ferait qu'aller dans le sens du capital.

---

30. « Faire multitude ? » Entretien avec Antonio Negri, Séminaire Question Marx, *Cahiers critiques de philosophie*, n° 2, Hermann, mars 2006. Voir plus haut la contribution de Pierre Dardot.

31. Sur la « téléologie *post-factum* », *cf.* Michael HARDT et Antonio NEGRI, *Empire*, *op. cit.*, p. 82.

32. « Faire multitude ? » Entretien avec Antonio Negri, *loc. cit.*

33. *Ibid.*, p. 488.

34. Michael HARDT et Antonio NEGRI, *Empire*, *op. cit.*, p. 488.

35. *Ibid.* p. 428 *et sq.*

Les questions à se poser en ce point sont de deux ordres. Le premier touche au constat de l'hégémonie du travail immatériel. Si M. Hardt et A. Negri revendiquent un savoir objectif du monde social, on doit se demander en quoi l'hégémonie de la communication est fondée sur des observations rigoureuses. Ce point sera plus longuement traité dans la suite de cet ouvrage[36]. Le second ordre de questions concerne la déduction politique qu'ils s'autorisent à faire quant à l'accroissement des chances de passage au communisme. M. Hardt et A. Negri ont repris à leur compte les perspectives ouvertes par l'*Idéologie allemande* qui ont donné sa consistance au « matérialisme historique ». Ces perspectives particulièrement problématiques du marxisme expliquent, comme on se le rappelle, le mouvement des sociétés par les mutations de la production et du travail et appliquent les mêmes catégories et méthodes à toutes les formations sociales, à toutes les activités, à toutes les institutions. Chez M. Hardt et A. Negri, la sortie du capitalisme demeure pensée comme l'effet de la force de propulsion et de libération de l'activité humaine, laquelle renvoie au caractère intrinsèquement productif de l'homme. Cette « force productive » — qui prend souvent le singulier chez A. Negri — s'oppose aux rapports de propriété et aux limites de toutes sortes qui bloquent son énergie expansive. En repoussant les bornes dans lesquelles le capital voudrait l'enfermer, son action conduit au passage décisif à un autre système de production.

Le projet révolutionnaire lui-même repose sur cette ontologie de la production et du travail au principe de la critique de l'économie politique du capital. Sans doute, la pensée de Marx est-elle dialectique. La figure du fossoyeur ne prend vraiment sens que dans une ruse de l'histoire par laquelle la bourgeoisie crée elle-même son ennemi mortel. Chez A. Negri, le capital chevauche une force qu'il cherche à domestiquer mais qu'il ne constitue pas. La référence à cette puissance expansive de l'homme qui renvoie plus à Spinoza qu'à Marx conduit à faire du capital une simple dimension parasitaire et réactive et non l'exercice d'une domination organisatrice, structurante, productrice de sa négation.

36. Voir la troisième partie de El Mouhoub Mouhoud.

Les « barrières immanentes »

La figure du fossoyeur n'est pas le dernier mot de Marx. Un autre schème particulièrement important, celui des « deux barrières du capital » que l'on trouve dans *Le Capital*, permet de comprendre la manière dont M. Hardt et A. Negri pensent la « sortie de l'Empire ». Marx affirme que « la véritable barrière de la production capitaliste, c'est le capital lui-même[37]... ». Cette phrase vient en conclusion du chapitre sur la loi de la baisse tendancielle du taux de profit, au Livre III du *Capital*, dans lequel Marx a montré que l'on avait simultanément un accroissement de la masse de plus-value et une baisse du taux de profit du fait de l'augmentation de la proportion de capital constant dans la masse totale de capital utilisé. La contradiction tient ici au fait que la masse accumulée de capital sous sa forme constante vient arrêter son expansion ultérieure en raison de la baisse du taux de profit que cette même accumulation de capital a entraînée par la modification de la composition organique du capital. Mais cette formule renvoie à une logique plus générale dans la pensée de Marx, qu'on peut appeler la « logique des deux barrières » et qui est pour une grande part une transposition de la *Science de la logique* de Hegel.

Dans la partie de cet ouvrage consacrée à la « Doctrine de la qualité », ce dernier fait une distinction entre la limite (*Grenze*) et la borne (*Schranke*). Prise en elle-même, la limite détermine le rapport entre tel existant fini (tel « quelque chose ») et tel autre existant fini (tel autre « quelque chose »). En effet, tout « quelque chose » est limité par un autre « quelque chose ». Ainsi, par exemple, le point est la limite de la ligne en ce que la ligne n'est pas le point ; ainsi encore, un terrain qui est une prairie n'est pas un bois ou un étang, qui, sous ce rapport, constituent sa limite. On voit, à la lumière de ces exemples, que la limite n'est pas que négative. Bien plutôt, c'est en vertu de sa limite (de son rapport à ce qu'il n'est pas) que « quelque chose » est ce qu'il est : c'est en ce qu'elle n'est pas le point qui la limite que la ligne est la ligne, comme c'est en ce qu'il n'est pas bois ou étang que le terrain qui est une prairie est une prairie. Bref,

37. Karl MARX, *Le Capital*, Livre III, 3, *Œuvres II*, Gallimard, « La Pléiade », Paris, 1968, p. 1032. Cité par Gilles DELEUZE et Félix GUATTARI, in *Qu'est-ce que la philosophie ?*, Éditions de Minuit, Paris, 1991.

« quelque chose n'est ce qu'il est que *dans* sa limite et *par* sa limite [38] ». Dans la mesure où la limite fait ainsi du « quelque chose » ce qu'il est, elle ne l'appelle pas à aller au-delà d'elle. Le propre de la borne est à l'inverse d'imposer au « quelque chose » d'aller au-delà d'elle : « Il n'y a borne que dans la mesure où on l'outrepasse [39]. » La borne se distingue donc de la limite en ceci qu'elle constitue un obstacle au mouvement par lequel le « quelque chose » tend à se réaliser : c'est donc sous la pression d'une nécessité intérieure que le « quelque chose » doit outrepasser la borne, son rapport à la borne est un rapport négatif à lui-même.

Ce qui est en jeu, c'est bien la dialectique elle-même. Hegel montre en effet, dans un développement intitulé « Devoir-être (*Sollen*) et borne (*Schranke*) », que le dynamisme interne du « quelque chose » consiste à surmonter et à outrepasser l'obstacle de la borne, et c'est un tel mouvement qu'il appelle « devoir-être ». Il ne faut pas réduire cette expression à son sens moral (celui qu'elle prend chez Kant). Ce qu'elle signifie d'abord et avant tout, c'est que c'est en raison de la borne qui lui fait obstacle que « quelque chose » *n'est pas* ce qu'il doit être. Il doit surmonter cette borne pour être ce qu'il doit être. Mais, en même temps, dans la mesure où le dépassement de la borne lui est à ce point essentiel, « quelque chose » ne peut se réaliser qu'en présupposant et en maintenant cette borne, c'est-à-dire qu'en la reproduisant constamment. D'où l'idée d'une reproduction indéfinie de la borne au fur et à mesure de son dépassement.

L'originalité de Marx est, tout en s'inspirant directement de l'élaboration hégélienne de la notion de « borne », de distinguer *deux sortes* de « bornes » ou de « barrières ». L'expression « le capital est la véritable barrière » laisse en effet entendre qu'il y a plusieurs sortes de barrières. De fait, Marx distingue les « barrières immanentes » à la production capitaliste (*ihr immanenten Schranken*), barrières que celle-ci tend constamment à surmonter, et la « véritable barrière » (*die wahre Schranke*) qui

38. Georg Wilhelm Friedrich HEGEL, *Encyclopédie des sciences philosophiques I, La science de la logique*, Vrin, 1970, p. 526. Nous devons à Pierre Dardot cette explicitation précise du sens de la distinction hégélienne entre limite et borne.

39. Georg Wilhelm Friedrich HEGEL, *Science de la logique*, I, Aubier-Montaigne, Paris, 1972, p. 116.

n'est autre que le capital lui-même[40]. Les barrières immanentes sont nécessaires au fonctionnement même du capitalisme, elles sont des conditions posées par la production capitaliste, historiquement provisoires, devant sans cesse être dépassées. Pour le comprendre, il faut rappeler que le capitalisme ne se reproduit qu'en s'étendant, sa loi est celle de l'accumulation élargie, de l'automouvement expansif. Dans les *Grundrisse*, Marx définit le capital comme « le mouvement de sa constante augmentation ». Le capital ne peut cesser de se développer qu'en surmontant ces barrières inhérentes à son fonctionnement, ce qui se traduit par les crises périodiques, « solutions momentanées et violentes des contradictions existantes, des éruptions violentes qui rétablissent pour un moment l'équilibre troublé[41] ». Sont de cette nature la dépression et le chômage qui font baisser les salaires et augmenter le taux de plus-value, les phases de surproduction et de révolution technologique qui engendrent la dévalorisation brutale d'une partie du capital utilisé et diminuent la valeur du capital constant. Ces crises sont à la fois l'expression du mouvement du capital et l'occasion de modifier les conditions nécessaires à son expansion ultérieure, lesquelles conditions deviendront à leur tour des obstacles qui devront être dépassés.

Le capital a une tendance à surmonter les barrières qu'il se pose à lui-même en élargissant son champ géographique (par exemple en délocalisant la production, en conquérant de nouveaux marchés extérieurs ou intérieurs), en se concentrant, en augmentant la productivité, en accroissant la force de travail employée : « La production capitaliste tend constamment à surmonter ces barrières immanentes, mais elle ne les surmonte que par des moyens qui dressent ces barrières devant elles à nouveau et à une échelle plus formidable[42]. » Le contexte de cette remarque semblerait indiquer qu'elle ne concerne que les crises périodiques qui permettent une dépréciation du capital constant et une reprise sur de nouvelles bases du procès d'accumulation. On doit surtout l'entendre comme un trait beaucoup plus général du procès de la production capitaliste. Du commerce

40. Le mot allemand, *Schranke* est rendu dans toutes les traductions françaises du *Capital* par *limite*. Les commentaires de G. Deleuze et F. Guattari ou de M. Hardt et de A. Negri emploient eux aussi le terme de limite. Or, ainsi qu'on vient de le voir, *Schranke* signifie borne, barrière ou obstacle, plutôt que limite.

41. Karl MARX, *Le Capital*, *op. cit.*, p. 1031.

42. Nous traduisons nous-même ; pour une traduction différente, *ibid.*, p. 1032.

urbain réglementé au marché national protégé, du marché national ouvert au marché universel, la constitution de l'espace de plus en plus large sur lequel opère l'accumulation fournit une idée de cet élargissement du champ d'action du capital, les frontières géographiques étant ici l'un des modes de manifestation de ces limites que le capital repousse pour pouvoir continuer à se développer. Mais on pourrait en dire autant des « frontières » intérieures qui séparent vie professionnelle et vie domestique et plus généralement les différentes sphères d'activité depuis les premières phases du capitalisme. En d'autres termes, la loi même de l'accumulation du capital consiste à repousser toujours ses « bornes », autre manière de traduire *Schranke*. De sorte que, pour Marx, ces barrières dites justement « immanentes » au procès capitaliste n'en sont pas de véritables : ce sont tout au plus des bornes posées et repoussées dans le mouvement d'accumulation.

Le capital comme barrière du capital

On pourrait penser que, repoussant ainsi sans cesse les bornes, que ce soit les conditions techniques de production, l'étendue des débouchés ou les frontières géographiques ou institutionnelles, le capital témoignerait de sa capacité infinie d'augmentation de lui-même, c'est-à-dire d'une possibilité d'accumulation illimitée. Par certains côtés, Marx semble bien décrire un mouvement sans fin qui se reproduit en s'élargissant, qui pose des obstacles et les surmonte selon une alternance elle-même indéfinie (ce que Hegel appellerait le cycle du « mauvais infini »). Il n'en va pourtant pas ainsi. Marx est un penseur de la limite historique du capital. Le capital, au fur et à mesure qu'il surmonte les barrières qu'il pose devant lui, rencontre une *véritable barrière* au-delà de laquelle il ne peut plus aller. Qu'est-ce donc que cette « véritable barrière » ? Marx répond que c'est le « capital lui-même ». En d'autres termes, c'est *sa propre nature* qui le condamne à disparaître. Dans un passage des *Grundrisse*, Marx est beaucoup plus précis encore quant au caractère décisif de la distinction entre les deux sortes de barrières : « Mais, si le capital pose chaque limite de ce type comme un obstacle qu'il surmonte ainsi de manière idéelle, il ne le surmonte pas réellement pour autant ; et, comme chacun de ces obstacles est en contradiction avec sa détermination et sa destination, sa production se meut dans des contradictions qui sont constamment surmontées, mais tout aussi constamment posées. Il y a plus. L'universalité à laquelle le capital aspire irrésistiblement se heurte à des obstacles qu'il rencontre dans sa nature propre et qui le font reconnaître lui-même à une certaine phase de son développement comme obstacle majeur à cette même tendance à l'universalité, le poussant donc à son abolition[43]. »

On aurait tort de penser que ces deux types de barrières n'ont aucun rapport. Marx dit explicitement le contraire : « C'est donc sa propre nature qui le pousse à opposer au travail et à la création de valeur un obstacle qui contredit sa tendance à repousser démesurément ces obstacles. Et donc le capital, en posant un obstacle qui lui est spécifique, tout en cherchant par ailleurs à s'étendre au-delà de tout obstacle, est une contradiction vivante[44]. » Si le capital est voué à la répétition des crises périodiques au cours desquelles il dépasse ses barrières immanentes, c'est dans la mesure où il est par nature un obstacle pour lui-même ; en d'autres termes, c'est l'obstacle que constitue sa nature propre (la « véritable barrière ») qui fait qu'il ne peut que poser de nouveau les obstacles (les « barrières immanentes ») qu'il surmonte au fur et à mesure de son propre élargissement. Le contexte dans lequel s'inscrit le premier des deux passages cités est particulièrement éclairant sur ce point. Marx relève que si David Ricardo a bien vu la « tendance universelle du capital », il a en revanche ignoré l'« unilatéralité négative » et le « caractère borné » (l'allemand dit *Beschränktheit*, où la racine *Schrank* est nettement visible) de la production capitaliste, alors qu'à l'inverse, si Jean-Charles Léonard Simonde de Sismondi a bien vu ce « caractère borné », il a méconnu la « nature positive du capital » (la fameuse « tendance universelle » ou « tendance à l'universalité »). S'agissant donc des « barrières immanentes » (essentiellement celles de la circulation et de la réalisation), Ricardo les considère comme des obstacles « contingents ». Tenant qu'il est dans la nature du capital que ces obstacles soient surmontés, il ne parvient pas à comprendre la violence des crises de surproduction, tandis que Sismondi insiste à bon droit sur le

43. Karl Marx, *Manuscrits de 1857-1858 (Grundrisse)*, tome I, Éditions sociales, 1980, p. 349.
44. *Ibid.*, p. 361.

fait que l'apparition de ces obstacles est due à la nature du capital lui-même. Aux yeux de Marx, « tendance à l'universalité » et « caractère borné » sont donc absolument indissociables en tant qu'ils constituent les deux côtés d'une même contradiction.

Le capital est ainsi une « contradiction vivante » entre l'auto-expansion de lui-même et la tendance au développement absolu des forces productives. Si le capital peut se définir comme le *mouvement de sa constante augmentation*, il peut aussi se définir en tant qu'il est rapport social, comme l'*obstacle majeur* de son augmentation. C'est l'idée que l'on retrouve dans le passage suivant : « Il suffit ici de montrer que le capital contient une limitation (*Beschränkung*) particulière de la production — contredisant sa tendance générale à dépasser tous les obstacles qui entravent cette production — pour découvrir du coup la cause de la surproduction... » [...] « Ces limites immanentes doivent coïncider avec la nature du capital, avec ses déterminations essentielles et fondamentales[45]. » Les « barrières immanentes » et la « véritable barrière » sont donc étroitement liées : les premières sont immanentes en raison même de leur nécessité comme conditions du procès capitaliste. Mais cette nécessité renvoie à son tour à la nature propre du capital, donc à la « véritable barrière » qui est la contradiction fondamentale qui le traverse. La thèse de Marx, très directement inspirée de la *Science de la logique* de Hegel, est que la contradiction entre la tendance du capital et les obstacles qui lui sont immanents est une contradiction entre le capital et lui-même, donc une contradiction intérieure au capital qui ne peut que le pousser au-delà de lui-même : la « tendance » correspond très exactement à ce que Hegel appelle le « devoir-être », comme le montre le fait que Marx parle souvent de l'« aspiration », de la « destination », ou encore de la « tâche » (*Aufgabe*) du capital, tandis que les « obstacles » immanents au capital (parce que fondés dans son caractère spécifiquement borné) correspondent à ce que Hegel appelle la « borne ». Il ne peut donc y avoir opposition entre les obstacles immanents qui seraient extérieurs et la limite qui serait intérieure. Les premiers sont fondés sur la borne que constitue le capital vis-à-vis de lui-même et qui le pousse toujours au-delà de lui-même jusqu'à son abolition.

45. *Ibid.*, p. 354-355.

Cette barrière majeure est en même temps une limite initiale, elle est inscrite dans le rapport capitaliste, dans le capital comme rapport social. Le travail en surplus, non payé, donne lieu à une survaleur qui doit être réalisée sur le marché. Mais ce ne sont pas, par définition, les travailleurs qui peuvent constituer intégralement et immédiatement le marché sur lequel les marchandises seront vendues et qui permettront la poursuite du cycle d'accumulation. L'exploitation est la barrière même du capital, celle que l'on retrouve à tous les niveaux et à tous les moments du procès d'accumulation. La contradiction se déplace, repoussée constamment, mais s'accentuant au fur et à mesure que s'accroissent les moyens de production, le volume des marchandises, les transactions du marché.

Marx situe cette contradiction entre le *but* et le *moyen* du capital comme expansion de soi-même. La fin de l'activité productive est l'expansion du capital existant, le moyen en est le développement des forces productives sur un marché de plus en plus large, aux confins du monde, jusqu'à la réalisation du marché universel (l'ensemble de ces élargissements traduisant la « tendance à l'universel » du capital). « Le moyen — le développement illimité des forces productives de la société — entre en conflit permanent avec le but limité, la mise en valeur du capital existant[46]. » La fin du capital comme autovalorisation est limitée, son moyen comme développement des forces productives, illimité : « Le mode de production capitaliste implique une tendance au *développement absolu des forces productives*, sans tenir compte de la valeur et de la plus-value qu'elle renferme, et indépendamment des conditions sociales dans lesquelles la production capitaliste s'effectue[47]. » C'est ce développement illimité des moyens de production qui permet « un épanouissement toujours plus intense du processus de la vie pour la société des producteurs[48] ».

En somme, le capital comme rapport social entre en contradiction avec les méthodes de production du capital qui « tendent vers l'accroissement illimité de la production, vers la production comme une fin en soi, vers le développement absolu de la

46. *Le Capital*, *Œuvres II*, *op. cit.*, p. 1032.
47. *Ibid.*, p. 1031.
48. *Ibid.*, p. 1032.

productivité sociale du travail[49] ». Et le passage se poursuit par une formule remarquable : « Si le mode de production capitaliste est, par conséquent, un moyen historique de développer la puissance matérielle de la production et de créer un marché mondial approprié, il est en même temps la contradiction permanente entre cette mission historique et les conditions correspondantes de la production sociale[50]. » Passage qui a de très nombreux équivalents dans le *Capital* et dans les œuvres précédentes, en particulier dans l'*Idéologie allemande* et dans le *Manifeste*, lesquels passages ont donné lieu dans la vulgate à l'idée bien connue de la contradiction entre les rapports de production capitaliste et le développement des forces productives[51].

On connaît les formules fameuses de l'avant-propos à la *Critique de l'économie politique* de 1859, qui ont alimenté pendant un siècle le catéchisme des écoles de formation des partis communistes, texte dans lequel Marx, après avoir décrit la société comme un édifice doté d'une base économique et d'une superstructure intellectuelle et juridique, écrit : « À un certain degré de leur développement, les forces productives matérielles de la société entrent en collision avec les rapports de production existants, ou avec les rapports de propriété au sein desquels elles s'étaient mues jusqu'alors, et qui n'en sont que l'expression juridique. Hier encore formes de développement des forces productives, ces conditions se changent en de lourdes entraves. Alors commence une ère de révolution sociale. » Et plus loin Marx ajoute ces autres remarques mémorables : « Jamais une société n'expire avant que soient développées toutes les forces productives qu'elle est assez large pour contenir ; jamais des rapports de production ne se mettent en place, avant que les conditions matérielles de leur existence ne soient écloses dans le sein de la vieille société. » C'est dans ce contexte que Marx avance cette proposition particulièrement problématique pour notre propos : « C'est pourquoi l'humanité ne se propose jamais que les tâches qu'elle

49. *Ibid.*, p. 1032.

50. *Ibid.*, p. 1032.

51. On trouve cette association dans un autre passage du Livre III : « La crise éclate au moment où la contradiction et l'antagonisme entre, d'une part, les rapports de distribution — donc la forme historique spécifique de leurs rapports de production — et, d'autre part, les forces productives et les facultés créatrices de leurs agents gagnent en ampleur et en profondeur. Alors surgit un conflit entre le développement matériel de la production et sa forme sociale. »

peut remplir[52]. » En l'occurrence, cela signifie que le mouvement même du capital a permis le développement du prolétariat, seule classe capable de poser comme fin illimitée ce qui n'était que le moyen illimité d'une fin limitée.

Marx en dépit de Marx

L'idée de cette contradiction fondamentale entre les rapports de production capitaliste et le développement des forces productives qui est au fondement de la réflexion de Marx a été mise en question dans la période de croissance d'après guerre, surtout sous la forme assez partielle que l'on trouve dans *Le Capital*, c'est-à-dire l'analyse de la baisse tendancielle du taux de profit[53]. Cette « loi » a été fortement contestée puisqu'elle semblait conduire à l'idée d'une baisse inéluctable du taux d'accumulation et de croissance, contraire aux observations que l'on pouvait faire dans la réalité. On a souvent oublié ce qu'elle était censée traduire, la contradiction fondamentale entre le développement de la production de richesse supposée illimitée que le capitalisme suscitait et l'étroitesse du capital comme rapport social, historiquement dépassable, c'est-à-dire la contradiction du capital avec lui-même.

De fait, le marxisme, sous sa forme déterministe et évolutionniste, est incontestablement entré en crise une première fois quand le capitalisme a montré ses capacités retrouvées de croissance avec le fordisme, une deuxième fois quand il a réussi à contenir et à vaincre les poussées révolutionnaires du prolétariat dans les années 1960 et 1970, une troisième fois quand il a recomposé ses bases productives, sa technologie, les modes de travail, recommencé à modeler l'espace économique mondial avec les multinationales, et entrepris de démanteler le fordisme national et l'État social. On pouvait en conclure, comme

52. Karl MARX, *Œuvres I*, *op. cit.*, p. 273.

53. Dans le chapitre du Livre III où il en est question, K. Marx entend montrer le caractère paradoxal de la hausse de la productivité dans le cadre des rapports capitalistes. Plus les hommes sont productifs, plus cela se retourne contre eux ; chômage, augmentation de l'exploitation. En effet, d'après K. Marx, le développement capitaliste se caractérise par une hausse de la composition organique du capital (rapport C/V) plus rapide que celle du taux de plus value (pl/V). Ce qui fait diminuer le taux de profit (pl/C + V). Des contre-tendances se manifestent, dont la liquidation d'une partie du capital constant, la hausse de l'exploitation et la baisse des salaires.

beaucoup l'ont fait, au déclin irrémédiable de toute possibilité de passage à un autre mode de production et, partant, au déclin tout aussi irrémédiable du marxisme. La contradiction interne au capital, qui était, comme on l'a vu, au cœur de son analyse, semblait s'être dissoute dans les enthousiasmes de la consommation de masse. L'un des grands intérêts de la théorie proposée par M. Hardt et A. Negri consiste à soutenir que l'échec d'une phase de la lutte ne dit rien sur la suite et, plus encore, à avancer comme par défi que le communisme était moins d'actualité il y a un siècle qu'il ne l'est aujourd'hui. Cette affirmation passe par une réactivation de l'idée de la *limite historique* du capital.

L'époque de la grande industrie, contrairement à ce que pouvaient laisser entendre Marx et ceux qui l'ont suivi, n'a pas réuni *toutes les conditions* de passage au communisme. La tradition marxiste semble donc avoir été sérieusement mise en échec sur ce point, tradition qui faisait du développement de la grande industrie — telle qu'elle est par exemple décrite dans la fresque que l'on trouve à la fin du Livre I du *Capital*[54] — la condition du passage au socialisme[55]. L'effort de A. Negri, bien avant *Empire* et *Multitude*, consiste à sauver Marx, si l'on peut dire, de cet échec même en présentant un « Marx au-delà de Marx », un Marx au-delà de la tradition marxiste[56]. Pour ce faire, A. Negri a mis en valeur depuis longtemps certaines remarques des *Grundrisse* qui insistent sur la contradiction entre la valorisation du capital et le libre épanouissement des facultés intellectuelles, ce qui est au fond une figure de la contradiction plus déterminée que ce qu'en dit le Livre III du *Capital*. Voyons ce point plus en détail.

Selon les remarques de Marx, la source de la valeur se trouve désormais moins dans la *quantité de travail* que dans la *productivité* générale, laquelle est de plus en plus dépendante de l'application de la science à la production[57]. Cette productivité repose sur l'inventivité et l'intelligence, dit Marx dans un fragment sur

---

54. Karl MARX, *Le Capital*, Livre I, *op. cit.*, « La loi générale de l'accumulation capitaliste », chap. XXV.

55. Cette question de la « maturité des conditions » traverse toute l'histoire du marxisme et du mouvement ouvrier qui s'en inspire.

56. Antonio NEGRI, *Marx au-delà de Marx*, L'Harmattan, Paris, 1996, ouvrage dont la substance reprend les cours donnés en 1978 à l'ENS sur les *Grundrisse*.

57. C'est le principe de la lecture que A. Negri fait de Marx dans *Marx au-delà de Marx*.

l'automatisation des machines que le courant opéraïste depuis les années 1960 a contribué à faire connaître. Dans cette époque où, écrit K. Marx, « l'ensemble des sciences ont été capturées et mises au service du capital [...], l'invention devient alors un métier et l'application de la science à la production immédiate devient elle-même pour la science un point de vue déterminant et qui la sollicite[58] ». Marx ajoute qu'« à mesure que se développe la grande industrie, la création de richesse dépend moins du temps de travail et du quantum de travail employé que de la puissance des agents mis en mouvement au cours du temps de travail, laquelle à son tour — leur puissance efficace — n'a elle-même aucun rapport avec le temps de travail immédiatement dépensé pour les produire, mais dépend bien plutôt du niveau général de la science et du progrès de la technologie, autrement dit de l'application de cette science à la production (le développement de cette science, en particulier de la science physique, et avec elle de toutes les autres, est lui-même, à son tour, en rapport avec le développement de la production matérielle)[59] ». Le travail sous sa forme immédiate n'est plus la grande source de richesse. Cette dernière réside plutôt dans « l'appropriation de sa propre force productive générale, sa compréhension et sa domination de la nature, par son existence en tant que corps social, en un mot le développement de l'individu social[60] ». La valorisation du capital suppose de plus en plus le développement de l'intellectualité générale, du *general intellect*, laquelle suppose de plus en plus « le libre développement des individualités » et une coopération de plus en plus poussée entre des individualités engagées dans la création et le partage d'un savoir collectif.

Ces remarques des *Grundrisse* fournissent une esquisse de périodisation des rapports sociaux. La productivité se développe selon des formes sociales qui se succèdent dans l'histoire : formes de dépendance personnelle d'abord, suivies de formes de dépendance matérielle dans le cadre de la division du travail et du marché qui permettent une première individualisation (c'est l'âge de l'utilitarisme, de l'*Homo oeconomicus*) ; enfin formes de la « libre individualité, fondée sur le développement universel

58. Karl MARX, *Manuscrits de 1857-1858 (Grundrisse)*, tome II, Éditions sociales, 1980, p. 192.
59. *Ibid.*, p. 192-193.
60. *Ibid.*, p. 193.

des individus et sur la maîtrise de leur production collective » (c'est l'âge du communisme)[61]. Le développement des intelligences individuelles et la coopération de plus en plus poussée entre producteurs entrent en contradiction avec les rapports de production capitaliste. La contradiction entre cet épanouissement des esprits et l'exploitation par imposition du travail superflu selon la vieille loi de la valeur ne pourra aller qu'en s'accentuant. K. Marx en conclut que « le capital travaille ainsi à sa propre dissolution en tant que forme dominant la production[62] », du fait même qu'il dissout ce qui était donné comme sa condition, à savoir l'extraction de la plus-value à partir du travail réduit à une quantité homogène de temps[63].

M. Hardt et A. Negri voient dans ces remarques des anticipations du mouvement réel et elles constituent pour eux le socle de toute la démonstration selon laquelle le communisme trouve ses conditions de possibilité dans la progression de cette *intellectualité de masse* liée à l'extension du travail immatériel[64].

Une lecture hypermarxiste de Marx

Marx s'est sans doute trompé quant à l'estimation des chances de réussite d'un passage au communisme sur la base de l'hégémonie du travail industriel. Les rapports de production capitalistes n'avaient pas fini « leur mission historique » telle que Marx l'envisage dans le fragment des *Grundrisse*, à savoir la dissolution par le capital lui-même des bases de son expansion du fait du développement des libres individualités en son sein.

61. Karl MARX, *Œuvres II*, p. 210.

62. *Ibid.*, p. 188.

63. Ce qu'avançait K. Marx dans les *Grundrisse*, il le redit aussi mais de façon plus masquée et plus allusive au Livre III du *Capital*. Dans les conclusions de la troisième section du Livre III, K. Marx résume les trois faits majeurs de la production capitaliste : concentration, socialisation du travail, création du marché mondial. La socialisation du travail a trois aspects : coopération, division du travail, union du travail et des sciences naturelles.

64. Pour une lecture récente de ce « Fragment sur les machines », voir Antonio NEGRI, « Marx et le travail : le chemin de la désutopie », *Futur antérieur*, n° 35-36, 1996-2, p. 189 *et sq*. Le « Fragment sur les machines » est devenu très tôt un texte clé du courant opéraïste et a reçu des interprétations différentes. Ce « Fragment sur les machines » a été écrit en avril-mai 1858. Le manuscrit sur « Le système automatique des machines » va de la page 44 du cahier VI à la page 4 du cahier VII (dans l'édition Lefebvre, de la p. 182 à la p. 202).

Marx, et Lénine à sa suite, ont dû envisager un détour étatique sur le modèle de la Révolution française, ils ont dû inventer des transitions au long desquelles était maintenue une répartition des richesses produites sur la base du *quantum* de travail avant de pouvoir parvenir au communisme développé. M. Hardt et A. Negri ne nous disent pas seulement que l'horizon du passage au communisme n'est pas perdu. Ils tiennent que le capitalisme néolibéral, en accélérant la création du marché universel et l'expansion du travail immatériel, accroît les possibilités de se débarrasser des vieilles figures d'emprunt que les marxistes et les bolcheviques ont dû faire au modèle de la souveraineté classique, en particulier celle de la révolution comme prise de pouvoir d'État et celle de la construction d'un État révolutionnaire dictatorial dont on sait que, loin de dépérir, il a plutôt profité. Le capital, par la constitution de l'Empire, continue son expansion jusqu'au bout de lui-même en produisant les bases de ce que Marx appelait dans la *Critique du Programme de Gotha* « la phase supérieure de la société communiste ». Il y a donc toutes les raisons de pousser le capital au-delà de lui-même, de l'aider à tendre à sa limite historique.

On se tromperait donc, selon M. Hardt et A. Negri, à penser que le mouvement ouvrier ancien n'a servi à rien. Il a contraint le capitalisme à développer des formes de production dégageant une productivité humaine toujours plus grande sur une base intellectuelle et coopérative approfondie et à étendre à l'échelle du monde entier le mode de production moderne. Il faut prendre très au sérieux la phrase de William Morris placée en exergue d'*Empire*. Elle constitue une clé : « Des hommes luttent et perdent la partie, mais la chose pour laquelle ils avaient lutté survient malgré leur défaite, et elle se révèle être autre chose que ce qu'ils pensaient, et d'autres hommes ont alors à combattre pour ce à quoi ils pensaient sous un autre nom. »

Deux remarques ici s'imposent pour souligner combien nos auteurs vont plus loin que Marx dans la logique même qui est la sienne. Ils font un véritable acte de foi quand ils ne retiennent du développement historique que ce qui permet de justifier l'idée de la « maturité des conditions ». Lorsqu'ils interprètent, par exemple, les transformations des formes du travail, ils écartent tout ce qui manifestement constitue des éléments particulièrement défavorables à la lutte des salariés : flexibilité, mobilité, précarité sont regardées comme des réponses du capital au refus du régime disciplinaire de l'usine. Alors que chez Marx, pour ne prendre que cet exemple, la constitution d'une armée de réserve industrielle est analysée comme une arme des capitalistes pour augmenter l'exploitation, pour M. Hardt et A. Negri, elle n'existerait tout simplement plus, même sous la forme de la réserve des ouvriers du Sud, sous prétexte que les ouvriers ne seraient plus qu'« une forme de travail parmi tant d'autres au sein des réseaux définis par le paradigme immatériel [65] ».

Par ailleurs, et c'est une autre grande différence, M. Hardt et A. Negri postulent une autonomie très poussée de la multitude à l'égard du capital et de l'Empire. Ils présupposent que si le capital dépend bien de la productivité du travail, du développement des facultés créatrices, de la coopération des réseaux, de la « production biopolitique », ces facteurs, quant à eux, ne dépendraient absolument pas du capital, lequel serait purement parasitaire, sans vitalité propre ni action structurante. Sa seule efficacité tiendrait de l'impulsion donnée par la force productive de la multitude. Sur ce point, Marx avait une conception très différente. L'espérance révolutionnaire était certes fondée sur le fait que les fossoyeurs l'emporteraient, mais en attendant, la prolétarisation, le déracinement, la soumission, l'exploitation, n'étaient certainement pas l'expression d'un désir de la multitude ou l'affirmation d'une puissance mais bien la traduction d'une domination d'une classe sur une autre. Le développement des forces de production était avant tout le résultat du pouvoir organisateur et mobilisateur du capital. Et même l'accroissement de la productivité par la mobilisation de la science de la nature ne se réduisait pas à la simple capture d'une intellectualité qui se serait formée en dehors de la production matérielle. Chez M. Hardt et A. Negri, le capital ne fait jamais que répondre à des luttes et à des désirs, l'Empire ne fait que contenir de l'extérieur la puissance productive de la multitude. La résistance est première par rapport à l'oppression, affirment-ils. Le capital n'organise pas ou plus la production, il est un parasite qui exploite le « commun », lequel n'aurait rien à voir avec les formes du travail que le capitalisme a mises en place. À la limite, le capital pourrait s'assimiler à la propriété rentière en ne déterminant plus un rapport social capable de façonner le travail, qu'il soit matériel ou

65. Michael HARDT et Antonio NEGRI, *Multitude*, *op. cit.*, p. 164.

immatériel. Le capital privatise ce qui est commun [66]. La propriété c'est le vol du commun, pourraient-ils dire si la formule ne ressemblait plus à du Proudhon qu'à du Marx [67].

La thèse de M. Hardt et A. Negri est sous-tendue par une surestimation de l'autonomie créative du travail qui renvoie au postulat quasi vitaliste selon lequel « le capital ne peut jamais capturer la vie dans son ensemble [68] ». C'est ce qui explique le caractère unilatéral de l'analyse que font M. Hardt et A. Negri des évolutions sociales et économiques depuis vingt ou trente ans. De la même manière, quand ils enchantent la flexibilisation du marché du travail et y voient la source d'une « richesse et d'une productivité fabuleuses » sous prétexte que « les stratégies de survie qu'ils (les pauvres, les précaires) déploient, exigent très souvent une créativité et une ingéniosité extraordinaires », on semble passer du paradoxe au contresens sur la période et sur les capacités de lutte sociale qu'elle laisse aux dominés [69]. Communication et pauvreté suffiraient à asseoir sur une « base ontologique » solide le projet de la multitude, en dépit de tous les phénomènes sociaux que l'on peut constater par ailleurs et qui traduisent une fragilisation des groupes populaires. M. Hardt et A. Negri semblent survaloriser un seul côté des mutations en cours, celui qui témoignerait selon eux de l'essor puissant d'une productivité libératrice pensée comme indépendante des rapports de production.

La fin de la dialectique

M. Hardt et A. Negri, s'ils paraissent suivre le mouvement général de la pensée de Marx, n'en diffèrent pas moins sur de nombreux points. Mettant en exergue le passage final du *Discours sur le libre-échange* de 1848, ils n'en retiennent qu'une affirmation qui, dégagée de son contexte, semble indiquer une adhésion de Marx à la liberté commerciale : « Le système de la

66. L'exploitation est définie comme expropriation du commun, dans *Multitude*, avec comme exemples significatifs l'appropriation privée des connaissances produites par des communautés indigènes ou des communautés scientifiques (p. 184).
67. Sur le thème du « vampire » et du parasite, voir Michael HARDT et Antonio NEGRI, *Empire*, *op. cit.*, p. 94 et p. 434-435.
68. Michael HARDT et Antonio NEGRI, *Multitude*, *op. cit.*, p. 180.
69. *Ibid.*, p. 164.

liberté commerciale hâte la révolution sociale[70]. » Or, dans ce *Discours*, K. Marx entreprend une critique systématique de l'argumentation des économistes manchestériens. Il montre combien le libre-échange, en favorisant la concentration du capital et la concurrence entre les ouvriers, pousse à la baisse des salaires jusqu'au minimum vital et dégrade les conditions de vie et de travail des prolétaires. Et, quand il explique comment le libre-échange peut accélérer la confrontation sociale, il ne le fait qu'après avoir dénoncé une bourgeoisie hypocrite qui fait passer ses propres intérêts pour la plus honorable philanthropie. On aurait du mal à imaginer Marx participer à un rassemblement de l'*Anti-Corn Law League*, lui qui décrit avec tant d'ironie les *free traders* et leur « armée de missionnaires qui prêchent dans tous les coins d'Angleterre la religion du libre-échange ».

Le rapprochement avec la période que nous vivons n'est pas dépourvu de pertinence. Il y a en effet bien des rapports entre la propagande des libre-échangistes anglais et les actuelles campagnes médiatiques et politiques en faveur de la mondialisation libérale : « Ils font imprimer et distribuer gratis des milliers de brochures pour éclairer l'ouvrier sur ses propres intérêts, ils dépensent des sommes énormes pour rendre la presse favorable à leur cause, ils organisent une vaste administration pour diriger les mouvements libre-échangistes, et ils déploient toutes les richesses de leur éloquence dans des meetings publics », dit Marx[71]. Cette analyse économique, politique et sociale ne le pousse pas à soutenir politiquement la campagne de la bourgeoisie en faveur du *free trade*, laquelle ne cherche qu'à accroître sa domination par la liberté accrue du capital et à tromper les ouvriers sur ses intentions[72]. Le libre-échange, du point de vue révolutionnaire où se place Marx, aura un double effet : d'un côté, il détériorera la situation matérielle et morale des ouvriers et laissera nombre « de cadavres sur le champ de bataille industriel » ; mais, d'un autre côté, il accroîtra la classe ouvrière sur le plan quantitatif et qualitatif[73] : les ouvriers seront plus nombreux et ses membres seront toujours plus profondément prolétarisés, réduits à une simple force de production. Sur le plan

---

70. *Ibid.*, p. 190. Voir Karl MARX, *Discours sur le libre-échange, Œuvres I, op. cit.*, p. 141-156.
71. Karl MARX, *Discours sur le libre-échange, op. cit.*, p. 146.
72. *Ibid.*, p. 154.
73. *Ibid.*, p. 153.

de la conscience de classe, le libre-échange aura un effet démystificateur pour le prolétariat en déchirant « les voiles qui dérobent à ses yeux son véritable ennemi [74] ». Son effet sera donc destructeur, dit-il, alors que l'effet de la protection douanière est conservateur : « Il dissout les anciennes nationalités et pousse à l'extrême l'antagonisme entre la bourgeoisie et le prolétariat ». C'est dans ce contexte que Marx peut conclure en disant sans aucune ambiguïté : « C'est seulement dans ce sens révolutionnaire, Messieurs, que je vote en faveur du libre-échange [75]. »

M. Hardt et A. Negri infléchissent très sensiblement le propos de Marx, quand bien même ils semblent suivre la même logique d'ensemble. La mondialisation, rappellent-ils dans *Empire*, est inscrite dans le procès capitaliste lui-même. Et ils citent fort à propos Marx qui, dans les *Grundrisse*, insistait une nouvelle fois sur ce fait : « La tendance à créer le *marché mondial* est immédiatement donnée dans le concept de capital. Chaque limite y apparaît comme un obstacle à surmonter [76]. » Dans un chapitre significativement intitulé « Les limites de l'impérialisme », M. Hardt et A. Negri rappellent de façon très classique, en s'appuyant sur la tradition (Marx, Rosa Luxemburg, Rudolf Hilferding, Lénine), ce qui pousse le capital à dépasser les « limites » nationales et étatiques. L'impérialisme a marqué de ce point de vue une phase nécessaire, aujourd'hui révolue dans la mesure où les rapports coloniaux et les modes d'organisation économique qui lui correspondent constituent de nouvelles barrières au développement du capital [77].

M. Hardt et A. Negri relisent donc la tradition marxiste elle-même, jusque dans ses difficultés ou ses silences, à la lumière d'un processus de mondialisation qui conduit à la suppression effective de la barrière de l'État-nation, à son remplacement par la machine de pouvoir de l'Empire qui fait coïncider capital et État : « Dès le départ, écrivent-ils, le capital tend à être un pouvoir mondial, c'est-à-dire le pouvoir mondial [78]. » Dès lors que l'État-nation, qui avait jusque-là fonctionné comme une « organisation singulière individuelle de la limite », est en voie

74. *Ibid.*, p. 154.
75. *Ibid.*, p. 156.
76. Cité in Michael Hardt et Antonio Negri, *Empire*, *op. cit.*, p. 276 et p. 292 (dans des traductions différentes).
77. *Ibid.*, p. 288-289.
78. *Ibid.*, p. 279.

de liquidation, la confrontation de la multitude avec le capital ne passe plus par cette limite, elle devient frontale et directe : « à ce point du développement, la lutte des classes agit sans limites sur l'organisation du pouvoir », *ergo*, avec la mondialisation, « le développement capitaliste est confronté directement avec la multitude, sans médiation ». La réalisation du marché mondial, en supprimant la « barrière immanente » de l'État-nation, confronte directement le nouveau prolétariat à la « véritable barrière » que le capital constitue pour lui-même. Ce qui signifie deux choses : en premier lieu, le capital, dans son procès même, échappe définitivement à l'alternance jusque-là indéfinie de la barrière et de son dépassement. L'Empire (c'est en quoi il est éminemment progressiste), mieux que le libre-échange pour Marx, fait brutalement apparaître la limite absolue en renversant toutes les limites relatives ; sur le plan théorique, comme le disent M. Hardt et A. Negri, « la dialectique — c'est-à-dire la science de la limite et de son organisation — s'évanouit[79] ». Puisque seule subsiste aujourd'hui la limite absolue, la dialectique n'a plus aucune raison d'être. Elle n'était nécessaire que pour autant qu'il fallait penser le rapport des limites relatives à la limite absolue. On est ici au plus loin de ce que Marx voulait penser, la contradiction interne au capital entre sa destination universelle et sa nature limitée. Mais, surtout, cela implique que le capital, dans l'Empire, soit déjà « au-delà de lui-même », au sens où il a cessé d'être animé par cette nécessité de dépasser les barrières qu'il avait jusque-là posées devant lui. On comprend que le communisme soit alors pensé comme presque déjà là, sous la forme de la multitude, et qu'il n'attende plus que « le surgissement d'une puissante organisation[80] ». La liquidation de la contradiction dialectique au profit d'un simple « rapport statique d'oppression » entre la « coquille vide » d'un pouvoir impérial parasitaire et la puissance autovalorisante et constituante de la multitude entraîne des conséquences importantes quant à la stratégie de lutte, au mode d'organisation, à la constitution du sujet politique, à l'idée même du passage au communisme[81].

La multitude fait face sans médiation à l'Empire. Dans ce nouvel âge impérial, à l'époque de l'hégémonie du travail

79. *Ibid.*, p. 293.
80. *Ibid.*, p. 493.
81. *Ibid.*, p. 434.

immatériel, les barrières immanentes sans cesse repoussées sont tombées. La véritable barrière est là, devant nous, nue, faisant apparaître le capital comme purement parasitaire. La limite absolue, à laquelle se heurte directement l'action subversive de la multitude, c'est le capitalisme mondial. On comprend alors que cette relecture de Marx conduise à récuser toute tentative de freinage du mouvement historique regardée comme réactionnaire. Le frein est précisément ce qu'opère l'action du capital lors même que le moteur de la productivité et du désir ne cesse de « pousser au-delà ». Mais c'est précisément cette situation qui offre une chance de « passer au-delà » de l'Empire. Face à ce qui se présente désormais comme une limite extérieure, la multitude se tient au bord de sa libération, dans la mesure même où elle n'a qu'à renverser la barrière du capital qui se tient immédiatement devant elle [82]. C'est en faisant de la « limite extérieure » le « seuil » de son émancipation que la multitude s'élancera vers le communisme. Le pur instant de l'« événement » coïncidera avec l'action révolutionnaire elle-même, puisque celle-ci consiste précisément à « se tenir sur le seuil » (*in stare*, d'où vient « instant », signifie précisément pour les Latins « se tenir sur le seuil ») : se tenir sur le seuil, c'est en effet déjà se projeter au-delà de la limite, et donc, par là même, réaliser l'abolition de la « limite extérieure ».

82. Sur la transformation de la « limite » en « seuil » comme ligne de pensée de Edmund Husserl à Michel Foucault en passant par Jean-Paul Sartre, voir Michael HARDT et Antonio NEGRI, *Empire*, *op. cit.*, p. 540, note 14.

5

Mettre les marges au centre

M. Hardt et A. Negri sont parmi les rares auteurs qui maintiennent, à la manière de Marx, la perspective d'un communisme à venir et se refusent à penser que le capital a définitivement repris la main pour façonner la société à sa guise. On a souligné dans le chapitre précédent que le postulat ontologique d'une force expansive se manifestant toujours plus ouvertement dans l'histoire était au principe d'une telle position. Mais, plus immédiatement, M. Hardt et A. Negri entendent dépasser une certaine impuissance politique contemporaine, ce qui est sans doute l'une des grandes vertus de leur entreprise.

Leur thèse a deux grandes sources politiques et intellectuelles que l'on peut situer. La première est liée aux réflexions suscitées par l'échec du mouvement ouvrier et par le rôle des nouveaux mouvements sociaux « culturels » des années 1970. Leur théorie doit beaucoup au renouvellement des formes de luttes sociales, très perceptible dans le *laboratoire* italien de ces années-là, c'est-à-dire dans l'ensemble des luttes et des expériences politiques et culturelles qui concernaient au premier chef la jeunesse intellectualisée. Le mouvement de l'autonomie, sous ses différents aspects (*emarginati*, réseaux coopératifs, radios libres, mouvement d'autoréduction des prix), donnait alors le sentiment que les acteurs des luttes n'étaient plus seulement les ouvriers de l'industrie mais que d'autres forces sociales venaient les relayer.

La seconde source n'est pas entièrement séparable de la première. C'est à partir de ces luttes, avant et surtout après 1968, que certains auteurs proches du « gauchisme culturel » ont théorisé la fin du modèle révolutionnaire léniniste. Ce fut le cas notamment de G. Deleuze et de F. Guattari d'un côté et de M. Foucault de l'autre. Les travaux de ces auteurs constituent les références philosophiques majeures d'*Empire* et de *Multitude*. Mettre au jour ces échanges théoriques anciens est nécessaire pour saisir la façon dont M. Hardt et A. Negri sont amenés aujourd'hui à penser la sortie du capitalisme. Ces échanges sont autant d'indices d'un problème à la fois théorique et politique que tous ces auteurs ont eu à affronter et auquel ils ont répondu de manière différente : comment continuer à penser la révolution dans les termes de la tradition marxiste tout en prétendant assumer le passage à l'univers postmoderne de la politique où la révolution n'est justement plus pensable selon les formulations anciennes ? Ces pensées, qui ont pour point commun de prendre au sérieux la question de la subversion et de la résistance dans le capitalisme contemporain, ont en effet ceci de nouveau qu'elles ont exclu de leur horizon le prolétariat, le sujet organisé et même la prise de pouvoir d'État. Dès les années 1970, elles témoignent du renouvellement des formes et des conditions de lutte. Mais elles traduisent également une certaine difficulté théorique et politique à penser le passage à un au-delà du capitalisme.

Le travail de M. Hardt et de A. Negri cherche précisément à dépasser ces limites propres aux philosophies du gauchisme : ils entérinent la fin de la centralité ouvrière et l'abandon du modèle léniniste tout en réactualisant le passage au communisme, selon une conception qui se veut fidèle à Marx. Pour cela, il leur faut interpréter les formes de lutte et de vie qui ont surgi dans les années 1970 comme les premiers symptômes, les signes annonciateurs mêmes, d'une modification du travail, d'un renouvellement des acteurs de la subversion sur le terrain de la production, d'une extension des modes de contrôle du capital. Alors que, chez M. Foucault ou chez G. Deleuze et F. Guattari, ce sont plutôt aux *marges* que s'opèrent les ruptures, dans les mouvements homosexuels, dans les arts et la littérature, chez M. Hardt et A. Negri, c'est de nouveau au *centre* qu'a lieu la lutte décisive. En ce sens, les coopératives, les squats, les radios libres, les communautés de vie, tous ces « espaces de liberté » auront été, du fait de la radicalité de la jeunesse des années 1970 qui en a été le milieu et l'acteur, les prémices des formes d'autonomie auxquelles donne naissance sur une plus grande échelle aujourd'hui le travail immatériel. Pour le dire autrement, la réflexion de M. Hardt et de A. Negri consiste à *mettre les marges au centre*, selon l'expression d'Éric Alliez [1], afin de pouvoir penser à nouveau la sortie du capitalisme comme horizon politique possible.

Les traits du marxisme guattaro-deleuzien

L'interprétation que G. Deleuze et F. Guattari ont proposée de Marx n'a guère eu de suite dans les milieux marxistes, sinon dans la mouvance qui sympathise avec les travaux de A. Negri, autour de la revue *Futur antérieur* puis autour de la revue *Multitudes.* On sait aussi que G. Deleuze n'a pas eu le temps d'achever le livre qu'il projetait d'écrire et qu'il devait appeler *La Grandeur de Marx* [2]. G. Deleuze et F. Guattari se revendiquent du marxisme ainsi que l'indique le premier dans un entretien donné à A. Negri pour la revue *Futur antérieur* [3] : « Je crois que Félix Guattari et moi, nous sommes restés marxistes, de deux manières différentes peut-être, mais tous les deux. C'est que nous ne croyons pas à une philosophie politique qui ne serait pas centrée sur l'analyse du capitalisme et de ses développements. Ce qui nous intéresse le plus chez Marx, c'est l'analyse du capitalisme comme système immanent qui ne cesse de repousser ses propres limites, et qui les retrouve toujours à une échelle agrandie, parce que la limite, c'est le Capital lui-même. »

On a reconnu la traduction d'une formule clé de Marx. G. Deleuze et F. Guattari ont précisé ailleurs qu'ils entendaient dans leur réflexion « suivre exactement les règles formulées par Marx », en particulier celles de « lire rétrospectivement toute l'histoire humaine en fonction du capitalisme [4] ». Sans doute cette reprise de la méthode de Marx est-elle sur de nombreux points profondément renouvelée. G. Deleuze et F. Guattari

---

1. Cité par Nicholas Thoburn, *Deleuze, Marx and Politics*, Routledge, Oxford, 2003, p. 128.
2. D'après divers témoignages, ce livre est resté à l'état de projet et n'a pas donné lieu à la rédaction de manuscrits. On trouvera des indications dans l'ouvrage de Nicholas Thoburn, *op. cit.*
3. Entretien avec Antonio Negri « Contrôle et devenir », *Futur antérieur*, n° 1 printemps 1990, reproduit dans Gilles Deleuze, *Pourparlers*, *op. cit.*, p. 232.
4. Gilles Deleuze et Félix Guattari, *L'Anti-Œdipe*, Minuit, Paris, 1973, p. 163 et p. 180.

procèdent apparemment à une transposition et à une extension de la théorie de Marx. Ce qui est chez le dernier développement illimité des forces productives devient chez les premiers libération de l'énergie désirante. Pour Marx, le capitalisme « déchaîne » l'activité humaine pour la « réenchaîner » dans la propriété privée et la soumettre à l'extraction de plus-value. Mais, pour continuer à fonctionner, il est constamment obligé de reproduire l'activité de production sur une base élargie et de créer ainsi les conditions de son dépassement. Le capitalisme détache les travailleurs de leurs lieux, de leurs liens, de leurs moyens de vivre, pour ne plus considérer en eux que la force de travail et sa valeur d'échange jusqu'au point où la formation sociale capitaliste ne peut plus « contenir » les forces productives qu'elle a activées en son sein.

Pour G. Deleuze et F. Guattari, il en va autrement. Le capitalisme comme ultime phase de l'histoire est régi par ce qui hante toutes les sociétés, l'angoisse du « décodage généralisé » des flux de désir : « Si le capitalisme est la vérité universelle, c'est au sens où il est le négatif de toutes les formations sociales : il est la chose, l'innommable, le décodage généralisé des flux qui fait comprendre *a contrario* le secret de toutes ces formations, coder les flux, et même les surcoder plutôt que quelque chose échappe au codage [5]. » Le mouvement de l'histoire nous fait rejoindre le schizophrène comme homme générique, comme *Homo natura*, comme « producteur universel [6] » : « Le schizophrène se tient à la limite du capitalisme : il en est la tendance développée, le surproduit, le prolétaire et l'ange exterminateur [7]. » Ainsi ce marxisme tel qu'il est réinterprété par G. Deleuze et F. Guattari assume-t-il le caractère radicalement destructeur du capitalisme et en fait-il même la condition d'une radicale nouveauté : le dépassement de toutes les formations sociales ayant existé considérées comme autant de systèmes de codage des flux désirants.

5. Gilles DELEUZE et Félix GUATTARI, *L'Anti-Œdipe*, *op. cit.*, p. 180.
6. *Ibid.*, p. 11 et 13.
7. *Ibid.*, p. 43.

Une pensée liée à la question de la révolution

Dans la foulée de Mai 68[8], G. Deleuze et F. Guattari ont fait en 1972 avec *L'Anti-Œdipe* un livre qui veut être contemporain d'un événement regardé comme une ouverture des possibles, en rupture avec les données les plus évidentes de la politique de l'époque : croissance économique, État fort, routine bureaucratique du mouvement ouvrier. L'ouvrage a, de fait, connu un grand retentissement : tout un courant de l'intelligentsia et de la jeunesse radicalisée s'est reconnu dans ce livre, que l'on a pu regarder comme le manifeste d'un certain « gauchisme culturel », d'un « anarchisme désirant », mêlant la critique de la psychanalyse, la contestation politique, l'invention de nouvelles formes de vie et la contre-culture. Il n'est pas sûr que cette mouvance l'ait d'ailleurs beaucoup lu comme un ouvrage de théorie politique à proprement parler. Nombre de références et de problématiques sont inscrites dans le contexte des années de contestation générale de l'ordre social, cet « interminable printemps » dont parle F. Guattari, qui a finalement débouché sur l'« hiver » des décennies suivantes et ses différentes formes de régressions subjectives, intellectuelles et politiques[9]. On comprend difficilement ce travail si, par exemple, on n'a pas à l'esprit l'immense prestige dont jouissait alors la psychanalyse dans sa version lacanienne. C'était évidemment encore plus le cas du marxisme qui, même s'il y en avait plusieurs versions, constituait une sorte de langue commune pour des milieux sociaux, des groupes politiques, des univers intellectuels par ailleurs très différents. On comprend moins encore cette pensée si l'on oublie que, dans la conjoncture intellectuelle et politique des années 1960 et 1970, il semblait indispensable d'articuler le politique et le psychique, Marx et Freud, la critique de la société et une théorie du désir et de l'inconscient. La question n'était pas seulement théorique. La tentative de G. Deleuze et F. Guattari se présente comme une réponse sur le plan intellectuel au projet de transformation complète des relations humaines. Il s'agissait de construire, à partir des pratiques politiques et sociales de l'époque, une théorie « transversale » qui permît de penser ensemble la société et le désir ou, plus exactement, de penser le

8. Voir *L'Arc*, n° 49, 1972, p. 48.

9. Félix GUATTARI, *Les Années d'hiver, 1980-1985*, Barrault, Paris, 1985, p. 7.

dynamisme désirant qui traversait la société et la dimension sociale du désir : « La théorie générale de la société est une théorie généralisée des flux ; c'est en fonction de celle-ci qu'on doit estimer le rapport de la production sociale et de la production désirante, les variations de ce rapport dans chaque cas, les limites de ce rapport dans le système capitaliste [10]. » En somme, l'ambition théorique de G. Deleuze et F. Guattari était de fusionner l'économie politique et l'économie libidinale autour de la question du désir de révolution [11].

Il s'agit d'abord d'une critique de la psychanalyse de J. Lacan, dont les auteurs reconnaissaient par ailleurs les avancées (F. Guattari a été analysé par J. Lacan et fut membre de son école). Ils prétendent, selon un mot qui fut fameux en son temps, « aider Lacan » à se sortir de l'enlisement œdipien. Selon eux, l'œuvre de Freud a une portée ambivalente : le fondateur de la psychanalyse a mis au jour la libido comme un désir indestructible, comme une force vitale irréductible ; par là, il a fait voir l'inconscient comme une production, mais il a rabattu ces forces désirantes positives qu'il avait découvertes sur la représentation œdipienne, entendue au sens d'une pièce de théâtre où des personnages-fonctions jouent chacun leur jeu. Or l'inconscient n'est pas un théâtre, c'est une usine faite de ce qu'ils appellent des machines désirantes, organisées par le couplage flux-coupure sur le modèle du sein et de la bouche. L'inconscient est une affaire de production, non de représentation. Ce qui désigne le mieux cette production est le « processus schizo », opposé à la répression paranoïaque.

Il existe en effet deux grands pôles de la subjectivité individuelle et collective, « deux régimes de fous », le régime schizo et le régime parano. Le premier, c'est l'action même du désir comme machine douée de productivité, selon un système de flux et de coupures, qui pousse au « décodage » et à la « dé-territorialisation ». Par là, il faut entendre la destruction de tous les schèmes d'action et de pensée hérités (ce qu'ils appellent les « codes » et que M. Foucault nomme plutôt les « normes » et les « savoirs ») et l'expulsion des lieux intimes et habituels, qu'il s'agisse du moi, de l'identité, du nom, de la nationalité, du

10. Gilles Deleuze et Félix Guattari, *L'Anti-Œdipe*, *op. cit.*, p. 312.

11. Philippe Mengue, *Gilles Deleuze ou le système du multiple*, Kimé, Paris, 1994, p. 174.

signifié et même du signifiant. Le « processus schizo » ne doit pas être référé au schizophrène d'hôpital psychiatrique, qui témoigne d'un échec du désir, il est la réalité du désir même dont le concept de « corps sans organes », surface sur laquelle circulent des intensités et des variations, rend compte [12]. Plus qu'un désir d'autre chose, ou qu'un désir de l'Autre comme J. Lacan le définissait, ce qui manifestait une dépendance irréductible à la chose manquante, le désir est conçu comme une variation continue, un perpétuel devenir en une « autre chose », selon une ligne de fuite ou une « ligne abstraite » incontrôlable.

Cette critique de l'œdipianisation se veut immédiatement politique dans la mesure où la société et l'histoire sont elles aussi composées par des flux désirants systématiquement canalisés et maîtrisés par les instances politiques, les religions, ce qu'ils appellent les « communautés despotiques » et les « formations paranoïaques », par des grands délires collectifs qui s'empressent de constituer des frontières, de distinguer « eux » et « nous », de purger les groupes des « éléments indésirables » précisément parce qu'ils sont les éléments les plus désirants, les plus créateurs, les plus innovateurs. La société est ainsi traversée par une lutte continue et multiple entre la volonté de contrôler le désir et les lignes de fuite des devenirs subjectifs. L'œdipianisation familiale du désir est l'une des formes possibles de l'enfermement des flux désirants dans les institutions, à côté et en complément de la propriété privée, de l'organisation hiérarchique et bureaucratique des relations sociales, de la clôture sous toutes ses formes, dans des « territoires ».

Cette critique de la psychanalyse se veut un geste strictement analogue à la critique de l'économie politique de Marx. La psychanalyse piège le désir dans la clôture familiale, exactement comme l'économie politique privatise la capacité productive humaine, l'énergie vitale et, finalement, le désir dans la propriété privée, laquelle est en rapport avec la famille

---

12. Le « corps sans organes » est un concept clé de Gilles Deleuze et de Félix Guattari, qui reprennent une expression d'Antonin Artaud. Il désigne dans *L'Anti-Œdipe* le corps désirant qui ne connaît que des intensités et des variations, à l'opposé de l'organisme, structure organisée, où chaque organe est à sa place. Il est défini comme la limite immanente du corps vécu, situation intenable et invivable d'un désir qui ne s'arrête à aucune forme.

œdipienne [13]. Ce que G. Deleuze et F. Guattari veulent faire par rapport à Lacan n'est rien d'autre que ce que Marx a fait par rapport à l'économie politique classique. Cette dernière — qu'on songe par exemple à A. Smith — a mis au jour l'essence subjective de la richesse sociale, à savoir le travail humain, la production en général, mais pour la renfermer aussitôt dans la propriété privée. La psychanalyse a complété l'économie politique classique en découvrant l'essence subjective de la vie comme Désir, c'est-à-dire comme une productivité désirante à la base d'une économie humaine générale, mais pour la rabattre sur la famille et la normalisation œdipienne. On voit donc l'ambition théorique : à partir de la psychanalyse, il est possible de faire une théorie générale de la vie individuelle et sociale comme productivité désirante de l'inconscient-usine en connectant systématiquement le lexique de l'économie politique et celui de la psychanalyse. Pour « aider Lacan », il fallait donc prolonger et généraliser le geste de Marx.

L'Anti-Œdipe et le livre qui le suit et le prolonge, *Mille Plateaux* [14], portent un surtitre commun : *Capitalisme et schizophrénie*. Les deux ouvrages ont pour perspective de proposer un schéma nouveau de l'histoire universelle, laquelle se présente comme une succession de phases dont chacune est marquée par un rapport déterminé entre les flux et les codes, les lignes nomades et les territoires. G. Deleuze et F. Guattari décrivent à grandes enjambées trois moments de l'histoire du monde, qui correspondent à des « machines abstraites », c'est-à-dire à des modes de composition et d'opération spécifiques qui agencent les flux et les codes.

Reprenant et retraduisant dans leur propre lexique les travaux ethnologiques, ils avancent que, dans les sociétés sauvages, le principal aspect de la vie sociale et individuelle réside dans les « codages primitifs des flux vitaux » par la parenté, l'alliance, les logiques d'honneur, de rang, de prestance du guerrier. L'époque barbare des grands empires et des États monarchiques se caractérise par les « surcodages despotiques » qui, sans abolir les « codages primitifs » liés aux territoires, les intègrent par une

---

13. Gilles DELEUZE, « Entretien sur *L'Anti-Œdipe* » (avec Félix Guattari) in *Pourparlers, op. cit*, p. 28.

14. Gilles DELEUZE et Félix GUATTARI, *Capitalisme et schizophrénie 2, Mille Plateaux*, Minuit, Paris, 1980.

instance supplémentaire « verticale » reliant Dieu et les hommes selon de nouveaux principes d'alliance et de filiation. C'est l'époque des vastes territorialisations au cours desquelles les flux de création, de production et de reproduction s'élargissent en demeurant sous le contrôle d'un signifiant maître despotique vis-à-vis duquel chacun doit se sentir en dette infinie. C'est le règne par excellence de la *paranoïa*, disent-ils, le terme prenant chez eux un sens assez différent de la clinique classique [15]. Cette phase est celle des grandes métaphysiques et des grands monothéismes typiques d'une connaissance paranoïaque qui sait tout d'avance, témoignant d'une volonté de contrôle total. Survient une troisième étape de l'humanité, celle des « décodages capitalistes » à grande échelle qui est caractérisée par le « chaos moderne ». Le capitalisme n'est pas seulement un système de production dans une société par ailleurs inchangée, c'est le terme qui désigne une transformation radicale du fonctionnement social et qui annonce une limite même de toute société possible.

Le capitalisme décodant

Le capitalisme remplace les codes premiers et les surcodes métaphysiques et religieux des sociétés par une « axiomatique » de la grandeur abstraite. On passe de sociétés de codification à une société d'axiomatisation. Un code est défini comme « un schème sensori-moteur qui assure le lien organique de l'homme et du monde » ou, encore, « une forme toute faite de compréhension et de vie [16] ». Le capitalisme n'a pas besoin de codes pour fonctionner mais de conjonction des flux de travail et des flux d'argent déterritorialisés. Pour les produire, il est conduit à casser ce qui, dans les autres formes sociales, était précisément destiné à canaliser et régler institutionnellement les flux de désir. Ce décodage généralisé est la condition préalable même de son fonctionnement dès la phase de l'accumulation primitive. En ce sens, la société capitaliste n'a pas de forme préétablie, elle peut emprunter les formes archaïques de la souveraineté, la

15. La paranoïa est la soumission à une interprétation totalisante et totalitaire du groupe et du lien social, c'est un processus destiné à bloquer toute dérive, toute ligne de fuite, tout désir menaçant la cohésion.

16. *Cf.* François ZOURABICHVILI, *Le Vocabulaire de Deleuze*, *op. cit.*, p. 56.

monarchie par exemple, ou « bénir les droits de l'homme » ou bien encore être soumise à la dictature la plus féroce. Seul compte l'assemblage des flux selon des fonctions dans des machines productives. Les fonctions font office de codes provisoires pour les sujets, déterminant des rapports abstraits entre individus. La société dominée par le capitalisme est entièrement et immédiatement économique en dépit des habillages moraux dont elle se pare, devenant ainsi une pure surface d'enregistrement des flux énergétiques.

Citons pour éclairer ce point un passage de *L'Anti-Œdipe* qui condense le propos : « Le problème du socius a toujours été celui-ci : coder les flux de désir, les inscrire, les enregistrer, faire qu'aucun flux ne coule qui ne soit tamponné, canalisé, réglé. Quand la machine territoriale primitive n'a plus suffi, la machine despotique a instauré une sorte de surcodage. Mais la machine capitaliste, en tant qu'elle s'établit sur les ruines plus ou moins lointaines d'un État despotique, se trouve dans une situation toute nouvelle : le décodage et la déterritorialisation des flux. Cette situation, le capitalisme ne l'affronte pas du dehors, puisqu'il en vit, y trouve à la fois sa condition et sa matière, et l'impose avec toute sa violence. Sa production et sa répression souveraines ne peuvent s'exercer qu'à ce prix. Il naît en effet de la rencontre entre deux sortes de flux, flux décodés de production sous la forme du capital-argent, flux décodés du travail sous la forme du « travailleur libre ». Aussi, contrairement aux machines sociales précédentes, la machine capitaliste est-elle incapable de fournir un code qui couvre l'ensemble du champ social. À l'idée même de code, elle a substitué dans l'argent une axiomatique des quantités abstraites qui va toujours plus loin dans le mouvement de la déterritorialisation du socius. Le capitalisme tend vers un seuil de décodage qui défait le socius au profit d'un corps sans organes, et qui, sur ce corps, libère les flux du désir dans un champ déterritorialisé [17]. »

Ce passage appelle plusieurs remarques. L'« accumulation primitive » est un processus permanent qui assure l'extension de l'axiomatique du marché. Elle « ne se produit pas une fois à l'aurore du capitalisme, mais est permanente et ne cesse de se reproduire [18] ». L'idée contenue dans ce concept d'axiomatique

17. Gilles DELEUZE et Félix GUATTARI, *L'Anti-Œdipe*, *op. cit.*, p. 40-41.
18. *Ibid.*, p. 275.

ou d'axiomatisation était déjà présente chez Marx et particulièrement dans certains passages du *Manifeste du parti communiste* de 1848 ou encore dans les pages sur l'accumulation primitive du *Capital*. L'expression signifie, en premier lieu, que le capitalisme est une remarquable machine à éliminer toutes les formes héritées et sociales de compréhension du monde et d'identité personnelle pour les remplacer par ce que Marx et Engels appelaient les « eaux froides du calcul égoïste ». Tout peut et tout doit « potentiellement » entrer dans la comptabilité monétaire, selon un travail constant de destruction des rapports sociaux anciens et des discours qui s'y rapportaient [19]. Avec l'« axiomatique du marché capitaliste mondial [20] », l'ensemble de la vie sociale devient formalisable du seul fait que tombent sous le coup de la quantification de valeur tous les champs sociaux concrets. Il n'est plus guère besoin de croire, d'interpréter, de commenter à partir de codes ou de surcodes. Il suffit de compter et de déduire de cette quantification des dispositifs et des modes d'action en fonction de ces données. Le code se veut complet, système d'emblée total et fermé. Le chiffrage est extensif, ouvert, incomplet. Toute donnée technique, scientifique, esthétique, sociale peut faire l'objet d'une inscription dans l'écriture comptable du capital : combien ça coûte, qu'est-ce que ça rapporte, à quoi cela peut-il servir ? D'où l'extrême souplesse du capitalisme [21].

C'est cette comptabilité en expansion qui fait passer du régime des disciplines sur lequel s'est arrêté M. Foucault dans *Surveiller et punir* (et qui correspond à la période des grandes disciplines industrielles à l'œuvre dans la prison, les hôpitaux, les écoles, et bien sûr dans les usines) au régime du contrôle permanent, qui correspond à l'autoévaluation, à l'autocontrôle de soi selon des standards d'épanouissement et de santé, à la diffusion transversale des normes d'efficacité et de concurrence.

19. G. Deleuze et F. Guattari distinguent trois modes de destruction des codes : — par la transformation de toute « valeur » en quantité économique abstraite ; — par l'afflux chaotique de données d'information, y compris par ce qu'ils appellent le « flux continu de *connerie* » ; — par la mutation des objets de croyance en informations liées à l'action.

20. Gilles Deleuze et Félix Guattari, *L'Anti-Œdipe*, *op. cit.*, p. 278.

21. À propos du « système sémiotique du capitalisme », F. Guattari dans ses *Années d'hiver*, lie la valorisation des biens et services par le capital à une « sémiotisation » particulière qui permet d'en contrôler la gestion et l'expansion. Il écrit ceci : « de ce point de vue, les modes "d'écriture" capitalistiques pourraient être comparées à des corpus mathématiques dont la consistance axiomatique n'est pas entamée par les applications qui peuvent en être faites dans des champs extra-mathématiques » (*op. cit.*, p. 167-168).

Le capitalisme déploie ainsi « une axiomatique comptable encore plus oppressive » que l'ancien régime des codes dans la mesure où libérant les flux de désir, il est obligé de soumettre à son profit les forces du désir et d'exercer sur elles un contrôle de plus en plus poussé et précis : « C'est la monnaie et le marché, la vraie police du capitalisme [22]. » La monétarisation a cette double fonction de libérer les flux tout en les assujettissant à leurs fonctions économiques. Elle favorise les connexions multiples entre pays, entre institutions, entre sujets, elle réalise des « branchements machiniques » qui sont plus importants pour G. Deleuze et F. Guattari que les jeux d'équivalence auxquels s'est arrêtée la pensée économique de la valeur. Le capitalisme libère des forces désirantes jusque-là inaperçues, enfouies ou enserrées, prisonnières des codages sociaux. Exactement comme Marx pouvait dire que le capitalisme avait permis de mettre au jour l'essence du travail et de la production en général, il a dégagé également l'essence du désir, ce qui permet désormais de faire du travail une catégorie seconde par rapport à la catégorie plus générale du désir, de la création ou de la productivité. Le capitalisme ne libère ces flux qu'en les piégeant dans des formes marchandes et publicitaires, dans des « investissements d'intérêts » qui confortent le système plutôt qu'ils ne le détruisent. Le désir inconscient de type « machinique » est en quelque sorte toujours rabattu sur l'intérêt préconscient, voire retourné contre lui-même quand l'« intérêt » conduit à écraser ou réprimer le désir inconscient. C'est par exemple la tendance inhérente au rapport salarial qui pousse à travailler pour mieux satisfaire ce que l'on croit être son désir.

Cette monétarisation produit un décodage généralisé. Les codes anciens perdent leur validité significative : ils ne servent plus à rien face à la fonctionnalité réclamée par la machine capitaliste. Ces codes étaient liés à des « identités », des « territoires » définis par ce qui est « à moi », par ce qui est mien, là où je me retrouve, avec les miens. Le phénomène de déterritorialisation dépasse de loin la suppression des *enclosures* décrite par Marx. Si G. Deleuze et F. Guattari se réfèrent à l'expulsion des paysans de la terre, qui est à la base de la constitution d'un « travail libre » soumis à la libre circulation d'un capital libre, le

22. Gilles DELEUZE et Félix GUATTARI, *L'Anti-Œdipe*, *op. cit.*, p. 284.

processus de déterritorialisation est plus général et plus différencié.

Le processus a deux tendances. D'un côté, il extirpe de leur gangue (code, territoire) les forces désirantes sur le modèle de la libération des forces productives chez Marx. D'un autre côté, le capitalisme reterritorialise et surcode par un appareil policier et bureaucratique les flux libérés. Il refixe les individus non plus sur une « terre » — il n'y en a plus — mais dans des identités artificielles, des « territorialités résiduelles et factices », couple, famille, entreprise, petite bureaucratie militante. En cas d'urgence, mais aussi de manière plus sourde, le capitalisme favorise également un surcodage paranoïaque de type fasciste qui est la dimension de tout État, retour au Signifiant unique et rassurant, qui prétend s'ériger en barrage ultime face à la libération des flux désirants.

Le capitalisme décode les flux, il axiomatise le désir et réinscrit dans des territorialités fonctionnelles les individus tout en suscitant des réactions archaïsantes, des replis sur des codes et des territoires fascistes, religieux, nationalistes ou autres[23]. La production désirante décodée est immédiatement « reprise » dans l'axiomatisation de la comptabilité de valeur, dans les formes de production de l'entreprise, dans les nouvelles formes culturelles ou communicationnelles, dans de nouveaux types d'institutions, qui seront à leur tour « décodés ». En somme, selon G. Deleuze et F. Guattari, il produit ses *propres barrières*, ses nouvelles frontières, ses limites intérieures, qui devront être repoussées au fur et à mesure de son expansion.

Une méthode révolutionnaire

Le marxisme est une méthode qu'il faut reprendre et réinterpréter, affirment G. Deleuze et F. Guattari. Ce marxisme qui cherche à s'étendre à la vie entière se veut même une « méthode d'accélération et d'intensification », un « accélérateur de processus[24] ». Que veut dire adopter la méthode marxiste en renonçant à la dialectique ? Cela ne va pas sans un remaniement

23. Gilles DELEUZE et Félix GUATTARI, *L'Anti-Œdipe*, *op. cit.*, p. 207. *Cf.* aussi p. 317.

24. Jacques Donzelot parlait d'un « hypermarxisme » dans « Une antisociologie » traduit dans *Semiotext(e)* : *Anti-Œdipus*, 2 (3), 1977.

de première importance, au-delà des formulations qui paraissent au premier abord parfaitement fidèles. G. Deleuze et F. Guattari, comme on vient de le voir, reprennent à Marx l'idée des « deux limites du capitalisme ». La « tendance la plus essentielle du capitalisme », celle de la déterritorialisation, mène à la « limite absolue » en ne cessant de surmonter les limites relatives[25]. Ils réinterprètent Marx sur ce point tout en reprenant son lexique. Le capitalisme « ne cesse de repousser sa limite en même temps qu'il y tend », écrivent-ils. Le capitalisme, en effectuant ce décodage des flux, ne cesse de s'approcher d'une *limite* absolue et extérieure, qui est non pas celle du système de production mais celle de tout socius. La schizophrénie, autrement dit le désir délié et décodé, est à la fois la grande force de propulsion de la production et la limite de l'histoire et de la société. La pente « révolutionnaire schizophrénique » consiste à suivre « les flux déchaînés qui les entraînent vers un seuil absolu[26] », « seuil absolu » non du capitalisme mais de la société[27].

En dépit de la référence à Marx, il convient de mesurer la distance qui les en sépare. D'abord quant au vocabulaire : Marx n'utilise pas l'opposition de la limite absolue et de la limite relative comme si l'une était « extérieure » et l'autre « intérieure ». On a vu plus haut comment s'articulaient les deux sortes de « barrières » dans les *Grundrisse* et dans *Le Capital* sans qu'il soit nécessaire d'y revenir. Rappelons seulement que la dialectique marxiste des deux limites n'a de sens que dans la perspective d'un dépassement par le prolétariat de la contradiction interne au capital. Les limites vont jouer un tout autre rôle chez G. Deleuze et F. Guattari. La limite absolue est interprétée comme une limite extérieure au capitalisme et non pas comme la contradiction majeure interne au développement capitaliste[28]. Elle est un « mur » à percer par les flux. Quant aux limites immanentes du capitalisme, elles sont dites intérieures au sens où les flux ne sont pas parvenus à ce percement mais ont été axiomatisés avant ce franchissement vers l'« extérieur ». Le communisme n'est pas la schizophrénie. D'une certaine manière, la théorie guattaro-deleuzienne se refuse à envisager un passage à

25. Gilles Deleuze et Félix Guattari, *L'Anti-Œdipe*, *op. cit.*, p. 360.
26. *Ibid.*, p. 303.
27. *Ibid.*, p. 41-42.
28. *Ibid.*, p. 292.

un autre système de production au-delà du capital. La limite absolue est en réalité franchie par les flux schizo à l'intérieur de l'espace capitaliste pour aller à l'extérieur du socius : « On parlera de limite absolue chaque fois que les schizo-flux passent à travers le mur, brouillent tous les codes et déterritorialisent le socius : le corps sans organes, c'est le socius déterritorialisé, désert où coulent les flux décodés du désir, fin de monde, apocalypse. En second lieu, pourtant, la limite relative, n'est que la formation sociale capitaliste, parce qu'elle machine et fait couler des flux effectivement décodés, mais en substituant aux codes une axiomatique comptable encore plus oppressive[29]. » Ici, la « limite absolue » désigne la schizophrénie comme processus de franchissement d'une barrière ou d'un mur, c'est-à-dire une déterrioralisation du socius en tant que tel, et la « limite relative » se dit du capitalisme lui-même en tant qu'il libère des flux schizo mais les soumet dans le même temps à son opération d'axiomatisation. Au fur et à mesure que le capitalisme libère une charge de schizophrénie, il cherche en même temps constamment à l'enregistrer, à la canaliser sans pourtant pouvoir éviter des fuites hors du système : « le capitalisme ne cesse de fuir par tous les bouts[30] », en dessous, à côté, en dépit des recodages et des reterritorialisations. Derrière la proximité des termes et la déclaration de fidélité, les manières de penser, on le voit, n'ont guère de rapport. Le capitalisme est en réalité posé comme le principal vecteur et l'ultime rempart par son axiomatique face au « corps sans organes » de la schizophrénie, « limite absolue » de tout ensemble social. Comme le disent G. Deleuze et F. Guattari : « Telle est la manière dont il faut réinterpréter la loi marxiste de la tendance contrariée[31]. »

G. Deleuze et F. Guattari ne pensent pas une sortie définitive du capitalisme sur le modèle révolutionnaire du passage au communisme par la prise de pouvoir d'une classe, mais pensent en termes de « fuite » et de « fente » à l'intérieur du capitalisme : « Toujours prêt à agrandir ses limites intérieures, le capitalisme reste menacé par une limite extérieure qui risque d'autant plus de lui venir et de le fendre du dedans que les limites intérieures s'agrandissent. C'est pourquoi les lignes de fuite sont

29. *Ibid.*, p. 207.
30. *Ibid.*, p. 451.
31. *Ibid.*, p. 292.

singulièrement créatrices et positives : elles constituent un investissement du champ social, non moins complet, non moins total que l'investissement contraire[32]. » Le modèle de la sortie, on le voit, est très loin du cliché de l'« explosion révolutionnaire ». Il tiendrait plutôt du désordre généralisé, du chaos ou de l'implosion, mais plus encore de la fuite et de la fente. C'est ce que François Zourabichvili nomme la « sortie dedans[33] ». De sorte que ce n'est plus en termes d'affrontement ou de confrontation de forces unifiées et dressées l'une en face de l'autre qu'ils entendent penser le processus révolutionnaire, mais en termes de « lignes de fuite » à accentuer, multiplier, accélérer pour ouvrir les percées, pour « faire fuir » le système lui-même. La disjonction, la divergence, le devenir des tendances et des lignes remplacent partout la dialectique des forces contraires.

« Accélérer le processus ! »

Même si G. Deleuze et F. Guattari se défendent de tirer un quelconque programme de leur analyse du capitalisme, la question politique se pose éminemment pour eux[34]. Une politique révolutionnaire consiste à « pousser » le grand décodage capitaliste, à l'aider dans son orientation schizophrénique de libération des flux de désir. Il ne s'agit pas d'arrêter ou de freiner mais d'« accélérer le processus » selon le mot de Nietzsche qu'ils reprennent à leur compte[35]. Écoutons G. Deleuze et F. Guattari poser la question et y répondre : « Mais quelle voie révolutionnaire, y en a-t-il une ? Se retirer du marché mondial, comme

32. *Ibid.*, p. 451.

33. François Zourabichvili, « Les deux pensées de Deleuze et de Negri : une richesse et une chance », Entretien avec Yoshihiko Ichida, in *Multitudes* nº 9, mai-juin 2002.

34. Gilles Deleuze et Félix Guattari, *L'Anti-Œdipe*, *op. cit.*, p. 456.

35. Cette idée d'accélération du processus se retrouve dans la lecture qu'ils font de Franz Kafka, lequel, à partir de l'allemand en Tchécoslovaquie, langue déjà déterritorialisée « va encore plus loin dans la déterritorialisation », selon leur propos. Les termes utilisés pour interpréter le travail littéraire de Kafka sont très significatifs sur le plan politique : « on accélérera cette vitesse… », « on en rajoutera », « puisque les machines collectives et sociales opèrent une déterritorialisation massive de l'homme, on ira encore plus loin dans cette voie, jusqu'à une déterritorialisation moléculaire absolue ». Les auteurs parlent de « méthode d'accélération et de prolifération » ; « c'est beaucoup plus important d'épouser le mouvement virtuel, qui est déjà très réel sans être actuel (les conformistes, les bureaucrates ne cessent d'arrêter le mouvement à tel ou tel point) » (Gilles Deleuze et Félix Guattari, *Kafka, pour une littérature mineure*, Minuit, Paris, 1989).

Samir Amin le conseille aux pays du tiers monde, dans un curieux renouvellement de la "solution économique" fasciste ? Ou bien aller dans le sens contraire ? C'est-à-dire aller encore plus loin dans le mouvement du marché, du décodage et de la déterritorialisation ? Car peut-être les flux ne sont-ils pas encore assez déterritorialisés, pas assez décodés, du point de vue d'une théorie et d'une pratique des flux à haute teneur schizophrénique. Non pas se retirer du procès, mais aller plus loin, "accélérer le procès", comme disait F. Nietzsche : en vérité, dans cette matière, nous n'avons encore rien vu[36]. »

Si la fidélité à la méthode de Marx est hautement revendiquée, et on le voit encore ici à propos des effets destructeurs du marché mondial, la conclusion est toute différente. Que serait cette société bien peu sociale ? N'est-ce pas une politique du pire, l'annonce d'un chaos asocial, d'une apocalypse moderne, « par-delà le bien et le mal » ? N'est-ce pas dire qu'il s'agit d'un passage au « réel comme impossible », selon la définition lacanienne à laquelle, quoi qu'ils en disent par ailleurs, G. Deleuze et F. Guattari, ne renoncent pas ? Cette perspective ne signifie-t-elle pas le deuil de l'espérance révolutionnaire de Marx en situant « au bout » du capitalisme, au-delà de la société, non le communisme mais « l'apocalypse » du « pur désir » ?

Peut-on néanmoins espérer en « sortir » autrement que par cette sorte d'implosion apocalyptique ? Du point de vue de l'horizon révolutionnaire, le raisonnement semble mener à une impasse. Tout, dans l'analyse de G. Deleuze et F. Guattari, conduit à penser que la forme du socialisme réellement existant n'était rien d'autre qu'un surcodage de type paranoïaque, sur le pôle « *réactionnaire paranoïaque* » de l'État primordial (l'*Urstaat*), et que les types de bureaucratie syndicale et militante du mouvement ouvrier constituent autant de reterritorialisations de l'énergie désirante. La voie à suivre, pour ne plus tendre de ce côté-là, doit articuler la logique de l'*accélération* et celle des *marges*. Cette double logique définit une « politique mineure » qui s'identifie à la création artistique. Entre le surcodage paranoïaque et le chaos, il y a l'invention possible de nouvelles façons de vivre, de percevoir, de penser.

S'il faut encore parler de « révolution », elle serait donc un « événement » répondant à un emballement du mouvement du

36. Gilles DELEUZE et Félix GUATTARI, *L'Anti-Œdipe*, *op. cit.*, p. 285.

capitalisme susceptible d'ouvrir sur « autre chose », sur un possible non programmable. La révolution — mais le mot ne signifie plus la « prise du pouvoir » — serait ce qui excéderait le mouvement de l'histoire, ce qui se dégagerait de lui par sa vitesse pour le faire aller dans une voie dans laquelle le « processus mineur », le moléculaire, la variation, le désir, l'emporterait sur la fixité, le standard, la norme, le majeur ou le molaire. Cette politique du virtuel consisterait donc à aller plus vite que le capitalisme lui-même, à profiter du décodage qu'il produit pour s'engouffrer dans ces nouvelles possibilités de perception de la réalité et dans de nouvelles manières de vivre : « franchir le mur » par accélération des lignes abstraites du désir et de vie. G. Deleuze et F. Guattari tiennent que cette politique de l'accélération consiste à devancer les « puissances diaboliques » avant qu'elles ne soient toutes constituées. La littérature, l'art, la politique consisteraient, en reprenant une phrase de Kafka, à « être moins un miroir qu'une montre qui avance ». En avance, pour quoi faire ? : « Puisqu'on ne peut pas faire le partage exact entre les oppresseurs et les opprimés, ni même entre des espèces de désir, il faut les entraîner tous dans un avenir trop possible, en espérant que cet entraînement dégagera aussi des lignes de fuite ou de parade, même modestes, même tremblantes, même et surtout asignifiantes. Un peu comme l'animal ne peut qu'épouser le mouvement qui le frappe, le pousser encore plus loin, pour mieux revenir sur vous, contre vous, et trouver une issue [37]. » Cette politique qui se réfère à « une conscience universelle minoritaire [38] » serait donc une création d'espaces de liberté, un réarrangement permanent des manières de vivre, une réinvention « d'un nouveau monde et d'un peuple à venir [39] ».

La question est ici celle du rapport entre le décodage capitaliste, la politique mineure et l'événement révolutionnaire. Comment « franchir le mur » des schèmes du percevoir, du penser et du vivre ? Nous ne percevons ordinairement que des

---

37. Citations tirées de Gilles DELEUZE et Félix GUATTARI, *Kafka, pour une littérature mineure*, *op. cit*, p. 106-108.

38. François ZOURABICHVILI, « Deleuze et le possible (De l'involontarisme en politique) », *in* Éric ALLIEZ (dir.) *Gilles Deleuze, une vie philosophique*, Les Empêcheurs de penser en rond, Paris, 1998, *op. cit.*, p. 355 et Gilles DELEUZE et Félix GUATTARI, *Mille Plateaux*, Minuit, Paris, 1980, p. 133-134.

39. Nicholas THOBURN, *Deleuze, Marx and Politics*, *op. cit.*, p. 15.

clichés qui nous protègent et nous satisfont du cours des choses. Le décodage capitaliste donne la possibilité de voir l'intolérable, l'innommable de nos vies. À propos du cinéma, mais cela vaut plus généralement, G. Deleuze écrit ceci : « Les situations quotidiennes et même les situations limites ne se signalent par rien de rare ou d'extraordinaire. Ce n'est qu'une île volcanique de pêcheurs pauvres. Ce n'est qu'une usine, une école… Nous côtoyons tout cela, même la mort, même les accidents, dans notre vie courante ou en vacances. Nous voyons, nous subissons plus ou moins une puissante organisation de la misère et de l'oppression. Et justement nous ne manquons pas de schèmes sensori-moteurs pour reconnaître de telles choses, les supporter ou les approuver, nous comporter en conséquence, compte tenu de notre situation, de nos capacités, de nos goûts. Nous avons des schèmes pour nous détourner quand c'est trop déplaisant, nous inspirer la résignation quand c'est horrible, nous faire assimiler quand c'est trop beau. [...] Or c'est cela un cliché. Un cliché, c'est une image sensori-motrice de la chose [40]. »

Toute la pensée de l'événement révolutionnaire repose sur l'idée qu'une rupture soudaine dans les façons de percevoir ce qui est normal ou non, acceptable ou non, est possible. Le décodage commence par le soupçon que nous n'avons affaire qu'à des codes arbitraires qui nous rendent l'intolérable tolérable. Le capitalisme occasionne sans le chercher un « dérèglement de tous les sens » qu'il faut pousser le plus loin possible car c'est précisément la chance de faire tomber les habillages coutumiers de la réalité telle que nous avons fini par l'accepter. Voir le possible en un instant, défaire les perceptions ordinaires de la soumission aux données, voilà ce qui met en mouvement comme le montre l'insistance en mai 1968 sur le *voir* : « Ouvrez les yeux, fermez la télé. » La révolution, en ce sens, n'est rien d'autre que le dégagement soudain du « pur lieu du possible [41] ». C'est en quoi la politique révolutionnaire et l'art ont partie liée. L'artiste ne réalise pas un imaginaire, il accomplit un processus, il actualise un virtuel qui est déjà un réel.

---

40. Gilles DELEUZE, *Cinéma 2. L'image-temps*, Minuit, Paris, 1985, p. 31-32.

41. Gilles DELEUZE, *Cinéma 1. L'image-mouvement*, 1983, p. 155, cité par François ZOURABICHVILI, « Deleuze et le possible (De l'involontarisme en politique) », *in* Éric ALLIEZ (dir.) *Gilles Deleuze, une vie philosophique*, *op. cit.*, p. 344.

Comme le remarque dans son commentaire F. Zourabichvili, rien ne résiste à la mise en crise de tous les schémas de perception historique et politique. Le capitalisme détruit les codes de la gauche syndicale et politique tout autant que les certitudes conservatrices de la droite. Le « peuple », le « progrès », la « classe », chacun à leur tour, sont ainsi apparus comme des schémas protecteurs et rassurants. Les clichés sont toujours des justifications de l'ordre. Or la gauche a fonctionné et fonctionne toujours comme une grande « machine à justifier », ne serait-ce que par l'idée du prix à payer pour les lendemains qui chantent. La « révolution » et le « communisme » ont fait l'objet d'une décroyance en même temps que s'opérait un recodage récupérateur avec l'apparition de nouveaux clichés « modernes », « libérateurs », voire « révolutionnaires » comme ceux de la « libération de la femme », ou de l'« épanouissement personnel » qui ont éteint la potentialité des nouvelles formes de vie par la communication marchande[42]. Ce ne sont pas seulement les organisations qui sont désertées, les programmes qui s'évident, c'est l'action aussi et ses formes qui entrent en déclin en tant qu'elles supposent le déploiement d'un rituel et la logique linéaire d'un objectif et des moyens pour l'atteindre.

La « politique mineure » appelle une rupture radicale avec les clichés de la politique progressiste en ce que cette dernière reste tournée vers le passé, c'est-à-dire déterminée par d'anciens modes de perception que l'on projette sur l'avenir sous la forme d'un programme d'action. Les révolutionnaires ne peuvent à l'avance imaginer le déroulement historique, à commencer par la révolution et sa nature[43]. Personne n'a le point de vue sur l'avenir puisque, par définition, on entre en continu dans l'avenir. La crise de la « révolution », du « parti » et du « communisme » provient du fait que ces « grilles de lecture », ce « déjà là » qui s'impose au regard, empêchent tout rapport nouveau entre la politique et « le peuple qui manque », c'est-à-dire toute création d'un peuple neuf par une politique nouvelle. Ce qui pourrait être regardé de façon seulement négative

42. Voir sur ce point les analyses maintenant nombreuses du « retournement » libéral-libertaire de 1968, dont le livre de Luc BOLTANSKI et d'Ève CHIAPPELO, *Le Nouvel Esprit du capitalisme*, Gallimard, Paris, 1999.

43. Voir sur ce point François ZOURABICHVILI, « Deleuze et le possible (De l'involontarisme en politique) », *in* Éric ALLIEZ (dir.) *Gilles Deleuze, une vie philosophique, op. cit.*, p. 335-357.

comporte encore des possibilités inédites. Si la révolution ne naît pas d'un développement nécessaire tel qu'il s'inscrit dans le code mais si la possibilité d'un événement est liée à la perception nouvelle de ce qu'il y a d'intolérable dans la réalité, alors l'absence de vision totalisable de l'avenir, la crise des clichés politiques, syndicaux, des mots d'ordre et des programmes permettraient des devenirs révolutionnaires, des refus sans justification à l'image de Bartleby (*I prefer not to*), des décisions subjectives comme celle de Bouvard et Pécuchet qu'évoque *Différence et répétition* : « Alors une faculté pitoyable se développa dans leur esprit, celle de voir la bêtise et de ne plus la tolérer[44]. »

En sortir ?

Aussi séduisante que soit cette « résistance à la bêtise », constitue-t-elle une politique anticapitaliste suffisante, spécialement quand le « turbo-capitalisme » semble répondre à cette accélération, qui est devenue plus que jamais la condition de fonctionnement du système ? N'y a-t-il pas un abîme entre le grand désordre engendré par le capitalisme et les modes de refus et de nomadisme qui relèvent de problématiques et d'analogies tirées de l'univers esthétique érigé en prototype de la création sociale ? La lutte contre l'ordre économique et politique et ses discours peut-elle se limiter au mouvement virtuel des minorités, aux « coups de main » des petits groupes et aux lignes nomades d'individus en rupture de bans, qui, s'ils parviennent parfois à échapper, de façon éphémère et dans les marges, au cours des choses, ne parviennent jamais à subvertir le système lui-même et ne le cherchent d'ailleurs pas ?

Cette question hante également les analyses de M. Foucault à la fin des années 1970 et au début de la décennie suivante. On sait que le problème de la subjectivation devient central dans ses dernières œuvres et qu'il est étroitement lié à la résistance aux biopouvoirs[45]. Toute la question du « gouvernement de soi » dans les derniers écrits de M. Foucault tient à ce que, si le pouvoir n'est jamais total et rencontre une résistance, celle-ci

44. Gilles DELEUZE, *Différence et répétition*, PUF, Paris, 1968, p. 198.
45. Ce point est développé au chapitre suivant.

favorise une subjectivation qui est pouvoir de soi sur soi, jusqu'au point où cette subjectivation est elle-même reprise dans des grands systèmes moraux ou politiques qui renversent la résistance en un nouveau mode d'assujettissement[46]. Avec cette problématique, il s'agit de réfléchir un modèle de révolution différent de celui de la Révolution française ou d'Octobre (modèle de la prise du pouvoir central) et de penser les conditions de possibilité de nouveaux modes d'existence ou de nouveaux « styles de vie » (modèle de l'espace d'amitié et d'amour). M. Foucault a ainsi souligné que le mouvement des femmes et le mouvement homosexuel avaient pour tâche de définir et d'instaurer un art de vivre, d'inventer des conduites et des relations inédites : « Nous devons comprendre qu'avec nos désirs, à travers eux, s'instaurent de nouvelles formes de rapports, de nouvelles formes d'amour et de nouvelles formes de création. Le sexe n'est pas une fatalité, il est une possibilité d'accéder à une vie créatrice[47]. » La sexualité, qui fait l'objet de ses derniers travaux, n'est pas un secret à découvrir, c'est une virtualité, une création d'œuvres, une nouvelle vie culturelle.

Cette problématique foucaldienne, sur laquelle nous reviendrons plus loin, et les rapports de sympathie qu'elle entretient avec les thèses de G. Deleuze et F. Guattari désignent la question fondamentale que tous ces auteurs posent et qui porte sur la sortie hors du système capitaliste, une fois abandonnés les schémas classiques de la révolution. D'un point de vue politique, la question se pose dans les termes suivants : quelle doit être la politique d'aujourd'hui quand la « révolution », dans la forme moderne qu'elle a prise, est une voie qui semble maintenant fermée ? Cette question renvoie à la crise politique de la fin du XXᵉ siècle qui frappe toute la gauche et déconstruit toutes ses catégories. Elle est posée depuis les années 1970, à partir de la double impasse de la social-démocratie et du communisme stalinien. Si la prise du pouvoir d'État est impossible ou inutile, voire dangereuse, que faut-il faire ? Non pas sans doute remplacer une classe par une autre, surtout quand la vraie opposition n'est pas entre bourgeoisie et prolétariat mais entre ceux qui servent la machine et ceux qui la font sauter, « entre le régime de la machine sociale et celui des machines désirantes. Entre les limites intérieures

46. Gilles DELEUZE, *Foucault*, Minuit, Paris, 1986, p. 110.
47. Michel FOUCAULT, *Dits et Écrits II*, Gallimard, « Quarto », Paris, 2001, p. 1554.

relatives et la limite extérieure absolue[48] ». Plutôt que de continuer à vouloir s'approprier le « pouvoir », ne faudrait-il pas chercher à s'en soustraire et à subvertir les rapports humains qui le constituent justement comme « lieu à prendre » et « fonction à exercer » ?

Le grand laboratoire des années 1970

Toutes ces questions sont inscrites dans l'expérience de la rébellion politique, particulièrement en France et en Italie, vécue par la génération des années 1960 et 1970 et interprétée par les théoriciens dont nous parlons, qu'il s'agisse de M. Foucault, de G. Deleuze, de F. Guattari ou de A. Negri. Le style de leur pensée et les problèmes qu'ils se posent sont inséparables de 1968, et avec lui, de la mise en question de tous les rapports sociaux, de la famille, des hiérarchies, et de l'invention souvent jubilatoire de nouveaux modes d'existence. L'incapacité de la gauche européenne de s'appuyer sur les luttes nouvelles pour prendre le pouvoir (alors que c'était là sa raison d'être historique) et la recherche de la pacification sociale — comme l'illustre le « compromis historique » du Parti communiste italien et de la Démocratie chrétienne — ont accentué le décalage entre les acteurs des luttes et les forces politiques « progressistes ». L'exigence d'une *autre politique* a été mise brutalement à l'ordre du jour : non plus une politique visant la prise du pouvoir (pour quoi faire ?), mais une tout autre stratégie de contestation joyeuse du pouvoir. Toute la mouvance italienne de l'« autonomie » témoigne de cette autre façon de pratiquer la politique, dont le trait le plus neuf tient au refus du pouvoir et du travail salarié, les deux piliers de la politique progressiste de la gauche traditionnelle.

On sait que le « laboratoire politique » italien des années 1970 s'est soldé de façon catastrophique par une violence terroriste qui répondait elle-même à la stratégie du massacre d'État. Mais cette impasse ne doit pas faire oublier les expérimentations de masse qui se sont alors développées en Italie plus qu'ailleurs et que des intellectuels et des militants comme F. Guattari et A. Negri ont cherché à théoriser. Ils constatent que le travail intellectuel et

48. Gilles Deleuze et Félix Guattari, *L'Anti-Œdipe*, *op. cit.*, p. 303.

culturel est devenu une dimension cruciale des activités à la fois militantes, artisanales et collectives (journaux, revues, radios) et que ce travail semble lier à un mode de vie particulier. Dans les représentations qu'ils en donnent alors, ils observent que chacun s'est fait producteur, coopérateur, auteur, créateur. À leurs yeux, ce « mouvement autonome » exprime à travers la débrouille, la récupération, l'autoréduction des loyers et des tarifs publics, l'occupation des squats, une tendance collective à l'autogestion de l'existence. Plus encore, cette pratique de masse donne naissance à un « communisme culturel », au sein duquel la production intellectuelle devient l'affaire d'un vaste milieu et non plus des seuls professionnels du savoir. Les jeunes intellectuels, au sens le plus large du terme, agissent en commun, et, par cette pratique commune, finissent par apparaître comme de nouveaux sujets révolutionnaires. Les *emarginati*, regardés comme les nouveaux producteurs de richesse sociale, donnent l'exemple de la non-séparation entre vie, travail, pensée. La question du *style de vie* devient alors une question de masse. En même temps se développent des comportements qui débordent le noyau le plus mobilisé et se transforment en un illégalisme de masse comme dans le cas de l'autoréduction des prix des billets de transport à Milan en 1974 avec l'appui des syndicats ouvriers. On voit alors des occupations massives de logements dans certains quartiers des grandes villes comme le mythique San Basilio de Rome, défendu contre les interventions brutales de la police par des milices de squatters. Ce mouvement débouche sur des confrontations parfois très violentes et de grande ampleur en 1977, année d'apogée et de crise du mouvement[49]. Sans entrer dans le détail, l'échec de la « transversalité » des mouvements ouverts sur les différents fronts de lutte telle qu'elle avait été théorisée par les intellectuels italiens mais aussi par F. Guattari a certainement de nombreuses causes dont la stratégie de compromis historique qui isola le mouvement et même favorisa la répression à la fois brutale, massive et indistincte de l'appareil d'État.

Ce mouvement n'a pas eu la même ampleur, la même durée, les mêmes caractéristiques en France, peut-être du fait de la présence des organisations trotskistes relativement puissantes

49. Cet échec déboucha sur la dérive terroriste des Brigades Rouges, laquelle a définitivement démontré l'impasse du modèle bolchevique de prise de pouvoir par une petite avant-garde.

qui « encadraient » mieux le mouvement en le maintenant dans la tradition léniniste. Sans que se dessine aussi nettement qu'en Italie la possibilité d'une nouvelle politique, on y a assisté pourtant à l'affirmation de nouveaux mouvements, on y a senti la force de nouvelles dynamiques sociales, politiques et culturelles et la difficulté à centraliser la diversité des fronts ouverts [50].

Les marges au centre

Il y avait chez M. Foucault comme chez G. Deleuze et F. Guattari un effort pour échapper à l'enfermement dans les sociétés d'autocontrôle, mais la voie qu'ils s'efforçaient de penser semble s'être fermée au cours des décennies suivantes. Ce problème politique constitue la difficulté majeure que M. Hardt et A. Negri tentent de surmonter. Comment penser la révolution aujourd'hui [51] ?

Les étudiants des années 1970 sont à leurs yeux les premiers à avoir pu recréer une subjectivité collective en dehors de l'usine, dans la société, dans les institutions de savoir, dans les réseaux alternatifs, en tant que sujets du *general intellect*. Cette « subjectivité du dehors » constitue à la fois une réalité alternative et un « *pouvoir constituant* », ou, plus exactement, elle est d'abord apparue comme une réalité extérieure au monde de la production mais, du fait de l'hégémonie du travail immatériel, cette réalité alternative des années 1970 a fini par pénétrer la sphère du travail en se confondant avec les nouvelles formes de coopération intellectuelle. Et c'est cette réalité qui se manifeste de plus en plus comme un « pouvoir constituant » de la démocratie et du communisme [52]. Ce qui revient à accorder un pouvoir révolutionnaire, subversif, au travail intellectuel, non pas dans la logique gramscienne de l'hégémonie, mais selon une problématique de l'intellectualité comme dimension directement productive : « Le travail intellectuel est le travail productif et exploité. Nous,

50. On sait par exemple que la Ligue communiste révolutionnaire a cherché sans y parvenir vraiment à faire le lien entre ces nouveaux mouvements et le modèle bolchevique.

51. A. Negri, rappelons-le, a foi dans la révolution, parce qu'il a la « certitude logique de la révolution possible ». Tout l'effort théorique consiste donc à donner consistance à cette foi. Voir Antonio NEGRI, *Italie rouge et noire*, Hachette, Paris, 1985, p. 194.

52. Maurizio LAZZARATO et Antonio NEGRI, *loc. cit*, p. 95.

intellectuels, nous sommes une force de travail — mais une force de travail plus riche et plus puissante que jamais [53]. »

M. Hardt et A. Negri poursuivent en réalité deux lignes de pensée qu'ils cherchent à concilier : la voie « objectiviste » selon laquelle, le capitalisme poursuit une tendance qui va dans le sens du communisme, selon un schéma marxiste traditionnel ; la voie « subjectiviste » selon laquelle pour sortir de la société de contrôle total, il faut créer de nouvelles formes de vie et un nouveau sujet, en s'inspirant de M. Foucault et de G. Deleuze. Cette conciliation vise à mettre « les marges au centre », opération rendue possible par les effets supposés de l'extension du travail immatériel. L'« accélération du processus » se combine avec l'invention d'un nouveau sujet. La ligne « expérimentatrice » deleuzienne et foucaldienne n'est pas abandonnée, mais articulée à un mode d'explication plus classique. C'est la subsomption de toute la société au capital qui crée la possibilité de l'extension de nouveaux rapports et de nouvelles subjectivités. De sorte que la résistance qui passe par l'exploration active de nouveaux modes d'existence coïncide avec la mondialisation des réseaux et le travail immatériel. Les marginaux ne sont plus au dehors, ils sont à l'intérieur, ils sont même au centre de la nouvelle productivité sociale qu'exploite le capital. Telle est la grande nouveauté de la période de l'Empire. Inutile d'attendre des seuls mouvements fondés sur le genre ou le sexe des pratiques créatrices, il ne faut guère espérer des seuls intellectuels et artistes qu'ils transgressent les codes, le processus créateur est aujourd'hui généralisé bien que capté par le capital parasitaire. Le devenir créateur, intellectuel et artiste à grande échelle n'est pas, comme l'envisageait Marx, une perspective lointaine du communisme, il a déjà commencé avec la « multitude comme potentialité créatrice ».

Mais c'est sans doute ici que M. Hardt et A. Negri s'éloignent le plus nettement de la conception deleuzienne de la « politique mineure » avec laquelle ils entretiennent un rapport particulièrement complexe. Si G. Deleuze et F. Guattari ont réinterprété Marx, M. Hardt et A. Negri, à leur tour ont réinterprété G. Deleuze et F. Guattari. Les « lignes de fuite » centrifuges sont devenues des modes de coopération centripètes, les flux schizo ont été remplacés par des flux de communication. M. Hardt et

53. Antonio NEGRI, *loc. cit.*, p. 152.

A. Negri ne semblent pas concevoir la politique révolutionnaire autrement que comme une politique de masse dont le modèle n'est pas tant la « fente » que l'*autonomie* conquise à l'intérieur du système social et productif et de la soustraction interne du travail à l'emprise du capital. C'est désormais sous la figure de l'Exode, avec son caractère de masse, que se pense la « *sortie dedans*[54] ». M. Hardt et A. Negri, en s'appuyant, comme on l'a vu, sur les *Grundrisse*, isolent dans le mouvement même du capital les conditions de son dépassement dans le communisme (« coopération sociale », « intellectualité de masse », « flux de communication ») tandis que G. Deleuze et F. Guattari y lisaient surtout les conditions de la destruction de tout socius possible. Pour ne prendre qu'un élément mais qui a son importance, il est frappant de constater que, tout en mettant en avant l'« intellectualité de masse », M. Hardt et A. Negri semblent effacer la fonction transgressive possible de l'intellectuel. Ce dernier n'est plus pensé comme le « grand transgresseur » qui peut porter les « processus mineurs », il est devenu celui qui « se trouve complètement à l'intérieur du processus de production » et pour lequel « toute extériorité est révolue sous peine de renvoyer son travail à l'inessentiel[55] ». L'artiste se confond avec le technicien de l'information et de la communication. En dépit du recours insistant au lexique deleuzien, M. Hardt et A. Negri tentent *malgré G. Deleuze et F. Guattari*, de sauver l'idée classique de la révolution comme issue du développement capitaliste. Pour cela, il aura fallu montrer que ce que G. Deleuze et F. Guattari et, dans une certaine mesure, M. Foucault repéraient comme des luttes mineures et minoritaires était désormais au cœur des processus productifs dominants. Tel est bien le sens de l'identification de la production comme « bio-politique[56] ».

---

54. François ZOURABICHVILI, « Les deux pensées de Deleuze et de Negri : une richesse et une chance », entretien avec Yoshihiko Ichida, *loc. cit.*
55. Maurizio LAZZARATO et Antonio NEGRI, *art cit.*, p. 99.
56. Antonio NEGRI, « Tous ensemble », *Futur antérieur*, 30-31-32, 1995-4, p. 9.

6

La communication, enjeu biopolitique ?

M. Hardt et A. Negri définissent la nouvelle forme de lutte communicationnelle comme lutte *biopolitique*. C'est emprunter à M. Foucault, et à la lecture que G. Deleuze en a faite, un concept pour un usage nouveau qu'il faut interroger. Le socle de leur argumentation se réfère pour une grande part aux analyses foucaldiennes des formes de pouvoir dans les sociétés occidentales. Les concepts de « biopouvoir » et de « biopolitique » sont, comme on le sait, directement issus de l'atelier généalogique de M. Foucault. Si l'importance de cet auteur est sans cesse rappelée par M. Hardt et A. Negri [1], cette reprise est à beaucoup d'égards une transformation, voire un retournement aussi intéressant que discutable.

M. Foucault crée le concept de biopouvoir pour désigner un autre type de pouvoir que celui qui se revendique du principe de la souveraineté, pouvoir sacré, transcendant, extérieur aux sujets. Les nouvelles formes de ce pouvoir pour lesquelles M. Foucault forge l'expression de « gouvernementalité » sont immanentes au corps social, elles participent d'une fonction régulatrice de la vie collective et individuelle, elles investissent et affectent surtout les grands mouvements des populations en tant que caractéristiques de l'espèce. M. Hardt et A. Negri s'appuient sur

1. Voir par exemple, Antonio Negri, « Foucault entre le passé et l'avenir », entretien avec Christian Laval, *Nouveaux Regards*, n° 26, été 2004, p. 70 et publié en ligne sur le site de *Multitudes*.

les analyses foucaldiennes pour dire tout autre chose. Ils entendent par « biopolitique » la forme d'affirmation de la force productive, de la puissance créatrice des hommes sur le terrain du travail immatériel et de la communication. M. Hardt et A. Negri définissent la production biopolitique, en relation directe avec les mutations du travail, comme la création directe de relations sociales par la coopération en réseau et le développement de nouvelles formes démocratiques. C'est ce glissement de l'un à l'autre qui nous intéresse ici dans la mesure même où il a permis à M. Hardt et à A. Negri de retrouver le schème marxiste traditionnel.

Le biopolitique chez Michel Foucault

M. Foucault montre dans ses travaux des années 1970 que, en dessous et à côté du système dominant de la souveraineté juridico-politique dans les sociétés européennes, s'est mis en place à partir du XVIIe siècle un ensemble de dispositifs disciplinaires dont l'effet n'est pas tant la répression de la violence, du désir, de l'activité des individus que la production de biens, de relations, de savoirs selon des principes d'efficacité, des objectifs de productivité, des procédures d'assujettissement qui visent à la fourniture de prestations économiques ou, plus généralement, de comportements estimés « normaux » parce qu'utiles. Les rapports de pouvoir qui constituent ces disciplines ne visent pas tant à étouffer, réprimer, interdire des conduites selon une logique juridique de la loi qu'à produire une valeur économique et sociale par la mobilisation de sujets productifs selon une logique de la norme.

L'analyse des rapports de pouvoir est inséparable chez M. Foucault de l'analyse de la constitution des sujets qui ne sont jamais naturels, originaires, purs, entiers. Un sujet est une création historique et relationnelle. « La fabrication des sujets plutôt que la genèse du souverain » est ainsi mise au centre du programme généalogique qu'il se donne [2]. Ces pouvoirs disciplinaires destinés au dressage des corps — qu'il examine principalement dans ses cours du Collège de France et dans *Surveiller et*

2. Cours du 21 janvier 1976, *in « Il faut défendre la société »*, Gallimard-Seuil, Paris, 1997, p. 39.

Punir — se sont progressivement combinés avec des dispositifs de pouvoir portant sur la vie des populations, avec des biopouvoirs qui vont encore plus loin dans la constitution, l'objectivation, la pénétration des sujets, dans la mesure où ils concernent la gestion des populations, leur reproduction, leur hygiène, leur sexualité. S'est mise alors en place cette gouvernementalité appuyée sur les sciences humaines et médicales. Ce mode de gouvernement des populations s'est exercé au travers d'une médicalisation généralisée à visée normalisatrice, en utilisant des technologies et des dispositifs de contrôle qui peuvent aller du recensement démographique à l'eugénisme social, voire aux politiques d'extermination. Ce qui importe, à partir du XIXe siècle, n'est plus seulement la distinction du licite et de l'illicite selon un principe juridique, mais celle du normal et du pathologique. Une série de technologies du comportement font leur apparition à côté ou en superposition des dispositifs disciplinaires. Elles prennent en charge la vie des populations, visent à les normaliser (ou à en éliminer certaines composantes) et, de façon générale, tendent à imposer aux individus des conduites jugées « normales ». La nouveauté que cherche à penser le concept de biopouvoir tient à ce que la vie et le pouvoir se confondent, que le pouvoir devient une fonction régulatrice de la vie collective et s'intègre aux fonctions et aux pratiques les plus intimes des sujets, à la sexualité, à l'alimentation, à l'hygiène, à l'éducation des enfants.

Les pouvoirs modernes ne se laissent donc pas réduire au mode juridico-politique de la souveraineté, comme la représentation encore dominante le laisserait croire ; ils articulent les technologies disciplinaires « anatomo-politiques » dont l'objet est le corps individuel et les biopouvoirs, c'est-à-dire ces pouvoirs normalisateurs s'exerçant sur la vie des populations dans leur ensemble. La dimension biopolitique du pouvoir ne remplace pas la dimension disciplinaire, elle vient s'y ajouter : l'une vise la vie, l'autre vise le corps, l'une concerne la sécurité, la santé, l'homéostasie biologique de l'ensemble d'une population d'êtres vivants, l'autre concerne le dressage des corps, leur docilité et leur utilité, dans le cadre d'institutions closes. D'un côté, les technologies de dressage de l'ordre industriel visant à majorer les forces productives se rationalisent en individualisant les corps ; de l'autre les technologies assurantielles, régulatrices, médicales, hygiéniques visant la santé, l'équilibre la sécurité des populations continuent leur extension en s'appuyant de plus en plus finement sur les calculs probabilitaires des événements déstabilisateurs[3].

Si ce pouvoir disciplinaire et ce pouvoir biopolitique se combinent, ils s'opposent l'un et l'autre à la « vieille mécanique » du pouvoir de la souveraineté devenu incapable de régir le corps de sociétés en voie de transformation démographique et économique. Le déplacement opéré par M. Foucault consiste à passer d'une conception classique de la *souveraineté* à une analyse des formes de la *normativité* typique de la situation des sociétés à la fin du XXe siècle. Politiquement, l'objectif poursuivi par M. Foucault revient à ne plus opposer systématiquement au pouvoir normalisant la souveraineté juridique, ce qui n'est jamais pour lui qu'un recours nostalgique à une figure philosophique du pouvoir dépassé, de surcroît inopérant sur le plan de l'efficacité pratique. Pour ceux qui luttent contre le pouvoir disciplinaire, il y a là un « goulot d'étranglement », dit M. Foucault : « Ce n'est pas en recourant à la souveraineté contre la discipline que l'on pourra limiter les effets mêmes du pouvoir disciplinaire[4]. » M. Foucault analyse justement la période comme celle d'un affrontement entre le discours de la normalisation et celui de la souveraineté. Or le droit reste inapproprié et inefficace face à l'emprise normalisatrice sur les vivants. Il corrige des abus, des excès, des dérapages, au mieux, il encadre la normalisation, il ne l'empêche pas. Comment d'ailleurs lutter à l'aide du droit contre les cadences de l'usine, les procédés de surveillance de la prison ou de l'hôpital, les normes scolaires, les incitations à consommer, les injonctions à arrêter de boire ou de fumer, les pressions diverses pour faire du sport ? Comment lutter à l'aide du droit si ce pouvoir redoublé par les savoirs comportementaux s'insinue dans les vies individuelles et constitue les individus comme des sujets de la norme et de la discipline ? L'articulation de ces deux axes de pouvoir, les disciplines institutionnelles et les régulations de la population, donne naissance à des « sociétés de normalisation » dans lesquelles le

---

3. Pour saisir ce « tournant » chez M. Foucault, on peut se reporter au cours du 17 mars 1976, *in « Il faut défendre la société »*, *op. cit.*, et, évidemment, à Michel FOUCAULT, *La Volonté de savoir*, Gallimard, Paris, 1976.

4. Michel FOUCAULT, cours du 14 janvier 1976, in *Il faut défendre la société*, *op. cit.*, p. 35.

pouvoir « a pris en charge la vie », celle du corps individuel comme celle des populations.

Comment résister aux biopouvoirs ?

La résistance aux biopouvoirs est le problème politique central qu'a posé M. Foucault. C'est en ce point qu'il entre en résonance avec la pensée de Marx. Certes, il reproche à ce dernier de limiter son analyse aux seuls rapports de production, au seul affrontement du capital et du travail. Pour M. Foucault, le système des disciplines est la condition de l'usine, du rapport salarié, de la division du travail plutôt que sa conséquence. Mais il le rejoint dans l'analyse strictement relationnelle du pouvoir qu'il entend faire dans tous les champs pratiques. Le rapport salarié s'analyse comme un rapport de forces entre un pôle d'imposition et un pôle de résistance. Ce discours de lutte de classes — dont il montre par ailleurs la longue histoire — doit être élargi à l'ensemble des rapports sociaux. « Il y a de la résistance là où il y a exercice du pouvoir », telle est la maxime de l'analyse micropolitique. Cette résistance entraîne à son tour de nouvelles formes de domination, elle appelle des savoirs et des technologies de captation, de réduction, de régulation, selon un enchaînement *a priori* illimité.

M. Foucault refuse d'opposer au biopouvoir un quelconque vitalisme, au sens où le définit par exemple Georges Canguilhem comme confiance et exigence envers « la spontanéité de la vie[5] ». Il récuse tout autant une « dialectique » qui verrait dans la discipline comme dans le biopouvoir le germe d'une société nouvelle « émancipée » du pouvoir. S'il n'y a pas de vitalisme foucaldien, il y a néanmoins un mouvement de « retournement de la vie » dans le geste même de la résistance. De façon peut-être ambiguë, M. Foucault, dans *La Volonté de savoir*, tient que les luttes de résistance prennent appui sur ce que le pouvoir normalisateur investit, en l'occurrence la vie, pour mieux la retourner contre lui : « La vie comme objet politique a été en quelque sorte prise au mot et retournée contre le système qui entreprenait de la contrôler. C'est la vie beaucoup plus que le

5. Georges CANGUILHEM, *La Connaissance de la vie*, Vrin, Paris, 1985, p. 88.

droit qui est devenue alors l'enjeu des luttes politiques, même si celles-ci se formulent à travers des affirmations de droit[6]. »

Ce diagnostic sur la nature des luttes et sur les pièges qui lui sont liés ne vaut aucunement adhésion à ce retournement apparemment « vitaliste ». Il désigne en revanche le lieu et l'enjeu des luttes. M. Foucault entend bien plutôt montrer que les combats menés contre la « répression », au nom du « désir », de la « liberté sexuelle », de la « vie » en somme, restent prisonniers de leur cible. « Prendre la vie au mot » ne signifie pas que la Vie devient l'objet d'une confiance dans son énergie spontanée ou d'une croyance dans sa force irrésistible qui, en dessous des pouvoirs, coulerait librement si on les supprimait. Au contraire, le sens de *La Volonté de savoir*, comme celui de l'analyse qu'il fait de la composante raciste du socialisme dans ses cours du Collège de France, consiste plutôt à montrer combien la résistance est souvent aveugle au terrain même sur laquelle elle s'exerce, par exemple lorsqu'elle confond pour le sexe incitation et répression. M. Foucault a tendance à penser que la plupart des formes de résistance modernes sont elles-mêmes enveloppées et affectées par le biopouvoir. De ce point de vue, pour M. Foucault, le concept de « production biopolitique » n'aurait sans doute rien dit de très bon. D'une part, à ses yeux, c'est le pouvoir ou plus exactement les relations dissymétriques entre sujets qui sont productifs. D'autre part, une politique biopolitique contiendrait une composante raciste très prononcée dans la mesure même où, dans l'économie du biopouvoir, « la mort des autres, c'est le renforcement biologique de soi-même[7] ». Le nazisme, le colonialisme ou le socialisme d'État ont montré ce que signifiait pratiquement ce pouvoir d'intervention politique dans le biologique.

Foucault au-delà de Foucault

M. Hardt et A. Negri, selon une orientation plus ancienne que l'on voit apparaître dans les derniers numéros de *Futur antérieur* et qui se déploie par la revue *Multitudes*, ont entrepris de retourner le concept de biopolitique, pour lui donner un sens

6. Michel FOUCAULT, *La Volonté de savoir*, *op. cit.*, p. 191.
7. Michel FOUCAULT, cours du 17 mars 1976, *op. cit.*, p. 230.

essentiellement approbatif et positif. La « lutte biopolitique » ou, plus succinctement, la biopolitique désigne selon une apparente fidélité à M. Foucault la « résistance de la vie » aux biopouvoirs. C'est justement parce que, comme l'avancent M. Hardt et A. Negri, ces derniers envahissent toutes les sphères de l'existence que les luttes de résistance s'étendent elles aussi à la vie tout entière. La formule de A. Negri est particulièrement nette sur ce point : « Quand le capital investit la vie entière, la vie se révèle comme résistance [8]. » A. Negri, généralisant certaines formules de M. Foucault, a tendance ainsi à rabattre ces biopouvoirs sur le développement même du capitalisme qui, écrit-il, « exige un investissement total de la vie dans la mesure où la constitution d'une force de travail d'une part et les exigences de rentabilité de la production de l'autre le demandent [9] ». La lutte biopolitique est donc d'emblée assimilée à une lutte contre le capital en tant que ce dernier subsume toute la société et toutes les sphères d'existence. M. Foucault est ainsi ramené à Marx.

Mais ce n'est pas tout. Le concept de biopolitique, chez nos auteurs, ne renvoie pas seulement ou même d'abord à une résistance, terme qui indique encore trop une réponse, une réaction à un pouvoir, serait-ce celui du capital. Le biopolitique devient un concept vraiment nouveau quand il désigne, non cette réponse ou cette résistance, mais une production économique, sociale et culturelle *sui generis*, laquelle production se heurte à des barrières de natures diverses qu'il s'agit de faire sauter. Le *bios* n'est donc plus le produit de stratégies et de technologies comme chez M. Foucault, il est la force expansive au principe du développement historique, à la source de la création de nouvelles relations affectives, de nouvelles subjectivités sociales et de nouvelles formes institutionnelles [10]. De la sorte, le concept finit par désigner un ensemble de forces et de formes, de désirs et d'échanges concernant les façons de se rapporter les uns aux autres qui n'ont strictement rien à voir avec ce qu'entendait M. Foucault quand il concevait la théorie du biopouvoir. Alors que ce dernier visait la façon dont le « biologique » était saisi et régulé par des politiques gouvernementales, M. Hardt et A. Negri

8. Antonio NEGRI, « Foucault entre le passé et l'avenir », *loc. cit.*, p. 73.
9. *Ibid.*, p. 70.
10. Michael HARDT et Antonio NEGRI, *Multitude*, *op. cit.*, p. 89 et p. 396.

entendent maintenant désigner une production de vie sociale, de subjectivité, issue de l'activité immatérielle.

M. Hardt et A. Negri ne cachent pas les glissements, voire les inversions qu'ils font subir au concept foucaldien. Dans *Empire*, après avoir rendu hommage à l'apport de M. Foucault et G. Deleuze (spécialement dans le commentaire que ce dernier fait du premier) quant à l'analyse du type de société dans lequel nous sommes — caractéristiques qui forment l'horizon du concept d'Empire —, ils soulignent avec force l'incapacité des philosophes français à comprendre ce qu'est le *bios*, du fait même de leur cécité sur « la dynamique réelle de la production dans la société biopolitique [11] ». M. Foucault, tout particulièrement, n'aurait pas appréhendé le caractère essentiellement productif du *bios* ; il n'aurait pas suffisamment vu que la production n'est pas seulement réactive, passive, déterminée par le pouvoir, il lui aurait échappé que la « vie », le « *bios* » renvoie à l'activité créative et émancipatrice des hommes dans l'histoire. Autrement dit, M. Foucault, G. Deleuze et F. Guattari auraient négligé ce que M. Hardt, A. Negri et d'autres théoriciens ont réussi quant à eux à faire : expliciter à partir de Spinoza et de Marx la nature de la production biopolitique comme production de subjectivités et comme reproduction de vie sociale [12].

M. Foucault, malgré ses insuffisances, aurait eu cependant quelque intuition de la lutte biopolitique. A. Negri affirme ainsi que l'on trouve déjà chez M. Foucault « l'idée d'une production de subjectivité qui permet, de l'intérieur du pouvoir, d'en modifier le fonctionnement tout autant que de créer des subjectivités nouvelles », et qu'on y trouve également « l'intuition extraordinaire du passage de la définition du politique moderne à celle du biopolitique postmoderne ». Il y aurait donc à « utiliser Foucault malgré lui, au-delà de lui » et, ajoute A. Negri, « à prolonger ses intuitions sur la production de subjectivité et sur ses implications [13] ». L'opération consisterait à rabattre sur le Foucault du biopouvoir entendu comme régulation politique du biologique le « dernier Foucault » des techniques de soi. Cette opération s'appuie sur la lecture très particulière que fait G. Deleuze de M. Foucault, laquelle interprétation conduit à mettre M. Foucault

11. Michael HARDT et Antonio NEGRI, *Empire*, *op. cit.*, p. 54.
12. *Ibid.*, p. 55.
13. Antonio NEGRI, « Foucault entre le passé et l'avenir », *loc. cit.*, p. 71.

en contradiction avec lui-même et, en fin de compte, à lui reprocher de ne pas saisir ce qu'on peut néanmoins y trouver.

Michel Foucault, un nouveau vitaliste ?

M. Hardt et A. Negri, pour soutenir leur propre vitalisme politique, ne manquent pas de se référer à Spinoza, à Marx bien sûr, et à G. Deleuze et F. Guattari. Lorsque A. Negri et M. Hardt critiquent dans *Empire* l'« épistémologie structuraliste » de M. Foucault [14], ils lui reprochent surtout son refus de la métaphysique de la production qui est la leur. M. Foucault, en effet, n'aurait pu accepter cette ontologie qui conduit à penser que la « résistance est première par rapport au pouvoir », qu'il y a une force productive originelle, continue, souterraine, qui traverse et travaille toutes les formes sociales et institutionnelles. La production reste chez M. Foucault toujours relationnelle, l'effet de forces qui jouent l'une par rapport à l'autre, le résultat de l'action d'une force sur une autre qu'elle fait mouvoir ou dont elle majore les effets. M. Foucault se garde de l'idée qu'il y aurait une productivité spontanée qui se déploierait dans sa pureté première, en dehors des stratégies, des disciplines, des dispositifs. Tout l'effort de l'analyse politique chez M. Foucault consiste même à refuser l'idée trop facile d'une telle productivité en dehors des relations de pouvoir. Et c'est bien d'ailleurs ce qu'il a finalement critiqué dans le gauchisme de la façon la plus nette quand il s'en est pris à cette illusion du grand combat de la vie contre la mort que partageaient un certain nombre de militants et d'activistes de la « contestation ». M. Hardt et A. Negri semblent vouloir redonner une actualité à cette illusion. Ils se fondent autant sur l'interprétation qu'ont donnée G. Deleuze et F. Guattari du marxisme — que nous avons examinée plus haut — que sur la lecture que G. Deleuze a faite de M. Foucault. Pour le dire autrement, la réinterprétation vitaliste de M. Foucault est le prix à payer pour réintégrer cet auteur dans les schémas marxistes et gauchistes qu'il avait entrepris de récuser en son temps.

On doit à G. Deleuze un premier infléchissement sérieux dans la lecture de M. Foucault, lorsqu'il interprète la phrase de *La*

14. Michael Hardt et Antonio Negri, *Empire*, *op. cit.*, p. 53.

Volonté de savoir déjà citée dans un sens très nettement vitaliste, même s'il le fait de façon interrogative. « La vie devient résistance au pouvoir quand le pouvoir prend pour objet la vie. [...] Quand le pouvoir devient bio-pouvoir, la résistance devient pouvoir de la vie, pouvoir vital qui ne se laisse pas arrêter aux espèces, aux milieux et aux chemins de tel ou tel diagramme. La force venue du dehors, n'est-ce pas une certaine idée de la Vie, un certain vitalisme où culmine la pensée de Foucault ? La vie n'est-elle pas cette capacité de résister de la force [15] ? », écrit G. Deleuze dans des formules qui sont très loin des analyses des *Mots et les Choses* ou de la *Naissance de la clinique*, et très loin aussi de la signification politique de *La Volonté de savoir*, mais beaucoup plus proches de ce que Alain Badiou a appelé l'« ontologie vitaliste de Deleuze » pour laquelle l'être comme vie est puissance impersonnelle [16]. C'est ce même vitalisme deleuzien que l'on retrouve chez M. Hardt et A. Negri. En somme, lisant M. Foucault avec G. Deleuze, ils peuvent intégrer le premier dans leur propre théorie.

Rien chez M. Foucault n'autorise cette opération, sinon la phrase ambiguë citée plus haut de *La Volonté de savoir*. À l'inverse, il est une remarquable continuité du travail généalogique qui vient démentir ce vitalisme que G. Deleuze lui suppose. M. Foucault, dans *Les Mots et les Choses* comme dans son cours sur la « Naissance de la biopolitique », porte au jour les rapports entre la transformation des formes épistémologiques et la transformation des modes de gouvernement, montrant que les modes de savoir et les modes de pouvoir sont en phase les uns avec les autres, qu'ils appartiennent à des « systèmes de simultanéité [17] ». La grande crise de la souveraineté occidentale est ainsi articulée à la crise de la représentation qu'il décrit dans *Les Mots et les Choses*. La pensée classique avait établi un « ordre des choses », un mode de classification du monde selon des séries ordonnées dans et par la représentation dont le garant était le souverain. D'où le privilège du tableau qui ordonne en représentant tout comme il représente en ordonnant. Le classicisme est essentiellement une représentation qui met en ordre à partir des identités et des différences, tableau dont le sujet, l'objet, le garant

15. Gilles Deleuze, *Foucault*, *op. cit.*, p. 98.
16. Alain Badiou, *Court Traité d'ontologie transitoire*, Seuil, Paris, 1998, p. 61-72.
17. Michel Foucault, *Les Mots et les Choses*, Gallimard, Paris, 1966, p. 14.

en somme n'est nul autre que le souverain comme c'est le cas exemplaire dans les *Ménines* de Velasquez. La rupture de la fin du XVIIIe et du début du XIXe siècle se caractérise par le fait que l'homme devient précisément ce sujet, cet objet, ce garant de la connaissance selon un nouveau mode de savoir qui part de l'être de l'homme pour fonder les savoirs nouveaux et les technologies qui leur correspondent.

Rappelons que, dans la nouvelle formation épistémologique (*épistémè*) qui s'ouvre à la fin du XVIIIe siècle, M. Foucault distingue trois socles des savoirs positifs, les « quasi-transcendantaux » de la Vie, du Travail et du Langage. Ce sont des « modes fondamentaux du savoir » sur lesquels s'établiront les multiples discours des sciences humaines [18]. À ce titre, ils relèvent d'une historicité des formes fondamentales de savoir et non d'une ontologie, et surtout pas d'une ontologie vitaliste. Ces modes fondamentaux déterminent des discours à partir desquels de nouveaux objets se dessinent. La pensée moderne place au centre de l'histoire l'homme comme figure de la finitude, pris dans les déterminations de la maladie, du besoin, des mots hérités, un être assigné à son « existence corporelle, laborieuse et parlante [19] ».

Le marxisme n'est pas étranger à cette *épistémè*. M. Foucault écrivait ainsi : « Au niveau profond du savoir occidental, le marxisme n'a introduit aucune coupure réelle ; il s'est logé sans difficulté, comme une figure pleine, tranquille, confortable, et ma foi, satisfaisante pour un temps (le sien), à l'intérieur d'une disposition épistémologique qui l'a accueilli avec faveur (puisque c'est elle justement qui lui faisait place) et qu'il n'avait en retour ni le propos de troubler ni surtout le pouvoir d'altérer, ne fût-ce que d'un pouce, puisqu'il reposait tout entier sur elle. Le marxisme est dans la pensée du XIXe siècle comme poisson dans l'eau : c'est-à-dire que partout ailleurs il cesse de respirer. » Et M. Foucault continuait ses propos qui lui ont attiré en leur temps les accusations les plus infâmantes des communistes ou de Sartre, en proclamant que les débats entre économie bourgeoise et économie révolutionnaire « ont beau émouvoir quelques

---

18. *Ibid.*, p. 264-265.
19. *Ibid.*, p. 328.

vagues et dessiner des rides à la surface : ce ne sont tempêtes qu'au bassin des enfants [20] ».

Dix ans plus tard, poursuivant sa recherche, M. Foucault reprendra l'analyse des rapports entre vitalisme et économie politique à propos de la gouvernementalité biopolitique comme gestion des forces vivantes de la population. M. Foucault n'hésite pas à souligner que le socialisme, depuis ses débuts, a épousé la logique même du biopouvoir au point d'incorporer dès ses commencements une dimension raciste de purification du corps social. Ce racisme intrinsèque a pour ressort les discriminations opérées entre ceux qui sont du bon côté de la force productive et ceux qui sont du mauvais côté, celui de l'antiproduction, du parasitisme, de l'inutilité. Le vitalisme s'inscrit dans ces grandes refontes de savoir, dont témoigne l'œuvre de Xavier Bichat pour lequel la vie ne se définit que comme ce qui s'oppose à la mort, comme une résistance à toutes les morts de détail, partielles qui affectent le corps. Il est vrai que certaines des formules de X. Bichat semblent avoir servi de modèles aux propositions les plus fortes du M. Foucault analyste politique. Le fondateur de l'anatomie comparée définissait en effet la vie comme un rapport de forces : « La vie est l'ensemble des fonctions qui résistent à la mort [21]. » M. Foucault montrait ainsi que chez X. Bichat, « le vitalisme apparaît sur fond de ce "mortalisme" [22] », ce qu'il résumait dans une formule digne de René Char : « La nuit vivante se dissipe à la clarté de la mort [23]. » Mais si M. Foucault reconnaît à X. Bichat la singularité de ses propos, il n'oublie jamais qu'ils témoignent et participent encore d'une organisation des savoirs historiquement datée dont il s'agit de faire l'archéologie. Par contre, cette dimension généalogique du travail de M. Foucault est « oubliée » tant par G. Deleuze que par M. Hardt et A. Negri quand ils attribuent à M. Foucault une adhésion au vitalisme comme foi dans la force productive. Cet « oubli » vient renforcer l'ontologie vitaliste du marxisme auquel G. Deleuze aussi bien que M. Hardt et A. Negri consentent, avec toutes les conséquences théoriques qui en dérivent et, en premier lieu, une opposition directe entre Vie et Capital, ce qui est peut-être le piège

20. *Ibid.*, p. 274.

21. Xavier BICHAT, *Recherches physiologiques sur la vie et la mort*, Reprise, Vrin, Paris, 1981, p. 1.

22. Michel FOUCAULT, *Naissance de la clinique*, PUF, « Quadrige », 1988, p. 148.

23. *Ibid.*, p. 149.

majeur contre lequel M. Foucault n'a cessé de batailler en termes philosophiques et politiques.

Plus tard, à l'époque du gauchisme culturel, M. Foucault a dû récuser le nouveau vitalisme sexualiste dans *La Volonté de savoir*. Ce faisant, il a frayé une autre voie qui n'opposerait pas la Vie aux pouvoirs, le Sexe à la répression, mais chercherait comment la « vie » peut se réinventer dans des « styles de vie » nouveaux, selon des relations sociales inédites, des « esthétiques de l'existence » particulières, en s'opposant ainsi aux pouvoirs, eux-mêmes spécifiques, de l'État ou des communautés traditionnelles [24].

Cette pensée du « style de vie », du « choix d'existence », capable à travers les « pratiques de soi » de réconcilier l'art, l'affect, la politique, n'est en rien réductible au « biologique », au « corps », au « vivant », à ce que Giorgio Agamben appelle la « vie nue ». Elle s'attache plutôt à la forme culturelle et éthique même de l'existence, résultat d'une invention intellectuelle et même, plus spécialement, philosophique. Sous cet angle, la précision conceptuelle de G. Agamben est primordiale quand il rappelle que les Grecs utilisaient deux termes pour désigner la vie : *zoé* pour dire la « vie nue », le fait de vivre qui est commun à tous les vivants, et *bios* pour désigner la forme de vie, la vie des hommes en tant qu'elle est inséparable de sa forme et des pratiques qui la modèlent [25]. Chez M. Foucault, suivant en cela la marche des langues, la distinction a disparu. Ce qui se réfère au vivant comme tel devrait s'appeler plutôt « zoopolitique », à quoi s'opposerait la « biopolitique » comme politique articulée à la création de formes de vie nouvelles déprises du pouvoir et répondant à l'exigence philosophique, éthique et politique de liberté et d'autonomie. Si c'est le cas, le rapport au vitalisme se défait alors complètement.

La question de la nature du pouvoir

L'un des efforts de A. Negri porte sur l'articulation de la perspective ouverte par le « dernier Foucault » aux transformations

24. *Cf.* Frédéric GROS, « Situation du cours », *in* Michel FOUCAULT, *L'Herméneutique du sujet*, cours du Collège de France 1981-1982, 2001, p. 519 *et sq.*

25. Giorgio AGAMBEN, *Homo sacer*, *op. cit.*

du monde de la production telles qu'il les analyse. La question est délicate du fait que M. Foucault se situe dans un tout autre contexte, celui de l'Antiquité. Elle est difficile aussi parce qu'il y a comme un hiatus chez M. Foucault lui-même entre la caractérisation qu'il fait du « biopouvoir » au milieu des années 1970 et les deux derniers tomes parus de l'*Histoire de la sexualité*. Mais elle l'est surtout du fait d'un problème absolument central et qui est lié à celui du pouvoir et de la marge qu'il laisse aux sujets pour se déprendre de lui. Les analyses respectives du pouvoir de M. Foucault et de A. Negri, surtout, forment un chiasme qui empêche toute entente.

Aux yeux de M. Foucault, le pouvoir moderne est devenu pleinement positif et ne cesse de susciter le désir, comme de rendre le travail plus productif. C'était la leçon de *La Volonté de savoir*, comme c'était déjà celle de *Surveiller et Punir*. M. Foucault tient que le pouvoir économique utilise la créativité, l'intensifie, la majore, tout en continuant à l'assujettir. Pour M. Hardt et A. Negri, le pouvoir est essentiellement parasitaire au regard d'un travail vivant, qui n'a de cesse de s'en rendre autonome et d'opérer une déconstruction permanente de ses formes. On a donc le sentiment que les auteurs dont nous parlons suivent des chemins inverses.

D'un côté, M. Foucault montre que le pouvoir est devenu essentiellement productif. La production est son objet et son résultat. Pour cela, il s'appuie sur les résistances qu'il suscite pour aller toujours plus loin dans l'assujettissement des individus (les pièges dans lesquels tombent les rebelles ne faisant que renforcer le pouvoir). On en a une belle illustration avec la malléabilité dont fait preuve la gouvernementalité néolibérale. Comme *La Volonté de savoir* l'a montré pour la sexualité, entre pouvoir capitaliste et force de travail se tissent des rapports d'incitation ou d'excitation, de chevauchement et de relance. Le sujet dans la relation de pouvoir garde une marge de liberté, il est source d'imprévisibilité, de mouvement. Le pouvoir efficace est donc conduit à réguler, à prévoir, à gérer tous les comportements qu'il n'est pas en mesure de prescrire mécaniquement. Le pouvoir est gestionnaire de sujets qui, pour une part, lui échappent. C'est en ce sens que « gouverner, c'est structurer le champ d'action éventuel des autres [26] ».

26. Michel FOUCAULT, *Deux Essais sur le sujet et le pouvoir*, *in* Hubert DREYFUS et Paul RABINOW, *Michel Foucault, un parcours philosophique*, Gallimard, Paris, 1984.

D'un autre côté, A. Negri et M. Hardt postulent que le mouvement va plutôt de la résistance au pouvoir. La résistance n'est pas réaction mais action, un effet de la puissance, une manifestation de la force productive qui se déploie dans l'histoire. D'où l'idée d'une autonomie de plus en plus grande de cette force productive, qui reste essentiellement en dehors du pouvoir, idée que l'on retrouve dans l'affirmation d'un travail vivant qui se déprend du capital autant que dans la figure mythique du grand Exode des multitudes. M. Hardt et A. Negri se réclament de Marx mais c'est son ontologie vitaliste qu'ils apprécient. M. Foucault se revendique aussi de Marx, mais ce serait plutôt son analyse des rapports entre forces qui l'a attiré. Ces deux emplois de Marx sont inconciliables.

Biopolitique et communication

Pour M. Hardt et A. Negri et d'autres théoriciens appartenant à la même mouvance, la « lutte biopolitique » se confond avec la lutte dans le champ de la communication. A. Negri souligne que le biopolitique ne doit plus définir la lutte pour la reproduction de la vie pour soi et ses enfants mais la lutte pour une autre forme de vie ou bien encore le passage de l'une à l'autre de ces luttes[27]. La forme biopolitique de la lutte s'impose lorsque l'impératif de « changer la vie » a semblé l'emporter sur la prise du pouvoir. Le concept de biopolitique, subissant une dilatation supplémentaire, se confond ainsi avec la capacité ontologique de la communication.

Désormais, la communication est pleinement intégrée *dans* la production, elle se confond même avec la production, au point que l'existence entière, en tant qu'elle n'est pas séparée du travail, est désormais modelée par la forme ou, plutôt, les formes antagoniques que prend la communication. Le monde de la communication est décrit « comme le lieu dans lequel les grandes forces sociales du savoir et de la communication se posent comme les seules forces productives[28] ». Et plus loin : « La communication devient la forme sous laquelle s'organise le

27. Antonio Negri, « Tous ensemble », *Futur antérieur*, 30-31-32, 1995-4, p. 9.
28. Antonio Negri, « Infinité de la communication/finitude du désir », *Futur antérieur*, n° 11, 1992-1993.

monde de la vie avec toute sa richesse [29]. » La mondialisation se traduit, d'un côté, par l'établissement des pouvoirs de l'Empire et, de l'autre, par la construction des réseaux de communication à travers lesquels les hommes découvrent ce qu'ils ont en commun parmi leurs différences [30]. Cette mondialisation — ce bon côté de l'histoire — est identifiée à la production biopolitique comme production de commun par la coopération et la communication de savoirs [31].

On voit comment le concept de biopolitique change de sens du fait de sa subordination à la thèse centrale de l'hégémonie du travail immatériel et de l'homogénéisation des modes d'activité dans la machine sociale. La production biopolitique est le modèle « qui implique non seulement la production de biens matériels dans un sens strictement économique, mais affecte aussi et contribue à produire toutes les facettes de la vie sociale, qu'elles soient économiques, culturelles ou politiques [32] ».

Dans un article intitulé « Pour une redéfinition du concept de "bio-politique" [33] », M. Lazzarato explique la nature de ce déplacement conceptuel. La conception « biologique » que se faisait M. Foucault du biopouvoir était trop étroite pour pouvoir être maintenue à l'identique. Ce n'est plus tant la *population* qui est l'objet des pouvoirs modernes que le *public*, selon l'hypothèse de Gabriel Tarde pour lequel tout groupe social tend à se transformer en public dans nos sociétés. L'usage nouveau du terme de biopolitique s'explique alors par le fait que la gouvernementalité a « glissé » de la gestion biologique de la population à la gestion communicationnelle et informationnelle des publics. Le *public* est, tout comme la *population* et même sans doute à un degré plus grand encore, sujet à une imprévisibilité particulièrement prononcée, susceptible donc d'un traitement gestionnaire de la statistique, investi de stratégies diverses de « communication » ou de « pédagogie », comme le montrent l'inflation des sondages ou le « marketing politique ». S'aidant de Walter Benjamin, M. Lazzarato suggère qu'un *public* n'est pas un

29. *Ibid.*, p. 7.

30. Michael HARDT et Antonio NEGRI, *Multitude*, *op. cit.*, p. 7.

31. Commun (produire du commun, faire en commun), communisme, *communality*, communication constituent un réseau signifiant chez A. Negri et M. Hardt particulièrement consistant. Voir chapitre suivant.

32. Michael HARDT et Antonio NEGRI, *Multitude*, *op. cit.*, p. 10.

33. Maurizio LAZZARATO, *Futur antérieur* n° 39-40, 1997, p. 69.

objet-cible passif, ou pas seulement, mais qu'il est une subjectivité collective active dans l'économie de l'information [34]. Il est en tout cas un lieu de combat, traversé par des orientations opposées, dirigé vers la consommation manipulée d'un côté et porté au développement d'une créativité de masse de l'autre.

Ce n'est pas la seule dimension que M. Lazzarato entend souligner dans les usages nouveaux qu'il fait du concept. La biopolitique concerne fondamentalement le « temps de vie ». *Bios* renvoie alors à la manière dont la vie est organisée temporellement. Le travail et la vie ne constituent plus, s'ils l'ont jamais fait entièrement, deux temps séparés, explique-t-il, du fait de la primauté du virtuel. La biopolitique n'est plus seulement dirigée et concernée par la vie biologique et le racisme qui l'accompagne, elle est liée aux enjeux conflictuels du « temps de vie », qui est devenu le vrai moteur de la production à travers la coopération sociale. Le retournement que propose M. Lazzarato s'opère par une sorte de passage forcé de M. Foucault à G. Deleuze : « Le temps de la vie dans le postfordisme renvoie en premier lieu non pas aux processus biologiques dont nous parle Foucault, mais à la "machine temps". Le temps de vie est le synonyme d'une complexité de sémiotiques, de forces et d'affects qui participent à la production de la subjectivité et du monde. Le temps de vie correspond à la multiplicité des "actes sociaux" qui se définissent comme tendances et variations. Le temps de vie c'est aussi le "devenir minoritaire" de la "subjectivité quelconque" qui ne se définit pas comme totalité mais par la force de sa singularité et sa capacité de se métamorphoser. Le temps de vie, c'est enfin une définition du politique qui ne renvoie plus à la "biologie" mais à une politique du "virtuel". Travail et exploitation, mais aussi "autovalorisation" et "révolution" sont redéployés par cette nouvelle définition de la vie [35]. »

Le travail, de plus en plus social et communicationnel, se confond donc avec le « temps de vie ». La coupure travail/vie, travail contraint/loisirs, caractéristique de l'âge industriel, semble s'effacer, laissant place à des virtualités créatrices nouvelles. Dans un article plus ancien de 1991, M. Lazzarato et A. Negri écrivaient que : « La catégorie classique de travail se montre absolument insuffisante pour rendre compte de l'activité

34. *Ibid.*, p. 75.
35. *Ibid.*, p. 80-81.

de la force de travail immatériel. Dans cette activité, il est de plus en plus difficile de distinguer le temps de travail du temps de reproduction ou du temps libre[36]. » Il faudrait d'ailleurs se demander s'il convient encore de maintenir la catégorie de travail tant elle semble étrangère à la nature de l'activité créatrice dont se réclament M. Hardt, A. Negri ou M. Lazzarato. En tout cas, c'est désormais sur le terrain de la communication que se déroule la lutte.

De la société de contrôle à la société de communication ?

La communication comme terrain de lutte, comme moyen de la « mise en commun », voire comme outil de libération ? L'idée ne va pas de soi. Les conditions et les formes de la lutte ont changé avec les mutations du travail, certes. Mais M. Hardt et A. Negri ne surestiment-ils pas les chances offertes par l'importance des flux communicationnels et le potentiel démocratique des réseaux ? Il ne va nullement de soi que la domination de la communication ou que l'importance du savoir dans la production puissent être des points d'appui pour la sortie du capitalisme.

Curieusement, on pourrait dire que c'est sans doute sur ce plan que les différences d'accent, voire les divergences, sont les plus manifestes avec des auteurs comme M. Foucault et G. Deleuze. Ces derniers ont toujours montré une très grande réserve, pour ne pas dire plus, à l'égard des vertus émancipatrices du savoir en général et de la « communication » en particulier. N'ont-ils pas toujours affirmé une nécessaire extériorité de la parole subversive au regard des discours et des codes dominants ? S'il y a des auteurs qui ont toujours insisté sur le rôle décisif d'une parole minoritaire, folle, transgressive, subversive, libre, volontairement désocialisée et improductive, surtout dans la littérature, ce sont bien eux. Or on a l'impression, comme on l'a vu au chapitre précédent, qu'il s'agit avec M. Hardt et A. Negri de *réintégrer* la subversion dans l'entreprise, dans le travail, au prétexte que désormais la communication est confondue avec la production. Cette parole transgressive, cette créativité subversive, aurait gagné désormais grâce aux nouveaux réseaux un champ de manifestation considérablement

36. Maurizio LAZZARATO et Antonio NEGRI, *loc. cit*, p. 90.

élargi qui permettrait à la multitude d'affirmer et de produire le commun. Mais, par là, cette domination de la communication apparaît aussi comme une machine de destruction de l'altérité de la parole, de sa « minorité », pour parler comme G. Deleuze, dans la mesure même où plus aucune anomalie ne pourrait plus se produire en dehors de l'économie générale de la communication productive. N'est-ce pas là retrouver cette dangereuse figure de l'intégration totale dans l'économie, selon une emprise complète de la communication sans plis ni dehors ?

On peut difficilement rapporter à M. Foucault ou à G. Deleuze l'idée d'une bonne et saine communication, *a fortiori* l'idée d'une communication subversive. Durant les années 1960 et 1970, nombre de critiques du monde social ont récusé les idéaux de la transparence, de l'immédiateté et de l'innocence de la communication. Ce furent des années où domina plutôt une omniprésente inquiétude quant aux effets politiques et sociaux du langage. Roland Barthes, lors de la séance inaugurale de ses cours au Collège de France [37], résuma et radicalisa cette position en considérant le langage comme une *législation* qui soumet tous les êtres parlants : « Parler, et à plus forte raison discourir, ce n'est pas communiquer, comme on le répète trop souvent, c'est assujettir : toute la langue est une rection généralisée [38]. » Quant à la connaissance, ce ne sera guère chez M. Foucault ou bien chez G. Deleuze qu'on trouvera les fondements « cognitifs » d'une libération possible puisqu'ils s'efforcèrent, contre toute une tradition scolaire, républicaine et humaniste, de montrer combien les savoirs sont peu « innocents », et combien, à l'inverse, ils peuvent être les vecteurs d'une « volonté de vérité » qui fait dire au sujet ce qu'on attend de lui. Et, lorsqu'on relit cette autre leçon inaugurale au Collège de France que Foucault a prononcée le 2 décembre 1970, on y voit à l'œuvre une analyse des procédures de contrôle, de délimitation et d'exclusion des discours, qui semble récuser à l'avance toute naïveté politique, épistémologique et linguistique quant aux vertus de la communication sociale [39]. Pas de liberté dans le code, dans le discours établi, dans la « communication ». C'est toute une génération intellectuelle qui dit avec R. Barthes que « si l'on appelle liberté,

37. Elle se déroula le 7 janvier 1977.
38. Roland BARTHES, *Leçon*, Points Seuil, Paris, 1989, p. 13.
39. Michel FOUCAULT, *L'Ordre du discours*, Gallimard, Paris, 1971.

non seulement la puissance de se soustraire au pouvoir, mais aussi et surtout celle de ne soumettre personne, il ne peut donc y avoir de liberté que hors du langage[40] ». G. Deleuze et F. Guattari n'énoncent pas autre chose dans *Mille Plateaux*, et c'est même leur premier pas dans la critique de la linguistique : « Le langage n'est même pas fait pour être cru mais pour obéir et faire obéir[41]. »

Pour ces auteurs, l'issue seule permise, en dehors du silence, c'est la tricherie avec le langage, c'est le jeu, c'est la littérature. On retrouverait cette idée chez G. Deleuze quand il fait valoir l'art comme lutte contre le « cliché ». Tel est même ce qui lie le plus fortement des penseurs par ailleurs fort divers. Pour déjouer les effets du discours (l'ordre, le classement, la mise à l'écart), M. Foucault tenait « tout langage littéraire comme la destruction violente du ressassement quotidien[42] », c'est-à-dire exactement comme ce qui échappe au contrôle des discours sociaux et savants, du moins au contrôle le plus massif (car il y a bien aussi une « institution littéraire » avec ses rituels et ses codes). G. Deleuze comme F. Guattari n'avaient d'ailleurs que mépris pour l'opinion partagée car « l'opinion dans son essence est volonté de majorité et parle au nom d'une majorité » et spécialement pour la communication quand ils ajoutaient : « Nous sommes à l'âge de la communication, mais toute âme bien née fuit et rampe au loin chaque fois qu'on lui propose une petite discussion, un colloque, une simple conversation [...]. La philosophie de la communication s'épuise dans la recherche d'une opinion universelle libérale comme consensus, sous lequel on retrouve les perceptions et les affections cyniques du capitaliste en personne[43]. » De sorte que toute philosophie de la communication, toute théorie de l'« agir communicationnel » paraît n'être à leurs yeux qu'une entreprise de pacification sociale : « Il faut beaucoup d'innocence ou de rouerie à une philosophie de la communication qui prétend restaurer la société des amis ou même des sages en formant une opinion universelle comme "consensus" capable de moraliser les nations, les États et le

40. *Ibid.*, p. 15.
41. Gilles DELEUZE et Félix GUATTARI, *Mille Plateaux*, *op. cit.*, p. 96.
42. Michel FOUCAULT, *Raymond Roussel*, Gallimard, « Folio », Paris, 1992, p. 61.
43. Gilles DELEUZE et Félix GUATTARI, *Qu'est-ce que la philosophie ?*, Minuit, Paris, 1991, p. 139.

marché[44]. » La communication c'est d'abord la saturation, l'étouffement, ce qui empêche le « devenir autre » et le pétrifie dans le discours majoritaire. La communication, c'est toujours celle du groupe majoritaire contre le devenir différent, contre ce qui est créé. « Nous ne manquons pas de communication, au contraire nous en avons trop, nous manquons de création. Nous manquons de résistance au présent[45]. » En se référant autant à Burroughs qu'à Foucault, G. Deleuze et F. Guattari défendent l'idée que la communication est intrinsèquement liée à la « société de contrôle ». C'est d'ailleurs ce que G. Deleuze, dans un entretien intitulé « Contrôle et devenir », répondit à A. Negri qui lui demandait : « Le communisme est-il encore possible ? Dans la société de communication, peut-être est-il moins utopique qu'hier[46] ? » G. Deleuze lui rétorqua de la façon la plus nette : « Nous entrons dans des sociétés de contrôle qui fonctionnent non plus par enfermement, mais par contrôle continu et communication instantanée ». Ce sur quoi il ajouta pour répondre plus directement à la question de A. Negri : « Vous demandez si les sociétés de contrôle ou de communication ne susciteront pas des formes de résistance capables de redonner des chances à un communisme conçu comme "organisation transversale d'individus libres". Je ne sais pas, peut-être. Mais ce ne serait pas dans la mesure où les minorités pourraient reprendre la parole. *Peut-être la parole, la communication, sont-elles pourries*[47]. Elles sont entièrement pénétrées par l'argent ; non par accident, mais par nature. Il faut un détournement de la parole. Créer a toujours été autre chose que communiquer. L'important, ce sera peut-être de créer des vacuoles de non-communication, des interrupteurs, pour échapper au contrôle[48]. »

44. *Ibid.*, p. 103.
45. *Ibid.*, p. 104.
46. « Contrôle et devenir », entretien avec Antonio Negri, *in* Gilles Deleuze, *Pourparlers*, *op. cit.*, p. 236.
47. C'est nous qui soulignons.
48. *Ibid.*, p. 237-238.

Une communication oppressive

Si M. Hardt et A. Negri semblent souvent très éloignés de M. Foucault ou de G. Deleuze, il serait évidemment faux de penser que les auteurs de *Multitude* adhèrent à une conception « pacifiée » et « consensuelle » de la communication. C'est tout le contraire. S'ils survalorisent les capacités de lutte et de résistance à l'intérieur de la communication, ils n'idéalisent pas la situation présente. L'importance qu'a prise en Italie dès la fin des années 1990 le grand communicateur Silvio Berlusconi suffirait d'ailleurs à leur rendre abjecte l'idée d'une société de communication. Ainsi, A. Negri ne se faisait aucune illusion quand il écrivait par exemple que « Berlusconi fait accéder au gouvernement les nouveaux réseaux de production et avec eux l'incontinence néolibérale des petits chefs d'entreprise, narcissiques et autoritaires, organiquement insérés dans la culture de la communication productive et désireux d'exploiter frénétiquement ce nouveau territoire[49] ».

A. Negri relevait, en revanche, que la victoire de S. Berlusconi et l'importance qu'il a su donner à l'« image » témoignent d'une certaine intelligence de la droite italienne — mais c'est de plus en plus vrai partout — qui a réussi à s'emparer du « nouveau » terrain et à masquer son profond archaïsme programmatique derrière la façade « révolutionnaire » de l'ère des médias et de la nouvelle économie. Elle a mieux compris que la vieille gauche la nouvelle donne technologique, économique et sociale et le fonctionnement de tous les jeux médiatiques qu'elle utilise toujours plus cyniquement : « Le discours ne survit plus que comme force productive et technique commerciale » dans le nouveau laboratoire italien des années 1980 et 1990, écrit-il encore[50]. L'action politique y est devenue une pure et simple technique commerciale de *franchizing*, comme A. Negri l'a montré dans son analyse du fonctionnement de Forza Italia. S. Berlusconi a incarné mieux que d'autres la confusion du capitalisme et de la communication, étant tout à la fois patron de médias, chef de parti, homme d'État, devenant à lui tout seul, une parfaite illustration du pouvoir postmoderne, de plus en plus assimilable à un contrôle des flux les plus

49. Antonio NEGRI, « La “révolution” italienne et la “dévolution” de la gauche », *in Futur antérieur*, n° 22, 1994/2, p. 12.

50. *Ibid*, p. 20.

divers, politiques, économiques, libidinaux, informationnels, affectifs.

Prenant Benetton pour un autre cas emblématique des nouveaux entrepreneurs capitalistes, M. Lazzarato montre qu'ils ont de plus en plus une fonction d'entrepreneurs politiques et symboliques consistant à « faire couler les flux et à les capturer[51] ». Comme l'avait compris sur le plan politique S. Berlusconi, la « marque » est essentielle pour fédérer les réseaux et construire un marché structuré. C'est elle qui permet de lier les flux, qu'il s'agisse des flux de production, d'argent ou de communication. Le nouvel entrepreneur doit construire le réseau productif et le réseau distributif en imposant un style, une « éthique », une manière d'être, de sentir et de penser. Il accomplit ainsi une fonction politique et symbolique vis-à-vis du marché et de la société, il organise l'espace public, il devient la source de messages sur la qualité de vie, le sens de l'avenir. La communication d'entreprise est devenue en ce sens pleinement normative dans la mesure où, par le logo, le talk-show ou le marketing, elle parle de la vie collective et désigne un monde désirable. À sa manière, elle opère une « production de subjectivité », une « esthétique de l'existence » récupérée par la publicité, laquelle ne parle presque plus du produit (c'est le cas de Benetton) mais dialogue avec le consommateur, s'adresse à ses désirs, le constitue comme sujet des messages qu'on lui envoie en le forçant à réagir, à s'émouvoir ou à se scandaliser. La publicité aujourd'hui s'est transformée en communication morale, politique, éducative. L'État a même fini par calquer sa propre organisation sur l'entreprise, devenant à son tour producteur de messages publicitaires, annihilant sa position de souveraineté comme médiation politique des intérêts et manipulation des symboles unificateurs.

La communication comme lieu de constitution et terrain de lutte de la multitude

La communication, selon M. Hardt et A. Negri, ne constitue pas le monde pacifié du dialogue raisonnable et formellement

51. Maurizio LAZZARATO, « Berlusconi : l'entrepreneur politique », *Futur antérieur*, 23-24, 1994/3-4, *ibid.*, p. 194.

régulé. Pouvoir et savoir, injonction des dominants et expression imaginative des masses s'y confrontent [52]. La lutte a changé et elle est loin d'être perdue d'avance pour toutes les raisons qu'on a dites à propos de la nature du travail intellectuel. Et c'est spécialement parce qu'on a affaire à une force de travail mieux éduquée, plus intellectualisée, que l'on change de terrain et de style de lutte. Cette lutte n'est plus « politique » au sens d'une lutte pour l'appropriation du pouvoir, elle est biopolitique, c'est-à-dire communicationnelle, voire linguistique et culturelle, non par volonté délibérée de reconduire la « lutte idéologique » qu'on opposerait ainsi à la « lutte matérielle », mais du fait même des mutations du travail immatériel qui effacent toutes les frontières entre sphères et dissolvent les oppositions des catégories d'analyse, à commencer par celles de l'« infrastructure » et de la « superstructure » ou du « matériel » et de l'« idéologique ».

La communication est peut-être « pourrie » comme le disait G. Deleuze, la lutte dans ce champ est une nécessité. La fuite minoritaire n'est plus la seule voie possible, la communication couvre tout le champ de l'existence. C'est sans doute ce que M. Foucault, G. Deleuze et F. Guattari ne pouvaient encore tout à fait percevoir. La littérature, le cinéma, l'art, la science existaient alors comme marges possibles, comme contre-discours. Leur politique, comme on l'a vu plus haut, répondait à une éthique de la création dirigée contre le sens commun, sans compromis avec tout ce qui est communication et information. Ces lignes de fuite ne sont plus viables quand le marché a complètement colonisé ces espaces. Comment proposer des formes de vie et des esthétiques de l'existence qui n'auraient rien à voir avec la réalité marchande si le marketing ne cesse de jouer sur le ressort biopolitique ? Pour M. Hardt et A. Negri, c'est précisément la subsomption réelle de toutes les sphères de l'existence au capital dont l'un des aspects est la confusion entre communication et production dans le nouveau capitalisme qui engendre une nouvelle subjectivité révolutionnaire. Les formes de lutte les plus récentes témoignent ainsi d'un nouveau profil des sujets. Les formes anciennes des luttes, « journées » révolutionnaires, émeutes et grèves même, sont dépassées. Dans la sphère de la communication, l'affrontement a pour enjeu la

52. Antonio Negri, « Polizeiwissenschaft », *Futur antérieur*, n° 1, printemps 1990, p. 86.

déconstruction des formes de communication dominantes et l'autovalorisation collective de l'« ouvrier social », selon un double procès articulé de sabotage et de créativité lié à une nouvelle subjectivité antagonique en voie de constitution (« un processus d'invention de subjectivité est en marche »). La galaxie de la multitude — « cette multiplicité de pouvoirs et de savoirs sociaux » — est le sujet de cette déconstruction qui se constitue dans la communication : « L'unité du politique, de l'économique et du social s'est déterminée dans la communication : c'est à l'intérieur de cette unité, pensée et vécue, que les processus révolutionnaires peuvent aujourd'hui être conçus et activés [53]. »

Une autre conséquence de cette analyse concerne la forme de la lutte. M. Hardt et A. Negri supposent que la trame communicationnelle du travail vivant lui assure une autonomie croissante vis-à-vis de l'emprise capitaliste. D'où l'idée que si la lutte à l'époque disciplinaire trouvait dans le sabotage sa forme typique, c'est dans la désertion, dans « l'évacuation des lieux de pouvoir », qu'elle le trouve à l'époque impériale [54]. Il ne s'agit plus de mouvements minoritaires mais d'une désertion de masse, d'un nomadisme généralisé. En somme, élargissant et amplifiant de façon prophétique les formes nouvelles de résistance, M. Hardt et A. Negri opposent à l'Empire le nouvel Exode mythique où se retrouveraient les migrants et les communicants du monde entier. N'est-ce pas sauter un peu vite de l'analyse des formes sociales de la lutte de classes au prophétisme arbitraire ?

53. Maurizio Lazzarato et Antonio Negri, *art. cit.*, p. 98-99.
54. Michael Hardt et Antonio Negri, *Empire*, *op. cit.*, p. 265.

III

Marchandisation de la connaissance ou « main invisible du communisme » ?

El Mouhoub Mouhoud

« Dans l'expression de sa propre énergie créatrice, le travail immatériel semble ainsi fournir le potentiel pour une sorte de communisme spontané et élémentaire », *Empire*, p. 359.

7

L'information aux sources de l'Empire

La troisième question que l'ouvrage de M. Hardt et A. Negri, *Empire*, invite à discuter est celle de la nature de la transformation du capitalisme contemporain. Le capitalisme a-t-il dépassé le stade de l'impérialisme ? Sommes-nous sortis du fordisme, c'est-à-dire d'un modèle de croissance qui a caractérisé les Trente Glorieuses dans les grands pays industrialisés ? Dans ce régime d'accumulation, la croissance était tirée par des gains de productivité croissants que favorisait une organisation taylorienne de la production fondée sur une division du travail très poussée autorisant la réalisation de larges économies d'échelle pour les entreprises. La production de masse pouvait alors s'écouler grâce à l'élévation du pouvoir d'achat des travailleurs. La mondialisation s'est approfondie avec l'épuisement du mode de production fordiste. Les économies industrielles étaient seulement internationalisées par le biais du commerce mondial et des investissements directs, surtout américains en Europe et occidentaux dans les pays pourvoyeurs de matières premières. Ce système n'aurait plus cours aujourd'hui.

En effet, beaucoup s'accordent à penser que le capitalisme connaît une nouvelle étape de son développement. Des changements majeurs caractérisent (sans pour autant l'expliquer) cette nouvelle étape du capitalisme :

— la diffusion de changements organisationnels dans les entreprises (juste à temps, flux tendus, *lean production*, etc.) ;

— la diffusion des technologies de l'information et de la communication (TIC) ;

— la prédominance du secteur des services et des activités immatérielles ;

— la modification des normes de consommation avec la saturation des besoins primaires et le renforcement de la consommation immatérielle (culture, santé, biens différenciés en nombre élevé de variétés et de qualités) dans le budget des ménages ;

— l'intensification de l'effort d'innovation mesurable par l'accroissement des dépenses de recherche-développement (R&D) et la multiplication des dépôts de brevets.

L'idée d'un basculement du régime de croissance fordien à un autre régime qui reste à caractériser constitue un consensus bien établi. Il est en revanche plus difficile de s'entendre sur les fondements essentiels de ce nouveau capitalisme. Ces changements structurels ont en effet reçu de multiples interprétations : postfordisme, toyotisme, économie de la connaissance, économie numérique, économie immatérielle, etc. L'irruption de la notion de « nouvelle économie » ne fait que renforcer la confusion et conduit à exagérer le rôle des technologies de l'information et de la communication, ou plus génériquement de l'« infrastructure informationnelle [1] » dans la genèse et le fonctionnement du nouveau capitalisme. La spécificité de la nouvelle infrastructure informationnelle résiderait dans le fait qu'elle est incorporée et totalement immanente aux nouveaux processus de production : « À l'apogée de la production contemporaine, l'information et la communication constituent les biens produits ; le réseau lui-même est le site à la fois de la production et de la circulation [2]. ». Car il y a bien un nouveau capitalisme pour M. Hardt et A. Negri, dont l'analyse n'est pas éloignée des thèses développées par les tenants du « capitalisme cognitif » défini comme un système dans lequel la production et le contrôle des connaissances deviennent le principal enjeu de la valorisation du capital [3].

1. Cette expression est utilisée par M. Hardt et A. Negri (*Empire*, *op. cit.*, p. 364).

2. Michael HARDT et Antonio NEGRI, *Empire*, *op. cit.*, p. 364.

3. Carlo VERCELLONE (dir.), *Sommes-nous sortis du capitalisme industriel ?*, La Dispute, Paris, 2003. Pour une définition de la notion de capitalisme cognitif, voir CORSANI *et alii*, « Le capitalisme cognitif comme sortie de la crise du capitalisme industriel. Un programme de recherche », ISYS. MATISSE UMR CNRS, université de Paris-I, n° 8595, 2001.

En effet, l'interprétation qu'*Empire* donne de ces changements ne se réduit pas à la simple description des nouvelles caractéristiques du capitalisme. M. Hardt et A. Negri concentrent l'analyse sur le rôle de l'« économie de l'information » dans le passage de l'impérialisme à l'Empire. Les TIC, l'information elle-même, et le « travail immatériel » constituent les fondements clés de la production capitaliste à l'échelle mondiale, postimpérialiste. Cette production est décrite par les auteurs comme une production déterritorialisée et virtuelle. C'est la raison pour laquelle, en partie, le capitalisme au stade de l'Empire est lié intimement à la mondialisation. Cette mondialisation est structurée et fondée sur deux modèles : les réseaux d'information et les oligopoles de l'information.

Fonder la mondialisation capitaliste sur l'informatisation de la société conduit les auteurs à inscrire les nouveaux rapports sociaux entre les classes sociales et entre les nations à l'intérieur des réseaux d'information décentralisés. En nous appuyant sur des analyses économiques empiriques et théoriques récentes, il est possible de montrer en quoi les implications que tirent M. Hardt et A. Negri de cette nouvelle organisation mondiale qui serait fondée sur l'infrastructure informationnelle sont porteuses d'explications pertinentes pour comprendre la nature du capitalisme contemporain. Il nous faut insister néanmoins sur les impasses auxquelles elles pourraient conduire si une clarification de leurs concepts et un découpage sémantique, théorique et empirique des notions d'information, de connaissance, de travail immatériel et d'« infrastructure informationnelle » n'étaient pas entrepris. C'est ce que nous proposons de faire dans le dernier chapitre de cette partie.

La question plus générale qui se pose avec M. Hardt et A. Negri, mais aussi avec André Gorz[4] et les économistes qui se sont penchés sur la notion d'économie fondée sur la connaissance, ou de division cognitive du travail[5], concerne la nécessaire

4. André Gorz, *L'Immatériel, connaissance, valeur et capital*, Galilée, Paris, 2003.

5. Voir Philippe Moati et El Mouhoub Mouhoud « Information et organisation de la production : vers une division cognitive du travail », Économie Appliquée, tome XLVI, n° 1, 1994, et El Mouhoub Mouhoud « Économie de la connaissance et division internationale du travail », *in* Carlo Vercellone (dir.) *Sommes-nous sortis du capitalisme industriel ?*, *op. cit.*

distinction entre intelligence, savoir, économie de la connaissance, d'une part, et travail immatériel ou capital humain, d'autre part. Cette distinction nous permet d'aborder la question décisive de l'autonomisation de ce travail immatériel relativement au capital fixe et au rapport de production capitaliste au sens strict.

Il est également nécessaire de disposer enfin d'une grille de lecture de la diversité des logiques productives qui, sans se laisser enfermer dans l'artefact des formes phénoménales de l'organisation de la production et des échanges (l'infrastructure informationnelle), invite plutôt à s'intéresser à des catégories économiques plus structurantes pour définir les rapports économiques et sociaux entre les individus et les groupes dans la production et les échanges marchands : les logiques de division du travail. Loin de signifier la mise en place d'un modèle homogène qualifié par certains de capitalisme cognitif, la division cognitive du travail [6] en émergence a besoin de se nourrir également de l'ancienne division du travail taylorienne régénérée paradoxalement par un usage intensif des TIC.

Les fondements de la nouvelle économie capitaliste

Nous reprendrons les principaux arguments de M. Hardt et A. Negri qui décrivent le passage à l'*Empire* et analyserons ensuite les problèmes posés par l'idée d'une accumulation primitive de l'information comme source de passage à l'Empire.

En se fondant sur les analyses de Lénine, Karl Kautsky et Rudolf Hilferding concernant l'avènement de l'impérialisme en tant que stade monopolistique du capitalisme, M. Hardt et A. Negri développent ce qui explique à leurs yeux le changement de régime d'accumulation du capitalisme. Celui-ci serait passé de l'impérialisme caractérisé durant sa période fordiste que Jean Fourastié a qualifiée de « Trente Glorieuses » (1945-1975) à l'Empire qui s'imposerait comme la phase actuelle du capitalisme correspondant au « postfordisme ». Les bases de ces transformations sont doubles : l'accumulation primitive d'un nouveau capital, l'information et l'entrée en crise des bases économiques de l'impérialisme, c'est-à-dire du régime fordien de croissance.

6. Philippe Moati et El Mouhoub Mouhoud, *op. cit.*

L'impérialisme est défini par Lénine, à la suite de K. Kautsky et R. Hilferding, comme ce qui contraint le capital dans ses frontières. Comme l'écrivait R. Hilferding [7], en empêchant la formation d'un taux de profit égalisé au niveau mondial et entre les branches, l'impérialisme « ruine la possibilité d'une médiation capitaliste réussie du développement international ».

La tendance du capital est de reconfigurer en permanence les frontières de l'intérieur et de l'extérieur et d'intérioriser tout ce qui lui est extérieur. La conquête des espaces extérieurs ou périphériques par le centre est une tendance clé du capital : « La tendance à créer le marché mondial est directement donnée dans le concept de capital lui-même. Chaque limite apparaît comme une barrière à dépasser [8]. » Mais ce faisant, l'impérialisme repose lourdement sur ces frontières fixées et sur la distinction entre intérieur et extérieur, et « crée une camisole de force pour le capital ». Cela veut simplement dire que la séparation entre le centre et sa périphérie, même si celle-ci est exploitée par le centre, bloque le processus de développement du capitalisme alors que ce développement est intrinsèquement lié à la nature d'emblée mondiale du marché (K. Kautsky). Comme l'explique K. Marx dans le tome I des *Grundrisse* [9], le marché mondial apparaît comme la présupposition immédiate du communisme. C'est la raison pour laquelle le blocage du capital par l'impérialisme freine cette possibilité de réalisation du communisme. Le capital devait ultérieurement finir par triompher de l'impérialisme et détruire les barrières entre intérieur et extérieur. La recherche de capital additionnel constant (c'est-à-dire de plus de matières premières) pousse le capital vers une sorte d'impérialisme caractérisé par le vol et le pillage [10].

Si Lénine reprend à son compte les apports de R. Hilferding et de K. Kautsky, il leur oppose simplement une critique externe. Logiquement, l'analyse de K. Kautsky conduit à

---

7. Rudolf HILFERDING, *Le Capital financier*, trad. Marcel Ollivier, Minuit, Paris, 1970.

8. Voir la partie de Christian Laval sur la distinction entre obstacles posés par le capital pour être surmontés (ou obstacles « immanents ») et obstacle constitué par sa nature propre (donc bien évidemment non « extérieur »).

9. Karl MARX, *Manuscrits de 1857-1858* (*Grundrisse*), tome I, *op. cit.*, p. 167.

10. M. Hardt et A. Negri (*Empire*, *op. cit.*, p. 280) reprennent ici la thèse de Rosa Luxemburg qui écrit dans *L'Accumulation du capital* (Maspero, Paris, 1969, tome II) : « Le capital pille le monde entier ; il se procure ses moyens de production de tous les coins de la terre, en s'emparant — au besoin par la force — de tous les niveaux de civilisation et de toutes les formes de société […]. »

l'ultra-impérialisme où les monopoles mondiaux se forment et consolident un espace mondial unifié. Ce que Lénine reproche à K. Kautsky, ce n'est pas tant son analyse du capitalisme monopolistique que son absence de proposition pour contrer politiquement ce cours du capital vers l'ultra-impérialisme. Lénine ne fait en réalité qu'opposer une alternative politique à ce processus : la révolution mondiale communiste. Pour M. Hardt et A. Negri, cette alternative entre la révolution communiste mondiale et le monopole (l'Empire) serait implicite dans l'œuvre de Lénine. Il existe une analogie profonde entre les deux termes de l'alternative [11]. Cette idée est cruciale dans la justification du basculement de l'impérialisme à l'Empire.

Pour comprendre ce basculement, il convient de saisir sa généalogie dans la perspective de la lutte des classes. M. Hardt et A. Negri expliquent en quoi il est délicat de tracer le passage par lequel la subjectivité de la lutte des classes transforme l'impérialisme en Empire : « Nous avons besoin d'un schéma théorique qui place la subjectivité des mouvements sociaux du prolétariat au centre de la scène dans le processus de mondialisation et la constitution de l'ordre mondial [12]. » C'est pourquoi, ajoutent-ils, le déclin de l'État-nation marque la parfaite réalisation du rapport entre l'État et le capital. Citant Fernand Braudel, les auteurs concluent que « le capitalisme ne triomphe que lorsqu'il s'identifie avec l'État, lorsqu'il est l'État ». On le voit, la fin du capitalisme préimpérial a quelque chose à voir avec la fin de l'État-nation dans ses formes et structures définies comme un obstacle à la réalisation du capital. La lutte des classes, poussant l'État-nation vers son abolition et allant ainsi au-delà des barrières installées par lui, propose la constitution d'un Empire comme site de l'analyse et du conflit.

Les sources du passage à l'Empire caractérisant la nouvelle scène mondiale postimpérialiste s'organisent autour de trois processus :

— le processus de décolonisation et la recomposition des espaces territoriaux qui en découlent ;

— la décentralisation ou la délocalisation de la production ;

11. Michael Hardt et Antonio Negri, *Empire*, *op. cit.*, p. 290.

12. Michael Hardt et Antonio Negri, *Empire*, *op. cit.*, p. 293.

— la construction d'un cadre des relations internationales diffusant le régime de production et la société disciplinaire dans leur évolution successive.

Les auteurs nous montrent en quoi chacun de ces aspects constitue une étape dans le passage de l'impérialisme à l'Empire. Mais c'est dans les sources de l'accumulation primitive des richesses à l'ère de l'économie de l'information que l'on va trouver l'analyse de la spécificité du passage à l'Empire et de son dépassement futur.

L'accumulation primitive de l'information et le passage à l'Empire

M. Hardt et A. Negri décrivent, à l'instar des travaux des économistes « régulationnistes » français [13], le passage de l'impérialisme au nouveau capitalisme mondial caractérisé par l'Empire. Ce nouveau régime d'accumulation serait fondé sur la libération des salaires dans le cadre de la création d'un marché mondial de la main-d'œuvre. Ce dernier construit d'emblée son antithèse : le désir des travailleurs d'échapper au régime disciplinaire, désir qui constitue la puissance de la multitude.

En quoi ces deux phases du capitalisme se distinguent-elles ? Tout d'abord, à la verticalité du colonialisme s'oppose l'horizontalité, voire la transversalité de l'Empire [14]. Dans l'Empire, les migrations internationales de travailleurs, les mobilités de la main-d'œuvre marquées par des « nouveaux désirs nomadiques » n'ont rien à voir avec l'organisation des migrations dans le cadre du fordisme, c'est-à-dire du paradigme économique de l'impérialisme. En effet, durant cette période, les besoins en main-d'œuvre concernent les secteurs moteurs du fordisme : l'automobile, la sidérurgie, les mines, le bâtiment et les travaux publics [15], etc.

13. Voir les travaux de Robert Boyer, en particulier : Robert BOYER (dir.), *Capitalisme fin de siècle*, PUF, Paris, 1986.

14. Michael HARDT et Antonio NEGRI, *Empire*, *op. cit.*, p. 312.

15. On peut ainsi voir dans le film de Yamina BENGUIGUI, *Mémoire d'immigrés*, les témoignages de sergents recruteurs du bâtiment et des travaux publics, des mines, de l'automobile, de la chaudronnerie, du textile... qui se rendaient dans les anciennes colonies pour organiser le départ de jeunes hommes, village par village. Ces derniers, mandatés par la famille, le clan ou la tribu, devaient accepter les termes du contrat tacite :

Avec l'épuisement du modèle fordiste et les changements structurels que connaissent les économies développées, les facteurs d'attraction dans les pays d'accueil des travailleurs émigrés se modifient. La concurrence que se livrent les pays du Nord pour attirer le travail qualifié et hautement qualifié afin de consolider la compétitivité de leurs centres d'excellence technologiques nationaux dans la mondialisation, dans un contexte de montée de l'économie de la connaissance, constitue un nouveau facteur structurant et déterminant des nouvelles migrations internationales. De leur côté, les migrants s'organisent pour traverser les frontières et développer des stratégies de mobilités multiples. En outre, cette autonomie des travailleurs dans leurs désirs de nomadisme constitue un important facteur, souvent sous-estimé, de la mondialisation du capital : « La mondialisation des marchés, loin d'être simplement le fruit horrible de l'entreprise capitaliste, a été réellement le résultat des désirs et des exigences de la main-d'œuvre tayloriste, fordiste et disciplinée à travers le monde [16]. » En cela, M. Hardt et A. Negri se situent nettement dans la lignée de l'analyse marxienne de la mondialisation comme facteur de libération des contraintes qui pèsent sur le capital et donc des freins à l'avènement du communisme dans le capital lui-même.

La conséquence pour M. Hardt et A. Negri du développement des migrations internationales de main-d'œuvre et des délocalisations d'activités se traduit par une concurrence accrue entre les travailleurs et constitue un puissant facteur de baisse des salaires dans les pays du centre.

Il est, cependant, légitimement permis de questionner cette importance considérable affectée à la mondialisation du marché du travail. Les travaux sur les migrations internationales insistent sur l'absence de marché mondial du travail. Si le capital et les marchandises sont devenus quasi parfaitement mobiles au niveau mondial, il n'en va pas de même du travail qui demeure restreint et contrôlé, même pour le travail qualifié. Pour ce

travailler dans les pays d'accueil sans chercher à s'y installer définitivement et transférer vers le pays d'origine une partie majoritaire de leur salaire…

16. Michael Hardt et Antonio Negri, *Empire*, *op. cit.*, p. 315. Il est vrai que dans les nombreux ouvrages publiés par ceux que l'on appelle les « altermondialistes » fustigeant quasi exclusivement le rôle des firmes multinationales et de la finance mondialisée, cette question des migrations comme composante clé de la mondialisation est assez peu prise en compte.

dernier toutefois, l'Organisation mondiale du commerce (OMC) a lancé les négociations dans le cadre de l'Accord général sur le commerce de services (AGCS) dans le but de libérer les migrations temporaires de travailleurs qualifiés dans le cadre d'échanges de services. Mais si l'augmentation du nombre de migrants est toujours forte en dépit des barrières juridiques [17], la population immigrée représente moins de 3 % de la population mondiale, chiffre très faible si on le compare aux autres composantes de la mondialisation que sont les marchandises et les capitaux, ou même les flux de technologies. L'importance de ces « nouveaux désirs nomadiques » doit donc être sensiblement relativisée.

Si cet argument semble peu convaincant pour caractériser le contenu du nouveau régime d'accumulation postimpérialiste, la question développée par M. Hardt et A. Negri de l'inversion du rapport entre l'intériorité et l'extériorité dans le processus d'accumulation capitaliste mérite une attention particulière.

Les auteurs reprennent l'analyse de Marx dans le Livre III du *Capital*, dans laquelle il aborde la notion de subsomption formelle du travail par le capital, c'est-à-dire sa capacité à incorporer dans ses propres relations de production les pratiques de travail nées en dehors de son domaine [18]. On assisterait, dans le cadre du processus d'accumulation primitive du capital, à une inversion du rapport entre richesse et autorité d'une part, intérieur et extérieur d'autre part. Alors que l'impérialisme agissait par intériorisation des richesses des périphéries extérieures par l'autorité interne (le centre), dans le cadre de l'Empire, la richesse vient de l'intérieur, tandis que l'autorité provient de l'extérieur, transcende cet intérieur, dépasse les États-nations et se trouve concentrée entre les mains des oligopoles non localisés ou des pouvoirs supranationaux.

---

17. Le stock mondial de migrants a atteint 190 millions en 2005 contre 150 millions en 2000, 75 millions en 1965 (105 millions en 1985, 120 millions en 1990) selon les données de l'ONU.

18. « J'appelle subsomption formelle du travail au capital la forme qui repose sur la plus-value absolue, par ce qu'elle ne se distingue que formellement des modes de production interne anciens ; elle surgit sur leur base, que le producteur y soit son propre employeur ou qu'il doive fournir du travail à autrui. » Karl MARX, *Œuvres*, II, Gallimard, « Bibliothèque de la Pléiade », Paris, 1968, p. 396-370. Voir aussi Michael HARDT et Antonio NEGRI, *Empire*, *op. cit.*, p. 314 et Antonio NEGRI « Vingt thèses sur Marx », *in* Michel VAKALOULIS et Jean-Marie VINCENT (dir.), *Marx après les Marxismes*, tome II, L'harmattan, Paris, 1997.

Cette inversion est fondamentale dans la mesure où elle entraîne toute une série de différences entre l'impérialisme et l'Empire et nous conduit directement à la question du mode de fonctionnement et d'accumulation du postfordisme. En effet, l'une des idées fortes de l'analyse de M. Hardt et A. Negri est de placer l'information, l'immatériel et la connaissance au cœur du procès d'accumulation postmoderne. Leur souhait est à l'évidence de renouveler l'analyse marxienne de la valeur et de l'accumulation dans un contexte de domination de l'immatériel. Mais c'est aussi là que réside la double fragilité de leur discours : dans l'analyse même de l'accumulation et du rapport entre le capital fixe et le travail immatériel, et dans les conclusions qu'ils en tirent pour le fonctionnement de l'économie mondiale postmoderne [19].

L'information : source interne d'accumulation des richesses

Pour M. Hardt et A. Negri, l'accumulation de l'information joue un rôle central dans les processus d'accumulation primitive de la production du postfordisme : « Avec l'apparition d'une nouvelle économie de l'information, une certaine accumulation d'informations est nécessaire avant que la production capitaliste ne se mette en place. L'information véhicule à travers les réseaux à la fois la richesse et l'autorité de la production bousculant les conceptions antérieures de l'intérieur et de l'extérieur mais réduisant aussi la progression temporelle qui avait défini jusque-là l'accumulation primitive [20]. » L'accumulation d'information joue un rôle analogue à l'accumulation primitive analysée par Marx en détruisant ou en déstructurant au moins les processus de production précédemment existants. Elle agit comme une force de destruction créatrice qu'analyse Joseph Schumpeter à propos de l'innovation. Mais il y a bien une différence pour M. Hardt et A. Negri entre l'accumulation d'information et l'accumulation primitive de Marx : « L'accumulation d'informations intègre immédiatement ces processus de production dans ses propres réseaux et engendre à travers les différents domaines de production les plus hauts niveaux de productivité.

---

19. Cette discussion sera menée dans le deuxième chapitre de cette partie.
20. Michael Hardt et Antonio Negri, *Empire*, *op. cit.*, p. 318.

La séquence chronologique de développement est ainsi réduite à l'immédiateté, la société entière tendant à être intégrée dans les réseaux de la production d'information. Les réseaux d'information tendent vers quelque chose comme une simultanéité de la production sociale. La révolution de l'accumulation informationnelle requiert donc un énorme bond en avant vers une plus grande socialisation de la production. Cette socialisation grandissante, à côté de la réduction de l'espace et de la temporalité sociale est un processus qui fait assurément bénéficier le capital d'une productivité accrue, mais qui pointe aussi au-delà de l'ère du capital vers un nouveau mode social de production [21]. » Cela signifie que cette accumulation informationnelle cristallisée dans le travail immatériel serait porteuse d'accroissement des forces productives (en stimulant le capital fixe entendu au sens de Marx comme étroitement lié au système des machines) mais échapperait en même temps totalement à ce capital fixe en tant que travail intellectuel indivisible, unitaire, productif, créatif, illimité dans le temps, au-delà même du temps [22]... Dès lors, le capital variable correspondant à la valeur d'échange de la force de travail, cette marchandise particulière qui crée plus de valeur qu'elle n'en coûte pour sa reproduction, dépasse très largement cette partie variable mise en œuvre dans le procès de production pour exister dans et en dehors de la production, pas seulement à un moment donné mais en permanence.

On comprend mieux alors le statut des quelques pages écrites en annexe du chapitre III.2 de la troisième partie d'*Empire* critiquant vivement l'approche cyclique de l'évolution du capitalisme d'un Giovanni Arrighi [23]. Il y a quelque chose de spécifique

21. *Ibid.*, p. 318

22. Intervention d'Antonio Negri dans le débat du séminaire « Multitudes et Métropoles » du 5 décembre 2005.

23. Dans l'annexe au chapitre III.2, on trouve une analyse des cycles et une critique acerbe de l'analyse de Giovanni Arrighi (Giovanni ARRIGHI, *The long Twentieth Century : Money, Power and the Origins of Our Times*, Verso, Londres, 1994). Ce passage n'est guère anodin, car c'est celui qui permet de spécifier la singularité de l'Empire et des processus qui ont conduit à son avènement. En effet, M. Hardt et A. Negri récusent l'idée de cycle et, disons-nous, des mécanismes invariants dans la succession des différentes phases du capitalisme. Pour M. Hardt et A. Negri, G. Arrighi a tort d'appliquer à chaque stade de transition entre deux phases du capitalisme le même procès à l'œuvre : le déclin (en raison de facteurs objectifs de crise), son déclin en tant que puissance identificatrice, en raison de sa crise d'hégémonie, la montée d'une puissance hégémonique de substitution, et le retour au point initial... Or cette nouvelle phase du capitalisme, l'Empire, ne s'effondrera pas sous l'effet des mêmes mécanismes que dans le cas des

dans l'accumulation de l'information au cœur de l'Empire qui ne ressemble pas aux mécanismes invariants de déstructuration de l'accumulation primitive dans le cas des phases précédentes du capitalisme.

Ainsi, pour M. Hardt et A. Negri, c'est l'économie de l'information qui organise et structure l'Empire mais qui se trouve également à l'origine de son propre dépassement. Dans l'analyse de la crise du fordisme et de son dépassement, la montée de l'information et de l'immatériel s'explique aussi par le jeu de résistances des couches intellectuelles actives ou inactives. M. Hardt et A. Negri ont besoin de trouver les sources de ce changement et de cet avènement de l'économie de l'information au cœur du mode de production capitaliste lui-même. Cette intériorisation ou « endogénéisation » de l'émergence de l'information se trouve dans les luttes et les résistances du prolétariat et de la jeunesse en particulier, elles-mêmes à l'origine de l'entrée en crise du régime d'accumulation fordiste. Ils empruntent le schéma d'analyse des régulationnistes français (R. Boyer, A. Lipietz, M. Aglietta, etc.) pour caractériser la dynamique d'évolution du capitalisme vers l'Empire et au-delà de l'Empire. Ils rappellent les mécanismes qui ont conduit à la crise du régime d'accumulation fordiste, et de son pendant organisationnel, le taylorisme, qui a « régné » durant les Trente Glorieuses dans les pays du centre avant d'entrer en crise dans les années 1970. Le fordisme a trouvé ses limites dans son incapacité à contrôler la dynamique des forces productives et sociales.

Le pouvoir du prolétariat impose des limites au capital : « Non content de déterminer la crise il — le prolétariat — dicte aussi les germes de la transformation : le prolétariat invente les formes sociales et productrices que le capital sera forcé d'adopter dans l'avenir[24]. » Le prolétariat fait donc plus qu'imposer des limites, il crée les formes nouvelles de l'organisation et de l'accumulation[25].

Mais le capital lui-même a des ressources : loin de s'effondrer, il trouve dans son sein les forces de sa reconduction et de sa transformation. Il n'a plus besoin de recourir à la périphérie

phases précédentes du capitalisme. Ce qui se dessine plutôt, c'est un processus de glissement par la lutte des classes au niveau mondial vers le communisme.

24. Michael Hardt et Antonio Negri, *Empire*, *op. cit.*, p. 328.

25. Voir plus haut, chapitre 4 « Pousser le capital au-delà de lui-même ? », dans la deuxième partie de Christian Laval.

néocolonisée. C'est l'existence d'une nouvelle subjectivité des luttes du prolétariat qui a anticipé les restructurations de la production vers le dépassement du fordisme et l'émergence d'une postmodernisation. L'hypothèse est cohérente avec la montée de l'économie de l'information comme source d'accumulation des richesses : « Le capital continue d'accumuler aujourd'hui par le biais de la subsomption dans un cycle de production en expansion, mais [qu'] il subsume de plus en plus, non pas l'environnement non capitaliste mais son propre terrain capitaliste, c'est-à-dire que la subsomption n'est plus formelle mais réelle[26]. »

Plusieurs auteurs défendent cette idée du passage d'une logique de subsomption formelle à une logique de subsomption réelle. Par la notion de subsomption, Marx qualifie les formes de subordination du travail au capital[27]. Ces catégories sont utilisées pour marquer le découpage historique des modèles productifs associés à différents régimes d'accumulation. La subsomption formelle correspond à la première étape du capitalisme du XVIe siècle à la fin du XVIIe sur la base du « *putting out system* », c'est-à-dire de la manufacture rassemblée. Le rapport capital-travail demeure marqué par l'hégémonie des savoirs des artisans et des ouvriers de métiers. Les mécanismes d'accumulation de type marchand et financier dominent[28]. Par subsomption formelle, Marx entend donc un assujettissement par le capital d'une division technique et sociale du travail qui ne « se distingue que formellement des modes de production anciens[29] ». La subsomption réelle, quant à elle, se développe avec la première révolution industrielle. Elle se traduit par une dépossession des savoirs ouvriers par un processus de parcellisation et de déqualification du travail d'exécution soumis à la machine et au bureau des études. La dynamique d'accumulation repose alors sur la grande usine spécialisée caractéristique du régime fordiste d'accumulation et du modèle taylorien d'organisation de la production. Certains auteurs défendant la thèse du

26. Michael HARDT et Antonio NEGRI, *Empire*, *op. cit.*, p. 332.

27. Ces notions de subsomption sont elles-mêmes à relier à celle de *general intellect* qui pour Marx signifie déjà le dépassement de la logique purement technique de division du travail décrite par Adam Smith dans *La Richesse des Nations* (1776).

28. Voir Rémy HERRERA et Carlo VERCELLONE, « Transformations de la division du travail et general intellect », *in* Carlo VERCELLONE (dir.), *op. cit.*, p. 23-54.

29. Karl MARX, *Œuvres*, II, *op. cit.*, p. 396-370.

capitalisme cognitif interprètent la notion de *general intellect* comme une anticipation par Marx de la manifestation d'une troisième étape du capitalisme marquée par « l'hégémonie des savoirs d'une intellectualité diffuse et le rôle moteur de la production de connaissances liée au caractère de plus en plus immatériel et/ou intellectuel du travail [30] ». On assisterait alors à une diminution, voire à une disparition du contrôle du capital sur la division du travail.

On peut donc dire avec M. Hardt et A. Negri que la nature endogène du développement de cette nouvelle phase du capitalisme est bien liée au rôle croissant de l'information confondue par les auteurs avec la connaissance ou le savoir [31]. Cette économie de la connaissance provient du capitalisme lui-même, se développe et se diffuse à l'intérieur du centre et constitue sa propre source d'accumulation.

M. Hardt et A. Negri procèdent par analogie abusive en empruntant à Nietzsche l'expression de « transvaluation de toutes les valeurs [32] » pour fonder la réalisation de cette inversion intérieur/extérieur : « Les mouvements [sociaux] appréciaient une dynamique de créativité plus souple et ce que l'on pourrait considérer comme des formes plus immatérielles de production [33]. » Cette « transvaluation massive des valeurs » de la production sociale vient de la résistance et des luttes de la jeunesse et de son rejet de la « société usine » de la grande période des concentrations industrielles. La jeunesse inventait de nouvelles formes de mobilité et de flexibilité de nouveaux styles de vie. Les mouvements étudiants imposèrent l'attribution d'une haute valeur sociale à la connaissance et au travail intellectuel ; c'est ce qui allait transformer la société capitaliste… Dès lors, « les seules configurations du capital capables de prospérer dans le nouveau monde seront celles qui s'adapteront à la nouvelle

30. Rémy HERRERA et Carlo VERCELLONE, *op. cit.*, p. 25.

31. Voir Dominique FORAY, *L'Économie de la connaissance*, La Découverte, « Repères », Paris, 2000 et Commissariat Général du Plan, *La France dans l'économie du savoir*, La Documentation française, Paris, 2001.

32. Il est pour le moins douteux que Nietzsche parle de la même chose quand il annonce dans la *Généalogie de la morale* un essai qui comportera cette formule dans le titre mais qu'il n'a pas écrit en réalité.

33. Michael HARDT et Antonio NEGRI, *Empire*, *op. cit.*, p. 335.

composition du pouvoir — immatérielle, coopérative, communicatrice et affective — qui la dirigeront[34] ».

En résumé, pour M. Hardt et A. Negri, l'information est au cœur d'une nouvelle liaison entre l'intérieur et l'extérieur. Elle véhicule elle-même la richesse à travers ses réseaux. Ce faisant, elle introduit une singularité (par rapport à l'accumulation primitive décrite par Marx) : la production est d'emblée socialisée temporellement et spatialement, du fait des effets de réseaux inhérents à la production et la diffusion de l'information elle-même. Cette réduction de temporalité et cette globalisation géographique de la production sociale sont à la source du dépassement de l'Empire lui-même. La transformation ou « transvaluation » du fordisme a été anticipée subjectivement par les luttes et résistances qui ont fait émerger et ont imposé la connaissance et le travail immatériel comme une valeur en soi très élevée.

Trois propositions clés ressortent de cette analyse.

D'abord, l'accumulation de l'information dans l'Empire joue un rôle de déstructuration des systèmes existants, analogue au processus d'accumulation primitive décrit par Marx. Ainsi, l'information véhicule elle-même la richesse à travers ses réseaux et constitue en même temps l'« autorité » remettant en cause le rapport entre intérieur et extérieur dans la production sociale des richesses.

Ensuite, il apparaît néanmoins une singularité qui différencie le processus d'accumulation d'information de celui qui est décrit par Marx : la temporalité est immédiate dans la mesure où « les réseaux d'information tendent vers une simultanéité de la production sociale ». Les étapes successives de l'extension spatiale du centre vers la périphérie qui s'accomplissent entre l'accumulation primitive et le développement de la socialisation de la production sont réduites à une seule temporalité d'une part, et à une dimension d'emblée globale par les effets de réseaux inhérents à la production et la diffusion de l'information elle-même d'autre part.

Enfin, cette socialisation grandissante, à côté de la proximité, voire de la continuité des espaces géographiques et de la réduction de la temporalité sociale permet une plus grande productivité du capital et se trouve en même temps à l'origine du

---

34. Michael HARDT et Antonio NEGRI, *Empire*, *op. cit.*, p. 337. *Cf.* plus haut, chapitre « Mettre les marges au centre ».

dépassement du capital lui-même vers un nouveau mode social de production.

On voit ici une première identité, que nous discuterons plus loin, entre l'information et le réseau d'informations (infrastructure informationnelle) qui constitue un espace de socialisation de la production simultanée et déterritorialisée [35].

35. On verra que l'information elle-même est confondue avec quelque chose de plus fondamental : l'intelligence, la connaissance, le travail immatériel et pour finir les supports de circulation de l'information, donc de la connaissance, c'est-à-dire les technologies de l'information et de la communication.

8

Émergence d'une infrastructure informationnelle et informatisation : vers un communisme cognitif ?

C'EST dans le chapitre IV de la troisième partie d'*Empire* que M. Hardt et A. Negri abordent de front la notion d'information et d'infrastructure informationnelle au cœur de la production et des échanges dans la mondialisation postfordiste. La notion d'informatisation est utilisée par M. Hardt et A. Negri au sens de la diffusion de la société de l'information, au travers des infrastructures informationnelles. L'usage ainsi fait de la notion francophone d'informatisation — *informationalisation* en anglais — (diffusion des technologies de l'information et de la communication, ou de l'informatique dans la société) révèle selon nous une véritable confusion entre le support de la diffusion de l'information et l'information elle-même, confondue avec la connaissance ou le savoir.

La genèse de l'informatisation, c'est-à-dire de la diffusion de la société de l'information, est reliée par M. Hardt et A. Negri à la montée des services dans l'économie, devenus le secteur clés de la production économique. Les auteurs reprennent à leur compte les analyses à la J. Fourastié concernant l'évolution de l'économie capitaliste en termes de changement sectoriel : secteurs primaire, secondaire et tertiaire. Ils recourent à des indicateurs quantitatifs classiques de transferts entre ces trois grands secteurs tels que le pourcentage de la population employée dans chacun d'eux [1].

1. On peut aujourd'hui citer l'exemple des États-Unis qui présentent en 2005 un taux d'emploi dans l'industrie de moins de 12 % tandis que les services occupent l'immense majorité des emplois.

Pour M. Hardt et A. Negri, il existe un lien étroit entre le développement des services et le rôle central joué par « la connaissance, l'information, l'affectivité et la communication ». L'identité entre ces notions est donc bien explicite chez M. Hardt et A. Negri pour qui « le processus de postmodernisation ou d'informatisation a été démontré par le passage de l'industrie aux emplois de service (secteur tertiaire)[2] ». Ce passage aurait été effectué au début des années 1970. Mais cela ne signifie pas pour autant qu'aux yeux des auteurs, l'information et son rôle déterminant ne concernent pas l'industrie. M. Hardt et A. Negri s'appuient en effet sur la distinction opérée par Manuel Castells et Yuko Aoyama[3] pour caractériser deux modèles de pays en voie d'informatisation (*informationalisation*) : le modèle anglo-saxon que l'on peut qualifier d'« économie de services » avec un large secteur de services dominant (finance, banque...) et le modèle « info-industriel » dans lequel les rapports entre les services et l'industrie demeurent dominés par cette dernière (Japon, Allemagne).

Plusieurs implications importantes sont tirées par les auteurs du rôle de l'« informatisation » en relation avec la montée des services et avec le travail immatériel.

Coopération endogène du travail et conversion en travail abstrait[4]

L'émergence et le développement de cette nouvelle catégorie que les auteurs appellent le « travail immatériel » proviennent justement du développement des services qui concentrent l'essentiel des emplois : « Dans une période antérieure les travailleurs apprenaient comment agir comme des machines dans et hors de l'usine. Aujourd'hui nous pensons de plus en plus comme des ordinateurs tandis que les TIC et leurs modèles d'interaction deviennent de plus en plus essentiels et centraux

2. Michael Hardt et Antonio Negri, *Empire*, *op. cit.*, p. 349.

3. Manuel Castells et Yuko Aoyama, « Path towards the informationnal society : employment structure in G-7 countries, 1920-1990 », *International Labor Review*, vol. 133, n° 1, 1994.

4. Le terme « coopération endogène » est celui que nous proposons pour qualifier cette coopération interne dont parlent M. Hardt et A. Negri.

pour les activités du travail[5]. » Pour M. Hardt et A. Negri, l'intelligence artificielle définit et entraîne le travail immatériel (alors que pour A. Gorz[6], ces deux notions sont totalement séparées). La conséquence qui est alors tirée de l'informatisation de la production va au-delà de l'analyse du développement des activités de services : l'émergence du travail immatériel conduirait à une homogénéisation réelle du processus de travail[7]. Avec l'« informatisation », poursuivent-ils, le travailleur s'éloigne de son objet de travail et on assisterait à une certaine homogénéisation des travaux concrets. L'ordinateur, grâce à ses capacités de flexibilité, est l'outil central par l'intermédiaire duquel toutes les activités peuvent passer et par lequel le travail tend donc vers la position d'un travail abstrait, c'est-à-dire d'un travail résultant de l'égalisation de l'ensemble des travaux concrets[8]. On voit donc bien que la confusion entre l'outil de circulation de l'information, que M. Hardt et A. Negri appellent aussi l'infrastructure informationnelle, et l'information, elle-même assimilée également au travail immatériel abstrait, ne relève pas d'un lapsus quelconque mais constitue bel et bien un choix analytique d'affecter à l'ordinateur le rôle de médiation entre le travail concret et le travail abstrait[9].

Dès lors, les auteurs distinguent trois types de travail immatériel qui « propulsent les services au sommet de l'économie informationnelle[10] » :

— le travail intégré dans la production industrielle informatisée qui a intégré les TIC d'une façon qui transforme la production elle-même ;

5. Michael Hardt et Antonio Negri, *Empire*, *op. cit.*, p. 355-356.

6. André Gorz, *L'Immatériel, connaissance, valeur et capital*, *op. cit.*

7. Ceci peut paraître contrefactuel pour le moins au regard de travaux sociologiques sur la condition ouvrière dans les ateliers robotisés et informatisés (*cf.* Stéphane Beaud et Michel Pialoux, *Retour sur la condition ouvrière*, Fayard, Paris, 1999).

8. Michael Hardt et Antonio Negri, *Empire*, *op. cit.*, p. 357.

9. Mais ils ajoutent qu'il existe un autre aspect du travail immatériel que ne prend pas en compte l'ordinateur : le travail affectif du contact humain et de l'interaction (exemple des services de santé). Ce travail est immatériel au sens où ses productions sont intangibles.

10. Michael Hardt et Antonio Negri, *Empire*, *op. cit.*, p. 358-359.

— le travail immatériel à visée analytique et symbolique (divisé lui-même en intelligence d'une part et en tâches routinières d'autre part...) [11] ;

— le travail immatériel englobant la production et la manipulation de l'affect.

L'informatisation autorise non seulement une distanciation du travail par rapport à son objet et permet de promouvoir le travail abstrait, mais elle autorise également une coopération inhérente au travail lui-même et non une coopération imposée de l'extérieur. La coopération est « immanente à l'activité du travail elle-même au contraire de la coopération décrite par Marx comme imposée par le capitaliste [12] ».

L'autonomisation du travail immatériel par rapport au capital fixe [13]

Mais l'implication la plus fondamentale à nos yeux de l'analyse de M. Hardt et A. Negri est de remettre en cause la conception classique (Smith, Ricardo, Marx) du travail comme la partie variable du capital : le travail vivant. M. Hardt et A. Negri avancent l'idée d'une autonomisation complète du travail en tant que travail immatériel général ou en tant qu'« intellectualité de masse » par rapport au capital fixe au sens où Marx définissait cette notion [14] : « De nos jours la productivité, la richesse, et la création de surplus sociaux prennent la forme d'interactivité coopératrice par l'intermédiaire de réseaux linguistiques communactionnels et affectifs », écrivent les auteurs [15]. On retrouve également cette idée développée de manière encore plus explicite par P. Virno qui parle dans sa *Grammaire de la multitude* d'une « connexion entre le savoir et la production qui ne

---

11. Ainsi M. Hardt et A. Negri inscrivent-ils les services symbolico-analytiques de Robert Reich qui se définissent par des compétences (« résolution des problèmes, identifications des problèmes et courtage stratégique ») dans le cadre de ce travail immatériel.

12. Michael HARDT et Antonio NEGRI, *Empire*, *op. cit.*, p. 359.

13. Nous pouvons aussi parler de « déconnexion entre le travail et le capital fixe » et plus loin utiliser le terme de « désencastrement » pour rendre cette proposition de M. Hardt et A. Negri de faire du travail immatériel un travail abstrait indépendant du capital fixe.

14. Voir dans la première partie de ce volume le retour de Pierre Dardot sur cette notion de capital fixe et de capital circulant.

15. Michael HARDT et Antonio NEGRI, *Empire*, *op. cit.*, p. 359.

s'épuise pas dans le système des machines mais s'articule dans la coopération linguistique entre hommes et femmes dans leur façon concrète d'agir ensemble [16] ».

Dès lors, le travail immatériel connaîtrait un processus d'autonomisation radicale par rapport au procès de production impliquant le capital fixe : « Dans l'expression de sa propre énergie créatrice, le travail immatériel semble ainsi fournir le potentiel pour une sorte de communisme spontané et élémentaire [17]. » Le travail subirait ainsi une forme de désencastrement symbolique et économique. Il n'aurait plus besoin du capital fixe pour être activé et rendu cohérent : c'est en quoi il serait aux yeux de M. Hardt et A. Negri le potentiel du communisme spontané et élémentaire. P. Virno [18] tente d'apporter une explication à cette thèse de l'autonomisation complète du travail vivant par rapport au capital fixe. Il reprend dans sa thèse numéro cinq, en la systématisant dans le cadre du fordisme, la distinction de Marx entre temps de travail et temps de production. Il y a bien un après-fordisme, un postfordisme, qui, comme nous le disons également, ne se caractérise pas par un modèle productif unique mais par une myriade de modèles productifs, tous ces modèles se présentant à la manière de l'Exposition universelle [19]. Mais, pour P. Virno, il existe quelque chose de commun à tous ces modèles productifs : la notion de *general intellect* de Marx. L'auteur l'associe à la « technologie informatico-télématique », rappelant ainsi la notion d'« infrastructure informationnelle » de M. Hardt et A. Negri, là encore non dissociée des notions d'information et de connaissance. Ce quelque chose de commun, le *general intellect* de Marx qui devient l'*intellect en général* chez P. Virno, intègre un temps de production hors travail. Au stade du postfordisme, le temps de la production qui active le *general intellect* n'est interrompu par le temps de travail qu'à certains moments : contrairement à l'agriculture dont l'activité de semailles est un préalable à la phase ultérieure de croissance, l'activité

16. Paolo VIRNO, *Grammaire de la Multitude*, *op. cit.*, thèse numéro 7, p. 128.

17. Michael HARDT et Antonio NEGRI, *Empire*, *op. cit.*, p. 359. Ce point de vue rejoint celui exprimé par les tenants du « capitalisme cognitif » pour qui la nouvelle phase du capitalisme marque le retour à la logique de la subsomption formelle du travail au capital, retour lié aux mécanismes d'accumulation de type marchand et financier, après une phase de domination, sous le fordisme en particulier, de la logique de subsomption réelle. Voir Rémy HERRERA et Carlo VERCELLONE, *op. cit.* p. 25.

18. Paolo VIRNO, *Grammaire de la multitude*, *op. cit.*, p. 128 *et sq.*

19. *Ibid.*, thèse numéro 6, p. 126 *et sq.*

intellectuelle de coordination et de surveillance est « placée au début, à la fin et à côté du processus automatisé [20] » dans le postfordisme.

Aussi, le temps de production est-il la catégorie clé de l'économie postfordiste tandis que le temps de travail n'en serait qu'une composante et pas nécessairement la plus importante. Cela doit conduire, selon P. Virno, à reformuler la théorie de la plus-value de Marx. Avec le postfordisme, la plus-value résiderait dans le hiatus entre temps de production non pris en compte en tant que temps de travail et temps de production. L'écart entre temps de travail et temps de production — que l'auteur ne peut d'ailleurs déterminer avec exactitude — serait donc l'équivalent du travail gratuit à l'origine du surplus et du profit capitaliste de Marx. Mais le temps de travail gratuit est connu avec certitude puisqu'il s'agit de la différence entre la valeur d'échange de la force de travail (ou capital variable) et la valeur d'échange de la marchandise produite déterminée par la quantité de travail socialement nécessaire contenue dans la production de la marchandise. Dans le cas de figure mis en avant par P. Virno, le temps de travail est connu mais le temps de production est un résidu variable selon les secteurs, les entreprises, les pays, les produits… impossible à connaître sinon de manière élémentaire et résiduelle [21].

Dans le postfordisme, le *general intellect* ne coïncide pas avec le capital fixe, mais se manifeste surtout comme une interaction linguistique du travail vivant. Pour P. Virno, Marx identifierait le savoir comme force productive principale au capital fixe en tant que capacité scientifique objectivée du système des machines [22]. Il reproche alors à Marx de négliger l'autre aspect du *general intellect* qui se présente aujourd'hui comme du travail vivant : le travail autonome de seconde génération. Selon P. Virno, la connexion entre le savoir et production ne s'épuise pas dans le système des machines mais « s'articule dans la

20. *Ibid.*, p. 125.

21. Paolo Virno écrit : « Qu'est ce que le concepteur de logiciels informatiques et le travailleur de chez Fiat ont en commun : presque rien du point de vue des compétences professionnelles et du travail réalisé mais tout quant aux modes et aux contenus de la socialisation hors travail de chaque individu. Sont communes toutes les tonalités émotives, les goûts, la mentalité, les attentes… Le point de suture se trouve entre l'opportunisme au travail et l'opportunisme universellement sollicité par l'expérience urbaine », *ibid.*, p. 127.

22. *Ibid.*, thèse numéro 7.

coopération linguistique entre hommes et femmes dans leur façon concrète d'agir ensemble[23] ».

Le *general intellect* intègre des aspects formels et des aspects informels du travail vivant (on pourrait dire les connaissances tacites et les connaissances codifiées). En fait, il devient bien l'attribut du travail vivant alors que ce dernier consiste de plus en plus en prestations linguistiques. On comprend mieux alors l'insistance de M. Hardt et A. Negri sur le caractère généralisé du travail immatériel dans le réseau de l'infrastructure informationnelle (les TIC).

C'est ainsi que P. Virno passe de la notion trop réduite de *general intellect* à celle de l'*intellectualité de masse* constituant elle-même la multitude. P. Virno définit l'intellectualité de masse comme « l'ensemble du travail vivant postfordiste dans la mesure où celui-ci est le dépositaire des compétences cognitives et des communications non objectivables dans le système des machines[24] ». Si M. Hardt et A. Negri rendent synonymes, volontairement ou non, les notions d'information, d'infrastructure informationnelle, de connaissances et de travail immatériel, pour P. Virno, les « œuvres de la pensée » ou les résultats codifiés de l'activité de pensée, c'est-à-dire l'information ou encore les connaissances codifiées ou les données[25], ne sont pas réductibles à l'intellectualité de masse. Plus fondamentalement, « l'intellectualité de masse ne fait que donner toute sa vérité à la définition de la force de travail de Marx : la somme de toutes les aptitudes qui existent dans la corporéité[26] ».

Plus que l'information en soi comme chez M. Hardt et A. Negri, c'est bien cette intellectualité de masse qui, pour P. Virno, constitue la composante essentielle de l'accumulation capitaliste postfordiste. Or l'intellectualité de masse n'est rien d'autre que le « génie de la multitude ». Il est alors logique que, considérant l'intellectualité de masse, version élargie du *general intellect* mais déconnectée du capital fixe au sens où l'entendait Marx, comme composante clé du capitalisme postfordiste, la multitude le soit également. Mais P. Virno s'empresse d'ajouter que l'intellectualité de masse « est au centre de l'économie

23. *Ibid.*, p. 128.
24. *Ibid.*, p. 130.
25. Voir le chapitre III de cette partie sur les définitions des notions de connaissances tacites, de connaissances codifiées et d'information.
26. Paolo VIRNO, *Grammaire de la multitude*, *op. cit.*, p. 131.

postfordiste parce que son mode d'être échappe complètement aux concepts de l'économie politique ».

P. Virno a raison de caractériser le postfordisme comme un système hybride d'une myriade de modèles productifs très différents ayant comme point commun leur rapport à l'intellectualité de masse. Cependant, le saut qu'il effectue entre la définition de l'intellectualité de masse comme une composante de l'accumulation postfordiste transcendant le capital fixe d'une part et l'affirmation d'une indépendance complète par rapport aux catégories clés de l'économie politique (temps de travail, productivité, plus-value, prix, valeur...) d'autre part, ne tient que par l'idée énoncée d'une « connexion entre le savoir et production qui ne s'épuise pas dans le système des machines mais s'articule dans la coopération linguistique entre hommes et femmes dans leur façon concrète d'agir ensemble[27] ». Comme chez M. Hardt et A. Negri, le fondement théorique d'un tel saut est pour le moins faible et contradictoire. Si l'intellectualité de masse définit également le temps de production qui lui-même intègre le temps de travail formel et s'il faut bien rechercher de nouvelles sources de plus-value dans le différentiel entre temps de production et temps de travail formel, on ne voit pourtant pas en quoi l'intellectualité de masse de P. Virno, équivalente au travail immatériel de M. Hardt et A. Negri, échapperait aux catégories clés de l'économie politique, ni en théorie ni concrètement dans la mise en œuvre de la production (au sens large où l'entendent ces auteurs).

La conception de la multitude en tant qu'intellectualité de masse mettrait simplement hors jeu, selon P. Virno, la théorie de la prolétarisation. L'intellectualité de masse est bien du travail complexe comme chez Marx mais contrairement à la thèse de ce dernier, ce travail complexe (ou travail qualifié) sous sa forme d'intellectualité de masse ne serait pas réductible au travail simple, c'est-à-dire au travail comme simple dépense de la force de travail sans qualification particulière : « Ce qui ne se réduit pas au travail simple, c'est la qualité coopérative des opérations concrètes que l'intellectualité de masse exécute[28]. » La « prolétarisation manquée » signifie pour P. Virno que cette intellectualité de masse, résumée dans l'acception de « travail

27. *Ibid.*, thèse numéro 7, p. 128.
28. *Ibid.*, p. 133.

postfordiste » *est* la multitude [29]. On passe alors à la thèse principale, que l'on retrouve aussi chez M. Hardt et A. Negri, selon laquelle « le postfordisme serait le communisme du capital [30] ». Aussi séduisant soit-il, ce raisonnement pèche par son caractère circulaire : puisque l'intellectualité de masse est la prolétarisation manquée et qu'elle correspond à la multitude hors du rapport salarial prolétarisé, elle n'est donc rien d'autre que la base sur laquelle repose le « communisme du capital » postfordiste. D'où l'analogie avec la réflexion de Marx concernant le développement de la société par actions qui constitue à ses yeux « le dépassement de la propriété privée sur le terrain même de la propriété privée ».

L'expression « communisme du capital » signifie le dépassement du capital et du rapport capital-travail par l'intellectualité de masse faite multitude — et non peuple — sur le terrain même du capital. Le fondement théorique d'un tel raisonnement est ténu : l'intellectualité de masse, principale composante de l'accumulation postfordiste, dépasse ou transcende le capital vers le communisme du capital. Ce glissement sémantique tient lieu de démonstration, ce qui, il faut bien le reconnaître, est un peu court. Ce type d'associations sans démonstration entre les différentes notions (intellectualité de masse, multitude, intellect général...) fait écho, d'ailleurs, avec le flottement de la terminologie de Marx lui-même sur ce sujet, comme semble le regretter A. Gorz. Ainsi, Marx utilise-t-il tour à tour de manière équivalente les notions de « niveau général de la science », de « connaissances générales de la société », de « *general intellect* », de « puissance générale du cerveau humain », de « formation artistique scientifique » que l'individu peut acquérir en augmentant son temps libre...

Pour Marx, la libération du temps « pour le plein développement de l'individu » peut être considérée du point de vue du procès de production immédiat comme production de capital fixe, ce capital fixe « *being man himself* » [31].

C'est la raison pour laquelle A. Gorz propose de ne pas confondre la science ou la connaissance avec l'intelligence, l'imagination et le savoir que constitue le capital humain. Il

29. *Ibid.*, p. 134.
30. *Ibid.*, thèse 10, p. 134.
31. Karl MARX, *Grundrisse*, *op. cit.*, en anglais dans la version d'origine.

reprend donc à son compte la notion de capital humain, notion qui lui permet de s'éloigner des approches cognitivistes et scientistes. Pour A. Gorz, « les savoirs communs activés par le travail immatériel n'existent que dans et par leur pratique vivante. Ils n'ont pas été produits en vue de leur mise au travail ou de leur mise en valeur. Ils ne peuvent être détachés des individus sociaux qui les pratiquent, ni évalués en équivalent monétaire, ni achetés ou vendus. Ils résultent de l'expérience commune de la vie en société et ne peuvent être légitimement associés à du capital fixe [32]. » C'est aussi la raison pour laquelle Christian Marazzi parle de « nouveau capital fixe » inappropriable, indivisible, non quantifiable, diffus [33]. Ce « nouveau capital fixe » n'est pas du travail accumulé et ne peut prendre la forme « valeur ». A. Gorz, comme la plupart des auteurs évoqués ici, insistent sur le caractère social et commun à tous de ce nouveau capital fixe.

En fait, tous ces auteurs décrivent le mécanisme par lequel le travail immatériel, vu dans toutes ses acceptions, depuis le *general intellect* de Marx jusqu'à l'intellectualité de masse en tant que multitude en passant par le capital humain de A. Gorz ou le « nouveau capital fixe » de C. Marazzi, se désolidarise, — pour mieux le transcender — du capital fixe associé au système des machines et au procès de production. Jusque-là, ils ne font que se référer à la notion d'externalités des économistes [34]. La connaissance produite par le travail du cerveau humain est une retombée dont peuvent profiter tous les agents sans possibilité d'appropriation. Le fait que ces externalités de connaissances soient essentielles dans l'économie du savoir au point où elles dépassent largement le capital fixe n'est pas contraire à la logique.

---

32. André GORZ, *op. cit.*, p. 40.

33. Christian MARAZZI, *La Place des chaussettes*, L'Éclat, Paris, 1997, p. 197.

34. Les externalités sont des retombées d'une production associée par exemple à la production de connaissances telle que celui qui investit ne peut en tirer les bénéfices dans la mesure où ces externalités ou ces retombées profitent à tous. Dans *Multitude* (*op. cit.*, p. 181) M. Hardt et A. Negri affirment : « Les économistes prennent acte de l'existence du commun d'une façon mystifiée, en recourant à la notion d'*externalités.* »

L'autonomie du travail immatériel, une thèse contestable

Mais deux problèmes doivent être posés. Le premier problème est le saut qu'opèrent explicitement P. Virno ou, implicitement, M. Hardt et A. Negri vers l'idée que toute cette connaissance en tant qu'intellectualité de masse ou travail immatériel est détachée du capital fixe. Que le travail immatériel se démultiplie, qu'il ne puisse se réduire à des travaux concrets en tant que travail abstrait, que l'intellect général s'étende à toutes les sphères de production, marchande comme non marchande, on peut en prendre acte, mais cela n'implique pas pour autant que l'activation de cet intellect se passe du rapport de production capitaliste. En effet, pour Marx, à la différence de P. Virno ou de M. Hardt et A. Negri, cette « puissance générale du cerveau humain », pour ne reprendre que l'une de ces notions équivalentes, rétroagit sur la force productive du travail. Il nous semble que c'est précisément cette rétroaction qui s'évapore par la suite dans l'analyse de P. Virno ou de M. Hardt et A. Negri. Ceux-ci considèrent que l'intellectualité de masse (P. Virno)[35] est séparée de tout rapport au procès de production pour devenir la base du communisme du capital.

Le deuxième problème est lié au reproche que font à Marx, à tort nous semble-t-il, P. Virno explicitement et M. Hardt et A. Negri implicitement, de réduire le capital fixe au seul système des machines, c'est-à-dire à sa composante matérielle et productive.

Que dit Marx à ce sujet dans les *Grundrisse* ? Tout d'abord, il avance lui-même l'idée d'une distinction entre temps de production et temps de travail que reprennent P. Virno mais également A. Gorz, pour qui « le travail immédiat et sa quantité cessent alors d'apparaître comme le principal déterminant de la production ». Et c'est Marx qui écrit que ce temps de travail n'est plus « qu'un moment certes indispensable mais subalterne à l'activité scientifique en général[36] ». En outre, Marx met en garde contre l'idée d'une réduction du capital fixe au contenu purement matériel du système des machines car si seul le capital

35. Ou le travail immatériel chez M. Hardt et A. Negri, dans *Empire*, *op. cit.*

36. K. Marx ajoute que « c'est dans la production du capital fixe que le capital, capital à une puissance plus élevée que dans la production de capital circulant, se pose comme fin en soi et qu'il apparaît agissant effectivement comme capital ». Karl MARX, *Grundrisse*, *op. cit.*, p. 198.

fixe est consommé « dans le grand procès de production », « le caractère plus durable du capital fixe ne doit pas être compris de façon purement matérielle ». Marx ajoute : « La durabilité est une condition [...] parce que l'instrument est destiné à jouer constamment le même rôle dans des procès de production répétés [37]. » En fait, cette idée de durabilité conditionnelle exprime l'idée du capital conçu comme moyen de production : « Sa durée, c'est son existence comme moyen de production. Sa durée, c'est l'augmentation de sa force productive [38]. » Ainsi, les forces productives permettent-elles « d'épargner du temps de travail du point de vue du procès de production immédiat, cette épargne peut être considérée comme production de capital fixe, ce capital fixe étant l'homme lui-même [39] ».

On retrouve l'idée exprimée par A. Gorz du capital humain comme nouveau capital fixe. Mais, on le voit d'emblée chez Marx, le capital fixe ne se réduit ni au système des machines ni à sa durabilité matérielle, mais au fait même qu'il soit accumulable et permette d'augmenter le « temps libre c'est-à-dire le temps pour le plein développement de l'individu, développement qui agit lui-même à son tour comme la plus grande des forces productives, sur la force productive du travail [40] ». La liaison qu'opère Marx entre ce « nouveau capital fixe qui serait l'homme lui-même » et le rapport de production capitaliste a peu à voir avec le caractère ou la nature matérielle et machinique du capital fixe. L'activation de ce nouveau capital fixe est permanente tant qu'elle permet d'agir sur la force productive du travail. Il nous semble donc que M. Hardt et A. Negri tirent des conclusions fortes peu démontrées en postulant l'autonomisation complète du travail immatériel par rapport au capital fixe.

Au total, pour M. Hardt et A. Negri, le travail se transforme sous l'effet de l'informatisation en opérant une coopération endogène (interne) non imposée de l'extérieur, en devenant directement du travail abstrait, et en imposant un désencastrement objectif de la production capitaliste, c'est-à-dire en sortant du rapport de dépendance absolu par rapport au capital fixe. Les conséquences de cette autonomie pour le fonctionnement du

37. *Ibid.*, p. 198-199.
38. *Ibid.*
39. *Ibid.*, p. 199.
40. *Ibid.*, p. 199.

capitalisme à l'ère du postfordisme et de la mondialisation sont essentiellement la déterritorialisation, le travail en réseau mondialisé et l'avènement d'un communisme de ce nouveau capital fixe.

Les conséquences sur la géographie et les rapports de la production

Un tel glissement du travail et de sa coopération, donc des logiques de division du travail, vers l'abstraction en soi, est porteur de conséquences tout aussi importantes pour la répartition des activités dans l'espace mondial et pour les relations économiques entre les agents.

Comme précédemment, nous exposerons ce qui nous semble être l'aspect fondamental des conséquences des analyses de M. Hardt et A. Negri pour le fonctionnement ou le dépassement du capitalisme mondial, et examinerons ensuite les problèmes que posent ces analyses tant en termes théoriques qu'empiriques. Nous proposons de mettre l'accent sur trois implications de leur analyse du capitalisme à l'ère de l'Empire :

— l'effacement des espaces territoriaux ou géographiques (déterritorialisation) dans la production des richesses ;

— la lutte entre les oligopoles de propriété ou d'autorité et la décentralisation démocratique ;

— le communisme *à portée de main invisible*[41].

Une déterritorialisation de la production

Pour M. Hardt et A. Negri, l'une des conséquences géographiques du passage d'une économie industrielle à une économie informationnelle est une « spectaculaire décentralisation/déterritorialisation de la production[42] ». Les processus de modernisation et le passage au paradigme industriel avaient provoqué la concentration intense des forces productives et des migrations massives de main-d'œuvre dans les centres urbains devenus des

41. Nous proposons cette expression de communisme « à portée de main invisible » pour traduire le lien établi par M. Hardt et A. Negri entre le travail immatériel et le dépassement des limites de l'Empire.

42. Michael Hardt et Antonio Negri, *Empire*, *op. cit.*, p. 359.

cités industrielles, comme Manchester ou Detroit... L'efficacité de la production industrielle de masse dépendait de la concentration et de la proximité des éléments favorables par rapport au site de l'usine. Avec le passage à l'économie informationnelle, la chaîne de montage a été remplacée par le réseau comme modèle organisationnel de production transformant les formes de coopération et de communication à l'intérieur de chaque site de production et entre les différents sites. « L'industrie de masse définissait les circuits de coopération par le déploiement physique des travailleurs sur le sol de l'atelier[43]. »

Pour M. Hardt et A. Negri, c'est l'efficacité du transport et des télécommunications qui autorise cette décentralisation[44]. Ainsi la production des marchandises devient-elle totalement décentralisée : « Les travailleurs peuvent même rester à la maison et se brancher sur le réseau[45]. » La production s'organiserait de manière horizontale en réseaux de communication : les sites de production peuvent être déterritorialisés et tendre vers une existence virtuelle en tant que coordonnés dans le réseau de communication. Le fait est que la déconnexion géographique entre la production et la consommation, phénomène ancien dans l'industrie et connu sous la dénomination de « fragmentation des processus productifs » affecte aujourd'hui les activités des services (centres d'appel, saisie informatique, comptabilité...)[46].

Les auteurs ajoutent néanmoins que la décentralisation de la production entraîne un mouvement inverse de centralisation du contrôle de la production. Le mouvement centrifuge de la production est contrebalancé par le mouvement centripète de l'autorité.

Ainsi, le caractère immatériel du travail, associé à l'émergence d'une nouvelle infrastructure informationnelle, serait-il à

43. *Ibid.*, p. 360.

44. On montrera dans la seconde section en quoi cette proposition nous semble artificielle et relever davantage d'un fétichisme de la machine. D'un point de vue théorique comme d'un point de vue empirique, on peut observer exactement le résultat inverse concernant l'impact de l'usage des TIC et de la baisse des coûts de transport (grâce à leur modernisation) sur la répartition spatiale des activités économiques : une baisse des coûts de transport et une plus grande fluidité de la circulation de l'information peuvent favoriser la concentration et l'agglomération des activités.

45. Michael HARDT et Antonio NEGRI, *Empire*, *op. cit.*, p. 361.

46. Toutefois, ces possibilités permettent juste d'exploiter des différences de coûts de production entre les différents sites, mais n'impliquent pas nécessairement une production décentralisée en réseau qui s'opposerait à la concentration spatiale des activités.

l'Empire postfordiste ce que les routes ont été à l'Empire romain, ou les chemins de fer à l'impérialisme.

Modèle démocratique du rhizome versus *modèle oligopolistique*

Dans la transmission de l'information, M. Hardt et A. Negri introduisent dans le cadre de l'infrastructure informationnelle mondiale la combinaison de deux mécanismes : un mécanisme démocratique et un mécanisme oligopolistique. Le mécanisme démocratique est totalement décentralisé. À l'image d'Internet, il n'y a pas de centre et chaque segment ou presque peut continuer à fonctionner même si une partie en a été détruite. Ce modèle démocratique que G. Deleuze et F. Guattari appellent un « rhizome » (une structure en réseau sans hiérarchie ni centre) est ce qui caractérise l'organisation et la localisation de la production mondiale dans l'Empire. À côté du rhizome décentralisé, le réseau oligopolistique représente l'autorité : le pouvoir, tel un arbre, subordonnerait toutes les branches à la racine principale. Pour M. Hardt et A. Negri, les réseaux de la nouvelle infrastructure informationnelle constituent des hybrides de ces deux modèles.

Dans l'Empire, les groupes multinationaux se mènent une lutte acharnée pour établir le quasi-monopole de la nouvelle structure informationnelle. La centralisation du contrôle est déjà en route. Les TIC ont en fait créé de nouvelles lignes d'inégalité[47]. On ne peut s'empêcher de penser alors à l'implication politique d'une telle organisation : ne suffirait-il pas que le mécanisme démocratique prenne le pouvoir sur le modèle oligopolistique pour laisser émerger le communisme ?

47. Voir chapitre 9 de cette partie. Ce n'est pas tant l'accès à l'information qui prime dans les inégalités que la capacité de transformer cette information en nouvelles connaissances marchandisables : ce qui exige non pas d'être connecté aux réseaux des TIC, mais de détenir de la compétence mise en œuvre dans le rapport de production et réalisée par le marché (du travail par exemple) pour le transformer en nouvelles connaissances. D'où une marginalisation des pays, régions et territoires non connectés à cette logique de division du travail.

Le communisme « à portée de main invisible » ?

Cette phase du capitalisme, l'Empire, serait meilleure que les précédentes, tout comme pour Marx le capitalisme serait un meilleur mode de production que les précédents.

La mondialisation, dans la mesure où elle opère une *déterritorialisation* des structures sociales de l'exploitation et du contrôle, est la condition de la libération de la multitude[48]. La montée du marché mondial et du pouvoir impérial mondial qui dépasse la domination d'un État-nation sur d'autres constituerait ainsi le marchepied, la passerelle nécessaire à l'avènement d'un monde nouveau fondé sur la coopération mondiale de la multitude. L'homme serait libéré de ces ancrages tribaux ou institutionnels traditionnels. Ce processus de « dés-idiosyncratisation »[49] des dynamiques individuelles serait le produit de la mondialisation et de l'entrée du capitalisme dans l'économie de l'information. La multitude du réseau informationnel échapperait désormais aux lois traditionnelles de la division technique et sociale du travail décrite dans *La Richesse des Nations* d'Adam Smith, pour faire du *general intellect* le cœur de la production sociale libérée des contraintes territoriales, spatiales et peut-être également temporelles ou historiques. Le dépassement de l'Empire n'aurait pas besoin de phase de transition collective ou socialement organisée (une nouvelle forme d'État) mais engendrerait directement les bases de la production d'une nouvelle société libératrice des forces. Cet optimisme trouve ses racines dans le volontarisme de la force d'émancipation de la multitude puisant elle-même ses sources dans sa capacité à penser et à agir de manière globale (mondiale) et à contribuer à la désagrégation ou plutôt à la désintégration des antagonismes et divisions traditionnels relatifs à un système en « omni-crise ». Le capitalisme sans frontières (migrations, mobilité des marchandises, des capitaux, interpénétration des communautés...), l'Empire

48. La source de cette libération se trouve dans l'autonomisation du travail vivant par rapport au capital fixe. Michael HARDT et Antonio NEGRI, *Empire*, *op. cit.*, p. 359-366.

49. Nous nous risquons à un tel barbarisme pour montrer les traits saillants de la thèse d'*Empire* : le processus de construction sociale, de production des connaissances n'obéirait plus dans ce contexte de capitalisme mondialisé et cognitif à la logique idiosyncrasique et cumulative impliquant nécessairement une localisation, mais serait d'emblée libéré au niveau global.

décentralisé, et le marché mondial auto-organisé auraient trouvé aux États-Unis leur lieu de prédilection.

C'est pourquoi nous utilisons l'expression de « communisme à portée de main invisible », pour résumer l'analyse de M. Hardt et A. Negri : nous avons en effet affaire à une sorte d'inversion de la logique libérale qui était celle d'A. Smith. La main invisible est pour lui un processus d'harmonisation spontanée des intérêts égoïstes des individus par le marché. Chez M. Hardt et A. Negri, on a plutôt un processus d'expansion du commun qui conduit au communisme, alors même que le capital tente par tous les moyens à freiner ce processus pour se maintenir. Mais les moyens mêmes qu'il emploie dans la phase de l'Empire (l'accumulation de l'information) favorisent, en dépit de ses intentions, l'émancipation toujours croissante du commun. Le communisme est donc à portée de main et ce qui le rend tel, c'est le processus spontané d'expansion du commun, c'est-à-dire un processus de main invisible.

La compréhension du capitalisme contemporain et l'analyse de son devenir constituent indéniablement des apports importants d'*Empire*. La démarche suivie soulève cependant des problèmes analytiques et empiriques, qui touchent aux fondements de la thèse des auteurs.

9

Économie de la connaissance, marchandise et capital : l'artefact de l'immatériel

LES tendances de l'Empire à favoriser l'organisation d'un capitalisme en réseau déterritorialisé, sans être absentes de la réalité, ne constituent pas les tendances lourdes de la localisation des activités à l'ère de l'entrée dans l'économie du savoir ou de la connaissance. Les travaux empiriques sur l'économie de la connaissance montrent au contraire que les activités d'innovation intensive en connaissance tendent à se concentrer dans l'espace, en dépit de l'accès de plus en plus libre à l'information que permettent les TIC. Ne distinguant pas information et connaissance, ni même infrastructure informationnelle (les TIC) et information, M. Hardt et A. Negri sont conduits à ne retenir que la dimension positive, optimiste, de l'économie de l'information.

Fétichisme des TIC et autonomie rêvée des travailleurs

Deux aspects intéressant la caractérisation du capitalisme mondial méritent d'être discutés. D'une part, on peut se demander si l'analyse de M. Hardt et A. Negri ne souffre pas d'un certain fétichisme des TIC dû à leur absence de distinction fondamentale entre les notions de connaissance et d'information. D'autre part, analytiquement, il ne va pas de soi que le travail immatériel devienne aussi indépendant qu'ils le prétendent du capital fixe qui le met en œuvre dans le mode de production capitaliste.

Nous nous demanderons pourquoi la connaissance n'est pas seulement technologique et ne doit pas être réduite aux technologies de l'information et de la communication. Nous montrerons alors en quoi la transformation de l'information en nouvelles connaissances exige de la compétence, du travail immatériel, du capital humain et engendre une sélection des participants à la division du travail.

La notion d'économie de la connaissance ne peut être confondue avec celle d'« économie de l'information ». *A priori*, l'économie de la connaissance, en tant que champ disciplinaire, s'intéresse à toutes les connaissances produites et utilisées dans les activités économiques, mais elle est trop souvent réduite à la connaissance technologique. Or, les savoirs produits et mobilisés dans les activités économiques ne concernent pas uniquement le domaine de la technologie. Les nombreux changements qu'ont connus les entreprises depuis les années 1980 ont incité les économistes à s'intéresser à l'innovation et à la connaissance organisationnelles. De même, l'innovation dans les services, qui repose moins sur la connaissance technologique que dans les secteurs manufacturiers, commence à être plus largement étudiée.

Un double phénomène est à l'origine de la diffusion de l'économie de la connaissance : « Une tendance séculaire relative à l'accroissement de la part du capital intangible (éducation, formation, etc.) et l'irruption et la diffusion spectaculaire des technologies de l'information et de la communication [1]. » En particulier, le rôle déterminant des TIC dans l'économie est lié à leur contribution à l'accélération du rythme des innovations de procédé et de produit dans l'ensemble de l'économie. Les TIC sont également le support important, *parmi d'autres*, d'une production plus collective et plus interactive du savoir. Enfin, les TIC, en permettant une baisse des coûts de transmission et de codification et en favorisant la transmission et la codification de connaissances plus complexes, constituent un facteur important de croissance des retombées (externalités) de la connaissance. Mais l'économie de la connaissance ne peut se réduire ni aux

1. Dominique FORAY, *L'Économie de la connaissance*, *op. cit.*, p. 18.

TIC ni à l'information seule [2]. De même, si les agents ont accès à l'information à des coûts décroissants, en particulier grâce à ces TIC, cela ne signifie pas pour autant que cette information leur sera utile, s'ils ne possèdent pas les compétences permettant de transformer l'information en nouvelles connaissances. C'est la raison pour laquelle la géographie de l'après-fordisme est paradoxale : alors que les TIC devraient conduire à une décentralisation technique des échanges marchands et non marchands (ce qui est décrit dans *Empire*), les effets d'agglomération des activités économiques et technologiques ne cessent de s'accentuer.

On peut entrevoir une proximité inconsciente entre la conception de l'information dans l'ouvrage de M. Hardt et A. Negri et la conception économique classique développée par Kenneth Arrow [3] en 1962 : les savoirs sont produits par un secteur d'activité spécialisé, à partir d'une fonction de production qui combine du travail qualifié et du capital. La production (l'*output*) de ce secteur consiste en informations échangées sur un marché. Dans cette optique, trois propriétés font de la connaissance un bien économique particulier, tant dans l'usage que dans la production, en comparaison des biens tangibles.

La première propriété de la connaissance est son caractère incontrôlable par celui qui l'a produite et qui fait qu'elle peut bénéficier « gratuitement » à d'autres. Le savoir produit ce que les économistes appellent des « externalités positives » pour les autres d'une production par un tiers qui n'est pas rétribué pour autant pour cette retombée positive. La deuxième propriété de la connaissance est d'être un bien non rival au sens où elle ne se détruit pas dans l'usage (le prix d'une connaissance ne peut pas être fixé comme celui de la plupart des biens) [4]. La troisième propriété est le caractère cumulatif de la connaissance (la

2. Le rapport du Commissariat général du Plan (*La France dans l'économie du savoir*, La Documentation française, Paris, 2002, p. 24) retient trois dimensions complémentaires de l'économie de la connaissance : l'innovation, le mode de production du savoir et les externalités de connaissance. On le voit, l'éducation et la formation constituent aussi des composantes essentielles de l'économie du savoir. Voir aussi Dominique FORAY, *L'Économie de la connaissance*, *op. cit.*

3. Kenneth Arrow, prix Nobel d'économie en 1972, est à l'origine d'une première conception économique de la connaissance qui conduit à l'assimiler à la notion d'information (Kenneth ARROW, « The economic implication of learning by doing », *Review of Economic Studies*, vol. 29 n° 2, juin 1962).

4. Le coût marginal d'usage de la connaissance est nul, ce qui rend impossible la fixation de son prix sur la base des coûts marginaux.

production de savoirs nouveaux repose largement sur les savoirs existants).

À partir de ces trois propriétés, on peut alors inférer que la connaissance ou l'information est un bien public qui pose un dilemme : sa diffusion la plus large assure une production encore plus grande du savoir (cumulatif et non contrôlable) et donc de la croissance. Mais les agents privés ne sont pas incités à investir dans la production de ce savoir parce que le rendement de leur investissement sera nécessairement plus faible que le rendement social (les retombées collectives). C'est la raison pour laquelle les firmes qui font de la recherche et développement (R&D) demandent une protection de leur propriété intellectuelle par des brevets. C'est aussi la raison pour laquelle l'État intervient dans l'éducation et la recherche.

Les travaux des vingt dernières années en économie ont souligné le caractère déterminant, pour comprendre les processus de création et de diffusion des savoirs, de la distinction entre connaissance et information [5]. Par information, il faut entendre des flux de messages, alors que la connaissance implique une activité cognitive du travailleur ou du collectif de travail consistant à utiliser ces flux d'information pour produire de nouvelles connaissances. Si l'information existe indépendamment des individus, la connaissance est « attachée » aux individus puisqu'elle repose sur leurs facultés subjectives, ce qui en fait un bien plus facilement contrôlable. Distinguer connaissance et information implique aussi de distinguer connaissance codifiée et connaissance tacite. La codification des connaissances en fait des messages convertissables en signaux d'information. Mais de nombreuses façons de produire du savoir ou de la connaissance demeurent tacites, ce qui renvoie au fait que « nous savons toujours plus que nous en pouvons dire [6] ».

Cette distinction est fondamentale pour comprendre pourquoi les activités de production n'ont pas toutes vocation à connaître la déterritorialisation et l'organisation planétaire en réseaux dont parlent M. Hardt et A. Negri. La reproduction de l'information se faisant à un coût quasi nul, le problème économique qui lui est associé est celui de sa révélation et de sa production ; c'est un

5. Voir notamment les travaux de Giovani DOSI, « Sources, procedures and microeconomic effects of innovation », *Journal of Economic Litterature*, n° 26, septembre 1988.

6. Karl POLANYI, *La Grande Transformation*, [1966], Gallimard, Paris, 1983.

problème de bien public. En revanche, le principal problème économique associé à la connaissance est celui de sa reproduction, qui passe, même quand elle se présente sous sa forme codifiée, par un processus d'apprentissage [7]. Elle implique d'analyser avec précision le mode de division du travail qui préside à l'organisation de cette production collective.

M. Hardt et A. Negri ne distinguent pas clairement l'information d'une part et le travail de production et de transformation de l'information d'autre part puisqu'ils cristallisent toute l'économie de la connaissance postfordienne dans l'infrastructure informationnelle servie par un secteur des services, dominant dans l'économie, qui emploie des travailleurs immatériels... En effet, la transformation de cette information en connaissances nouvelles est beaucoup plus difficile. Ce processus de transformation nécessite la mise en place, par chaque firme, d'une capacité d'absorption, c'est-à-dire d'une capacité d'apprentissage suffisante pour mobiliser en interne les savoirs créés ailleurs [8]. On retrouve aussi cette distinction dans l'ouvrage d'A. Gorz [9], lorsqu'il distingue intelligence, liée à la vie affective, et connaissance : « La connaissance n'implique pas nécessairement l'intelligence... elle est beaucoup plus pauvre que l'intelligence [10]. » Pour A. Gorz, la connaissance et l'information relèvent toutes deux du même versant, celui des objets, tandis que l'intelligence s'attache aux hommes en tant que sujets : connaître est toujours par définition connaître un objet, matériel ou non, réel ou non, hors de moi, distinct de moi et doué d'autosuffisance. La connaissance est alors le résultat d'un apprentissage social.

Mais, ajoute A. Gorz : « Notre rapport premier au monde n'est pas la connaissance : c'est le savoir intuitif précognitif. » Les connaissances sont des fragments spécialisés dont les individus qui les utilisent ignorent l'origine intrinsèque : « La grande majorité connaît de plus en plus de choses mais en sait et en comprend de moins en moins. Des fragments de connaissances spécialisées sont appris par des spécialistes qui en ignorent le contexte et le sens et surtout la combinatoire indépendante qui

7. Dominique FORAY, *L'Économie de la connaissance*, *op. cit.*

8. Wesley M. COHEN et Daniel A. LEVINTHAL, « Innovation and learning : the two faces of R&D », *Economic journal*, 99, septembre 1989.

9. André GORZ, *L'Immatériel, connaissance valeur et capital*, *op. cit.*

10. *Ibid.*, p. 106.

oriente la technique [11]. » En dépit de la facilité apparente à accéder à l'information disponible instantanément, les savoirs des utilisateurs ou des accédants à cette information sont parcellaires et maîtrisés en amont par des spécialistes qui n'en révèlent qu'un aspect standardisé et codifié. En effet, la science et la technologie se complexifient en se développant, ce qui conduit à la formation de nouvelles disciplines et à l'éclatement des savoirs. D'où la constitution de corps de spécialistes qui doivent maîtriser des compétences spécifiques de plus en plus pointues, dans l'ensemble de l'économie. Les agents économiques sont alors incités à se spécialiser sur des blocs de savoirs homogènes afin d'optimiser leurs capacités à maîtriser et à suivre ces blocs de savoirs, mais aussi à participer à leur développement [12]. Les agents développent des compétences qui leur permettent de transformer l'information (accessible à tous à un coût décroissant) en nouvelles connaissances. C'est cette capacité de transformation qui requiert des compétences spécifiques. C'est pourquoi on ne peut, à l'instar de M. Hardt et A. Negri, faire de l'information la source endogène du nouveau régime d'accumulation postfordiste. Il faudrait distinguer non seulement connaissance et information, mais aussi le support de l'information (ou de la connaissance lorsqu'elle est codifiée) et la compétence, attribut du travailleur. La notion d'une intelligence existant au stade précognitif, défendue par A. Gorz, s'apparente donc à cette notion de compétence sans pourtant se confondre avec elle.

L'information est la première manifestation de l'existence de la production de connaissance, mais cette information n'a pas de valeur en soi ; l'ordinateur et le réseau Internet facilitent et démultiplient la diffusion et la transmission d'un agent à un autre ; l'information est accessible à un coût asymptotiquement nul, mais l'accessibilité ne signifie aucunement son utilisation et sa transformation dans l'économie marchande. L'information a une valeur correspondant au coût d'un savoir précis et vendu en tant que tel : il s'agit alors d'une connaissance codifiée (brevet, licence, manuel d'utilisation...). Mais, dans tous les cas, ce n'est pas l'accès à l'information qui garantit la participation à la division sociale du travail. Les pays les moins développés peuvent

11. *Ibid.*, p. 111.

12. Philippe Moati et El Mouhoub Mouhoud, « Information et organisation de la production : vers une division cognitive du travail », *loc. cit.*

avoir accès à l'information *via* des équipements Internet sans pour autant entrer dans l'échange international. Ce n'est pas la « fracture numérique » qui les maintient en dehors de la production et de la consommation mondiales. Leur insuffisance en compétences (aggravée par la fuite des cerveaux) explique en partie leur marginalisation dans la division internationale du travail. Cela passe bien sûr par les systèmes d'éducation et de formation. La compétence est nécessaire pour transformer l'information en nouvelles connaissances qui peuvent alors rester tacites ou devenir codifiées. La compétence est donc l'attribut de l'individu pris dans le rapport social de production capitaliste tandis que l'intelligence au sens de A. Gorz préexiste au marché et n'a pas besoin de la réalisation par le marché. L'intelligence fait corps avec l'homme lui-même.

La marchandisation consistera alors à transformer une partie des savoirs requis dans l'intelligence précognitive humaine en compétences ou qualifications répertoriées et rémunérées dans le cadre du rapport de production.

	Existence en soi	Réalisation par le marché
Information	Information gratuite ou accessible (par Internet à coût quasi nul)	Information correspondant à des savoirs codifiés
Connaissance	Connaissances tacites existant de manière informelle dans le procès de production comme dans l'ensemble des échanges interindividuels	Connaissances codifiées Brevets, licence, droit de propriété intellectuelle
Compétence ou travail immatériel	Intelligence existant au stade « précognitif »	Compétence spécifique rémunérée dans le cadre d'un rapport de production

Le travail immatériel est-il vraiment autonome par rapport au capital ?

Dans le deuxième chapitre de cette partie, il a été relevé comment M. Hardt et A. Negri opéraient un véritable désencastrement du travail immatériel du rapport de production en tant que mise en œuvre du capital fixe entendu au sens machinique du terme. Affranchir le travail immatériel de son rapport au capital fixe, c'est affecter à la force productive une seule dimension, la dimension positive. C'est omettre le côté obscur (le côté négatif) de son rapport au marché et au capital sur lequel A. Gorz insiste particulièrement dans son ouvrage [13]. Pour M. Hardt et A. Negri, ces forces désirantes existent et s'activent indépendamment du marché et du rapport au capital, et c'est en ce sens qu'ils les considèrent comme les éléments potentiels et spontanés du communisme [14]. Le raccourci analytique qui les conduit à postuler l'autonomisation du travail immatériel est lié à l'absence de considération du rôle du marché dans la réalisation de la valeur du travail immatériel. En fait, nous suggérons de distinguer deux sphères différentes de production du savoir : la sphère marchande et la sphère précognitive (schéma ci-dessous). Le travail immatériel du réseau restera au stade précognitif (au sens de A. Gorz), c'est-à-dire dans la sphère 1, tant que le marché n'aura pas converti une partie de ces connaissances ou savoirs produits de l'intelligence humaine en nouvelles connaissances, codifiées ou non, ce qui nécessite un rapport social de production et la réalisation de la connaissance par le marché (sphère 2 du schéma ci-dessous). Le travail immatériel subit un processus capitaliste de captation au stade précognitif qui permet de l'organiser socialement et techniquement dans le cadre du rapport de production en vue de le transformer en nouvelles connaissances appropriables et marchandisables.

En fait, la connaissance est appropriable, codifiable, utilisable, brevetable, marchandisable, mais pas le savoir, qui lui, relève d'un processus précognitif, d'un état inconscient du sujet. Le savoir est ce qui permet de produire les connaissances qui, elles, peuvent devenir des objets marchands. Il faut donc conclure de l'analyse de A. Gorz que l'économie de la

13. André GORZ, *op. cit.*
14. Michael HARDT et Antonio NEGRI, *Empire*, *op. cit.*, p. 361.

Schéma 1. La production de la connaissance et sa marchandisation

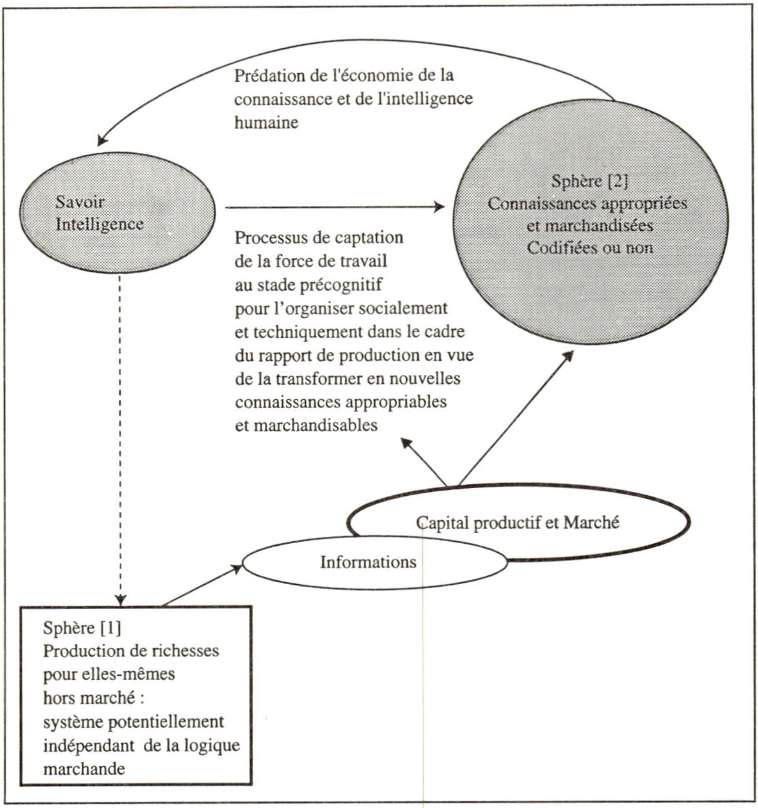

connaissance n'est pas nécessairement l'économie du savoir et inversement. L'économie de la connaissance est ce qui permet de rendre rentable et appropriable le processus de mise en œuvre du savoir dans des rapports sociaux (sphère 2 du schéma ci-dessus). C'est pourquoi, dans l'économie capitaliste, l'économie de la connaissance ne peut être qu'appropriable ou marchandisable pour exister d'un point de vue économique. Dans l'économie du savoir, la création se suffit à elle-même (sphère 1 sur le schéma). A. Gorz évoque l'exemple du logiciel libre pour illustrer cette intelligence affective : le développeur n'est mû par rien d'autre que le désir de communiquer, d'agir ensemble, de se socialiser et de se différencier, non par l'échange de services mais par des relations sympathiques. Ce type de savoir produit n'a pas de valeur d'échange mais seulement de la valeur d'usage ; il relève de la distraction et de la créativité individuelles qui sont au centre du travail [15]... C'est la raison pour laquelle A. Gorz défend l'idée d'un revenu universel permettant de compenser l'activité de création de richesses collectives gratuites non marchandes, ce qui constituerait une inversion de la causalité entre revenu et activité : les revenus doivent permettre de produire ou de créer des richesses ayant une valeur pour elles-mêmes.

On peut alors se demander si le schéma de M. Hardt et A. Negri ne réduit pas l'économie à l'économie du savoir, puisque nos auteurs confondent implicitement à la fois ce que A. Gorz appelle le stade précognitif de l'intelligence humaine et le stade du processus de réalisation et de marchandisation de la connaissance. Si le capitalisme décrit par *Empire* obéit en fait au schéma de l'économie du savoir, le capitalisme réel, lui, est fondé sur l'économie de la connaissance en tant qu'objet donnant lieu à un droit de propriété (appropriable) et marchandisé... Le savoir apparaît ainsi comme la force productive qui produit la connaissance tandis que les connaissances et leur développement dépendent de l'évolution des forces productives dans le rapport capitaliste marchand.

Il s'agit donc de prendre en compte les deux dimensions de la production de connaissance : la dimension positive et la dimension négative, alors que M. Hardt et A. Negri s'en tiennent seulement à la première. A. Gorz, quant à lui, privilégie explicitement la dimension négative de la production de connaissances dans l'économie capitaliste. Ainsi, « le capitalisme cognitif n'est pas un capitalisme en crise, il est la crise du capitalisme qui ébranle la société dans ses profondeurs. [...] Tissu de contradictions, le capitalisme cognitif contient la possibilité d'évolutions rapides dans des directions opposées ». A. Gorz poursuit : « À l'ère du *general intellect*, la rationalité économique consiste à subordonner la rationalité économique à des critères différents de ceux qui l'ont définie et mesurée jusqu'à présent ; l'efficacité optimale ne peut plus s'obtenir par la

15. A. Gorz fait référence à la définition que donne K. Marx de la richesse dépouillée de sa forme bourgeoise (André GORZ, *op. cit.*, p. 86).

recherche du rendement maximal immédiat ni par la recherche de performance maximale de chacun ni par la maximisation du profit. Elle ne peut plus s'obtenir en rendant tous les facteurs de production mesurables afin de mesurer le rendement de chacun. [...] La rationalité [...] exige désormais que les critères habituels du rendement soient subordonnés au critère du développement humain [16]... » Ainsi, le capitalisme cognitif ne serait pas une nouvelle phase positive permettant une relance des forces productives, mais constituerait un stade du capitalisme « parvenu dans son développement des forces productives à une frontière passé laquelle il ne peut tirer partie de ses potentialités qu'en se dépassant vers une autre économie [17] ». L'acteur potentiel de ce dépassement serait le capital humain lui-même. La tendance négative du capitalisme cognitif transparaît donc dans l'ouvrage de A. Gorz, lequel fait de la captation marchande de la connaissance le moteur de la destruction de l'humanité.

Les implications territoriales dans la mondialisation

Plusieurs aspects de la réalité de la mondialisation capitaliste postfordienne, décrits par M. Hardt et A. Negri, semblent alors contrefactuels. D'abord, contrairement à la tendance de la production décentralisée en réseau décrite par M. Hardt et A. Negri, l'économie de la connaissance implique plus que jamais un processus de polarisation-concentration spatiale des activités, surtout lorsque celles-ci mettent en jeu des connaissances tacites définies plus haut. Les inégalités internationales ou interrégionales à l'intérieur des nations ne proviennent pas des TIC ou de l'accès inégal à l'information, mais des mécanismes d'exclusion dans la division du travail fondée sur la connaissance.

Les activités intensives en connaissance, au lieu d'être dispersées dans l'espace géographique comme le suggère le schéma analytique de M. Hardt et A. Negri, poursuivent une tendance lourde à la concentration. Ainsi les activités de connaissances technologiques appréciées par les dépenses de R&D ou les brevets déposés sont-elles beaucoup plus concentrées que les

16. André GORZ, *op. cit.*, p. 82.
17. André GORZ, *op. cit.*, p. 84.

activités de production ou d'assemblage [18]. Par exemple, l'Allemagne, la France, le Royaume-Uni et l'Italie représentent 75 % des dépenses de R&D en Europe. En outre, 20 % des dépenses sont concentrées dans cinq régions européennes : une française (l'Île-de-France), trois allemandes et une italienne. Le critère des dépôts de brevets confirme et amplifie la concentration régionale. La concentration des dépenses de recherche et développement est très forte aux États-Unis également où les vingt premiers États réalisent 85 % de l'ensemble des dépenses de R&D américaines et les vingt derniers États 4 % [19].

Au niveau mondial, les dix premiers pays dépensiers en R&D (huit pays développés et deux pays émergents, la Chine et la Corée du Sud) concentrent 86 % des dépenses totales de R&D et 90 % des dépenses civiles mondiales [20]. Dans les pays en développement, les pays d'Asie du Sud, de l'Est et du Sud-Est accroissent leur part dans le total des dépenses de R&D des pays du Sud (63 à 70 % entre 1996 et 2002), alors que toutes les autres zones reculent [21].

Les déterminants de la concentration des activités d'innovation

Deux types d'explications peuvent être fournis pour rendre compte de cette tendance à la concentration géographique des activités de production de connaissance : le premier provient des apports récents de l'économie géographique et concerne l'ensemble des activités industrielles bénéficiant de rendements croissants ou d'économies d'échelle. Le second s'inspire des théories de l'économie de la connaissance et de sa localisation et avance le principe des externalités de connaissance bornées ou limitées géographiquement.

La polarisation des activités économiques, source d'efficacité et de croissance, touche particulièrement les activités qui peuvent bénéficier des économies d'échelle, résultat du regroupement des firmes, des travailleurs, des consommateurs en un

18. Voir El Mouhoub MOUHOUD, « Global geography of post-fordism : knowledge and polarisation », *in* B. CORIAT, P. PETIT et G. SCHMEDER (éd.), *The Hardship of Nations*, Edward Elgar, 2006.

19. Commissariat général du Plan, *op. cit.*

20. CNUCED, World Investment Report, 2005.

21. L'Afrique passe de 2,2 à 1,9 % des dépenses de R&D dans le total des pays en développement.

seul lieu. Cet avantage de l'agglomération joue encore plus nettement lorsque l'on assiste à des baisses de coûts de transaction (transport, contrôles, etc.). C'est typiquement le cas avec la diffusion des TIC. Une réduction des coûts de transaction peut entraîner un processus cumulatif de divergence entre les régions, dès lors que les conditions initiales sont propices (localisation déjà relativement concentrée, économies d'échelle internes fortes, division verticale du travail poussée, poids important des biens différenciés échangeables dans la consommation finale). Les activités de production de connaissances sont particulièrement concernées par ces processus de polarisation, comme cela a été montré de manière empirique précédemment.

L'économie géographique [22], si elle centre l'analyse sur les économies d'échelle et les retombées (externalités) de l'agglomération des firmes en un même lieu, néglige une composante essentielle de ces retombées, à savoir les retombées (externalités) de la connaissance. Celles-ci tiennent à la nature imparfaitement appropriable de la connaissance et constituent pour certains types de connaissances des déterminants clés de la polarisation géographique.

Externalités de connaissance et proximité

Les firmes ont besoin de se regrouper dans les grandes agglomérations en raison du bénéfice qu'elles peuvent tirer de ces regroupements [23]. Le contenu de ces externalités peut être de nature pécuniaire (baisse des coûts ou des prix) ou technologique. Les externalités technologiques ne passent pas par le marché et portent sur des biens disposant des propriétés d'un bien public.

Parmi les externalités technologiques, les externalités de connaissance apparaissent comme un facteur important de polarisation des activités d'innovation. Les entreprises situées à proximité de sources importantes de création de connaissances (universités, organismes de recherche publics et privés...) seraient capables d'introduire plus d'innovations que leurs

22. Récemment développée par Paul Krugman, *Geography and Trade*, MIT Press, Cambridge, 1991.

23. Ces retombées ou ces externalités sont de deux sortes : les externalités marshalliennes, qui sont de nature intra-industrielle et les externalités d'urbanisation (ou de Jacobs) qui résultent d'un regroupement d'activités différentes.

concurrents situés ailleurs, car elles seraient en mesure de bénéficier plus intensément des externalités de connaissance [24]. Ainsi, la connaissance codifiée, qui est manipulable comme de l'information, serait-elle transférable à distance, notamment au travers d'externalités (c'est-à-dire sans que son créateur en soit complètement rétribué) et il n'y aurait donc pas d'avantage à une localisation à proximité pour en bénéficier. En revanche, le transfert de connaissances tacites nécessiterait des interactions de face à face entre les acteurs, d'où la dimension bornée géographiquement de leur diffusion au travers d'externalités.

La diffusion de connaissances tacites, en tant que retombées (externalités), passe par la mobilité de la main-d'œuvre qualifiée dans un espace régional donné, les coopérations interentreprises ainsi qu'entre les entreprises et les institutions publiques de recherche, les rencontres et communications informelles (l'« effet cafétéria »). Pour que les coopérations soient à l'origine d'externalités de connaissance, il faut qu'elles soient informelles ou tacites. Dès lors qu'elles sont codifiées et passent par des relations marchandes, elles sont sources d'externalités de nature pécuniaire et non technologique. Or, selon la nature des connaissances (tacites ou codifiées) et selon les canaux de transmission (à l'intérieur des secteurs seulement ou entre les secteurs), la proximité entre les acteurs qui participent à la production peut être de nature physique ou géographique ou seulement organisationnelle. La proximité organisationnelle repose sur le besoin de similitude et d'appartenance [25].

Les acteurs qui se ressemblent, c'est-à-dire qui possèdent la même capacité d'absorption des connaissances alors qu'ils disposent de compétences distinctives (spécialisation), ne sont pas nécessairement contraints par la proximité géographique ou physique. Les communautés de savoir peuvent se former et se développer au niveau international.

Le besoin de proximité physique s'avère plus important dans les phases préliminaires du développement technologique, qui

24. L'hypothèse avancée par Marianne Feldman est que « le savoir traverse les corridors et les rues plus facilement que les continents et les océans ». Cette hypothèse repose sur la distinction, introduite plus haut, entre connaissance codifiée et connaissance tacite. Marianne FELDMAN, *The Geography of Innovation*, Kluwer Academic Publishers, Boston, 1994.

25. Voir Jean-Pierre GILLY et André TORRE, *Dynamiques de proximité*, L'Harmattan, Paris, 2000.

mettent en jeu des connaissances de nature plutôt tacite que codifiée. La nature tacite des connaissances impose alors une « préférence domestique » pour la localisation des activités de R&D, reflétant les contraintes physiques et géographiques qu'impose la diffusion de ces connaissances.

Les nouvelles technologies : une réhabilitation des anciennes logiques productives

Le fétichisme de la machine, des technologies de l'information et de la communication, bref, de ce que M. Hardt et A. Negri appellent l'« infrastructure informationnelle », peut conduire à des mésinterprétations d'un certain nombre de changements. Les nouvelles technologies et les nouvelles méthodes d'organisation ne constituent que des supports qui confortent des choix organisationnels plus fondamentaux en termes de logiques de division du travail. Alors que certaines entreprises ont procédé à d'importants changements dans les principes structurant leur organisation (portefeuille d'activités fondé sur des compétences distinctives, travail en réseau avec des entreprises partenaires spécialisées sur des compétences complémentaires, mise en place de dispositifs de « *knowledge management* »...), d'autres ont réussi à restaurer la compétitivité de modes d'organisation fordiste au moyen d'un recours intensif aux technologies de l'information et par l'introduction d'innovations organisationnelles (« juste à temps »). Mais lorsque les produits sont peu pondéreux et les coûts de transport faibles, les entreprises organisent un éclatement de la production et de l'assemblage dans plusieurs pays pour bénéficier de faibles coûts de main-d'œuvre et recourent aux technologies de l'information et de la communication les plus modernes pour accélérer les flux et répondre aux fluctuations rapides de la demande, comme par exemple dans les domaines du textile et des centres d'appel. Ce n'est donc pas l'infrastructure informationnelle qui sanctionne un changement de modèle productif, le passage du fordisme vers un autre régime d'accumulation, comme semblent l'admettre à première vue M. Hardt et A. Negri. Des firmes engagées dans des logiques parfaitement tayloriennes d'organisation du travail adoptent ces nouvelles technologies pour rester compétitives. Les logiques de production tayloriennes semblent avoir trouvé une seconde jeunesse avec la diffusion d'un certain nombre d'innovations technologiques et organisationnelles.

C'est le passage d'une logique de division taylorienne ou technique du travail à une logique de division cognitive du travail[26] qui marque selon nous un changement de régime d'accumulation, et non la forme de l'organisation logistique et de l'infrastructure informationnelle adoptée par les firmes à l'échelle mondiale. Une dualité et, dans certains cas, une complémentarité, sont perceptibles au sein du système productif entre une logique productive « cognitive » et une logique productive « taylorienne flexibilisée ». Ces deux logiques ont des conséquences distinctes sur la localisation des activités économiques et appellent des stratégies de développement des territoires différenciées. Elles peuvent également se nourrir mutuellement : la géographie du postfordisme implique alors un processus de polarisation des activités dans les grandes régions du centre et une réhabilitation des logiques tayloriennes de « périphérisations » sur des bases de plus en plus sélectives.

Conclusion

Pour M. Hardt et A. Negri, les luttes sociales sont les forces motrices du développement du capitalisme. Ils insistent sur le potentiel révolutionnaire d'actes décentralisés relevant d'une résistance spontanée qui peut surgir n'importe quand et en n'importe quel lieu à l'intérieur de l'Empire. Ils redéfinissent ainsi les moyens de production et la lutte des classes en trois termes clés :

— le *transfert de la production matérielle à la production biopolitique* qui prend également la forme du passage de la production industrielle fordienne à la production immatérielle informationnelle. À la faveur de ce transfert, la distinction entre

26. Cette « division cognitive du travail » consiste dans le fractionnement des processus de production selon la nature des blocs de savoir qui sont mobilisés. Les entreprises redéfinissent le contenu de leur activité basée sur des compétences concentrées sur un ensemble cohérent de blocs de savoir, et adoptent alors des modes d'organisation orientés vers la maximisation de la capacité d'apprentissage et d'innovation.

Philippe MOATI et El Mouhoub MOUHOUD, « Information et organisation de la production. Vers une division cognitive du travail », *Économie Appliquée*, tome 46, n° 1, 1994, p. 47-73 ; Philippe MOATI et El Mouhoub MOUHOUD, « Compétences, spécialisations, et localisation internationale », *in* Bernard GUILHON, Pierre HUARD, Magali ORILLIARD et Jean-Benoît ZIMMERMANN (dir.), *Économie de la connaissance et organisations — Entreprises, territoire, réseaux*, L'Harmattan, Paris, 1997.

les forces productives et les relations de production d'une part et entre la production et la reproduction d'autre part se diluent ;

— le *prolétariat industriel* (si l'on fait l'hypothèse de la persistance de son existence) *a perdu sa position hégémonique* dans la lutte des classes au profit de la multitude composée d'un prolétariat élargi, voire des pauvres en général [27] ;

— ces transferts requièrent l'élaboration d'une nouvelle *théorie politique de la valeur fondée sur la production immatérielle dans le cadre de réseaux sociaux* en substitution de la théorie de la valeur de Marx fondée sur la production matérielle dans les ateliers. Les auteurs arguent donc qu'il faut remettre en cause la conception de l'État, quasi inexistante d'ailleurs, qui découle indirectement de la théorie de la valeur de Marx… La souveraineté globale de l'Empire décentralisée n'est pas compatible avec la théorie marxiste de l'État élaborée dans un contexte de pluralités de centres ou de pôles organisés en proto-impérialismes et proto-sous-impérialismes hiérarchisés. Mais nos auteurs suggèrent un passage possible de la théorie de Marx à leur théorie de l'Empire à travers l'analyse de ces différents processus de transferts.

Mais deux problèmes ne sont pas pris en compte par les auteurs. Le premier porte sur la justification théorique de l'autonomisation du travail par rapport au capital fixe telle qu'elle est discutée au chapitre 8. Le second problème est lié aux implications de ce postulat pour l'analyse du fonctionnement du capitalisme postfordien. En effet, plusieurs aspects de la réalité de la mondialisation capitaliste postfordienne, décrits par M. Hardt et A. Negri, semblent contrefactuels. L'économie de la connaissance nécessite plus que jamais un processus de polarisation et de concentration spatiale des activités, surtout lorsque celles-ci impliquent des connaissances tacites, telles que définies plus haut. Les inégalités internationales ou interrégionales à l'intérieur des nations ne proviennent pas des TIC ou de l'accès inégal à l'information, mais des mécanismes d'exclusion dans la division du travail fondée sur la connaissance.

M. Hardt et A. Negri reconnaissent dans leur ouvrage ce type de processus de polarisation mais ils les considèrent comme des contre-tendances au regard d'une tendance de fond : celle d'une production qui s'organiserait de manière horizontale en réseaux

27. Voir la contribution de Pierre Dardot sur ce sujet, chapitre 1.

de communication. Rappelons la formulation des auteurs : « Des sites de production peuvent être déterritorialisés et tendre vers une existence virtuelle en tant que coordonnés dans le réseau de communication [28]. » La démonstration proposée dans la section 2 de ce chapitre montre qu'il est dans la nature même de l'économie de la connaissance, une fois toutes les catégories qui y sont reliées bien définies (information, connaissances tacites et connaissances codifiées, travail immatériel, compétence, savoir, intelligence...), de pousser vers une aggravation de la concentration des activités et vers des inégalités croissantes dans la participation à la division sociale du travail tant des individus que des pays ou des territoires.

Contrairement aux conclusions univoques et téléologiques de M. Hardt et A. Negri, le développement des technologies de l'information et de la communication est porteur de processus contradictoires. Ces instruments sont à la fois déterminants dans le passage à l'organisation industrielle dans une logique d'apprentissage et d'innovation (division cognitive du travail), mais peuvent également pérenniser ou rendre de nouveau compétitifs les modes tayloriens-fordiens d'organisation de la production. Rappelons que pour M. Hardt et A. Negri, le dépassement spontané de l'Empire est lié à la « *déterritorialisation* des structures sociales de l'exploitation et du contrôle » qui constitue alors la condition de la libération de la multitude. Mais les effets contradictoires de l'infrastructure informationnelle et des connaissances rendent plus difficile la prophétie d'un dépassement de l'Empire vers le communisme.

28. Michael HARDT et Antonio NEGRI, *Empire*, *op. cit.*, p. 361

Conclusion générale

Hubris prométhéenne ou politique a-thée ?

> « Dans le calendrier philosophique, Prométhée occupe le premier rang parmi les saints et les martyrs. »
>
> KARL MARX, *Différence de la philosophie de la nature chez Démocrite et Épicure*, Éditions Ducros, p. 209.

> « Être Dieu, n'est-ce pas ce dont l'homme a toujours rêvé depuis qu'il est libre de penser ? »
>
> ANTONIO NEGRI, *Du retour*, p. 137.

LA thèse de l'autonomie ontologique de la multitude ne se soutient que d'une confusion entre l'« être » et l'« avoir-à-être ». En vérité, l'autonomie n'est inscrite dans aucun être, elle n'est la propriété d'aucun sujet social, elle ne relève pas d'un donné, elle n'*est* pas, elle a *à être*, elle est *à constituer*. Le glissement de M. Hardt et A. Negri dans *Empire* est à cet égard révélateur d'un vice de méthode affectant de bout en bout toute leur démarche. Tantôt le « lieu nouveau » nous est présenté comme un lieu qui est actuellement en voie de constitution dans le « non-lieu » de l'Empire : puisque la multitude produit déjà de façon autonome, elle est en elle-même une « mutation ontologique en action », donc l'invention en acte d'un lieu nouveau [1]. Tantôt cette

1. Vont notamment dans ce sens les formulations à l'indicatif présent d'*Empire*, déjà citées pour partie dans l'introduction : « Cette évolution créatrice ne se contente pas d'occuper quelque place existante, mais invente plutôt un lieu nouveau » (Michael HARDT et Antonio NEGRI, *Empire*, *op. cit.*, p. 269), et plus loin, « en travaillant, la multi-

invention nous est proposée au titre d'une tâche : nous serions ainsi face à une « tâche nouvelle », celle de « construire, dans le non-lieu, un lieu nouveau[2] ». Pour le dire plus simplement encore, tantôt il y a autonomie de la multitude tout simplement parce qu'il y a multitude, tantôt il faut « faire multitude[3] », c'est-à-dire construire cette autonomie. Certes, il n'y a plus d'identité substantielle garantissant que la multitude occupe un tel lieu. Mais il y a un « être-commun » qui donne à la singularité de la multitude son caractère d'autonomie. Certes, il n'y a plus d'« extérieur », au sens d'un « lieu spatial » miraculeusement préservé. Mais il y a un lieu ontologique propre qui permet au non-lieu spatial de la multitude d'échapper, au moins partiellement, au contrôle impérial. Certes, il n'y a plus de « classe universelle », c'est-à-dire de classe qui soit en même temps une « non-classe ». Mais il y a une « classe globale » qui n'est déjà plus « une » classe en ce qu'elle rassemble tous les coproducteurs de l'immatériel.

La thèse de l'autonomie ontologique n'est donc pas sans reconduire l'illusion d'une localisation ontologique du sujet de l'émancipation, illusion dont on sait à quel point elle marqua le marxisme de son empreinte. L'important n'est pas le lieu spatial (l'usine) assigné à l'ancien prolétariat (la classe ouvrière industrielle), on peut même soutenir à bon droit que l'identification du prolétariat avec une classe sociale déterminée, la classe ouvrière, est « le pire des contresens que l'on puisse faire sur la pensée marxienne », du moins à la lumière de l'idée d'une classe (*Stand*) qui est en elle-même la dissolution de toutes les classes (*Stände*)[4]. L'essentiel est ailleurs, dans l'idée d'une classe victime de l'« injustice absolue » qui, en raison de sa « pauvreté absolue », est la « perte totale de l'homme ». Car, comme G. Agamben l'a montré, il y a là une « sécularisation » de l'idée de la vocation (*klesis*) messianique[5], sécularisation qui n'est pas sans procéder de l'inscription dans l'être social d'un lieu d'élection par où puisse s'accomplir le rachat de l'homme. On peut dès

tude se produit elle-même comme singularité — une singularité qui établit un lieu nouveau dans le « non-lieu » de l'Empire » (*ibid.*, p. 475).

2. *Ibid.*, p. 271.

3. L'expression est utilisée par Antonio Negri lui-même dans une intervention au cours de la réunion-débat organisée par *Question Marx*.

4. Giorgio AGAMBEN, *Le Temps qui reste*, Rivages, Paris, 2000, p. 55.

5. *Ibid.*, p. 53-55.

lors se demander en quoi la simple inversion de la « pauvreté » en « richesse » marque une rupture théorique avec cette représentation d'un lieu privilégié de l'être qui serait porteur de l'espérance révolutionnaire. Que gagne-t-on à affirmer que « le pauvre est le dieu sur terre [6] » si c'est pour continuer à faire du sujet de la « production sociale » le sujet de l'émancipation humaine ? N'est-ce pas là céder à la même tentation prométhéenne que celle qui inspire en profondeur la sécularisation marxienne du messianique ?

De fait, chez Marx, la forme coopérative du procès de travail fait de la « pauvreté absolue » du prolétariat l'agent du développement illimité des forces productives, c'est-à-dire l'agent de l'affirmation comme fin illimitée de ce qui n'est pour le capital qu'un moyen illimité au service d'une fin limitée (sa propre valorisation) [7]. L'illusion d'un lieu de l'être voué à servir de point archimédien au projet d'émancipation renvoie ainsi fondamentalement à l'illusion que l'émancipation de l'homme consisterait elle-même en une émancipation du développement des forces productives à l'égard de toute limite. L'idée même du communisme comme avènement du « royaume de la liberté » ne prend d'ailleurs tout son sens qu'à la condition de poser « le développement des forces humaines comme fin en soi », pour reprendre la célèbre formule du Livre III du *Capital* [8]. A. Rabinbach a montré en quoi Marx était ainsi passé « de l'émancipation de l'homme *par* le travail à l'émancipation *du* travail productif par une productivité supérieure [9] ». Mais c'est justement un tel idéal d'émancipation de l'homme du travail par le développement illimité des forces productives qui fait du marxisme un véritable *productivisme* : car c'est bien l'accroissement de la productivité qui doit libérer l'homme du travail et, ce faisant, permettre la « pleine maîtrise par l'homme des forces naturelles ainsi que de sa propre nature [10] ». En d'autres termes, la seule considération

6. Michael Hardt et Antonio Negri, *Empire*, *op. cit.*, p. 202.

7. Voir sur ce point les contributions de Pierre Dardot (chapitre 2, partie I) et de Christian Laval (chapitre 4, partie II).

8. Karl Marx, *Le Capital*, Livre III, tome III, Éditions sociales, Paris, 1974, p. 199.

9. Anson Rabinbach, *Le Moteur humain*, *op. cit.*, p. 462.

10. Karl Marx, *Grundrisse*, Dietz Verlag, 1953, p. 387, cité par André Gorz, *L'Immatériel*, *op. cit.*, p. 86. Il est à noter que la traduction par A. Gorz de ce passage affaiblit la subsomption par Marx de la nature humaine sous la catégorie générale de nature ; il suffit pour s'en convaincre de comparer avec la traduction, plus fidèle, du même passage donnée par les Éditions sociales : « le plein développement de la domination humaine sur

de la *fin* de la production n'est pas un critère pertinent pour décider du caractère productiviste d'une démarche : il ne suffit pas pour échapper au « productivisme » de faire du développement des forces humaines, non plus un moyen de la valorisation du capital, mais une « fin en soi » [11].

En réalité, un tel objectif participe directement du productivisme, et ce à un double titre : d'abord, en ce que lesdites « forces humaines » sont elles-mêmes comprises comme des forces *productives*, ensuite, en ce que rechercher la « pleine maîtrise par l'homme de sa propre nature » revient à faire de la nature humaine elle-même la matière première d'une production d'un nouveau genre, celle de l'homme lui-même. Le point essentiel est ici que la production de soi de l'homme soit pensée à partir du paradigme de la production comprise comme transformation de la nature extérieure par l'homme, ce qui garantit l'univocité du concept de production [12]. La « contradiction fondamentale » qui traverse selon Arendt toute la pensée de Marx trouverait là un nouvel éclairage : si le travail est l'essence de l'espèce humaine et si le communisme doit l'en libérer, comment éviter d'en conclure que le communisme doit libérer l'humanité de sa propre essence [13] ? Il est deux manières d'éviter cette contradiction, l'une consiste à soutenir que Marx a renoncé à la thèse du travail comme essence propre de l'homme [14], l'autre consiste à comprendre le communisme comme chance offerte à l'homme de transformer sa propre nature au point de produire une

---

les forces de *la* nature, *tant sur celles de ce qu'on appelle la nature que sur celles de sa propre nature* » (*Manuscrits de 1857-1858*, tome 1, p. 424, nous soulignons). Ajoutons que la formule du Livre III du *Capital* citée plus haut (voir note 8) fait directement écho à ce passage des *Grundrisse* : juste après avoir évoqué cette « pleine maîtrise », Marx affirme en effet que le développement historique « a érigé en but en soi le développement de toutes les forces humaines en tant que telles » (nous donnons la traduction de A. Gorz ; pour une traduction différente, voir les Éditions sociales, *op. cit.*).

11. Contrairement à ce qu'affirme A. Gorz qui donne du productivisme une définition étroitement économique, *op. cit.*, p. 86-87.

12. Significativement, A. Gorz parle lui-même du développement humain tel que Marx le conçoit comme d'une « production de soi », ce qui a pour conséquence que « la différence entre produire et *se* produire tend à s'effacer » (A. GORZ, *L'Immatériel*, *op. cit.*) On peut donc dire que chez Marx l'univocité du concept de « production » redouble en quelque sorte l'univocité du concept de « nature » (voir ci-dessus note 10).

13. Hannah ARENDT, *Condition de l'homme moderne*, Calmann-Lévy, Paris, 2001, p. 132 et 151.

14. C'est précisément ce que pense A. Rabinbach. Selon lui, pour le Marx de la maturité, le travail a cessé d'être « l'acte créatif propre à l'espèce » pour relever de la mise en œuvre d'une force naturelle comprise comme les autres en termes énergétistes ; voir *Le Moteur humain*, *op. cit.*, p. 136.

nouvelle nature affranchie des limites de la nature humaine. Certes, Marx n'ouvre pas expressément un semblable horizon. Il faut cependant reconnaître que de la maîtrise totale de la nature humaine à la création d'une nouvelle humanité il n'y a qu'un pas, que « l'idéalisation prométhéenne des forces productives [15] » autorise à franchir. C'est ce pas que M. Hardt et A. Negri n'hésitent pas à franchir.

Sous ce rapport, il faut bien convenir qu'on a affaire à un hyperproductivisme confinant au « créationnisme » pur et simple. Comment comprendre autrement l'affirmation selon laquelle « la décision première » de la multitude est la « décision de donner naissance à une nouvelle humanité [16] » ? D'autant que cette affirmation se trouve philosophiquement fondée par une référence appuyée à l'humanisme de la Renaissance. La formule, due à Charles de Bovelle, d'une transformation par l'art du « simplement homme » (*Homo tantum*) en un « doublement homme » (*Homo homo*) [17] fait ici figure de devise d'un humanisme « post-humain [18] ». Elle sert à faire apparaître l'insuffisance de la posture du refus « absolu » (celle du Bartleby de Melville) : le « refus » (autre nom de l'« exode » comme soustraction au pouvoir) appelle la création d'un « nouveau mode de vie » sous peine de conduire au « suicide social ». En lui-même, il n'exprime que la « vie nue » de l'*Homo tantum*, alors que le projet de la multitude doit mener de l'*Homo tantum* vers l'*Homo homo*, c'est-à-dire vers « l'humanité au carré, enrichie par l'intelligence collective et par l'amour de la communauté » [19]. Pareille référence permet en outre à M. Hardt et A. Negri de situer étrangement l'« anti-humanisme » des années 1960 dans la continuité directe de l'humanisme de la Renaissance : le dernier M. Foucault ferait ainsi « revivre », à travers l'éthique du « souci

15. La formule est d'A. Rabinbach (*Le Moteur humain*, *op. cit.*, p. 462), qui ajoute : « La science, non contente d'étaler son "inébranlable confiance" en son pouvoir de soumettre les forces de la nature au contrôle humain, affirmait aussi sa capacité de placer la nature humaine sous contrôle scientifique. Cet "idéalisme" est le cœur métaphysique du matérialisme de la fin du XIXe siècle. »

16. Michael HARDT et Antonio NEGRI, *Multitude*, *op. cit.*, p. 401.

17. Michael HARDT et Antonio NEGRI, *Empire*, *op. cit.*, p. 104-105. La formule est tirée du *Livre du sage* de Charles de Bovelle.

18. *Ibid.*, p. 126.

19. *Ibid.*, p. 256.

de soi », l'élan qui avait conduit la Renaissance à exalter le « pouvoir constituant de l'autocréation[20] ».

Se dessine alors la figure singulière d'un humanisme postmoderne renouant avec l'un des deux modes de la modernité[21], tout à l'opposé de ce postmodernisme blasé qui avait fait du ressassement du thème de la fin des « grands récits » son unique raison d'être. La caractéristique fondamentale de cet humanisme est un artificialisme intégral[22] dont le point d'application est le corps. La production de « l'homme au carré » doit en effet s'accomplir dans et par la création d'un « corps nouveau ». D'où la centralité du motif de la « métamorphose » : la technologie mise au service du désir nous donne aujourd'hui le pouvoir de « modifier l'homme » et de « faire passer le rêve de la métamorphose de l'utopie à la science[23] ». On peut ainsi s'expliquer la fascination qu'éprouve A. Negri pour ceux des dogmes du christianisme qui vont dans le sens d'une « religion matérialiste », tout particulièrement pour « le grand dogme de la résurrection des corps[24] » : le « devenir artificiel » du corps post-humain ne devrait-il pas culminer dans la création d'un corps immortel ? Que cela soit indiqué sur le mode du souhait ne retire rien à la gravité du propos : « Peut-être faudrait-il qu'on arrive un jour ou l'autre à annuler la mort[25]. » Au bout du compte, ne retrouve-t-on pas, sous la célébration lyrique des artefacts et des « prothèses poïétiques[26] », le vieux désir d'être Dieu ? Toute la difficulté est que l'affirmation de ce désir[27] coexiste chez M. Hardt et A. Negri avec l'affirmation de « la divinité de la multitude du pauvre »[28]. À la prendre en toute rigueur, cette dernière affirmation incline

20. *Ibid.*, p. 125.

21. En l'occurrence, le mode « actif » dont triompha le mode « réactif », celui de la métaphysique de la souveraineté (Descartes, Hobbes, Hegel).

22. La filiation de cet artificialisme avec celui de la Renaissance est explicitement revendiquée, puisqu'il s'agit pour la multitude de constituer « un *devenir artificiel* au sens où les humanistes parlaient d'un *Homo homo* produit par l'art et la connaissance » (Michael HARDT et Antonio NEGRI, *Empire*, *op. cit.*, p. 270).

23. Antonio NEGRI, *Du retour*, *op. cit.*, p. 208. L'auteur précise dans cette page que c'est à l'âge de l'« *Homo homo* » que l'idée de métamorphose acquiert le sens d'un « rêve de transformation ».

24. *Ibid.*, p. 208.

25. *Ibid.*, p. 127.

26. Michael HARDT et Antonio NEGRI, *Empire*, *op. cit.*, p. 271.

27. Antonio NEGRI, *Du retour*, *op. cit.*, p. 137.

28. Michael HARDT et Antonio NEGRI, *Empire*, *op. cit.*, p. 202.

vers un certain panthéisme[29] : « le divin n'est pas hors de nous » parce que « l'on est en Dieu » ou « dans la substance de Dieu »[30], tout comme y incline l'averroïsme de l'intellect général selon lequel nous participons tous de la pensée éternelle et incorruptible. Mais, de son côté, l'aspiration à la divinité implique que nous ne sommes pas vraiment encore Dieu, donc que nous avons à nous faire Dieu, ce qui semble tirer la pensée de M. Hardt et A. Negri vers une « théurgie » plutôt que vers le panthéisme : « La téléologie de la multitude est *"théurgique"*[31]. » Jusque dans le vocabulaire, on retrouve ici la référence à l'humanisme de la Renaissance : la théurgie y est traditionnellement définie comme une espèce de la magie, celle qui consiste à commander par des adjurations ou invocations les « démons inférieurs » avec l'aide des « démons supérieurs ». Cependant, la « théurgie » dont il s'agit ici consiste moins à invoquer des dieux qu'à se faire soi-même Dieu. On pourrait dire en ce sens que l'ingénierie du « post-humain[32] » s'accomplit dans une *autothéurgie*. On est par là ramené au glissement pointé au début de cette conclusion : que la divinité de la multitude soit tout à la fois déjà donnée (panthéisme) et à construire (théurgie) ne fait en dernière analyse que réfléchir le fait que l'autonomie de la multitude est elle-même tout à la fois déjà donnée (dans la multitude comme sujet social) et à construire (dans la multitude comme sujet politique).

On saisira mieux encore l'étrange logique d'emballement que la démarche de A. Negri n'est pas sans imprimer au discours de Marx si l'on examine la manière dont le glissement de l'« être » à l'« avoir-à-être » retentit sur la conception de l'histoire humaine. En faisant du développement des forces productives une fin en soi, Marx concevait le communisme comme un état de choses « où l'homme produit sa totalité, où il ne cherche pas à rester quelque chose ayant son devenir derrière soi, mais *où il est pris*

29. C'est exclusivement en ce sens que Peter Sloterdijk interprète *Empire* lorsqu'il parle de « parodie panthéiste de l'opposition augustinienne entre la *civitas terrena* et la *civitas Dei* » (Peter SLOTERDIJK, *Écumes Sphère III*, *op. cit.*, p. 731).

30. Antonio NEGRI, *Du retour*, *op. cit.*, p. 172-173.

31. Michael HARDT et Antonio NEGRI, *Empire*, *op. cit.*, p. 476.

32. C'est la définition de la théurgie donnée par Giordano BRUNO dans le *De la magie*, Allia, Paris, 2000, p. 9.

dans le mouvement absolu du devenir[33] ». Ce faisant, il opposait explicitement un tel état au caractère borné de la « forme bourgeoise » qui, en sacrifiant la fin en soi à une fin particulière et unilatérale, accomplit le « complet évidement » (*Entleerung*[34]) de l'homme : à l'inverse, le communisme reçoit sa justification du fait qu'il abolit toutes les bornes s'opposant à « la complète élaboration de l'intériorité humaine » par l'homme lui-même[35].

Ce qui est en jeu, c'est le rapport spécifique que le communisme entretient avec la société bourgeoise et, par là même, à la totalité de l'histoire humaine. En effet, pour la première fois dans l'histoire, la société bourgeoise rend manifeste la contradiction entre les conditions particulières d'existence imposées aux individus en raison de leur appartenance à une classe déterminée (les rapports sociaux) et la « manifestation de soi » de ces mêmes individus (leurs forces productives), elle fait apparaître toutes ces conditions d'existence héritées du passé comme autant d'« entraves accidentelles » à cette « affirmation active de soi », elle donne à voir immédiatement la contradiction entre l'« individu contingent » (l'individu en tant que membre d'une classe) et l'« individu personnel » (l'individu considéré sous le rapport de ses propres forces) dans la figure du prolétaire moderne, elle fait surgir de ce fait la nécessité d'une abolition de toutes les conditions de classe particulières comme condition du libre développement de toutes les forces des individus[36]. Par conséquent, en rendant manifeste la totalité du passé de l'homme, elle rend du même coup manifeste la nécessité de son dépassement dans le communisme. Bien entendu, cela ne fait pas du communisme la « raison d'être » de toute l'histoire antérieure (au sens d'une cause finale), pas plus que cela ne donne à cette histoire un « but » (comme si l'histoire était une « personne à part »

33. Karl MARX, *Manuscrits de 1857-1858*, tome I, *op. cit.*, p. 425, nous soulignons. L'expression « le mouvement absolu du devenir » exprime avec force l'illimitation du développement des forces humaines dans le communisme.

34. Nous traduisons par « évidement » plutôt que par « évidage » (comme le font les Éditions sociales). Le terme a l'avantage de rendre attentif à la proximité de cet « évidement » avec la « kénose » (du grec *kenos*, « vide »), qui désigne dans la théologie chrétienne l'abaissement extrême, l'absolu dépouillement de Dieu dans l'Incarnation et dans la Passion : on a là une nouvelle illustration de la « sécularisation du messianique » dont parle G. Agamben.

35. *Ibid.*

36. Karl MARX, *L'Idéologie allemande*, première partie, *op. cit.*, p. 123 *et sq.*

poursuivant ses propres fins[37]), mais, à coup sûr, cela fait du communisme une *nécessité historique immanente* : rétrospectivement c'est toute l'histoire qui est déchiffrée comme « l'histoire du développement des individus eux-mêmes[38] », de sorte que le communisme n'a d'autre nécessité que celle que d'être le seul « état de choses » dans lequel ce développement peut se donner libre cours. Ce sont donc les conditions matérielles créées de l'intérieur même de la société bourgeoise (au premier rang desquelles le marché mondial), qui, du seul fait de leur irrésistible maturation, rendent le communisme historiquement nécessaire. Tout appel à une norme située en dehors du cours effectif de l'histoire est donc par principe exclu.

Chez M. Hardt et A. Negri, comme on a pu le voir, la contradiction dialectique entre développement des forces productives et rapports sociaux de production se trouve destituée au profit de l'opposition non dialectique de l'« actif » et du « passif », de la « force vitale » et du « parasite », relayée par celle, toute mécaniste et somme toute assez classique, du « moteur » et du « frein »[39]. Ce changement affecte en profondeur la lecture qui nous est proposée de l'histoire de l'humanité. D'un côté, toute l'histoire est interprétée à partir de l'affirmation de soi persistante d'une « force désirante » aux prises avec les différentes formes de l'« autorité » et de la « domination » : dans la mesure où elle s'identifie à cette force, la multitude doit être considérée *sub specie aeternitatis*[40], et non comme un sujet social historiquement déterminé qui ne se constituerait qu'une fois données les conditions particulières du capitalisme postfordiste. De ce point de vue, « il n'y a aucune fin ultime, aucune destination téléologique écrite dans l'Histoire[41] ». Il n'empêche que, d'un autre côté, on est invité à déchiffrer toute l'histoire des transformations subies par le capitalisme comme des transformations qui lui ont été dictées par le prolétariat[42] : « Le pouvoir du prolétariat impose des limites au capital ; non content de déterminer la crise,

37. *Ibid.*, p. 73. K. Marx dénonce l'illusion spéculative qui consiste à faire de l'histoire récente le « but » de l'histoire antérieure, dans le prolongement direct de la critique amorcée dans *La Sainte Famille* (Éditions sociales, Paris, 1969, p. 116).

38. *Ibid.*, p. 126.

39. Voir la contribution de Christian Laval, chapitre 4, partie II.

40. Michael HARDT et Antonio NEGRI, *Multitude*, *op. cit.*, p. 259.

41. *Ibid.*

42. Voir la contribution de El Mouhoub Mouhoud, chapitre 7, partie III.

il dicte aussi les germes et la nature de la transformation. *Le prolétariat invente présentement les formes sociales et productrices que le capital sera forcé d'adopter dans l'avenir*[43]. »

La dernière phrase de cette citation (mise en italique par les auteurs eux-mêmes) dit beaucoup plus qu'elle n'en a l'air. Tout d'abord, elle appose rétrospectivement le sceau de la nécessité sur le passage du fordisme au postfordisme, de telle sorte que le postfordisme apparaît à cette lumière comme la réalisation des aspirations de la « multitude désirante ». A. Negri n'hésitera pas d'ailleurs à parler à ce sujet du « joli paradoxe » selon lequel « c'est le capital lui-même qui réalisera les promesses que nous avions faites dans les années 1970 sans réussir à les tenir[44] ». Mais, si l'emploi du futur antérieur dans cette formulation donne à entendre que le présent est comme l'accomplissement du passé, que dire de la singulière combinaison du présent (« invente ») et du futur (« sera forcé ») dans la phrase citée plus haut ? Ne nous autorise-t-elle pas à comprendre par avance le futur lui-même comme la réalisation des virtualités du présent ? Si la multitude a dicté au capital la nature des transformations qu'il nous est donné de pouvoir observer aujourd'hui, pourquoi n'en irait-il pas de même des transformations qu'il connaîtra demain ? Pourquoi faudrait-il s'interdire d'inférer du rapport du présent au passé le rapport du futur au présent ? Et, dans ces conditions, pourquoi la téléologie devrait-elle être strictement « *post-factum*[45] » et pas également *ante-factum* ?

Si l'on veut bien admettre que la force libératrice du désir s'exerce toujours dans le même sens, celui d'un « progrès » auquel le capital est condamné à « réagir » en l'entérinant de façon différée, toutes les transformations à venir du capitalisme ne peuvent que rapprocher l'heure du passage au communisme et toutes doivent être également stimulées, voire accélérées. Dès lors, pour quelle raison refuser à ce passage la nécessité que l'on consent à reconnaître aux transformations qui ne font qu'en hâter la venue ? Pourquoi creuser entre le présent et l'avenir un « abîme béant » sans cesse croissant, et pourquoi confier le franchissement de cet abîme à l'« événement » incertain d'une

43. Michael HARDT et Antonio NEGRI, *Empire*, *op. cit.*, p. 328, cité par El Mouhoub Mouhoud, chapitre 1 de la partie III.

44. Antonio NEGRI, *Du retour*, *op. cit.*, p. 77.

45. Sur le sens de cette expression, voir la contribution de Christian Laval, chapitre 4, partie II.

« décision d'agir[46] » ? Et, si tant est que cet avenir soit « déjà vivant » dans le présent, en quel sens peut-on dire encore que l'instant de la décision ouvre un « nouvel avenir[47] » ? À la différence de celui de Marx, le progressisme de M. Hardt et A. Negri se prive ainsi de la possibilité de penser le passage au communisme comme relevant d'une nécessité historique immanente, tiraillé qu'il est entre la reconnaissance *ex post* de la nécessité des progrès déjà accomplis et la reconnaissance *ex ante* de la contingence irréductible de l'« événement ». Le paradoxe est donc que les partisans de l'immanence absolue ne peuvent rester fidèles jusqu'au bout à celle-ci. Cependant, on ne s'étonnera pas de cette insurmontable tension, puisqu'elle réfléchit très exactement l'écart non moins insurmontable entre l'« être-déjà-donné » de l'autonomie de la multitude et son « avoir-à-être » : la nécessité rétrospective présuppose que cette autonomie ait le caractère d'un fait (c'est elle qui est en dernière analyse la cause des progrès passés), tandis que la contingence de la décision à venir présuppose qu'elle soit à construire (elle n'est pas déjà inscrite dans ces progrès). On a bien, ici comme chez Marx, des conditions qui, si l'on veut, « mûrissent » à l'intérieur de l'« enveloppe bourgeoise », à cette réserve près que ce processus résulte ici directement de la force créative de la multitude au lieu de résulter d'une contrainte interne au fonctionnement même de l'économie capitaliste[48]. Mais c'est justement cette inversion qui produit une sorte d'emballement du progressisme : en l'absence d'une telle contrainte interne au système, celui-ci ne se soutient plus désormais que d'un pur acte de foi en l'avenir.

Le renouvellement du marxisme tenté par les auteurs d'*Empire* et de *Multitude* achoppe en définitive sur les limites mêmes du marxisme. Ces limites ne sont nullement accidentelles et ne sauraient en aucun cas être surmontées de l'intérieur. Elles tiennent tout au contraire à l'esprit même du marxisme. Plus précisément à trois illusions fondamentales. La première illusion est celle de l'élection messianique d'un sujet social défini par son absolu dépouillement. En inversant la « pauvreté » en « puissance », M. Hardt et A. Negri montrent qu'ils y cèdent

46. Michael Hardt et Antonio Negri, *Multitude*, *op. cit.*, p. 404.

47. *Ibid.*

48. Au sens où la coopération était « imposée par le capital » aux travailleurs (voir Michael Hardt et Antonio Negri, *Empire*, *op. cit.*, p. 359, et El Mouhoub Mouhoud, chapitre 8, partie III).

encore, puisqu'ils conservent l'idée force d'un sujet social que sa participation à la production élèverait à la dignité de sujet de l'émancipation humaine. La deuxième illusion est celle d'une identification de l'émancipation humaine à l'illimitation du développement des forces productives. Non seulement M. Hardt et A. Negri reprennent à leur compte cette équation, mais ils la portent à un degré tel que le productivisme succombe chez eux au vertige de la « théurgie ». La troisième illusion est celle d'une maturation des conditions du passage au communisme qui s'accomplirait à l'intérieur de la société bourgeoise et qui fonderait ainsi la nécessité historique de ce passage de façon purement immanente. Là encore, M. Hardt et A. Negri se réapproprient cette idée, même si c'est, comme pour la première illusion, au prix d'une inversion originale, celle qui consiste à faire de ces conditions favorables l'effet direct de l'action autonome de la multitude. De ces trois illusions, c'est la deuxième (l'illusion *productiviste*) qui est proprement centrale, tant dans le marxisme que dans la pensée de M. Hardt et A. Negri. C'est en effet parce que le développement des forces productives doit être à lui-même sa propre fin que le sujet qui est appelé à être l'agent de ce « mouvement absolu » est le sujet de l'émancipation (illusion *messianiste*), et c'est finalement pour cette même raison que tout pas en avant fait par le capitalisme sur la voie de ce développement est réputé constituer en lui-même un « progrès » qui mérite comme tel d'être inconditionnellement encouragé (illusion *progressiste*).

Il faut donc concéder à nos auteurs une indéniable fidélité à l'esprit du marxisme et reconnaître que cette fidélité inspire jusqu'à leur « révision » de Marx. Leur position a au moins le mérite de faire apparaître au grand jour l'incohérence de beaucoup de ceux qui se réclament aujourd'hui de Marx. En effet, comment peut-on continuer à se dire marxiste tout en dénonçant dans la mondialisation du capitalisme une « marche régressive » de l'histoire ? Comment peut-on s'abriter derrière cette référence pour justifier une attitude défensive visant à freiner un mouvement d'universalisation du marché qui, de l'aveu même de Marx, précipite toutes les contradictions du capitalisme et nous rapproche ainsi de l'avènement du communisme ? M. Hardt et A. Negri nous rappellent à juste titre que la vraie fidélité à la tradition marxiste ne va pas sans une radicalité théorique qui n'est pas négociable, qu'elle exige en tout premier lieu de penser la nécessité de traverser le capitalisme pour « sortir de l'autre côté », qu'elle exclut en ce sens tout retour à un stade dépassé du capitalisme qui s'efforcerait de réinstaller l'État national et social dans ses prérogatives, tout comme elle interdit de se satisfaire d'une simple posture de résistance élevée au rang de fin en soi.

La faillite de la vieille gauche étatiste et souverainiste, pour patente qu'elle soit, n'est pas seule en cause. La timidité théorique qui prévaut aujourd'hui assez largement, y compris au sein de la gauche critique, est due pour beaucoup au caractère sacré de quelques dogmes auxquels on voudrait se raccrocher à tout prix pour ne pas disparaître complètement face à l'ennemi triomphant, comme si ces dogmes pouvaient être sauvés du désastre subi par le mouvement progressiste au XXᵉ siècle, comme s'ils n'étaient pour rien dans le désastre lui-même. Au fond, ce qui paralyse la pensée critique, c'est l'angoisse devant le vide doctrinal qui risquerait de s'ouvrir si d'aventure la référence au marxisme lâchait. Certes, le dogmatisme n'est plus guère enclin à s'afficher aussi fièrement qu'aux jours glorieux de la « lutte finale », c'est assurément un « dogmatisme de repli » et non de « conquête », mais il est d'autant plus dangereux qu'il est plus intériorisé, agissant tel un surmoi inconscient qui sommerait de tenir bon sur le cœur de la « croyance progressiste » en attendant que la « roue de l'histoire » tourne de nouveau dans le bon sens.

Par contraste, la démarche de M. Hardt et de A. Negri paraît singulièrement audacieuse. Cependant, à y regarder de plus près, on s'aperçoit que ce qu'ils retiennent avant tout de Marx, c'est précisément cette même « croyance progressiste », cette foi inébranlable dans le processus historique qui est le trait le plus problématique de sa pensée. Simplement, au lieu de maintenir cette croyance contre « vents et marées », comme si elle pouvait tenir lieu d'assurance subjective contre la « régression » qu'emprunterait le cours actuel de l'histoire, ils prétendent l'étayer objectivement sur le cours « progressif » qui serait toujours le sien, en diagnostiquant dans la forme impériale du capitalisme des potentialités accrues de libération. Aussi les conclusions politiques que nos auteurs tirent de cette analyse sont-elles diamétralement opposées à celles des nostalgiques de la « grande transformation[49] » : plutôt que de chercher à dresser

49. On sait que l'expression fut forgée par Karl Polanyi pour désigner la mutation du capitalisme qui aboutit après guerre à la mise en place de l'État-providence.

des barrages en travers des flux de la mondialisation capitaliste, il conviendrait à l'inverse de les accélérer de manière à multiplier les « lignes de fuite » et à affoler le régime de contrôle jusqu'à son point de rupture. À leur manière, M. Hardt et A. Negri entendent ainsi la leçon de Marx selon laquelle les hommes « mènent jusqu'au bout[50] » le conflit entre l'essor de la productivité et la fin bornée du capital (l'autovalorisation). Que l'unilatéralité d'un tel diagnostic sur la période se paye d'un aveuglement politique, cela n'est guère douteux. Bien entendu, on reconnaît volontiers que les tendances à la déterritorialisation de la production et la mobilité croissante du capital « placent le travail dans une position affaiblie pour la négociation[51] ». Mais c'est pour signaler aussitôt dans une note que, de l'avis de nombreux spécialistes italiens, la décentralisation de la production en réseau fut dans le Nord de l'Italie « une occasion de créer de nouveaux circuits de *travail autonome*[52] ». Il est difficile de signifier plus clairement que l'essentiel est non pas le renforcement de la domination du capital sur le salariat, mais la poussée aussi sourde que sûre des multitudes cognitives imposant au capital leur autonomie.

Comment dans ces conditions éviter les contradictions pratiques auxquelles expose semblable schématisme ? Ainsi, comment peut-on tenir le soulèvement des communautés indigènes du Chiapas ou le mouvement de défense des services publics de 1995 en France pour des « luttes biopolitiques » exemplaires[53] lors même qu'elles ont tendu ou tendent de toutes leurs forces à dresser des barrières politiques, juridiques, institutionnelles à l'expansion du capital ?

À cet égard, la prise de position de A. Negri lors de la campagne française de 2005 sur le Traité constitutionnel européen mérite une mention particulière. On sait que ce dernier plaida la cause de la ratification, non pas *malgré* le caractère néolibéral de ce traité, mais justement *en raison* de ce caractère. Il importe ici d'être attentif à la motivation profonde de cette

50. Selon la forte expression de la *Contribution à la critique de l'économie politique* de 1859.

51. Michael Hardt et Antonio Negri, *Empire*, *op. cit.*, p. 362.

52. *Ibid.*, note 26, p. 535.

53. Michael Hardt et Antonio Negri, *Empire*, *op. cit.*, p. 85.

prise de position, par-delà certaines outrances polémiques [54] : de l'adoption du traité, A. Negri attendait avant tout une accélération des transformations du capitalisme susceptible de préparer le terrain à l'« événement » de la décision politique. Le problème est que l'on peut difficilement appeler à ratifier le traité tout en soutenant simultanément ceux qui se battent contre la libéralisation des services publics qu'encourage très explicitement ce même traité.

Ce que révèlent ces errances, c'est fondamentalement que le pari de *déduire une politique de l'ontologie* est un pari impossible à tenir. Le résultat en est, dans les faits, une oscillation continuelle de l'activisme au quiétisme et du quiétisme à l'activisme. En effet, d'un côté, on part du postulat qu'en l'absence de centre réel tout mouvement social atteint directement le « centre virtuel » de l'Empire [55] et qu'en conséquence l'impression que les luttes sont « vieilles, obsolètes et anachroniques [56] » n'est qu'une apparence trompeuse due à leur absence de communication horizontale, apparence démentie par leur véritable portée objective. C'est là le versant « activiste » ou « mouvementiste », qui procède directement de la thèse de l'autonomie ontologique : étant donné avec l'être même de la multitude, une telle autonomie ne peut que se manifester dans les luttes menées par elle. Mais, d'un autre côté, on est condamné à attendre « la maturation du développement politique du *posse* [57] », autrement dit à attendre l'« événement ». C'est là le versant proprement « quiétiste » ou « attentiste », qui procède quant à lui de la thèse d'un « avoir-à-être » de l'autonomie en tant qu'autonomie politique. Cela peut surprendre, dans la mesure où l'on pourrait être tenté d'imputer l'activisme à cette dernière thèse plutôt qu'à celle de l'« être-déjà-donné » de l'autonomie. On doit cependant se rappeler que chez M. Hardt et A. Negri, le statut de l'« événement » est l'indécidable par excellence : non seulement l'autonomie politique doit « mûrir » à partir de conditions

54. A. Negri n'hésita pas en cette occasion à vanter les effets destructeurs du néolibéralisme sur ce qu'il appela lui-même cette « merde d'État-nation » (*Libération*, 13 mai 2005).

55. Michael HARDT et Antonio NEGRI, *Empire*, *op. cit.*, p. 89.

56. *Ibid.*, p. 87.

57. *Ibid.*, p. 489. Par l'infinitif latin *posse*, M. Hardt et A. Negri désignent le pouvoir en tant qu'activité (la *potentia* de Spinoza) et, par voie de conséquence, la multitude dans son autonomie politique.

qui font pourtant déjà de la multitude un « lieu autonome », ce qui signifie à tout le moins que l'on ne peut brusquer ou provoquer artificiellement la « décision politique » ; mais il faut ajouter à cela que cette même décision ressortit en dernière analyse à l'imprévisible et à la contingence d'un acte voué à « émerger » des conditions sociales existantes [58]. Voilà précisément qui explique que la projection de l'autonomie comme « tâche » débouche paradoxalement sur l'attente de l'« événement ».

Il n'est qu'une issue permettant d'échapper à ces difficultés : s'il faut affronter théoriquement les nouvelles conditions historiques qui sont les nôtres, alors il faut aller jusqu'à questionner le fond de la « croyance progressiste » elle-même, jusque dans la forme « scientifique » que Marx crut pouvoir lui donner, en particulier il faut oser récuser jusqu'à l'alternative trop simple du « progrès » et de la « régression », de la « révolution » et de la « réaction », dans laquelle la pensée de gauche s'est laissée enfermer depuis le XIXe siècle. Refuser de s'en remettre au « mouvement de l'histoire » est en réalité la seule manière d'ouvrir la voie à de *véritables progrès*. Aussi rien n'est-il plus nécessaire que d'interroger le fondement de cette foi, à savoir l'ontologie productiviste de Marx à laquelle M. Hardt et A. Negri demeurent obstinément fidèles. On doit en particulier se demander si les destructions de l'environnement naturel d'une part, et les mutations de la subjectivité consécutives à la dissolution marchande du lien social d'autre part permettent encore de soutenir une idée de l'homme comme puissance créatrice et comme force désirante, sans poser la question de la limite à imposer au développement des forces productives elles-mêmes. En effet, ce qui fait problème, ce n'est pas la « contradiction », intérieure au capital, entre la fin limitée et le moyen illimité, c'est la tendance constitutive du capital à l'illimitation. En d'autres termes, le fait essentiel est que la logique de l'autovalorisation soit *en tant que telle* une logique de l'illimitation. Ainsi, comme le remarque A. Gorz, l'« abolition de la nature » n'est pas seulement un risque que le capitalisme fait courir à l'humanité, elle est en réalité nécessairement commandée par « le projet du capital de substituer aux richesses premières, que la nature offre

58. Sur l'aporie de l'événement comme « émergence » et « maturation », voir la contribution de Pierre Dardot, chapitre 3, partie I.

gratuitement et qui sont accessibles à tous, des richesses artificielles et marchandes[59] ». Partant, il est vain, voire suicidaire, de chercher à opposer à la tendance du capital à l'illimitation l'« idéal » d'une illimitation devenue à elle-même sa propre fin (« le mouvement absolu du devenir » dont parle Marx), tout simplement parce que cet idéal n'est rien d'autre que l'idéal du capitalisme lui-même, parce que l'imaginaire capitaliste est, dès le début, un imaginaire « prométhéen » et que c'est fort logiquement qu'il aspire aujourd'hui à l'élimination de la « nature extérieure » comme de la « nature intérieure[60] ». Par conséquent, si « limite absolue » il y a, ce n'est pas celle que le capital opposerait en vertu de sa nature à sa propre tendance à l'illimitation, mais c'est celle que l'humanité doit opposer à la tendance du capital à l'illimitation.

Tout à l'opposé de l'« artificialisme théurgique » de M. Hardt et A. Negri, la politique de l'émancipation ne peut être qu'une politique a-thée. L'histoire est vide comme le ciel. Prendre politiquement acte de la « mort de Dieu », c'est comprendre que la place de Dieu est désormais vide, plus encore, c'est comprendre qu'elle doit le rester parce qu'elle n'est pas à prendre. L'« Homme-Dieu » projette encore « l'ombre de Dieu » (Nietzsche). Aucun sujet social n'a pour vocation de « partir à l'assaut du ciel ». Il n'y a pas d'« être-commun » qui soit dessiné sur la carte de l'être, il n'y a pas de processus d'« expansion du commun[61] ». Il n'en demeure pas moins que la question des « communs » refait surface aujourd'hui sous une forme nouvelle, eu égard à la façon dont elle s'est posée au début du capitalisme. Dès la fin du XVe siècle en Angleterre, les terres mises à la disposition de tous (*commons*) étaient mises en pièces au nom du droit exclusif de la propriété privée. Commençait alors en Europe le long processus de l'« accumulation primitive » au cours duquel tous les droits d'usage communautaire qui bénéficiaient aux plus pauvres furent impitoyablement liquidés (droits dont l'exercice procurait à ces derniers l'herbe de leur chèvre, les glands de leur cochon, le bois de leur feu). En 1842, au moment où les propriétaires des forêts entendaient obtenir des députés de la Diète rhénane la condamnation du ramassage des ramilles au titre du

59. André GORZ, *L'Immatériel*, *op. cit.*, p. 117.
60. *Ibid.*
61. Michael HARDT et Antonio NEGRI, *Multitude*, *op. cit.*, p. 263.

« vol de bois », Marx revendiquait dans les colonnes de la *Gazette rhénane* « un droit coutumier qui ne soit pas local mais qui soit celui de la pauvreté dans tous les pays[62] ». De nos jours, une autre histoire se joue. Il ne peut plus s'agir de défendre ou d'étendre à l'échelle mondiale des communs existant localement. Il y a bien en revanche des « communs » à instituer d'emblée à l'échelle mondiale (ressources naturelles, biodiversité, espaces, connaissances, etc.), ce qui est indissociable d'un droit à la disposition collective de ces communs. Cet acte collectif d'institution ne se laisse déduire d'aucune loi historique, il est l'acte d'émancipation par excellence, il consiste à soustraire ce dont seule l'humanité doit disposer à la logique de l'appropriation marchande qui est elle-même une logique du développement illimité. On appellera « communisme » un tel acte d'institution des communs à l'échelle mondiale, ce qui est une manière de dire que le communisme est à réinventer.

62. Cité par Pierre LASCOUMES et Hartwig ZANDER, *Marx : du « vol de bois » à la critique du droit*, PUF, Paris, 1984, p. 138.

Table des matières

Introduction générale. Un contre-Empire dans l'Empire ? 5

I. LA MULTITUDE PEUT-ELLE DEVENIR UN SUJET POLITIQUE ?

1. La multitude comme « classe globale » 25
Du sujet social au sujet politique : la multitude comme « tendance » 26
Un sujet social numériquement élargi 28
Un sujet social intérieurement multiple 32
Un sujet social se constituant dans l'action commune . 38

2. De la pauvreté « en puissance » à la pauvreté comme puissance 46
La « condition commune » : « pauvreté absolue » et « possibilité de la richesse » 46
L'excès du « commun » ou la « pauvreté » comme pure positivité 52
Le génie de la multitude (*ingenium multitudinis*) 59

3. La décision comme excès de l'« événement » 68
La « décision commune » : un « pouvoir constituant » non souverain 68

Le « moment de la rupture » dans l'être positif de la multitude 73
De la politique comme dimension de l'être à la politique comme « événement » 80
La « méthode institutionnelle » du fédéralisme et la « démocratie de la multitude » 86

II. DE LA « LIMITE » DU CAPITAL AU « SEUIL » DU COMMUNISME

4. Pousser le capital au-delà de lui-même ? 99
Un projet d'émancipation 99
De nouvelles possibilités de libération 101
Les effets révolutionnaires du postfordisme 103
De l'enfantement au moteur 107
Les « barrières immanentes » 113
Le capital comme barrière du capital 116
Marx en dépit de Marx 121
Une lecture hypermarxiste de Marx 124
La fin de la dialectique 127

5. Mettre les marges au centre 132
Les traits du marxisme guattaro-deleuzien 134
Une pensée liée à la question de la révolution 136
Le capitalisme décodant 140
Une méthode révolutionnaire 144
« Accélérer le processus ! » 147
En sortir ? 152
Le grand laboratoire des années 1970 154
Les marges au centre 156

6. La communication, enjeu biopolitique ? 159
Le biopolitique chez Michel Foucault 160
Comment résister aux biopouvoirs ? 163
Foucault au-delà de Foucault 164
Michel Foucault, un nouveau vitaliste ? 167
La question de la nature du pouvoir 171
Biopolitique et communication 173
De la société de contrôle à la société de communication ? 176

Une communication oppressive 180
La communication comme lieu de constitution et terrain de lutte de la multitude 181

III. MARCHANDISATION DE LA CONNAISSANCE OU MAIN INVISIBLE DU COMMUNISME ?

7. L'information aux sources de l'Empire 187
Les fondements de la nouvelle économie capitaliste .. 190
L'accumulation primitive de l'information et le passage à l'Empire 193
L'information : source interne d'accumulation des richesses 196

8. Émergence d'une infrastructure informationnelle et informatisation : vers un communisme cognitif ? 203
Coopération endogène du travail et conversion en travail abstrait 204
L'autonomisation du travail immatériel par rapport au capital fixe 206
L'autonomie du travail immatériel, une thèse contestable 213
Les conséquences sur la géographie et les rapports de la production 215

9. Économie de la connaissance, marchandise et capital : l'artefact de l'immatériel 220
Fétichisme des TIC et autonomie rêvée des travailleurs 220
Le travail immatériel est-il vraiment autonome par rapport au capital ? 227
Les implications territoriales dans la mondialisation .. 230
Conclusion 235

Conclusion générale. Hubris prométhéenne ou politique a-thée ? 239

Collection « Armillaire »

« Armillaire », une collection de sciences humaines, un espace de réflexion et une ambition : entraîner l'esprit curieux à faire le point des connaissances, à déplacer les perspectives et les horizons. Pour mieux saisir les enjeux des débats ici comme à l'étranger, pour mieux situer dans le long terme les problèmes de l'actualité.

« Armillaire », c'est un parti pris résolu de transversalité et de dépassement des cloisonnements universitaires. Des livres faits pour être lus en même temps par l'historien et le philosophe, l'économiste et l'anthropologue, le biologiste et l'historien des religions... Des livres dont l'écriture, échappant aux modes, s'adresse d'abord au public désireux de comprendre les choses grâce à la clarté des mots et à la vigueur du style.

« Armillaire », à la frontière des différentes démarches théoriques qu'elle franchit en les critiquant, se veut une collection de réflexion épistémologique.

Lahouari ADDI, *Sociologie et anthropologie chez Pierre Bourdieu. Le paradigme anthropologique kabyle et ses conséquences théoriques*, 2002.

Miguel BENASAYAG (avec la collaboration de Annick MONTE), *Penser la liberté. La décision, le hasard et la situation*, 1994.

Miguel BENASAYAG, *Le Mythe de l'individu*, 1998.

Miguel BENASAYAG et Dardo SCAVINO, *Le Pari amoureux*, 1995.

Miguel BENASAYAG et Dardo SCAVINO, *Pour une nouvelle radicalité. Pouvoir et puissance en politique*, 1997.

Jean-Michel BESNIER, *La Politique de l'impossible. L'intellectuel entre révolte et engagement*, 1988.

Olivier BÉTOURNÉ et Aglaia HARTIG, *Penser l'histoire de la Révolution française. Deux siècles de passion française*, 1989.

Daniel BOUGNOUX, *Vices et vertus des cercles. L'autoréférence en poétique et pragmatique*, 1989.

Alain CAILLÉ, *La Démission des clercs. La crise des sciences sociales et l'oubli du politique*, 1993.

Maria DARAKI, *Une religiosité sans Dieu. Essai sur les stoïciens d'Athènes et saint Augustin*, 1989.

François DOSSE, *L'Histoire en miettes. Des « Annales » à la « nouvelle histoire »*, 1987.

Denis DUCLOS, *De la civilité. Comment les sociétés apprivoisent la puissance*, 1993.

Didier FASSIN, *Quand les corps se souviennent. Expériences et politiques du sida après l'apartheid en Afrique du Sud*, 2006.

Julien FREUND, *Philosophie philosophique*, 1990.

Alain GARRIGOU et Bernard LACROIX (sous la direction de), *Norbert Elias, La politique et l'histoire* 1997.

Jean-Yves GUIOMAR, *La Nation entre l'histoire et la raison*, 1990.

Nathalie HEINICH, *Être écrivain. Création et identité*, 2000.

Nathalie HEINICH, *L'Épreuve de la grandeur. Prix littéraires et reconnaissance*, 1999.

Michael IGNATIEFF, *La Liberté d'être humain. Essai sur le désir et le besoin* 1986.

Ivan ILLICH et Barry SANDERS, *ABC. L'alphabétisation de l'esprit populaire*, 1990.

Bruno LATOUR, *L'Espoir de Pandore. Pour une version réaliste de l'activité scientifique*, 2001.

Bruno LATOUR, *Politiques de la nature. Comment faire entrer les sciences en démocratie*, 1999.

Bruno LATOUR, *La Fabrique du droit. Une ethnographie du Conseil d'État*, 2002.

Bruno LATOUR, *Changer de société. Refaire de la sociologie*, 2006.

Gabriel LIICEANU, *Le Journal de Paltinis. Récit d'une formation spirituelle et philosophique*, 1999.

Pierre MACHEREY, *Hegel ou Spinoza*, 1990.

Maxime RODINSON, *La Fascination de l'islam*, suivi de *Le Seigneur bourguignon et l'esclave sarrasin*, 1989.

Yves SINTOMER, *La Démocratie impossible ? Politique et modernité chez Weber et Habermas*, 1999.

Isabelle STENGERS, *L'Invention des sciences modernes*, 1993.

Gianni VATTIMO, *Éthique de l'interprétation*, 1991.

Thierry PAQUOT et Chris YOUNÈS (sous la direction de), *Éthique, architecture, urbain*, 2000.

Thierry PAQUOT et Chris YOUNÈS (sous la direction de), *Philosophie, ville et architecture. La renaissance des quatre éléments*, 2002.

Chris YOUNÈS (sous la direction de), *Ville contre-nature. Philosophie et architecture*, 1999.

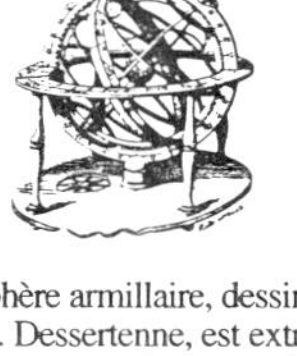

La sphère armillaire, dessinée par M. Dessertenne, est extraite du *Larousse du XXe siècle* avec l'aimable autorisation de la Librairie Larousse.

BUSSIÈRE
GROUPE CPI

Composition Facompc, Lisieux
Impression réalisée par Bussière
à Saint-Amand-Montrond (Cher)
en mars 2007.
Dépôt légal : mars 2007.
N° d'impression : 070852/1.
Imprimé en France

SO FETCH

ALSO BY JENNIFER KEISHIN ARMSTRONG

When Women Invented Television

Pop Star Goddesses

Sex and the City and Us

Seinfeldia

Mary and Lou and Rhoda and Ted

Sexy Feminism (with Heather Wood Rudúlph)

Why? Because We Still Like You

So Fetch

The Making of MEAN GIRLS
(and Why We're Still So Obsessed with It)

JENNIFER KEISHIN ARMSTRONG

HarperCollins*Publishers*

Every effort has been made to credit material used in this book. If your material has not been credited, please contact us and we will update any future editions.

Insert credits: pages 1 (*top*), 5, 6, 7: Photofest; page 1 (*bottom*): Mark Waters; pages 2 (*top*), 4: Jan Caruana; pages 2 (*middle*, *bottom*), 3: Chris Anton; page 8 (*top*): Steve Granitz/Getty; page 8 (*middle*): J. Merritt/Getty; page 8 (*bottom*): Bruce Glikas/Getty

Some names and identifying details of individuals discussed in this book have been changed to protect their privacy.

HarperCollins*Publishers*
1 London Bridge Street
London SE1 9GF

www.harpercollins.co.uk

HarperCollins*Publishers*
Macken House, 39/40 Mayor Street Upper
Dublin 1, D01 C9W8, Ireland

First published by HarperCollins*Publishers* 2024

1 3 5 7 9 10 8 6 4 2

Designed by Jennifer Chung
Drawings and handwritings by Jennifer Chung

A catalogue record of this book is available from the British Library

HB ISBN 978-0-00-866801-3
PB ISBN 978-0-00-867340-6

Printed and bound in the UK using 100% renewable electricity at CPI Group (UK) Ltd

A girl should be two things: who and what she wants.

—Coco Chanel

CONT

Author's Note ix

INTRODUCTION

Girl World 1

CHAPTER 1

I Love Seeing Teachers Outside of School:
The Real-Life Origins of *Mean Girls* 9

CHAPTER 2

That Is So Fetch: *Mean Girls* Starts to Take Shape 23

CHAPTER 3

I Meant to Say *Cool*, but Then I Started to Say *Great*:
Casting a Classic 36

CHAPTER 4

You're, Like, Really Pretty: Finalizing the Cast 51

CHAPTER 5

On Wednesdays, We Wear Pink:
Making the Plastics Happen 64

CHAPTER 6

I Want My Pink Shirt Back: The Boys in Girl World 85

ENTS

CHAPTER 7

How Many of You Have Ever Felt Personally Victimized by Regina George?: The High School World 96

CHAPTER 8

I Can't Help It That I'm Popular: The Race Toward the Box Office 121

CHAPTER 9

If North Shore Was *Us Weekly*: *Mean Girls'* Success Makes Lindsay Lohan a Star—and a Tabloid Target 143

CHAPTER 10

Why Are You So Obsessed with Me?: How Internet Culture Made *Mean Girls* Happen 162

CHAPTER 11

All You Sucka MCs Ain't Got Nothin' on Me: *Mean Girls* Finds New Life on Broadway 186

CHAPTER 12

The Limit Does Not Exist: *Mean Girls* Lives On 205

Acknowledgments *217*

Notes *219*

Index *245*

Author's Note

So Fetch tells the story of *Mean Girls* and its cultural legacy as informed by interviews, press clippings, and archived interviews. I re-create narrative scenes using all of those sources. I've indicated within the text, when necessary, where the accounts come from. Dialogue and quotes come from accounts of those who were present. Full notes on specific sources are available at the end of the book.

INTRODUCTION

Girl World

Seven girls, all sixth-through-eighth graders, nestled in a snug pile in the corner of a sectional sofa, like stuffed animals heaped on a teen's bed. They were in perfect slumber party formation after scarfing down a pizza dinner in the kitchen (no food allowed in the living room). They were filled up with plenty of carbs and cheese and ready to watch the classic high school movie *Mean Girls*, the story of a sixteen-year-old girl who moves from being homeschooled in Africa to a public high school in the Chicago suburbs. There she must grapple with the nefarious social forces involved in hanging with the ruling clique known as the Plastics. This tableau could have taken place in any number of American living rooms since the film's release in 2004. The only hint that it had been nearly twenty years since the movie's release came when the mom in charge, Kristin Misik, scolded, "Don't watch TikTok."

The girls had gathered to watch the movie at Misik's house in New Paltz, a town in New York's Hudson Valley, on a Friday night in fall 2022. Two of them, Lakely and Jojo, were Misik's own daughters. They had invited their friends Lucy, Layla, Aurelia, another Lucy, and Violet. They were uniformly dressed in pajamas and chunky sweaters, then wrapped cozily in blankets. Braids and braces abounded. "Who am I laying on?" one of them called. There was no real answer to that.

As they watched the film, phones (mostly) down, TikTok off, the big moments became clear. When a Mathlete named Kevin G. delivered an audacious rap at a school talent show, they roared in laughter, presumably in response to his overwhelming confidence and not to his dated lyrical references to James Bond and Shaggy. They loved when an unnamed girl gave a tearful, over-the-top speech at an anti-bullying assembly: "I just wish we could all get along like we used to in middle school. I wish that I could bake a cake made out of rainbows and smiles and we'd all eat it and be happy . . ." They really cracked up when, in response to her speech, the character named Damian, a boy undercover at the girls' assembly in a hoodie and sunglasses, yelled from the back of the crowd, "She doesn't even go here!"

One of the sleepover girls, eleven-year-old Aurelia, chanted along with a wordy and complicated line in which school Queen Bee Regina George spews the ultimate insult at new girl Cady Heron: "Do you know what everyone says about you? They say that you're a homeschooled jungle freak who's a less hot version of me."

When, seconds later, a bus came out of nowhere and creamed Regina in perhaps the movie's most memorable image, Aurelia freaked out. "Is that a dream or real?" she asked in amazement.

Turns out she was the only one present who'd never seen the movie. So how did she know the "jungle freak" line so well? TikTok. She knew most of the movie's famous lines, and even a few of the less famous ones: "You wanna do something fun? You wanna go to Taco Bell?" and "That is the ugliest effing skirt I've ever seen."

As they discussed the movie afterward, they named each of the Plastics at one point or another as their favorite character but expressed enthusiasm for outcasts Damian and Janis as well. Damian's singing scene, in which he warbles Christina Aguilera's "Beautiful" at the talent show, was a hit. I asked what they thought about Aaron, the heartthrob whom Regina and Cady fight over. "Who's Aaron?" one asked. The rest shrugged. To them, boys weren't the issue here.

What felt most real to them, they said, were "the friendships and the drama and the talking behind each other's backs." And the "Burn Book," Regina's scrapbook full of insults, each one carefully crafted to pierce her classmates' worst insecurities. Misik jumped on this one: "That feels real to you? Who has a burn book?" No one did, they replied, but one girl said, "I want to make one." After some adult scolding, a correction: "Not put the bad stuff, I just want to pick, like, nice things."

I wanted to know: did they imagine this was what high school would be like when they got there in a year or three, all cliques and bullying and one-liners, cute boys and sexy Halloween costumes, shiny hair and 2000s miniskirts? "My sister goes to high school," one girl reported. "She says it's really boring. Not everyone is, like, hot." There are, another added, no people making out, and no people in tight skirts.

Most important, though, they got the highlights of the movie's messages: Talking behind friends' backs is wrong. Burn books are only okay when there are no burns. And when Cady pretends not to be good at math just to get Aaron's attention? "That was stupid. I wouldn't risk my grade." Despite the movie's anachronisms—the kids have no social media and few cell phones, with landlines and photocopies playing prominent roles in the plot—modern girls seem to appreciate its validating messages more than ever. By reflecting the minefield that adolescent female friendship can be, and the challenges of finding a way to fit in without victimizing others in the process, *Mean Girls* has transcended generations at a time when generational warfare burns hotter than ever. Being a teenager doesn't seem to get any easier—and thus *Mean Girls* has become a timeless classic in the twenty years since its release.

A generation earlier, an emerging actress in Merrick, Long Island, named Lindsay Lohan faced her own struggles with fitting in and bullying. She wanted to be a "floater" in high school, the kind of girl who gets along with everyone, who doesn't pick a clique. She didn't realize famous girls don't float. She had already been in two surprise box office hits, one big and the other even bigger, *The Parent Trap* and *Freaky Friday.*

This wasn't regional-commercial-level fame or Broadway-chorus fame. This was national, serious fame; her grosses that year put her in the same league as the likes of Robin Williams, Winona Ryder, Nicolas Cage, and Anne Hathaway.

She played tennis, basketball, and soccer, and was even a cheerleader for a short time at Calhoun High School, where she went for tenth and part of eleventh grade. She wanted to glide like a hummingbird, brushing her wings against this and that, flitting from group to group, pleasing all she touched, delighting everyone who saw her, the way she did in her movies.

But she couldn't blend in. She had long, thick, red hair, even without Hollywood hairstylists tending to it. Her skin was perfect, creamy, dotted with freckles. Her face was one you just wanted to look at. She took up space with her presence and attitude; you knew when she'd entered a room. She was a golden pheasant, a rare, brightly colored bird impossible to miss.

Her threatened classmates tried to dim her glow with an age-old tactic: bullying. As she walked the halls of Calhoun, they taunted her about her dad doing jail time for tax fraud. Perhaps more tellingly, they tortured her over her burgeoning acting career, particularly when she'd leave school for a few months to shoot a film, like *Freaky Friday* or *Confessions of a Teenage Drama Queen*. They would yell at her in the hallways and even trip her. "Stuck up," they called her.

Even worse, in her case, was when newspapers like the *New York Post* would air the teens' gripes for a much wider audience as Lohan's star rose. "Just because she's famous," one classmate told the paper, "nobody likes her now."

That's exactly why Lindsay, at seventeen, took the role of Cady. She related to the character. *Mean Girls'* surprise success would catapult Lindsay to a new level of stardom. She would, in a reverse Cady, opt out of the rest of her time at Calhoun High in favor of homeschooling. And her new bullies would become the vicious national chorus of 2000s-era tabloids and paparazzi.

Another generation before Lindsay Lohan, a young woman named Elizabeth Stamatina Fey dealt with the same middle and high school problems, but in a very different fashion: she deployed her sharp wit against anyone who got in her way.

Growing up in suburban Pennsylvania, Fey "was always the funniest person in the room," according to her childhood friend Damian Holbrook. Her parents, a paramedic/grant writer/mystery novelist father and a homemaker mother, loved comedy and raised her and her older brother, Peter, on it. Nights were filled with Mary Tyler Moore, Bob Newhart, and Norman Lear. They also watched *Saturday Night Live, SCTV,* and Monty Python. Everyone in her family joked. She'd push boundaries, seeing how "smart-mouthed" she could get before landing in trouble. "Very early on," Fey said, "I was trying to figure out how to walk that line, how to be funny without necessarily being offensive." When she got to do an independent study because she'd finished the class material quicker than other students, she chose comedy as her subject matter, focusing on a book called *Joe Franklin's Encyclopedia of Comedians*. The other girl doing the same chose communism.

An eighth-grade teacher encouraged Tina, the name she decided to go by, to be a writer, and it seemed obvious early on that Fey would combine her sharp humor with her writing abilities. "I think somewhere around middle school I decided I wanted to be funny," she said. She would make this her thing, she thought, "because being the foxy girl was not happening." Luckily, she learned she actually *was* funny, and this could serve as her compass through high school.

She discovered she had a knack for coming up with "the meanest possible thing to say in any situation," she explained. "I ate weaker girls for breakfast. I could sniff out who would take my insults and not fight back." This became her survival tactic in the social hierarchy of her public high school; she hoped to instill fear in others with her meanness. As at most high schools, there were girls who were "famous," like the Plastics in *Mean Girls*. Everyone paid attention to the clothes they wore, the parties they went to, and the boys they dated. Teenage Fey didn't understand *why*. They weren't the prettiest girls, nor the richest. She was trying her hardest at school and in all of her activities—newspaper, drama club, tennis. But she wasn't rewarded for it. She didn't get dates or invitations to cool parties. In retrospect, she'd realize that she had felt rejected, and that was why she made jokes about the popular girls.

Nevertheless, she got her first chance to be funny in public, writing an anonymous humor column for her high school newspaper. And she didn't really want to go to those "cool" parties anyway. She was a good girl. She didn't drink and later described herself as "Reagan-administration judgmental" of kids who abused substances. Instead of getting drunk, she invited her friends over to rent movies and make nachos.

Fey first considered show business as an avenue for her talents when she joined a local theater group called Summer Stage at her high school in Upper Darby, Pennsylvania, around 1985. Over the ensuing years, Fey would begin to take her performing and writing more seriously and eventually train with Chicago's famed Second City improv troupe. By 1999 she was named the first female head writer for *Saturday Night Live*. Soon after, she'd make her on-screen debut as the coanchor of the show's fake-news "Weekend Update" segments, glammed up and wearing the fashionable glasses that became her trademark.

Then she'd write her first feature film script, for *Mean Girls*, incorporating much of her own teen experience into the story of one girl's harrowing journey through the ranks of high school popularity. That girl would be played by Lohan, and the movie would become a classic for subsequent generations who were just as perplexed and challenged by those social forces as Lohan, Fey, and millions of others facing down the prospect of middle and high school life.

At sleepover after sleepover, groups of girls just like those at Misik's house that night in 2022 would gather to glean a little bit of intel about high school social structures—and laugh a lot—thanks to the misadventures of Cady Heron.

Mean Girls would connect with millions by taking young women's problems seriously while also being very funny. The movie brought a new, brash kind of humor, the quotable kind of funny usually reserved for dude movies like *Caddyshack* or *Anchorman*, to a girl-centric film. Fey's singular comedic voice attracted the perfect group of people at the perfect time to deliver *Mean Girls'* messages, and its indelible lines, to an audience that needed them. From there, it would conquer every medium it touched: movies, Broadway, and, crucially, the internet.

It made a slew of catchphrases, including "fetch," happen. It became one of Web 2.0's first massive cult hits, growing the film's influence as its GIFs fluttered across the world. It spawned a successful Broadway musical that would be made into its own film, poised to reach generations to come.

Mean Girls also spun far beyond its creators' control, morphing in positive and negative ways. It helped usher in a new era of mainstream feminism that brought the millennial generation into its fold. It made stars of its one-line characters. It became shorthand for behavior on display everywhere, from reality television to corporate boards, from town councils to the White House. It got its own internet holiday, October 3, *Mean Girls* Day, a day that has been acknowledged by not only BuzzFeed and Instagram but also heads of state and international space crews.

And it elevated its star Lindsay Lohan to dizzying heights at exactly the wrong time, when celebrity gossip and paparazzi were in peak harassment mode. Alongside Paris Hilton and Britney Spears, Lohan would become one of the era's tragic poster girls. The result of *Mean Girls'* own phenomenon was a macro, fun-house-mirror reflection of the very themes it sought to explore: the ways girls and women are pitted against each other and held to impossible standards, so that the more spectacular their rise, the more doomed they are to fall.

Mean Girls defined at least one generation, spawning its own language full of catchphrases. It did so by reflecting millennial girls' anxieties back at them, with characters who understood and articulated those anxieties, giving girls a way to talk about them by quoting *Mean Girls* lines and referencing *Mean Girls* scenes. It also showed that these girls weren't powerless in the face of the social forces that had long been presented as inevitable; if girls worked together, it said, they could resist the pressure to pressure each other. This message came at a crucial time, as the utopian promise of social media devolved into a bastion of bullying. And it still resonates today, a sign that we're far from solving the problems young women face. In fact, a study published in February 2023 found that 57 percent of high school girls reported "persistent feelings of sadness or hopelessness" in the past year, up from 36 percent in 2011. (For comparison, that's nearly twice as much as their male counterparts.)

So Fetch tells the story of *Mean Girls,* from Lohan's quest to play Regina George instead of Cady Heron to Fey's battle to keep "wide-set vagina" in the script; from the high school vibe on the movie's Toronto set to Peak Lohan; from its hot-pink brand of feminism to its special place in LGBTQ+ culture; from its instant catchphrases to its enduring internet popularity and hit musical adaptation. *Mean Girls'* legacy is like Cady's Spring Fling crown—there's a piece of it for each and every one of us.

Get in, loser. We're going back to 2004.

CHAPTER 1

I Love Seeing Teachers Outside of School

×

The Real-Life Origins of *Mean Girls*

M*ean Girls* began with hundreds of real-life girls across America, all of them with their own bullying and clique problems—and the woman who understood them.

Rosalind Wiseman has a gift for grasping the intricacies of teen girls' social structures, the unspoken and complex rules that dictate everything from who makes prom queen to where kids sit in the cafeteria, what they wear, whom they date, and which parties they go to. Wiseman wrote: "We need to give girls credit for the sophistication of their social structures. Our best politicians and diplomats can't match a girl who understands the social intrigue and political landscape that lead to power."

Wiseman stumbled accidentally into her ability to discern young women's strengths as well as their problems, and to help them and their parents through the difficult teen years. She was a competitive tennis player through her first year or so at Occidental College in Los Angeles before she realized she actually hated the sport. She quit but found herself still craving athletic activity, so she took up martial arts through an off-campus group. She loved it, not only for the physical activity and sense of empowerment, but also because joining a group outside of school allowed her to meet a cross-section of people—refreshing after growing up in wealthy Washington, DC, prep schools.

Still, she returned to DC after graduating with a degree in political theory at age twenty-one. She couldn't find a job, so, with her then-boyfriend and future husband, James Edwards, she began teaching martial arts to her parents' friends' high school–age kids. From there, she says, she gained a reputation for being able to connect with young people.

At twenty-three, she wasn't much older than these kids. Perhaps most important, she wasn't afraid of them. Word spread across school administrations, and a few of them asked Wiseman to come talk to their male students about sexual harassment, which had become a buzzy issue for high schools and colleges in the nineties after the explosive Supreme Court confirmation hearings for Justice Clarence Thomas. The schools needed someone to lead conversations to help young men be better people without making them feel accused and vilified. "It's hard to get junior boys, for example, to take you seriously," Wiseman says. "And I was able to facilitate, to have those boys take me seriously. I have never been patronizing to young people, ever. I think they knew they could, to a certain extent, say what they thought."

From this challenge, she developed an effective approach. She'd go into classes and start with, "What do you think I think about you?" At first, they'd stare at her, dumbstruck by an adult asking them this. "No, seriously," she'd say. "I want to know, before we even get started with this, what you think is in my head."

Then they'd start answering: "That you think we're bad." "That you hate us."

She'd respond, "Okay, great. So we got that out. Now, let's have a conversation."

Soon the martial arts instruction gave way, and having these hard conversations with kids became her sole focus. Her workshops for boys ran their course, and school administrators became more interested in her talking to girls, who seemed to be experiencing mysterious infighting—no physical violence, but an awful lot of interpersonal drama. Wiseman understood the unspoken problem because she'd studied political theory in college. Machiavelli was her go-to, "and not in a bad way," she says. "I do think there's no good and bad. It is just utilitarian. How do you get people to make a decision you want them to make? That's what kids are doing all day long." Some of the girls were better at it than others, and those were the ones on top of the social structure, bending everyone else to their wills.

She began to back up her methods with research, interviewing girls about their struggles. After collecting hundreds of stories over ten years, she wrote her book *Queen Bees and Wannabes,* which was an instant sensation upon its 2002 release. The book showed how girls leverage gossip, social pressure, and friendship (or the withdrawal thereof) to bully others—also known as "relational aggression." This provided new insight into behaviors that had long been dismissed as just a part of growing up.

Queen Bees and Wannabes tapped into the zeitgeist. Collective parental handwringing about girls had begun ramping up with Mary Pipher's book about adolescent pressures, *Reviving Ophelia,* in 1994. It continued with fretting over the effect of pop star Britney Spears on young women at the turn of the millennium and culminated with Wiseman's book as well as Rachel Simmons's 2002 bestseller *Odd Girl Out: The Hidden Culture of Aggression in Girls.*

Parents were talking about *Queen Bees* before it was even in stores—moms, yes, but also dads. Five weeks prior to its release in February 2002, the *New York Times Magazine* published a lengthy profile of Wiseman under the headline "Girls Just Want to Be Mean." This was the ultimate stamp of approval among the coastal elite, the biggest moment in Wiseman's life. "My family is Philadelphia Jewish," she says. "I had not gone to an Ivy League school, I had not gotten a grad degree, which is the only currency of how I grew up. I didn't do the things I was supposed to do. I didn't go to law school. And so for me to go from Occidental, no graduate degree, running a nonprofit, to being on the cover of the *New York Times Magazine*, in my world? It's just, like, *What is happening?*"

Wiseman brought something crucial to the conversation: actual solutions for distressed parents and teachers. But parents often found themselves also looking back on their own teen behavior as they read. At parties and speaking events, as well as through fan letters, Wiseman was providing free therapy to people who hadn't processed the traumas of being thirteen. "I developed some degree of social anxiety about going to parties," she says, "because I would have to deal with this intensity." She received messages from adult readers saying they had called old classmates to apologize when they recognized themselves in the wrong types described in Wiseman's book. Parents devoured her work, perhaps because of this potent combination: On the one hand, it gave them advice they needed and an honest glimpse inside their children's lives and brains. On the other hand, it allowed them to process their own school days in a new light.

A *New York Times* bestseller, *Queen Bees* would go on to move at least half a million copies. Wiseman was fielding interviews every day, all day. Everyone wanted to hear her explain their daughters (and their younger selves) to them. This was all she had wanted, to help people with their daughters, and now she had gotten her wish by the hundreds of thousands. She never imagined it would go beyond this.

But *Saturday Night Live* star and head writer Tina Fey, looking to write her first screenplay, read the *New York Times Magazine* article and felt something spark inside her. The piece described a weepy "Apologies Day" that Wiseman led in one of her junior high classes, interviewed some girls who admitted to (among other things) feigning helplessness to get boys' attention, and teased *Queen Bees*. "Is dumping on a friend really such a serious problem? Do mean girls wield that much power?" journalist Margaret Talbot wrote. "Wiseman thinks so."

Wiseman's observations were ripe for drama—and comedy. For example, Fey noticed that "girls are capable of spending a lot of time with someone and hating them." But she later explained what was most important: "It was about girls. And it was nasty and violent. And that appealed to me." She thought she could make it into a "more hopeful *Heathers*."

Fey pitched the idea to her *SNL* boss, Lorne Michaels, who also had his own film production company, Broadway Video. She explained that she found what Wiseman called "relational aggression" among teen girls fascinating. Michaels, an avuncular man with a halo of graying hair, knew Fey could write a joke a minute, quite literally. (Probably several per minute, in fact.) He'd seen her do it thousands of times for *SNL*. He knew she would have a smart take on it, and he trusted Fey's instincts.

His response: "Okay, but can they also still have cool cars and cool clothes?"

Fey agreed. Michaels said he would back the project. Then he called Sherry Lansing, the CEO of Paramount Pictures, where Broadway Video had a production deal.

When he explained the project to Lansing, her brain lit up with recognition. She had heard about this book, she knew what it was about, and she loved the concept. Lansing had dark hair that came to her shoulders, pale skin, a wide smile ready for photos, and a closet full of sensible executive suits. A former actress, she had decided she was a better fit for the production side of things and had worked her way up from script reader in the 1970s to production president at 20th Century Fox in 1980, making her the first female studio head. After leaving Fox to work as a producer on films such as *Fatal Attraction* and *The Accused,* she landed at Paramount in 1992, back at the top of the corporate structure. There, she presided over one of the studio's longest hot streaks, with movies such as *Forrest Gump, Braveheart,* and *Titanic.*

Not only did *Mean Girls* resonate with Lansing's memories of her youth; it also resonated with her even now, as an executive in her fifties. Queen Bees didn't fly away upon graduation from high school. They were always buzzing around, especially in Hollywood boardrooms.

With Michaels and Lansing on board, Fey contacted Wiseman's agent, who offered to share an advance copy of the book.

When Fey read it, she related to it, having been both an outsider and a certain kind of mean girl in her own high school years. Fey began to imagine adapting the book and casting herself in a Wiseman-like role, since the two women were about the same age and even shared some physical similarities: both were conventionally attractive white women in their early thirties with straight brown hair and dark eyes.

Wiseman's agent called the author and told her, "There's this woman from *Saturday Night Live* who'd like to option it." Would she like to talk to Tina Fey?

This wasn't the exciting moment an observer might imagine it to be. Wiseman, who was a new mom and had been spending all of her spare time writing her book, didn't stay up late enough to watch *SNL* and had no idea who Fey was. And she had turned down several offers for TV and movie adaptations already. "It was always something cheesy," Wiseman explained. "They were trying to make it about me—'You're so inspirational!'" She preferred something closer to *Heathers*, a dark 1988 teen comedy that Wiseman had grown up with. It portrayed her conception of "Girl World" well. It didn't make her feel "pandered to or patronized."

If anyone could make it *Heathers*-ish, it was Fey, who had thought of *Heathers* specifically when imagining her take on the material and had a knack for caustic comedy. She'd been training for exactly this moment since graduating from high school.

Fey went to the University of Virginia, intending to be an English major. But she took playwriting classes and realized her destiny was entertainment, so she decided to study drama instead. Her first starring moment came when she played Sally Bowles in *Cabaret,* even though she ultimately decided musical theater was not her forte. Comedy still preoccupied her, just as it had in grade school. Her favorite TV show was *Short Attention Span Theater* because of her crush on the host, a pre–*Daily Show* Jon Stewart. And, of course, because it was funny.

After she got her diploma in 1992, she headed straight to Chicago to pursue comedy in the city's famous improv scene, first at ImprovOlympic—where she met piano player Jeff Richmond, her future husband—and then at the Second City, which she joined in 1994. She worked a morning shift at a YMCA to pay the bills and hung out with a fellow Improv Olympic student named Amy Poehler. Now she had a lifelong goal in mind: getting to *Saturday Night Live*.

She landed that dream job on the show's writing staff in 1997. (Poehler joined her there as part of the cast in 2001.) Fey created sketches sending up talk show host Sally Jessy Raphael and *The View* as well as the recurring characters Sully and Denise, Boston teens played by Jimmy Fallon and Rachel Dratch. Under Fey's watch as head writer, starting in 1999, *SNL* won its first Emmy in thirteen years in 2002 for outstanding writing.

Fey then catapulted her career by giving herself a screen-worthy makeover—losing thirty pounds on Weight Watchers, which, she explained, she had wanted to do after a few sedentary years of writing. She longed to buy cute clothes at French Connection and Club Monaco like other New York women. This self-transformation would later be mythologized as a calculated, and successful, attempt to make the jump from writer to on-screen talent as the coanchor, with Fallon, of *SNL*'s famous "Weekend Update" segment.

When she took a seat at the fake-news desk, her signature black-framed glasses became her calling card, with the media slobbering over her hot-teacher vibe. "Tina Fey may be America's most powerful antidote to the Barbie doll," Jennifer Senior wrote in the *New York Times*. Other designations included "four-eyed sex symbol," "reluctant sex symbol," "the laughing man's sex symbol," "the thinking man's sex symbol," and, alas, "specs symbol." While the masses got distracted by her sexy glasses, however, she had transformed *SNL* into a show that women found funny not just because of its well-crafted humor but because they could relate, at last, to some of the sketches. "Mom jeans," dating, periods, and societal pressure on women to have children all suddenly became the domain of *SNL*.

It made sense that Fey would want to conquer the world of film by bringing girls' problems to the fore—and making them funny.

Wiseman agreed to the conversation with Fey.

In her pitch, Fey told Wiseman, "My promise to you is that I'll try my best not to make a stupid movie." She further pledged that she would "honor the intention" of the book, ultimately embodying its positive lessons. She understood what she was getting into: *Queen Bees* was a study and a guide for parents, though full of juicy specifics about Girl World to pull from. Fey would have to bring out not only the humor but the heart, with specific and developed characters viewers could root for—and against.

Wiseman felt Fey was someone she would hang out with, and that swayed her. "I've found a lot of success in my life by collaborating with women who are smart and funny," she later said. Of course, neither of them knew how big the movie would be. They just clicked enough to do business together. Wiseman was so overwhelmed with her newfound notoriety and her baby that she didn't give it another thought beyond that. She summarizes the terms of the contract as $440,000 up front, plus 5 percent of the film's proceeds. She hadn't even considered shopping the book around as a movie, so this deal was an unexpected way to pay off her debt and move forward with her commitment to helping girls.

Fey got to work on the script. She realized quickly it had been "a bonehead thing to do," a worse idea than she'd realized, to choose a non-narrative nonfiction book to adapt for her first screenplay. "I had to make up the whole story," she said. "I mean, it's not *Chinatown*. But just to keep a story moving forward was all new to me."

Some of the movie's most memorable and quoted scenes, however, come from Wiseman's material. Wiseman's teen sources list the sometimes typical, sometimes wildly specific groups in their high schools: Jocks, Asians, ROTC Kids, Nerdy Freshmen, Populars, Wannabe Populars, Animé Lovers, Mature Freshmen and Sophomores, Unpopular Party Kids. Wiseman suggests parents have their kids draw a map of their own school's cafeteria to show where each of the groups hangs out, just so moms and dads can get a sense of the landscape their daughters are dealing with. The character Janis, an artsy outcast who befriends Cady, takes the new girl on an analogous tour, hand-drawn map and all, cribbing some of those vividly described groups, like Ecstasy and Acid Users, Hacky-Sack-Playing Kids, and Model United Nations Girls.

Each of the groups contains standard types, Wiseman writes. The Queen Bee, of course, rules over them all. "Think of a combination of the Queen of Hearts in *Alice in Wonderland* and Barbie," the book explains. "She's the Queen Bee, the epitome of teen girl perfection." The movie introduces its Queen Bee, Regina George (*Regina* is Latin for "queen"), being carried on the shoulders of a group of boys, the movie's way of expressing Wiseman's idea that she's the school's Miss America, the ultimate manifestation of power and beauty—beauty by 2000s Victoria's Secret standards, in this case.

"Her friends do what she wants to do," the book says. "She isn't intimidated by other girls in her class." Everyone wants to talk about her, Wiseman says, which we see depicted in *Mean Girls* in a series of interstitials in which various students speak about her as if she's famous: "I hear her hair's insured for ten thousand dollars." "One time, she punched me in the face. It was *awesome*." The Queen Bee, the book says, "feels power and control over her environment. She's the center of attention, and people pay homage to her."

The main characters revolve around Regina. Her second-in-command, Gretchen Wieners, embodies another Wiseman type, "the Sidekick," with strong hints of "the Banker." The book explains, "Information about other people is currency in Girl World—whoever has the most information has the most power." All of the subordinate types try to look like the Queen Bee and to serve her in any way they can. Regina's mom, meanwhile, represents a classic parent type who's also, in fact, subordinate to the Queen Bee. Wiseman calls this a "Hip Parent," though Fey's *Mean Girls* creation has her own way of saying that: "I'm not a regular mom, I'm a cool mom."

Wiseman details the way many girls come up with strict, arbitrary rules to distinguish their cliques from others. A fifteen-year-old named Gabrielle explained to Wiseman: "We have rules about what we wear. You can only wear your hair up (like in a ponytail) once a week. You can't wear a tank top two days in a row. You can only wear jeans on Friday and that's the only time you can wear sneakers. If you break any of these rules, you can't sit with us at lunch. Monday is the most important day because you want to look your best—it sets the tone for the rest of the week. So wearing something like sweats on a Monday is like going to church and screaming 'I hate Jesus!' when you walk in the door. Friday is downtime. When we hang out that night, we wear sweats, watch movies, and talk about what bothered us during the week." This results in the movie's legendary edict "On Wednesdays, we wear pink."

Teacher Ms. Norbury's assembly, in which she advises the girls on how to empathize with and trust each other, comes straight from Wiseman's own work at schools, which Fey observed. (Though Wiseman likes to clarify that she does *not* do trust falls like Ms. Norbury does during her assembly.) Wiseman writes that it's the girls at the top of the pecking order who insist that the school doesn't have a clique problem, just as Regina George does in the movie. Ms. Norbury calls her bluff with one of the movie's famous lines, asking, "Who here has been personally victimized by Regina George?" Everyone, teachers included, raises their hand.

But to ground the story in relatable characters, Fey also delved often into her own teen years.

That group of theater-nerd friends with whom she did summer stock provided the character of Damian; she named him directly after Damian Holbrook, a large teddy bear of a guy with a startling streak of acerbic wit. Their banter became a prime inspiration when Fey was writing *Mean Girls*. In one of the movie's oft-quoted scenes, the snarky, "too gay to function" Damian follows his female friends Cady and Janis into the girls' bathroom to gossip. A short, dark-haired girl interrupts them and tells him to get out; he chases her away while shouting, "Oh my god, Danny DeVito, I love your work!" The real Damian says that is exactly the kind of thing they were always saying when they were teenagers; making fun of people while referencing pop culture was a strength of theirs.

Later in the screenplay, Janis and Damian drive by Cady's house to confront her about missing Janis's art show, and Damian refuses to stop the drive-by because of his curfew. The real Damian says, "That is straight out of my life. Like I was the one who *always* had to be home in time for curfew."

The Thanksgiving after Fey started writing the script for *Mean Girls,* she felt compelled to warn Holbrook. They had kept in touch through her moves to Chicago and then to New York, all the while seeing each other back home near Philadelphia during the holidays. They were having dinner at a friend's house, and she told him, "I'm putting you in the movie. Don't sue me."

His response: "Does he have any good lines?"

To say yes would be an understatement; almost *all* of Damian's lines were killer. When Holbrook saw the final product, he felt like Damian was—while named for him—a combination of him and his brother. Fey just liked Damian's name better than Jim's. He saw a lot of Fey in the character of Janis, the witty outsider who's Damian's best friend. At the time Fey first told him about it, though, he didn't think much would come of it. He was writing for *TV Guide* at the time, so he envisioned a little television movie. His job helped him not to be too cowed by his childhood friend's growing fame.

As Fey wrote her script over the next several months, she continued to face down the difficulty of turning a parenting book into a teen movie. She was staying on Fire Island over the summer and would often ask teenagers on the beach about their experiences. She wrote and wrote, ten drafts over the next eighteen months, as the story morphed from focusing on her teacher character, determined to reform her students, to focusing on the girls, who grew more interesting with each draft. Then she did what other screenwriters kept telling her to do: she got a copy of Syd Field's book *Screenplay: The Foundations of Screenwriting* and employed his index card method to structure it. Fourteen cards for act 1, each with a simple description of the major point of the scene. Twenty-eight cards for act 2, fourteen for act 3. The summer ended, and the TV season began, as Fey kept writing. She was doing all of this while also working as the head writer and a performer on *SNL*.

She emerged with the story of a sixteen-year-old girl named Cady Heron who enrolls in high school in Evanston, Illinois, after twelve years of being homeschooled in Africa, where her professor parents were doing research. Unfamiliar with the brutal social structure of high school and unaware that she's got a major advantage (she's hot), she is taken in by the Plastics, the girls who sit atop the social hierarchy, led by their queen, Regina George. The title: *Homeschooled.*

The characters bounced off of each other perfectly, with small conflicts building to bigger ones. "With the exception of Regina," Fey explained, "every character believes themselves to be an underdog in some way." While focusing on the populars versus the rest of the school was nothing new, Fey brought a different level of empathy to portraying those in power, showing their weaknesses and ability to change. Even Regina lived in fear of her power being taken away from her—a fear that comes to fruition in the script. Fey's work, bolstered by Wiseman's book, also emphasizes the girls' relationships with each other, rather than with boys, a unique trait for teen movies. While a boy named Aaron becomes the battlefield for Cady and Regina, the girls' conflict with each other takes center stage; he's a prize.

References to Fey's contemporary and past life, far beyond Damian, peppered the script. The kid who gets a whopping four candy cane–grams from classmates at Christmastime takes his name from a real-life film editor, Glenn Cocco, a friend of Fey's brother. (His résumé includes *American History X*, *Invincible*, and *Get Carter*, and his name is spelled with two Ns and two Cs, differently from how the internet later collectively decided to spell it in memes. For the rest of this book I've decided to favor the internet spelling.) Cady got her first name from Fey's roommate at the University of Virginia in the early nineties, Cady Garey. (Bonus: it also reads as a shout-out to suffragist and feminist icon Elizabeth Cady Stanton.) Goth outsider Janis Ian got her entire name from the 1970s folk rocker who was a musical guest on *SNL*'s first episode. Her song "At Seventeen" catalogs the insecurities of being high-school-aged and appears on the movie's soundtrack. ("I learned the truth at seventeen / That love was meant for beauty queens.") Borrowing names, Fey said, just seemed easier than making them up.

She made Ms. Norbury, the character she would play, a calculus teacher and Mathletes coach because she wanted to fight the stereotype that girls and women aren't good at math; though Fey knew nothing about advanced math, she borrowed some lesson plans from her friend's boyfriend, a teacher in the Bronx, and incorporated them into her script. She didn't actually understand any of her math-heavy lines.

The character of Regina combined traits from an "amalgam of girls I was intimidated by in high school," Fey explained. Regina also, Fey had to admit, shared some of Fey's own worst qualities. "If I don't like someone, I don't want my friends to like them either," she said. "It's a dark part of me that Regina has." In fact, she put plenty of her own mean teen behavior into the script. She also used a dash of her mother, Zenobia "Jeanne" Fey, who had a wicked sense of humor. Jeanne would often see a woman in, say, a "really ugly hat or a glittery sweatshirt," Fey said, and her (secretly sarcastic) response would be, "I love your shirt." Her mother's reasoning: "Clearly she wanted someone to notice that shirt. She picked it out. It has a huge teddy bear on it." Regina has Jeanne to thank for her similar habit.

After all of Fey's drafting and index carding and revising, a year or so after she read the piece about Rosalind Wiseman in the *New York Times Magazine,* she handed her screenplay draft to the production company and the studio to await their approval.

CHAPTER 2

That Is So Fetch

×

Mean Girls Starts to Take Shape

Director Mark Waters was working on the sound mix for his upcoming film *Freaky Friday* while reading a script called *Homeschooled*. Waters was constantly reading light, supposedly comedic scripts that barely elicited a response. But *Homeschooled* had him laughing out loud, again and again. He particularly loved the scene in the cafeteria when Cady first meets Regina, with Regina's advanced mind games on full display, and Cady's defenselessness against them.

Regina: "You're really pretty."

Cady: "Thanks."

Regina: "So you agree."

Cady: "What?"

Regina: "You think you're really pretty."

He could see exactly how he'd shoot it the moment he read it.

Paramount CEO Sherry Lansing wanted Waters for this movie because of his work on *Freaky Friday*, a remake of the 1976 Disney hit, starring Lindsay Lohan and Jamie Lee Curtis as a teen daughter and a mother who switch bodies after a supernatural incident. It was about to come out in a few months, in August 2003. Waters was receiving a glut of scripts because of the positive vibes around *Freaky Friday*, which in this version would focus on an aspiring teen rock star, Anna

Coleman, and her uptight therapist mom, Tess, who's about to get remarried. Waters had told his agent, "The one thing you can't send me is a high school movie, because if I hear a locker door slamming when they call 'background action,' I'm going to shoot myself." He didn't want to be the high school movie guy. He wanted to take advantage of this new high point in his career. He wanted to make something that could stand the test of time.

But his agent sent him *Homeschooled* anyway. *Saturday Night Live* head writer Tina Fey had written it, and, yes, it was set in a high school; it was also a great script. As Waters read, he thought, *Goddamn it, this is so good.*

Lansing needed Waters. Paramount had had a few hits that year, like the caper *The Italian Job* and the comedy *School of Rock,* but its overall box office share had dropped to seventh place. Just two years earlier, it had been third among the major studios. Paramount was becoming known in the industry as miserly and controlling, unwilling to take risks, and Lansing was seen as possibly losing her once-impeccable eye for hits. Might the fifty-nine-year-old simply have been out of touch with audiences?

She refused to believe this. She was sure she had something special with *Homeschooled,* something that would appeal to young women by reflecting their real difficulties with sharp humor and attitude. Waters was the right guy to bring it to the screen.

Waters agreed to meet with Fey and the film's producer, Lorne Michaels. At thirty-nine, Waters was a relatively young director. He looked like he could be in movies himself with his close-cropped dark hair; clean-shaven, pale skin; warm, dimpled smile; and, sometimes, dark-framed glasses. His style was simple, meant not to draw attention: dark, plain T-shirts on set and collared shirts and sport coats for premieres.

He didn't have a long résumé. It was just—as far as he was willing to tell people—*Freaky Friday* and his debut, a dark comedy called *House of Yes* starring Parker Posey as a young woman obsessed with dressing like Jackie Kennedy and reenacting the Kennedy assassination. It earned good notices at the Sundance Film Festival in 1997 and got picked up by the then-prestigious Miramax, both markers of unassailable coolness in nineties film. He'd had one bomb, 2001's *Head over Heels*, which attempted the tricky task of being a romantic comedy *and* a thriller. It starred Freddie Prinze Jr. as a guy who may or may not be a murderer, and Monica Potter as the neighbor who has a crush on him. But so few people had seen it that Waters could effectively pretend it hadn't happened. *Freaky Friday*'s potential seemed to have obliterated it from his track record. He struck exactly the right balance at the time, with some success but also some mystery and plenty of promise.

When Waters met with Fey and Michaels at Paramount, he tried not to be too much of a fanboy, especially around the legendary Michaels, who'd created *Saturday Night Live* in 1975 and run it for most of the time since. But Fey and Michaels had an easy rapport, born of Michaels's generous support for Fey. Michaels remained remarkably loyal to his performers, and his involvement in this script proved that. He was something of a TV business father figure. Fey said of Michaels: "I think whatever your relationship is with your own dad, you will somehow apply it to Lorne. If you get along with your dad, you'll get along with Lorne. If you have weird daddy issues, you're going to project that onto Lorne and be like, 'Lorne didn't talk to me today!'" Fey happened to have an easy and uncomplicated relationship with her own dad, and it showed in her bond with Michaels.

All of this came through to Waters and helped him relax around them. He and Fey also clicked right away via their sense of humor and, he says, a "shared worldview." While she had grown up in suburban Pennsylvania, he'd grown up in suburban Indiana, both of which were quite like the suburban Illinois depicted in her script. Only six years separated them in age. Waters also had a teen movie classic in his family tree; his brother, Daniel Waters, had written *Heathers*, a spiritual inspiration for Fey's script and a favorite of *Queen Bees and Wannabes* author Rosalind Wiseman. Waters left the meeting confident he'd gotten the job.

He proved right. Waters signed on to direct *Homeschooled* in July 2003.

Waters, the rare nice guy in Hollywood, believed it was possible to be a good director and be a good person. People wanted to work with him because they'd heard good things. And, he figured, even if a movie bombed, at least everyone had had a pleasant time. A lot of directors thought differently, but this distinguished him as a delight to work with, a unique brand in the business, something that surely attracted Lansing, Fey, and Michaels.

He also had a secret weapon, one he'd acquired on his most recent film. *Freaky Friday* was getting so much good buzz around Hollywood largely because of its charismatic, spirited teen star, Lindsay Lohan. And Lohan loved him.

Lindsay Lohan was born in 1986 in the Bronx to Dina (a onetime aspiring actress and dancer) and Michael (a salesman, investment banker, and sometime actor), the oldest of four children. She was raised on Long Island, in the towns of Merrick and Cold Spring Harbor. Lindsay began modeling by the age of three in campaigns for Calvin Klein children's clothing and Abercrombie, and soon booked TV commercials for brands such as Pizza Hut and Wendy's. She worked on the soap opera *Another World* at just ten. Then she got her first big break in Disney's 1998 remake of its 1961 film *The Parent Trap,* playing twins who had been separated at birth, a role originally inhabited by Hayley Mills. Lindsay exceeded expectations, easily filling Mills's iconic role, earning great reviews, nailing the British twin's accent, and even convincing her costar Dennis Quaid as well as Disney CEO Michael Eisner that she was, in fact, two different girls playing the twins. The movie, directed by Nancy Meyers, was a hit, filling a hole in the market for family-friendly films that still provided genuine entertainment for the adults who had to accompany the kids to the theater.

The success of that film, and her newfound fame, had overwhelmed the twelve-year-old. Between that and *Freaky Friday,* she'd appeared in a few TV movies, including *Life-Size* (as a girl whose doll comes to life and is played by Tyra Banks) and *Get a Clue* (as a teen who solves mysteries). But she'd focused largely on school and living back home on Long Island in between those film shoots. At the time, her parents appeared to encourage her career strongly but didn't go out of their way to be present on sets.

Freaky Friday debuted in theaters a month after Waters signed on to direct *Homeschooled,* and it hit big, as everyone had predicted. Hollywood recognized Lindsay as a promising young actress with potential, beyond that of a teen idol. Many critics made favorable comparisons to the now–Oscar winner Jodie Foster, who starred in the original *Freaky Friday.* Roger Ebert, for instance, said Lohan had Foster's "sort of seriousness and intent focus beneath her teenage persona."

Lindsay had a unique ability to bring a modern sensibility to both of her Disney remakes, playing well-rounded, mischievous, rebellious girls who embraced interests often reserved for boys in movies—camping, playing in rock bands. (She even scored a Radio Disney hit with the rock-tinged pop song "Ultimate" from *Freaky Friday.*) As a marquee Disney star, she was expected to maintain a pristine image off-screen, but so far that hadn't been a problem for her. She was on track for the Foster model of child stardom—unique early brilliance leading smoothly to Oscar-bound adulthood—rather than the tragic difficulties that had plagued so many young stars, such as River Phoenix, Corey Haim, and Corey Feldman. Many in the media appeared to believe former Mouseketeer Britney Spears was embarking upon that dark path at the time. But not Lindsay. Never Lindsay.

Waters had had a great working relationship with Lindsay on *Freaky Friday,* which had just become by far the biggest hit of both of their careers, taking in $110 million domestically at the box office, against a mere $26 million budget. Lindsay would next headline *Confessions of a Teenage Drama Queen,* playing a girl named Lola who moves from Manhattan to suburban New Jersey, where she alienates her new classmates with her faux sophistication and spotlight-seeking, clashing with a popular girl played by Megan Fox.

Waters headed to scout locations for *Homeschooled* in Toronto, where he visited Lohan, who was there shooting *Confessions.* There, he pitched her an idea: she should star in *Homeschooled.* She had the "aggressive" energy he envisioned for the film's villain, Queen Bee Regina George.

Lindsay immediately agreed, but the director and the actress would have to persuade the others involved in *Homeschooled* that she was the right choice for this role.

Waters's next move was to hire Marci Liroff, who had cast *Freaky Friday,* to do the same for *Homeschooled.* She had an incredible track record with films such as *Footloose, St. Elmo's Fire,* and *E.T.* But more recently, she had saved *Freaky Friday*—twice.

First, she suggested Lindsay for the lead role. But executives for Buena Vista Pictures, the Disney division producing the remake, balked. Lindsay had just starred in the studio's version of *The Parent Trap.* Wasn't it a little much to have the same girl in two Disney films, and both of them remakes at that? As much as they wanted to build stars of their own, it could confuse people.

Liroff, however, wouldn't let the idea go. She asked Lindsay, who was living in New York at the time, to put an audition on tape and send it to her in Los Angeles, a process called a self-tape, to give the executives a taste of Lindsay in the role. The tape wasn't great—acting alone for a camera is hard, and she needed more specific direction—which only caused the executives to double down against casting Lindsay.

Liroff ignored their objections, instead giving Lindsay some notes for improvement and asking her to make another tape. Her instinct was right. The second try proved good enough for the studio to fly her out to L.A. for a screen test.

Liroff set up for the screen test on the appointed date, and this time, there was another problem: Lindsay walked in looking bright orange, "like a carrot," Liroff recalls. Embarrassed by her freckles, Lindsay had gotten a spray tan. Way too much spray tan, as it turned out. And this was in 2002, not a great era in spray tan technology. It took the makeup artist a few hours to bring her back to a more human color.

Luckily, Lindsay nailed the screen test. She knew exactly what to do once she was in front of a professional camera and across from her potential costar, Annette Bening, who was set to play her mom. Still, Lindsay hadn't clinched the role yet; the studio was also testing the equally charming and adorable Kristen Bell for the part.

When Lindsay finally did get the role, the studio asked for an extra contract stipulation: she was not, under any circumstances, to get a spray tan of any kind.

Confirming Lindsay as the lead wasn't Liroff's only heroic move. Two weeks before shooting began, Bening pulled out. Rewrites on the script were still coming in ten and twenty pages at a time, and the actress got nervous. When she left, Tom Selleck, who'd been set to play the mother's fiancé, bailed, too. So did Garry Marshall, cast to play the grandfather.

Now Liroff barely had a cast. She had to spring into action, fast. First, she sweet-talked an understandably worried Chad Michael Murray, Lindsay's love interest in the movie, into staying. Then she got to work.

Nina Jacobson, the president of Buena Vista, suggested Liroff try Jamie Lee Curtis, who was in the zeitgeist for posing on the cover of *More* magazine for a story bravely demonstrating what she looked like without makeup or Photoshop at forty-three years old. A phone call later, Curtis dropped everything to be on set. Liroff already had Mark Harmon in mind for the fiancé role, so she reeled him in. Finally, she managed to swap Harold Gould in for Marshall. She had saved the film at the last minute.

Freaky Friday was Liroff and Waters's first film together, and he was suitably impressed.

For Lindsay, *Freaky Friday* ended up being a sweet, safe place from which to launch her teenage career. Waters was patient and kind, understanding that her gift was her strong, sometimes stubborn, personality and her spirited attitude. Curtis took on a maternal role in her young costar's life, often delivering unsolicited lectures on how to navigate fame. Curtis herself had risen to stardom at nineteen in the 1978 slasher movie *Halloween,* and had grown up the daughter of actors Janet Leigh and Tony Curtis. Curtis admired Lindsay's raw talent, both her acting and her singing, which was on display in the movie's climactic rock performance scene. Curtis could also see that Lindsay was transitioning from cute to beautiful, which would become an asset to her career as well as its own kind of problem. Curtis hoped Lindsay would break through into real acting soon, embodying a character totally unlike herself, to see if she could rise to the challenge.

After the movie came out, when it hit $100 million in box office receipts, Curtis recognized from her long career what a rarity such success was. She tried to explain to Lindsay, "This does not happen a lot. If it does, it's alchemy." For a young star like Lindsay, it might have been easy to assume that she had made it, that things would only get better. Curtis knew differently. She hoped her words of advice would sink in.

The Los Angeles staff at Lorne Michaels's production company, Broadway Video, was starting to hear about this new Tina Fey project in the works. The company emphasized making vehicles for *SNL* cast members; its entire point was to capitalize on their *SNL*-fueled fame and transition them into films.

At the time, the company had mostly taken *SNL* sketches and turned them into full-length feature films, often ill-advisedly. Case in point, the box office bomb and critically panned 2000 movie *The Ladies Man,* starring *SNL* cast member Tim Meadows as his outrageously inappropriate sketch character. The company had also been trying to develop starring vehicles for *SNL* cast member Jimmy Fallon. His fame had been on the rise since the small, but showy, part he had as a band manager in Cameron Crowe's 2000 masterpiece *Almost Famous* and his slot delivering the fake news during *SNL*'s "Weekend Update" segment with Fey. But he turned down most ideas. (His ultimate destiny was to take over for Conan O'Brien as the host of NBC's *Late Night* in 2009, and then *The Tonight Show.*)

Homeschooled would do for Fey what Broadway Video had tried to do for other stars, making her into a movie star as well as a creative force. But when the draft was finished and began circulating among the production company's executives, a few changes were in order.

First, the title had to go. It had to capture the spirit of the movie, the essence that so captivated Lansing from the start. *Homeschooled* didn't do it at all. In fact, that title made it sound like a movie few people could relate to, when, in fact, nearly everyone could. This was about high school hierarchies, about wanting desperately to be popular while hating the popular girls, about girls who ruled their school with invective. Fey, confronted with this, knew immediately what to do: "Well, I'm just gonna call it *Mean Girls.* You know, I'm gonna get straight to the point." This stroke of genius would instantly introduce this descriptive phrase into the lexicon, and it would forever be a go-to to describe "relational aggression" across genders and age groups. As brilliant as *Mean Girls* is as a film, it's fair to wonder if it would have become the same level of cultural phenomenon without its perfect title.

Another problem: Fey's raunchy first draft reached more for a *Fast Times at Ridgemont High* vibe than a *Clueless* vibe. That is to say: F-bombs detonated constantly—particularly in Regina's lines—and filthy sexual innuendo ran rampant. "I was trying to write a truthful high school experience, so there was a lot of swearing and there was some more sex," she said. Coming up through the male-dominated ranks of improv comedy, where some of her male cowriters actually peed in cups rather than taking a bathroom break, Fey could turn on the raunch with the best of them. She hadn't realized this might be a detriment in the case of a movie about and for teen girls. The script, as Fey first turned it in, was clearly R-rated, which would eliminate most of its target audience. It needed a PG-13 rating to succeed at the box office.

Before her movie could begin shooting, Fey would have to bring her script in line with Paramount's expectations to clinch that PG-13. It would be worth the trouble when it came to the box office returns, they promised. Fey didn't mind making changes. She had deliberately written an R-rated first draft but was happy to tone it down.

First, she went through the draft to eliminate the sex and sanitize the language. F-bombs, gone. She wrote without them for television every week, so it didn't bother her. In fact, she relished the challenge and often landed on alternate lines that were funnier. For example, even something as simple as changing Regina's line to "That is the ugliest effing skirt I've ever seen" read as an improvement with the right delivery. (This line would, indeed, become a favorite quote among fans.)

Wiseman also weighed in on Fey's script. Some of her suggestions prompted Fey to soften lines. But a few of Wiseman's major objections were rejected in the name of plot-building. She didn't see why, for instance, it was necessary for Cady's female opponent in the climactic Mathletes meet to be depicted as unattractive, even though she understood the ultimate message, that disparaging another girl's appearance didn't make your own life any better. Wiseman also hated the moment when Regina explains to Cady that she used to be friends with Janis but stopped because she believed Janis was a lesbian who had a crush on her. "I just wanted so badly for Cady to say, 'Who gives a shit?'" Wiseman says. But Cady never objects.

Wiseman further hoped Fey would cut the only scene of real violence, when Regina is run over by a bus. But she also kind of got how hilarious it was. "My problem is, I'm too much of a teacher," Wiseman admits. "In fact, when we were doing the movie, there was a certain amount of teasing me about that, because I was always like, *Does the bus have to run over people?* But that's funny, you know?"

Lohan, meanwhile, was all in on *Mean Girls*—if she could be Regina George. And though she and Waters thought this was a great idea, not everyone involved agreed.

At the time, Lohan was prone to miscalculating her fame and its implications. Getting famous was like going through adolescence—you were never sure when huge changes were coming and what they meant, and sometimes you'd just forget you looked totally different to other people, compared with how you felt inside. Lohan's interest in the film provided a major piece to the puzzle of making *Mean Girls* happen, but she hadn't realized she couldn't just go around playing any part she wanted. Lohan didn't yet know that success could be a double-edged sword, providing more options in some ways while limiting them in others. She was a brand now, and other people, powerful people, had strong opinions about the kinds of roles she should and shouldn't play. She was a prized parrot, meant to do as she was raised and trained to.

Mean Girls' fate was riding on Lohan, given her *Freaky Friday* box office clout. "Lindsay brings this gigantic advantage in casting in that you automatically like her," Michaels said. The only problem: she was set to play the movie's villain, which was a gamble for both her and the film. She had so far built her career on her image as likable, sweet, Disney-friendly. Playing the ultimate mean girl would test audiences' affection for her—and could turn them off completely.

Fey liked the idea of Lohan as Regina. Lindsay, as Waters says, "bowled over everybody," which was the energy they were looking for in Regina. But the other filmmakers began to wonder if Lohan should instead play the lead role of Cady, the good girl who goes mean and then back again. Paramount executives wanted their newly bankable star in the central, relatable role. Michaels similarly thought she could use that "aggressive" energy that Waters noted but also play on her engaging screen presence. She could be the good girl "who gets to turn into Regina," as Fey later explained.

Waters eventually became convinced of the wisdom of putting Lohan in the role of Cady. He tried arguing the point with Lohan: "Cady is the heroine," he told her, "and that's who you are." But she dug in her heels. She wanted to do something different after becoming so well-known as Anna Coleman, the punky-but-sweet heroine of *Freaky Friday.* She had grown tired of, she said, playing the "damaged teenager." She later explained, "I had just played—in *Confessions* and *Freaky*—not the cool girl in school. I was still seventeen years old and I wanted to be the cool girl on set."

As the debate over Lohan's role continued, the filmmakers momentarily resigned themselves to Lohan's will and began to consider many other young actresses for the role of Cady. Among them were Kristen Stewart (a standout as Jodie Foster's daughter in the 2002 thriller *Panic Room* and soon to break through to superstardom in *Twilight*), Michelle Trachtenberg (little sister Dawn on *Buffy the Vampire Slayer*), and Mae Whitman (known already for a string of roles as a kid, including *When a Man Loves a Woman* and *One Fine Day*).

Though they were all competent actresses, none of the team felt they had found their perfect Cady. Then came the final blow: Lansing sat Waters down and gave him what he calls a "come to Jesus" speech. Lansing felt lucky to be working with him and Lohan after the triumph of *Freaky Friday.* But she simply couldn't imagine Lohan as Regina. Lohan, she said, "oozes kindness and this delicious guilelessness" that was perfect for a homeschooled girl who suddenly finds herself in the overwhelming world of public high school.

"She's gotta play the lead," Lansing said, pointing out *Freaky Friday*'s astounding box office numbers. "She's gotta play Cady." Lohan's audience, Lansing insisted, simply would not accept her as the bad girl.

With the script ready to go and production imminent, the filmmakers would have to start making these critical casting decisions. The movie's fate would ride not only on which character Lohan played, but also on those playing the high school surrounding her—many of whom would deliver some of *Mean Girls'* most enduring lines. Everyone who was cast would have to perform at the script's high level, and it was time to find those young actors.

CHAPTER 3

I Meant to Say *Cool*, but Then I Started to Say *Great*

×

Casting a Classic

Mark Waters began to see why Sherry Lansing insisted on his star, Lindsay Lohan, playing Cady, the good girl who goes to the dark side. He needed Cady to be subtle and complex. He also needed Cady to get the audience on her side and keep them there, even as she becomes the worst version of herself. The rare young actress who could convey a world of emotion with one flicker in her eyes or twitch of her face, Lohan also had the benefit of a growing fandom who would come into the theater loving her. These qualities weren't easy to find in a teen actress, and Lohan had them all.

The campaign to persuade Lohan began. A plus to Cady: she had far more lines than Regina did. Another: she had a much comfier wardrobe, full of T-shirts, tennis shoes, and jeans (though this turned out *not* to be a selling point for Lohan, who coveted the sexy Plastics looks). Cady also underwent a transformation, from naïve new girl to scheming Queen Bee and back again, an emotional challenge for a young actress who'd already played a dual role in *The Parent Trap* and a body-switching role in *Freaky Friday*. Waters told her that, he says, they "had to dig deeper into stuff and get down to the nitty-gritty of it, to have everything be emotionally authentic and organic." She had matured even since their last project together, he explains, "so she was ready to come to play when we did *Mean Girls* in a way she wasn't necessarily in *Freaky Friday*."

These arguments, focused on her own strengths and daring her to take on a bigger acting challenge, did the trick. By August, Lohan entered negotiations to star as Cady Heron, the lead in *Mean Girls*. The team persuaded her this would boost her burgeoning career as a promising young actress. A Jodie Foster, not an Annette Funicello.

With that settled, the filmmakers' work was still just beginning. They had to cast two Plastics, two outcasts, a handful of Mathletes, an entire high school, and one crucial Queen Bee. Eventually, the ensemble full of future stars—including Amanda Seyfried and Rachel McAdams—would bring *Mean Girls* to candy-colored life. It wouldn't be easy getting there, and every decision was crucial. As one Hollywood adage says, 90 percent of directing is casting.

Waters believed this so much, in fact, that he did something few directors did. He sat in on every audition, even—*especially*—for one- or two-line parts, which happened to be ubiquitous in *Mean Girls*. He also had two major factors on his side: Lorne Michaels's legendary eye for talent and casting director Marci Liroff's heroic movie-saving prowess.

Michaels, for instance, had rejected the likes of John Goodman, Lisa Kudrow, and Stephen Colbert for *SNL*, which spoke to his high standards. (Or his bad judgment? You decide!) No matter what, he was a tough audience who had also discovered dozens of comedy legends—Dan Aykroyd, Gilda Radner, Bill Murray, and Eddie Murphy, on through to Will Ferrell, Tina Fey, and Amy Poehler.

But Liroff was the main force behind finding the *Mean Girls* cast. The casting began with Liroff in her Los Angeles offices. Liroff, forty-five years old at the time, had started her career in the 1970s as an assistant to the vice president of international distribution for Dimension Pictures. She eventually transitioned to the agenting side, as an assistant at International Creative Management, and then to casting, starting as an assistant to casting directors Mike Fenton and Jane

Feinberg. For their agency, she helped with *Raiders of the Lost Ark* and *History of the World: Part I.* She got her first on-screen billing, alongside Fenton and Feinberg, in Steven Spielberg's 1982 blockbuster *E.T. the Extra-Terrestrial*; the young cast of discoveries included star Henry Thomas and a seven-year-old Drew Barrymore in her breakout role as his sister. She eventually started her own agency and was the credited casting director on such classic eighties teen films as *Footloose, St. Elmo's Fire*, and *Pretty in Pink*.

As on most jobs, she had about three months to get the *Mean Girls* cast set before filming began. Liroff saw her role as a collaborator who would bring Waters's and Fey's visions to life through actors. But she also liked to throw in a few curveballs to see if they could bring something new to the script.

She loved working with Waters, who was "secure enough to truly collaborate." "So many times," she says, "I'll work on a project, and the filmmakers will hire the right people around them, but they don't listen to them." Waters, on the other hand, remained open to good ideas, whether they were his or someone else's. That, Liroff says, encouraged everyone on the crew to do their best, knowing valuable contributions would be rewarded.

They both felt blessed to be working with Fey's script. They simply had to find the right people to deliver her hilarious lines. Those pages contained all of the great one-liners and vividly written supporting characters they needed to succeed.

Liroff knew she didn't have to worry much about the adult roles. Several of the parent and teacher roles would go to *Saturday Night Live* cast members and alumni. Fey herself had claimed the role of math teacher Ms. Norbury. Fey's best friend and *SNL* costar, Amy Poehler, would play Regina George's overly permissive mom. Ana Gasteyer, who had just left *SNL*, would become Cady's researcher mom. And Tim Meadows, who had also recently left *SNL* and starred in the movie *The Ladies Man,* would portray the put-upon Principal Duvall. Those parts didn't even require auditions.

The adult cast would cede most of the spotlight to the younger actors, but their skill as seasoned improvisers was critical. The trick was to kill when they were on-screen but never steal the spotlight from the kids. That's why *SNL* players made such good *Mean Girls* adults. They were practiced at landing jokes while allowing others to shine. They were also experienced with working in an ensemble cast like the one that would make *Mean Girls* so special.

Initially the *SNL*-heavy cast in *Mean Girls* had been discouraged by Paramount executives, who worried it would seem too much like an *SNL* movie—not a strong brand in film after middling entries like 1998's *A Night at the Roxbury*, 1999's *Superstar*, and 2000's *The Ladies Man*. Waters disagreed with their assessment. "I feel like we're getting the best comedy actors in the world, who are willing to do this for scale," Waters said to Fey at the time. "And there's some sort of resistance to it?"

Now it was Waters's turn to have what he called a "come to Jesus" talk with Paramount CEO Sherry Lansing and executive John Goldwyn. "I want these guys," he told them. "These parts are small and could be lame. But if you give me these great actors to play them, then I know these parts are going to be great." They agreed, and the gamble paid off: "They don't steal the show," Waters says, "but they end up every time just making baskets from all over the court whenever they're on-screen."

The sprawling high school class, meanwhile, would take shape in Toronto, where most of the shooting was set to happen. The production had to hire a certain percentage of the cast locally to qualify for Canadian tax incentives, and filling a high school was the perfect way to do that. Liroff recruited local casting director Robin Cook and her second-in-command, Danis Goulet, for this job. Cook and Liroff had worked together before on cross-border projects.

Waters flew in and attended the majority of the casting sessions with Cook and Goulet in Cook's Toronto office on Bathurst Street. At Cook and Waters's first meeting, they began chatting about Lohan's wavering between the two main roles, Cady and, as Cook pronounced it, Re-JY-na, like *vagina*. She just kept saying it that way, Re-JY-na, Re-JY-na. "Why are people saying it that way?" Waters asked. He'd heard people do this a couple of times since he'd arrived.

"Because it's a Canadian city," she explained. It was spelled Regina. And it was pronounced with a long I. A stark reminder that he was far from Hollywood now.

When Waters said he wanted to be part of most of the auditions, that meant *hundreds* of auditions. For those he had to miss, he watched the tapes. All of them. Even when Liroff asked Cook to show him only a select few, he requested the others as well. "Just show me everybody," he told her. "I've blocked the time. Show me."

With so many roles to fill, the auditions were packed. There were young girls there to try out for the part of Regina's grade-school-age sister, who does a disturbingly sexy dance to the Kelis song "Milkshake." There were Junior Plastics 1, 2, and 3. There was Regina's dad, whose only job is to silently react to her uncomfortably provocative Halloween costume. There were all the cliques in the high school to fill, all the kids who had to deliver Fey's quotable one-liners. There was the Huge Guy. There were the Jock Girls.

There were Mathletes. So many Mathletes.

With so many high school kids to cast, Cook took her call wide, considering experienced and inexperienced young actors alike. Cook contacted the standard pool of extras and reached out to those extras' friends. She connected with the local comedy community, which included a vibrant improv scene that would mesh well with *Mean Girls' Saturday Night Live* pedigree. She even contacted Vietnamese community organizations who could help her to find young women who could speak Vietnamese (filling roles that would become a racial stereotype flashpoint in retrospect). She cast actress Ky Pham as Trang Pak, the Regina of that group, then asked Pham to recruit friends of hers.

Waters wanted to achieve the feel of a real school. That meant different body types and skin colors. Cook sent out the call not just to agencies but to school and community groups, letting them know she was just as interested in "real" kids as she was in performers. The core group of named kids would end up all white except for Rajiv Surendra, who played the secondary role of rapping Mathlete Kevin G. (He was a surprise Canadian find, so we'll get to him shortly.) But the high school class as a whole looked remarkably diverse for the time, with prominent speaking roles filled by actors in wheelchairs and little people.

The entire young acting community in Toronto was talking about this movie that was casting locally. Everyone from the performing arts schools to the large cast of Canada's famous, long-running teen drama *Degrassi: The Next Generation* was snatching up scripts and reading character breakdowns, looking for a shot at a major-studio American film. (Let us pause to fantasize about the possibility of the future superstar rapper Drake, then Jimmy on *Degrassi,* playing Aaron Samuels or, in a very different world, rapping Mathlete Kevin G.)

In the audition room, the actors would stand against the far wall, with a reader opposite them, a few feet away and off to the side. The camera sat next to the reader, trained on the actor. The reader would be heard and not seen on the recording. Waters sat on the other side of the camera, close enough to connect with and communicate with the actor. Farther back, Cook and Goulet perched on sofas. They would record so they'd have everyone on tape, but they would watch the actor's performance in person as well.

Cook and Goulet would offer input, but the final casting choices were always up to Waters, with Fey's, Michaels's, and Lansing's approval weighing in heavily. While Waters didn't care about how much experience an actor had, he did care about finding people who could "handle comedic beats," as Cook explains. And to him, she says, "every part was a big part."

For the teen roles, many of the aspirants were closer to twenty years old, and even a little older, because employing minors causes major film schedule problems due to their legally curtailed work hours.

Among the older teen and twenty-something auditioners were a number of Shakespearean actors and theater school nerds, many of whom knew each other. Stefanie Drummond ducked out of rehearsals for Shakespeare in the Park to do a quick audition. She went in, did a few lines, then got back to work, barely giving it another thought. She was doing a lot of auditions then, so one didn't stand out from another. Sometimes she'd get a callback, sometimes she wouldn't, and she'd forget she'd ever auditioned for the ones where she didn't.

She and her friend Jan Caruana auditioned for the same role, as a high school girl named Emma Gerber. Caruana and Drummond had known each other at university. But they had lost touch for a bit until recently, when Drummond had auditioned for a production of *A Midsummer Night's Dream* that Caruana was working on. They would solidify their friendship on *Mean Girls,* becoming best friends for the next two decades and counting.

Mean Girls was Caruana's first movie audition, with her first agent. For these smaller roles, Caruana figured the filmmakers were simply looking for someone with personality. She didn't know how she'd give it to them, but she hoped they would like her.

She entered the room and exchanged pleasantries. Then came the time to deliver her first line: "Regina George is flawless." She did it. But she said it with that Canadian long I. She knew she wasn't supposed to, but she was nervous, and it had just popped out that way.

Waters, now prepared for this, corrected her: "Oh, it's Re-GEE-na."

"Of course it is," Caruana said. "I'm so sorry. I'll do it again."

Second try: "Re-JY-na George is flawless." The long I popped out again. So did another word: "*FUCK*." There was the personality they were looking for. She got the job. Since it was her first audition, she thought it would always be this easy.

While Stefanie was out of luck for Emma Gerber, she did get cast as well. The filmmakers had loved her so much that they created a character named Bethany Byrd just for her, collecting some of the best lines in the script into one memorable secondary character who said things like "I can't help it if I've got a heavy flow and a wide-set vagina" and "I saw Cady Heron wearing army pants and flip-flops, so *I* bought army pants and flip-flops."

Clare Preuss knew exactly how she was going to bring personality to her *Mean Girls* audition.

In her everyday life, she looked like a classically cute 2000s white girl: short brown hair with a bit of curl, lightly tanned skin, and a smile full of perfectly straight, white teeth. She had a tendency toward sweet little dresses and simple T-shirts. She had to rough herself up for this one.

She showed up dressed just like the character she was auditioning for, Caroline Krafft, a girl on the opposing Mathletes team facing off with Cady on the final question at the climactic match. Preuss wore a Schregenberger family T-shirt—her dad's last name is Schregenberger—with a crest on it to mimic a school's crest. With it, she put on a plaid skirt and Oxford-type shoes. Because the character was supposed to look a bit unkempt, she put mascara on her upper lip hair and bushed up her eyebrows and made sure she had a little lipstick on her teeth, per the description in the script. Her agent advised her to go all out on this one because it had "kind of an *SNL* vibe."

The mood in the audition room matched hers: fun and playful. She loved Waters from the start. Her commitment won the day, and she easily snagged the role.

Erin Norah Thompson, on the other hand, was a bit worried about the role she was going out for in *Mean Girls*. Her agent had told her the role was known simply as "Jock Girl Dawn." This kind of generic role description wasn't entirely unusual for people like her in their early twenties auditioning for supporting parts. But the "jock" part had her a little concerned—she was a theater girl, and sports were definitely not her thing. Still, work was work. She went anyway.

She was shocked to see Waters in the audition room. For a two-line part called "Jock Girl Dawn"! Why was the director there? Still, she forged ahead with her plan: In her scene, she had to tackle a fellow student in anger, but obviously she couldn't tackle someone in the reading room. Instead, she delivered her line: "'Dawn Schweitzer has a huge ass'? Who would write that?" Then, when the reader, playing her classmate, answered, "Who *wouldn't* write that?," she gave the worst stink-eye she could muster, implying the force of a tackle.

Waters laughed. She nailed it.

He told her, "Do that again, hold the look for just a beat, and then take a step forward."

She followed his direction, adding a bit of a lunge to her stink-eye.

The reader jumped. Waters laughed again.

Thompson left feeling great. She had only recently signed with an agent, and now she had, she would soon learn, just booked her first major movie.

Unlike those who were at least slightly experienced in theater, Chris Anton didn't know what he was walking into when he showed up for the *Mean Girls* audition his small agency had sent him to. It was hard to know much ahead of time in those days, when Google wasn't what it is now, and neither was online news about Hollywood. You just had to go on whatever information your agent told you, which, in this case, wasn't much.

His line barely made sense. But he went in and delivered the words they'd given him: "Deke! What up, dawg?" That was it. He had driven into Toronto from the suburbs where he lived, where he was going to school and in grade 12, to say four words of nonsense. Just like every other audition he'd been on, it was quick: *Great, thanks, have a nice day, next!* Anton figured it had been yet another waste of time.

But then he got a callback! He'd never had one before. He was only seventeen.

When he returned and entered the room again, Waters said to him, "Okay, you ready?"

"No," Anton said. "I don't know what I'm doing. Like, what do you want me to do?"

"Oh, just the two lines."

"Two lines? I did one line." He wondered how he was supposed to know this second line. He was totally lost. He thought maybe this was some kind of Hollywood test.

"We're gonna do the wig line."

"Okay, all right, sure." Anton had no idea what the wig line was. Maybe this was showbiz jargon? He stood there silently.

"You know the line?"

"Honestly, no, I don't."

Waters understood Anton's confusion now. "All right. It's 'Nice wig, Janis, what's it made of?'"

Anton repeated it.

"Perfect, okay," Waters said. "We're moving on. Now we're gonna do 'Deke, what up, dawg?'" Waters started jumping around the room, like he was at the party in the scene.

Anton repeated it: "Deke! What up, dawg?"

"Okay, now do it over here!" Waters beckoned him. Anton repeated the line. Now over there. Anton moved, got into the party spirit, repeated it again. This happened over and over, a good fifty times or so.

Finally, Waters seemed to have had enough: "Great, perfect."

Anton went to his car and drove back home to the suburbs.

He forgot about the audition, and went back to his daily high school life and part-time job at a camping store. One day when he was at work, his mom's friend came in. "Your mom sent me," she told him. "She said you got the part."

"What?" he said. "What part?"

He was going to be in a movie. A big Hollywood movie.

In other auditions as well, over and over, Waters demonstrated that he was willing to work with the actors to get their best performance. He didn't mind the actors' ad-libbing, either—Dwayne Hill successfully riffed his way through his audition for sexually predatory sex ed teacher Coach Carr. ("Don't have sex, because you *will* get pregnant, and *die*!") Cook remembers laughing through that entire session. She also remembers cracking up during Julia Chantrey's audition for Amber D'Alessio, known for having made out with a hot dog. (Though in this early version of the script, she was actually known for masturbating with a hot dog.) "You couldn't help but laugh," Cook says.

When it came to *Mean Girls*, Cook knew she was in for a fun afternoon every time. She wanted to be there, working side by side with Waters. She already took pride in the work they were doing. As her career progressed, she'd always list *Mean Girls* among the films she was most proud of, along with John Cameron Mitchell's *Hedwig and the Angry Inch* and Guillermo del Toro's Oscar-winning film *The Shape of Water*. When it comes to *Mean Girls*, she says, "Not only do I see an impact, but it's such an honor to have been associated with it." Her choices of actors each had only a few lines, but, because those lines were so quotable *and* well done, they would become some of the most famous one- and two-line parts in movie history. She and Waters had accomplished that together.

When Rajiv Surendra got to Cook's Toronto waiting room for his Kevin G. audition, he found himself surrounded by about ten young Chinese men who were around his age, late teens and early twenties. He kept going over the lyrics for the rap he'd soon have to perform:

"Yo, yo, yo! All you sucka MCs ain't got nothin' on me . . ." He was conscious of how much he stood out in the room as a Tamil guy with deep brown skin, but he knew he could do the role. He had been training for this, and hoping for this.

He was a freshman at the University of Toronto studying art history, but what he was really focusing on was auditioning. And almost all of those auditions were for roles he thought of as the Stereotype. He would have to speak in an Indian accent and play a suspicious character (read: suspected terrorist) on an American crime show like *24*. Over and over and over again, there he was, doing the voice or acting shifty or both. It had gotten to the point where he wasn't sure he wanted to act at all, if this was what it was like.

Surendra had grown up in the Toronto suburbs watching films from the golden age of South Indian cinema—the 1950s and '60s—on VHS tapes with his parents, Sri Lankan immigrants. He admired these films because they had their own style; they didn't try to imitate Hollywood movies. South Indian filmmaking was its own world. Cinematography was paramount, and some of the movies heavily featured music, while others emphasized social realism. Satyajit Ray's *Apu Trilogy*, *Jalsaghar*, and *Charulata* are just some of the region's films that have been recognized as among the greatest of all time in the prestigious *Sight and Sound* critics' poll and had worldwide influence on the Western New Wave movement in the decades that followed their release.

Most important for Surendra, these were excellent films in which the casts were filled with people who looked like him, their deep skin tones warming the screen, even on black-and-white film. He wished he could be the star of a film like that, but he knew that wasn't a possibility for a brown-skinned actor in North America.

Still, he wanted to act. He had always been a class clown and loved to put on shows for his relatives. When he was in tenth grade at Wexford Collegiate School for the Arts in Toronto, he decided he wanted to be onstage. He had enrolled to study visual arts, but he got sucked into the school's well-regarded drama department. While he worked in the pottery studio, he would see the musical theater kids as they ran around, dancing and singing and seeming to have so much more fun.

When he switched from visual to performing arts, his fate was set. It was the kind of school where the performing arts kids often got agents, and Toronto was a hot spot for Canadian and American filming. He was now on a path to professional acting with appearances on Canadian teen shows like *System Crash* and *Radio Free Roscoe.*

This would prove a dicey career path for a kid from a conservative Sri Lankan Tamil family. As he began to go out on auditions for professional roles, he would read the scripts and think, *Oh, god, what are my relatives going to think if I get this?* He auditioned for the part of Kumar in the stoner comedy *Harold & Kumar Go to White Castle,* which would have been a game changer for him. He was a teenager, though, a freshman in college, so he was too young to play a college grad interviewing for med school. This was something of a relief. He wouldn't have to explain the movie to his mom.

He and his friends tended to get cast in projects that were barely seen publicly, if they were cast at all. The projects leaned toward straight-to-DVD movies, little-seen kids' shows, and TV movies of the week. Life was audition after audition. He had learned to keep his expectations so small that they were barely visible.

This audition for *Mean Girls* was different. It was a major Hollywood film. He had to set aside the thoughts his head kept spinning out—*Why am I here if they're looking for a Chinese guy?*—and focus on the task before him. *Just nail this rap. Nail these words.*

When he entered the audition room, it would be his second time there performing for Cook. The last time Surendra had been in this room, he had been reading the role of a snarky gay kid named Damian. He had been excited by how far it could take him from the Stereotype. But then he had frozen. He wasn't sure how to play Damian. A huge part of the problem was that Surendra was gay but not out. He had spent so much time in real life pretending not to be gay. He got tripped up in that Damian audition, dizzied by the levels of acting required because of his own circumstances: now he was pretending to be a straight guy pretending to be gay, but also trying to do a good job at it. Afterward, he wondered, as he later noted in his own memoir: "*Maybe I wasn't gay enough? Maybe I should have cocked my hip and fluttered my eyes a little more?*"

He was surprised when he got a callback for a different role. He was even more surprised when he heard the character's name was Kevin Ngor—a Chinese name. But it was a fun role, the cocky, rapping leader of the Mathletes. And it wasn't the Stereotype, so he was game. But he was not a rapper. And there were just *so many words* in this rap. "I'm a Mathlete, the nerd is inferred, but forget what you heard, I'm like James Bond the third . . ." He wasn't sure he could do it. But he sure wanted to.

When he got into the room with Cook and Waters, they explained that they had loved his personality from his Damian audition, which was (welcome) news to him. They said they were willing to change this character's name to Kevin Gnapoor to match Surendra's ethnicity if he nailed this next reading.

That is, the rap. Kevin's scene-stealing performance at the school talent show. *So many words. It's so fast.*

Surendra brandished his script pages, sorry he couldn't do it off book. He wasn't even sure he could do it *on* book.

But he went for it: "All you sucka MCs ain't got nothing on me . . ." It was hard to deliver a rap performance while reading off typed pages. He stopped. He started again: "All you sucka MCs . . ." Five stops and starts later, he had gotten through it, sort of. Mostly. He apologized. It was no use. He would just keep screwing it up. He left, defeated.

It turned out, however, that he'd judged his Kevin G. audition too harshly, just as he'd done before with his Damian audition. Cook loved him. She swears he did the rap well and that, more important, "he was adorable. You *wanted* him to do well. There's just something lovable about Rajiv." He was cute, with classical bone structure, prominent eyebrows, deep brown eyes, thick hair, and dimples. And Waters worked with him in the room, which was always a good sign when it came to this director. He could see when there was potential, even if the actor was a bit insecure, especially at this young age. Waters remembers Surendra making everyone present laugh.

He would be Kevin Gnapoor, free of the Stereotype—and in a major American film.

With that, the filmmakers had their high school class and their heroine. But they still had no Damian, no Plastics—and no Regina. The table read in front of Paramount executives—where they'd give their final go-ahead to the completed cast before everyone headed to Toronto for shooting—was fast approaching. In addition to the Regina conundrum, Damian, in particular, had become a problem. No one seemed to live up to Fey's vision of Damian, but someone was going to have to do it. She'd take until the last minute possible to decide, while someone else in a key role would be unexpectedly fired before making it to Toronto for filming.

CHAPTER 4

You're, Like, Really Pretty

×

Finalizing the Cast

Rachel McAdams had been among the actresses who auditioned for the role of Cady Heron back when Lindsay Lohan had been the film's presumed Regina George. And when McAdams read for director Mark Waters at that time, he did something unusual. Right there, in the room, he said to her, because she was too worldly for Cady at the age of twenty-five: "You're not going to get this part. But I think you're a movie star. And I just hope to work with you in some other projects in the future. Because this one's not for you."

"I know," she said good-naturedly. "I know I'm too old, I get it."

McAdams had wanted the job. When she had first read the script, she had called her agent and said, "I will play any part in this, please, please, please."

A competitive figure skater as a child, McAdams turned to acting in local productions in her teens. She had recently graduated from the theater program at York University in Toronto and subsequently starred on Canada's *Slings and Arrows,* a prestige dramedy about a Shakespearean acting troupe. She'd also gained notice in America as a teenager who swaps bodies with a criminal played by Rob Schneider in the comedy *The Hot Chick.*

Waters auditioned McAdams in Toronto, where she lived, when he was attending the readings for the high school parts. Canadian casting director Robin Cook knew McAdams from previous local castings. Cook had, in fact, helped to cast McAdams twice before. First, she put the actress in an MTV project called *Shotgun Love Dolls,* playing an ordinary teen who is zapped into another dimension, where she is a member of an all-girl crime-fighting team. Then Cook had gotten her cast in *The Hot Chick.* The American production had put out a wide casting call, and Cook had put McAdams on tape in her Toronto office to send to the producers in Los Angeles. Since then, Cook had believed, as Waters would come to believe, that McAdams was a star.

However, with no role to offer her in *Mean Girls* at first, Cook and Waters had both figured they had to let her go be a star in some other movie.

Meanwhile, Los Angeles casting director Marci Liroff was still working on the Regina George problem. It was proving difficult to find someone with the power and force to play Regina. This difficulty testified to Regina's complexity. Female teen movie villains had historically been relatively mild (is Amber in *Clueless really* bad?), vapid (Taylor in *She's All That*), or, bafflingly, so hot we simply weren't allowed to like them (Caroline in *Sixteen Candles,* also punished in the film with a casual sexual assault). Regina was something else altogether: terrifying because of her wiles, yet a touch sympathetic as she loses her power, and ultimately redeemable. If she's shallow, it's because she's figured out what the world demands of her, and she's playing her shallow qualities for power.

Liroff would watch McAdams's audition tape over again, wondering if McAdams could fill one of the other parts. The actress had bright blue eyes, dimples, and milky skin, along with a movie star glow. She was impossible not to watch. Though she was twenty-five, Liroff thought, *If you squint your eyes, she could probably play young enough.*

Liroff imagined casting the Plastics as a game of checkers. She'd have to move them around on the board until they landed in the right configuration. Since she had moved Lohan into the Cady position, could McAdams go in the Regina slot? Suddenly, it seemed obvious. McAdams made so much sense there. She needed to read for that, even though it was so different from how people had seen McAdams so far—as the sweet ingenue, not the villain.

The filmmakers were beginning to realize they'd have to start thinking beyond their own initial expectations as they rushed to fill the cast with just weeks to go before production was set to begin in October. In fact, they would have to change their conception of every remaining role in some fundamental way to end up with what became an exceptional ensemble.

Liroff and Waters brought a handful of actresses in to test as Regina with Lohan as Cady, including McAdams. Waters knew McAdams would crush it, but something even more interesting happened when the two actresses came together. Not only did McAdams inhabit the lines perfectly, she also seemed to intimidate Lohan. She was older, she had gone to theater school, and she had recently finished shooting a weepy adult drama called *The Notebook* that wasn't out yet but had everyone in town talking. She was verging on stardom, and it was emanating from her. This fascinated Waters. In his experience with Lohan so far, she usually dominated everyone, commanded a room. When she was with McAdams, that changed.

In the end it came down to two actresses who had tested for Regina: McAdams and the younger Amanda Seyfried, who was seventeen like Lohan. But Waters couldn't resist the dynamic he'd witnessed between Lohan and McAdams.

When Sherry Lansing saw McAdams as Regina, she fell in love with the actress. She thought McAdams would make the perfect Queen Bee. She was "rivetingly beautiful," Lansing remembers, and "such a good actress."

One of Lansing's executives protested that McAdams was too old. "Let me explain something," Lansing said. This age discussion made her tense. At nearly sixty, it seemed absurd to her. "She doesn't look twenty-five. So I don't care how old she is. I don't care." But, the executive said, what if it got out that McAdams was older? "What difference does it make if it gets out?" Lansing said. "She's perfect."

Daniel Franzese, meanwhile, had killed at his audition . . . in the waiting area *outside* the room where casting for *Mean Girls* was happening. Franzese was there because the role of Damian remained vacant—and frustrating to fill—so writer Tina Fey and director Mark Waters were squeezing him in, hoping he'd be the one.

Franzese held court in the waiting area, where Seyfried, still in her teens and hoping to land her first movie, was about to audition a second time, screen-testing for Regina before they had decided for sure on McAdams. Fey and Waters joined Franzese and Seyfried to make idle chitchat as the casting folks set up the cameras inside the audition room. Seyfried asked Fey whether she should wear the maroon shirt that she'd brought along for her screen test or the tan one. Franzese, a wise and confident twenty-five, interjected: "I'd go with the merlot."

Franzese chatted up Fey and Waters with ease for a good twenty minutes. *Yeah,* Waters thought, *this guy's great.* He seemed like the answer to their Damian problem. They wanted someone naturally likable, snarky but not bitchy, a little awkward, a little vulnerable, and very fun. They didn't want someone to play the Gay Kid. They wanted someone to play Damian.

When the room was ready, Seyfried went first and nailed it. Fey and Waters loved her, even though they'd ultimately cast McAdams as Regina. "She was freaky," Waters says of Seyfried's approach to Regina. "She did a whole different take on it. It was kind of like this weirdly spooky girl who just had strange thoughts. She had this inner life." Producer Lorne Michaels actually preferred her for the role of Regina but was outvoted in the end.

Then Franzese came in to read and bombed. All of the personality they'd just seen in the waiting room had evaporated. Where had that funny, confident, easy-to-talk-to guy gone? Now he seemed to be just playing a character, but they'd liked the real guy better.

Damian had become a problem. Liroff had found one kid she loved named Cole Williams, with spiky blond hair, blue eyes, and a killer smile—Leonardo DiCaprio if he were in a 2000s boy band. (Williams was also a piece of Hollywood trivia, the son of songwriter Paul Williams, known for the Carpenters' hits "We've Only Just Begun" and "Rainy Days and Mondays.") But the others on the *Mean Girls* team weren't on board with Williams.

The table read was coming up in Los Angeles, and they had to make a call. The filmmakers and executives debated among themselves and with outside confidants. Paramount executive John Goldwyn insisted, "He can't feel like a club kid." They didn't want Damian to be too cool, which could have been a problem with Williams.

Fey was having trouble because she had such a clear idea of the character in her head. She told her friend Damian Holbrook, the inspiration for the character, that she'd met this guy she loved. He was sweet and Italian, perfect for the part. "That's not exactly me," Holbrook said. He was neither sweet nor Italian, but he knew casting was all about gut feeling, not a literal match.

Franzese really wanted the role, which could have been what threw him off. He wouldn't have been the first amiable actor to choke on nerves at the crucial moment. "This was the first time I ever read a gay character who was able to live through a whole school year without ever feeling like he was going to be hit on the back of the head," he later said. "There was something about that which really spoke to me; it felt like it was really pushing the envelope." Damian would be a dream role for him. Franzese was gay but not out, while this character owned his identity so confidently, and in high school, no less. Gay teen characters up until this point had been traditionally closeted, tragic, and bullied, if they showed up at all.

Franzese seemed like the obvious choice, except for that one tiny matter of bombing his audition. He also hadn't read with any of the other actors to check for chemistry—most important, Lizzy Caplan, whom Waters had recently settled on as Damian's best friend, Janis. Her role presented its own share of challenges. She'd have to sell audiences on the idea that her character was not supposed to be the villain here, even though she did some pretty questionable things. Upon meeting Cady and being told her name is pronounced like "Katie," Janis declares that she plans to call her "Caddy." (This is, it must be said, a funny play on the word "catty.") She introduces Damian as "almost too gay to function," which he seems to be okay with but is not an ideal way to present your best friend to someone new. She goes on to explain to Cady that Regina George is a "selfish, backstabbing, slut-faced ho-bag." She drives the entire plot by using Cady as a pawn in a scheme to psychologically torture Regina.

But Caplan presented as sharp, smart, and sarcastic in her audition, someone to root for. She had a star quality that would make Janis likable no matter what she did. The filmmakers hesitated to cast Caplan for only one reason: she was so "uncommonly beautiful," as Liroff describes her. With thick brown hair that contrasted with her light skin, and perfect bone structure, she looked like she could be a Plastic. Would anyone believe her as an outcast?

When Waters confronted her about this problem in the audition, she shrugged. "Look," she said, "I'll goth myself out." She said it with such confidence that he believed her. The fact was, she knew how to inhabit this girl more than it may have seemed on the outside. She loved Charles Bukowski and had dyed her hair black in high school. She would happily dye it again and flat-iron it into wild spikes to get this job. He'd see for sure if it worked when she showed up for the table read. Some other genuinely appealing actresses had read for the part, including America Ferrera and Kat Dennings, but Caplan snagged it in the end.

Even with all of that mostly settled, Liroff still had huge parts to fill. She had yet to find the right combination for Regina's two Plastics sidekicks, Gretchen and Karen.

The casting director felt like she had read every age-appropriate actress in town for Gretchen, Regina's high-strung second-in-command, and still had not found the right girl, even as the table read approached. Further throwing the casting off, the script described her as "gangly." Liroff had to abandon that particular idea quickly in hopes of getting the right actress. Ashley Tisdale, Vanessa Hudgens, and Mary Elizabeth Winstead tried out but still weren't quite right. The character "has a specific timing in terms of comedy," Liroff says. "And she's this wannabe. It's a fine line to play."

Liroff didn't know what she was going to do until Lacey Chabert walked into her office. Chabert didn't think she was right for the part at all, given the physical description. Chabert had a petite, five-foot-two, hourglass figure. But she said of the character, "I loved how insecure she was. For me, the comedy came in her trying so desperately to please everyone and fit in and having no clue of her own identity."

Born in Purvis, Mississippi, Chabert came to her *Mean Girls* audition at age twenty with an already-packed résumé. She had appeared in the movies *Lost in Space* and *Not Another Teen Movie,* but she was best known as the youngest sister on the orphan drama *Party of Five.* Before her *Mean Girls* audition, she had rarely displayed her comedy skill. Most of her work had leaned dramatic, especially given the melodrama of *Party of Five.* As Gretchen, she would deliver some of the movie's best lines, as well as its most famous: "That is so fetch!" As Regina's gossipmongering confidante, she's key to the movie's success.

She was a revelation in her *Mean Girls* tryout.

Liroff could immediately see that Chabert understood the complicated role and was a gifted comedic actress. The casting director tingled with excitement as she packed up the audition tape to send to Toronto, where Waters was prepping for production, and she was tortured by the three days it would take to get to him. Once he saw it, he immediately agreed. He had never considered anyone else seriously for the role, but Chabert *was* Gretchen.

They cast Chabert in late September 2003, with an October start date for the production looming. Liroff still needed to cast the role of Karen at that point. Leighton Meester, Haylie Duff, Kate Mara, Blake Lively, and Megan Fox had all auditioned, but none felt quite right. Lively was the most likely candidate at that point, but Liroff was moved to keep looking.

Waters kept returning to Seyfried, who had a quality he wanted on-screen. And Michaels, who had loved Seyfried's tape, put the pieces together. As the filmmakers talked about Seyfried yet again, he said, "What about the dumb girl? Do you think she can play that?"

When they brought Seyfried back in to read for Karen, everything fell into place. That "spooky thing" Waters had seen her bring to Regina carried the character of Karen to a whole new level of hilarity. "Nobody else had kind of found that weird airy thing she had," Waters says. "That was perfect."

The filmmakers saw interesting potential in casting her as the dippy Karen Smith. It took a smart actor to play a character who claims to be able to forecast the weather with her breasts and who has to deliver lines like "If you're from Africa, why are you white?" As Liroff says, "You'd think when you cast a dumb blond that you should cast an actual dumb blond. And it doesn't really work that way. You're meant to find someone that is incredibly sharp so they can actually play that." Seyfried would be joining a character lineage that stretched from Marilyn Monroe to Reese Witherspoon's stereotype-upending take on the trope in 2001's *Legally Blonde*, even channeling Monroe specifically to come up with Karen's whispery voice.

Seyfried grew up in Allentown, Pennsylvania, where she'd just graduated from high school. She had modeled as a child, in a campaign for Limited Too and on young adult book covers. "You've got to picture a ten-year-old wanting to be Cindy Crawford," she said of her modeling career. "I didn't know what that meant. I just knew it seemed very glamorous and fun and people made you look nice and you got to wear pretty clothes." She also did local theater, and because New York City was less than two hours away by bus, she started going to more professional auditions. She landed on the daytime soaps *As the World Turns* and *All My Children*. Her character on *All My Children* had been shipped off, and Seyfried had been fired, only weeks before she auditioned for *Mean Girls*.

She connected to the idea of Karen because she herself had often played dumb during her high school years, finding it an effective way to steer clear of exactly the kind of girl drama depicted in *Mean Girls*. (This brings up a tantalizing alternative read on Karen: Could she have been playing dumb the whole time *on purpose*?) Seyfried was planning to start college at Fordham University that fall, and even tried to go to one class, which she couldn't find because she'd rushed straight there from her *Mean Girls* audition. She gave up after fifteen minutes and went home, then got the call offering her the role of Karen later that week. She put off higher education, never to return. She would land two major television roles, on *Veronica Mars* and *Big Love*, soon after *Mean Girls*, and her career grew from there. "My life turned in a day, an hour," she later said.

Franzese flew to Los Angeles for the first full-cast dinner and table read, even though he had still not landed the role of Damian. He had gotten a call on a Sunday from the casting office: "Monday we're going to fly you into L.A., you're going to have dinner with Lorne, Tina, and the cast. You're going to the table read but you *don't* have the part yet."

Everyone else who would be there had landed a role in *Mean Girls*, contracts signed. But Franzese was flying out for another shot at an audition, albeit a much-higher-pressure one. This time, he would be trying out for the role *while reading the script with the rest of the official, set cast, in front of Paramount studio executives.*

A table read is the first time all of the core cast members gather to read through a script. They usually sit at long tables set up in a square so everyone can see each other. It's often a higher-stakes event than it may seem. It's not just a chill form of rehearsal. Actors can be replaced, and entire productions can even be nixed in some circumstances if things don't go well.

A limo picked up Franzese, McAdams, and Seyfried, the out-of-towners, at their hotel and drove them to the Paramount lot. The core cast gathered in a cavernous conference room at the Paramount office. There they all were: Lindsay Lohan, as well as Franzese's heroes from religious *Saturday Night Live* viewing, Tina Fey, Amy Poehler, Tim Meadows, and Ana Gasteyer. Franzese instantly sparked with his most frequent scene partner, Lizzy Caplan. Definitely a good sign. She had arrived at the reading completely gothed out, as promised, and she was convincing.

Franzese took his seat between her and an actor whose face was obscured by a ball cap and a scraggly beard, a Starbucks cup in front of him. This guy, who was Canadian but was acting very Hollywood, was playing Aaron Samuels, the boy Cady and Regina fight over. His vibe was already annoying Franzese.

The importance of the event was underscored by the presence of Paramount CEO Sherry Lansing and other studio executives, as well as producer Lorne Michaels, sitting on the sidelines, watching it all.

Waters and Liroff huddled with the cast beforehand. Waters warned them: Michaels throws out sketches every week at his TV run-throughs. He'd have no qualms about eliminating an actor or two from this cast. The actors *had* to bring everything they could to this performance, even though they were sitting down and were out of costume. The actors had to speak up, act, give it their all. "Amp up your performance," Liroff remembers telling them. Franzese heard this loud and clear: this was his make-or-break moment.

Liroff and Waters also advised the guy playing Aaron to take off his baseball cap. "We need to see who you are," she said. "We'd really like to see your face, you know, because you're so beautiful." He kept the cap on anyway. (No one involved will name names in the retelling, wary of trashing an actor who isn't well-known and may have changed since: "You wouldn't know him by name now," Liroff says. "However, he did go on to work, mostly in television.")

As the reading began, Franzese knew his moment was coming soon. He had this. Depending on the version of the script they used at the time, his first line may have been asking Cady about her lip gloss, or, in a subsequent classroom scene, expressing admiration for Cady's natural hair color, or something else altogether. This line was revised heavily throughout the process. Damian and Janis meet Cady in homeroom, his first chance to banter with Caplan. She had the first several lines of their shared screen time. "You don't want to sit there," Janis advises Cady, who is trying to find a place in the homeroom seating hierarchy. Damian looks on, laughing, as Janis advises Cady away from a spot that will require her to carry attendance sheets to the office every day and another spot behind a guy who farts a lot.

Then comes his famous introduction from Janis: "This is Damian. He's almost too gay to function."

They were killing it together, and Franzese knew it.

His momentum lifted. He got the most out of every funny line. He managed to make Michaels do a spit take. "Even when my character wasn't on-screen I was still in character, really trying to give one hundred percent," he later remembered.

He had impressed Waters. "He came in there and stole it," Waters recalls. "He was so big. He was sitting at the table like *Mean Girls* was a movie about Damian. And he just crushed it."

They had their Damian.

Actor Neil Flynn was also auditioning on the spot, though he didn't know it. The Canadian actor set to play Cady's dad had dropped out, so at the last minute, Flynn, then known for his role as the pathologically deadpan janitor on *Scrubs,* stepped in to sub for just the table read. A friend of Fey's from their ImprovOlympic days in Chicago, he'd also worked with Poehler as well as with Fey's future husband, Jeff Richmond. Flynn loved doing table reads. He had done a few for Fey's former *Saturday Night Live* colleagues Adam McKay and Will Ferrell. "It's an easy thing to just sit around and read," he says. "And it's fun. It's a new project, and you're getting your first look at it."

The script impressed Flynn, though he wasn't surprised, given that Fey had written it. He wished them luck as they headed off to Canada to begin shooting.

Then he got the call: he was so perfect as the guileless father that they wanted him for the part. He was heading off to Canada, too.

As for that guy playing Aaron Samuels, he mumbled through the entire reading. He didn't perform. The reading hadn't even ended before Liroff started going through her mental Rolodex to figure out who was next in line for the role. She knew he wouldn't survive the day. Against all odds, this had never happened to Liroff; in all her time as a casting director, she had not lost an actor to a bad table read. Luckily, the rest of the cast had gelled perfectly.

When Michaels and Waters approached her after the read ended, she knew exactly what they were going to say: "Okay, who's next?"

The actor didn't even get to the parking lot before he was replaced with the dreamy Jonathan Bennett.

The way Liroff tells the story, Bennett had auditioned in Los Angeles on a day when Fey and Poehler happened to be in town. Waters invited them to sit in on the casting sessions. They looked on as he read lines with Liroff. Fey liked the actor right away because he looked a bit like her *Saturday Night Live* costar and "Weekend Update" coanchor Jimmy Fallon. She thought he was also funny and cute.

After he left the room, Liroff swooned a little: "Whoa," she said, "oh my god."

Waters, however, felt differently: "No fucking way." This guy had to be hot enough to be worth Regina and Cady's epic fight that sends the entire school into chaos. Hot enough to derail Regina, hot enough to cause our heroine to pretend to be bad at math and sell her soul, hot enough for us to forgive her for doing those things. Waters, who had a good eye for casting but who was, after all, still a straight man in the end, didn't get it.

He and Liroff loved to have heated debates over actors, so their sniping over Bennett wasn't unusual.

Then came a voice from the sofa: "Excuse me!" Poehler called.

Waters continued. "I don't think he's hot enough."

"What?" Liroff said. "Are you kidding me?"

Poehler tried again: "Excuse me, Mark, but the vaginas on the couch think he's very hot."

The women's vote counted for something, but it didn't count for everything. Thus, Jonathan Bennett ended up second on the list for the role, and first for the role once Ball Cap Guy was fired. Waters *had* loved that Bennett managed to make Lohan blush on cue during his screen test with her, and, in the end, the director felt lucky that Bennett got the part because of his undeniable chemistry with Lohan.

Current and future heartthrobs Penn Badgley, Jared Padalecki, and Max Minghella had auditioned as well, but Bennett would be the one to inhabit Aaron Samuels. He didn't even read the full script until he was on the plane on his way to shoot in Toronto.

That settled, the filmmakers, cast, and crew could turn their attention toward the critical task at hand: creating Girl World and the Plastics who ruled over it all. If that part of the movie didn't work, the rest was useless.

CHAPTER 5

On Wednesdays, We Wear Pink

×

Making the Plastics Happen

Regina George's image towered over the production of *Mean Girls* like a giant, supercilious Barbie doll, glaring down at her kingdom and casting judgmental looks over all who were working to make her Girl World come to life. Cady may have been the main character, but the aesthetic was dictated entirely by Regina. She demanded to be honored with the right sets, clothing, hair, makeup, lines, and scenes. Everything about Regina was a big, dramatic deal. The character preoccupied the crew like she preoccupied all of North Shore High.

And there were two major factors that made Regina. One was her hair. On the first day of the two-month production, which began on schedule in the fall, they shot the scene when the Plastics drive up to Regina's twenty-thousand-square-foot Greek Revival house in her silver Lexus SC 430 convertible. (Movies often shoot scenes far out of the order in which they appear in the script, especially movies like *Mean Girls* whose schedule is more dependent on location availability.) Three separate houses stood in for Regina's, and this one, which they shot for its exterior, was in the Bridle Path neighborhood, an upscale area in Toronto known for multimillion-dollar mansions.

It marked the first time actress Rachel McAdams wore Regina's long, blond wig on camera for director Mark Waters to see. The $10,000 hairpiece, which parted on the right side and fell in perfectly straight golden curtains down to her middle back, was handmade for the occasion by a famous wigmaker in Stratford, Ontario, a town known for its theater industry.

Waters, however, was not impressed. As soon as he saw it, he marched over to hairstylist Carol Hartwick, flustered. "Carol, Carol, Carol," she remembers him saying, "I hate it."

"What do you mean, you hate it?"

"I *hate* it," he said. "It looks like a wig."

She laughed. "Well, it *is* a wig."

"I don't know what to do, but, Carol, *please* fix it," he begged.

Waters knew the success of a movie depended on the details. Bad hair could be the difference between becoming a punch line and becoming a movie people wanted to watch over and over again. And the Plastics in particular were very much about such details.

Hartwick sat McAdams down nearby and gave her wig a hard look. She determined the hair was just too neat, too perfect. She put her hands through it and loosened it up all over. She assessed her work: "That's it, that's it, don't touch it. Okay, let's roll cameras!"

The second thing that made Regina was her bedroom.

Inside Regina's house was the production's greatest monument to Regina George. In the film, Regina tells Cady that she kicked her parents out of the master bedroom and took it for herself, and it shows. Production designer Cary White wanted her bedroom to reflect that level of power, her teen-royalty status. His major aim with *Mean Girls* was "to create a contrast between the real people, like Cady's family, and the 'plastic' people, like Regina George and her mother and the mean girls," he says. "She was the Queen Bee and the bedroom was her domain, her den. She was teen royalty. Everything in her room had to reflect that status and her attitude."

As set decorator Patricia Cuccia said of Regina's bedroom, "We were just trying to make it ridiculous, because she had so much money. It was like the things all the girls have, but the rich-person version of it."

The location used for Regina's room was near Burlington, Ontario, just outside Toronto. The concept, according to Cuccia: "If you could have anything, if you were that spoiled, what would you have in your room?" The result celebrates all things girly: the pink sectional seating came from Roche Bobois's Mah Jong collection, an iconic, avant-garde line dating back to 1971; her brass bed was hand forged, with a hot-pink canopy that stretched up into the ceiling's recessed lighting, with gold lettering spelling out PRINCESS above. Her room reads on film as an explosion of the movie's signature color, pink, but Cuccia says it was more of a brownish mauve shade on the walls. When she first saw it, she worried it wasn't bright enough. But once the pink furniture and accessories were in place, they screamed pink as a unit.

Regina also had Coldplay posters on her walls, which might have been easy enough for a real girl, but, Cuccia says, was a very big deal from a set decoration perspective. The band, along with Radiohead, has become notorious for not allowing their posters to be used on many sets. But Cuccia caught Coldplay just early enough in their career to snag the rights to their posters for *Mean Girls*. Perhaps the band, too, was awed by the power of Regina George. Next to Coldplay, Regina also had a large poster of the pop-punk singer-songwriter Avril Lavigne, a spot-on choice for a teen girl in 2003, and a nod to their Canadian location.

As plush as Regina's room looked on-screen, several even more luxurious features never made it into the final cut of the movie, like a private patio, a wall-mounted TV, and a sprawling en suite bathroom that the crew would cram into while shooting.

As the cast reassembled in Toronto to begin shooting in the fall of 2003, Girl World and Regina were top of mind, creations that had to hit just right. Waters, his crew, and the actresses would have to give their all to making the Plastics pretty enough, intimidating enough, and enviable enough to drive the plot. It was hard work to shine that bright.

The Plastics may have gotten the royal treatment at North Shore High, but the actresses who played them had to settle for a little less off set to honor the film's modest $17 million budget.

All of the Plastics except McAdams, a local, stayed in the same hotel along with the other Americans—Tina Fey and the adults, Lohan, Jonathan Bennett, Lizzy Caplan, and Daniel Franzese—and these were not luxury accommodations. The fire alarm would go off almost every night for some reason or another, never because there was an actual fire. But they had a good time anyway.

"We killed Toronto," Seyfried said. "That Sutton Place was just a real shithole at the time. But that bar was great. We were way too young, having way too much fun." Seyfried, there to make her first movie, looked to Lohan, the dominant one, the alpha, for cues. She later said Lohan was "in the middle of the whole thing" and "created a really fun vibe."

For most of the Plastics, the experience was like a dream summer camp. They hung out in hotel rooms and trailers with Amy Poehler and Tim Meadows, dined with Fey. Meadows took the kids to a Chris Rock comedy show. Only after he had gotten the tickets and brought them all to the show did he think, *Are they old enough to actually see this?*

McAdams kept mostly to herself and went home at night, giving her a remove from the others that was Regina-like, though in her case it wasn't because she was a snob. She was simply older than the other girls and a local with a life of her own. When she did stick around, she meshed more with the adults among the crew than with her costars because she was so much older than the mostly high school–age cast members. She'd often join when Waters took editor Wendy Greene Bricmont and others working behind the scenes on the film out for drinks at the end of a workweek but rarely socialized with the teens.

What the production saved on hotel bills, it spent on costuming the Plastics, which was critical. Lohan, for instance, had a whopping fifty-six costume changes throughout the film—a lot for a standard movie, and on par with fashion-forward teen movies like *The Princess Diaries* (fifty changes for Anne Hathaway's character) and *Clueless* (sixty for Alicia Silverstone). The Plastics' costumes weren't high fashion, but that was one major factor they had going for them. They were accessible to the masses of mall shoppers who would become *Mean Girls* fans, so they would help to define the look of the everygirl of the 2000s: miniskirts, cropped sweaters, tight T-shirts, heels, and loads of lip gloss.

Though costume designer Mary Jane Fort had to dress everyone in the cast, she began her work with the Plastics and prioritized them. In conceiving the Plastics' look, Fort thought hard about why everyone in school might want to be these girls. Around that time, she visited Dylan's Candy Bar, a New York City candy store decorated in bright rainbow colors, with shiny plastic fixtures full of every kind of sweet. "The blue candy and the shiny candy and the sparkly candy," Fort says, describing the store landscape. "You don't even know what they taste like, but they look great. It was just so pretty and over-the-top." Dylan's had become an unlikely celebrity hot spot at the time, largely thanks to its founder, Dylan Lauren, daughter of designer Ralph Lauren. As Fort roamed the aisles, she thought, *That's what these girls should look like—everything in these cases.*

Then she considered the era when everyone really *dressed* to go to school. The girls painted their nails and curled their hair, not unlike the girls in *Queen Bees and Wannabes* with their rules against wearing ponytails more than once a week or jeans at any time other than Fridays. To her, the peak of that attitude came in the 1950s, when girls in particular would think hard, in advance, about what they were going to wear to school each day, and would make sure it was tailored and pressed and perfect. That, too, provided inspiration, along with the more modern influence of Dylan's.

Though Fort would be in charge of dressing the entire cast, she had to make the Plastics stand out among their peers. She'd turn their colors up a little brighter, make their skirts a little shorter, make their heels a little higher, ensure their makeup was more polished. Plastics didn't repeat pieces as often as their classmates. "They were just a shined-up version of the other kids in the realm," she says. They dressed more "name-brand," though Fort says, "I never talk about a brand because it takes away from the world of what the costume is." Fort prepped the wardrobe in Los Angeles, so she shopped lots of L.A. boutiques. She imagined the Plastics, she says, would shop at Oakbrook Center, an upscale outdoor mall in a suburb neighboring Evanston, where the movie is set.

Fashion played an unusually large part in the plot and humor of the film, especially when it came to the Plastics. Cady, Janis, and Damian cut holes in Regina's tank top to mess with her, for instance. When she wears it anyway, a sign of her extreme confidence, all the girls in school mimic the look, cutting boob holes in their own tank tops. And then, of course, there is the famous *Mean Girls* edict: "On Wednesdays, we wear pink." The funniest iteration of this comes on Cady's first Wednesday with the girls, when, in a pinch, she has to borrow Damian's pink polo shirt, which hangs off her small frame.

Hair would be big, too, literally and figuratively. As Damian says of Gretchen, "That's why her hair's so big: it's full of secrets." Chabert wore a three-quarters wig to make that big hair happen, pumping up her naturally fine strands. When it came to Regina, "Rachel's wig is a giant character in the movie," Lorne Michaels said, underlining why Waters was so fixated on making it look good. As Regina loses her glam-infused power over the course of the film, she wears her hair up more and more. Hair is power in Girl World. As Lohan's character transitioned from regular girl to Queen Bee, she asked for hair that looked like that of the ultimate hair icon at the time, Jennifer Aniston. Lohan's would be a longer, redder version, with extensions, of Aniston's famous layered look as Rachel Green on *Friends*.

Lohan tried to take charge of her look in other ways, too. She obsessed over finding pink Ugg boots, the height of trendiness at the time. She had to wear a pink pleated skirt in the wonderfully slapstick scene when she falls into a garbage can upside down, her legs exposed and kicking, and she was certain she needed pink Uggs to complete the look. She scoured the internet for them, but Uggs were still too cutting-edge to find there, and online shopping wasn't what it is today. She had also begun applying Swarovski crystals to her cell phone. The role was infecting her real life: "It was somewhat Method," she said later, laughing at the memory. She ended up wearing pumps, not Uggs, in the scene. Fort never knew about the Ugg plan.

Lohan's character, Cady Heron, narrates the story and is the one we're supposed to root for. Cady, naïve about the cliques that govern school relationships, is quickly taken in by outcasts Damian and Janis, but Regina lures Cady into her orbit, having pegged Cady—a babe despite her baggy clothes and ponytail on her first day of school—as a potential threat, one Regina wants to keep close.

Janis and Damian form a plan for Cady to "spy on" the Plastics and take Regina down from within by undermining her with her minions, Karen and Gretchen. At first Cady resists, having experienced Regina as friendly. Shit really starts to go down when Cady sparks with Aaron Samuels, Regina's dreamy ex; Cady joins Janis and Damian's anti-Regina campaign when Regina says she'll help Cady with Aaron, then kisses him in front of Cady instead. The scheme eventually turns Cady into a vain, vapid monster herself—one who obsesses over lip gloss, smells like "a baby prostitute" (as Janis cracks), and pretends to be bad at math to get a boy's attention. The climax brings a showdown over a "burn book" Regina keeps, a scrapbook of insults aimed at all of her classmates.

Cady also undergoes a dramatic style transformation as she transitions from new girl to Queen Bee. In the beginning she doesn't understand the intricate fashion rules involved in being a popular high school girl. "When you meet Cady, she's a cute young girl but has never been in a world where you did anything other than buy a cute pair of jeans and a nice blouse and some boots," Fort says.

Fort envisioned Cady's mom going along with her increasingly short skirts and midriff-baring tops because she was so trusting and wanted her daughter to fit in. Fort figured Cady's mom would say, "If you need this to make you feel secure, sure, let's go get that." Fort says of Cady's yearning to be more like Regina, "She gets sucked into that, and it's something I think everybody in life goes through at some point, where you think this is what you want, and you're gonna start acting the part, and dressing the part."

Lohan felt this pressure, too. She embraced the glam-mall look of the Mean Girls; she couldn't wait to get out of the baggy shirts and jeans of the early scenes and "get into the foxy Juicy Couture," according to Fey. Lohan would constantly rush to wear pieces meant for later in the timeline or vamp up her hair when it was still supposed to be straighter and simpler. The wardrobe, hair, and makeup people had to keep pulling her back. Waters constantly fought to stop her from curling her hair too early in Cady's metamorphosis.

"You can't curl your hair until you've transformed into the Queen Bee," Waters explained to her. "You have to have your hair either tied back or just straight. We're going to subdue you, so you have somebody to become later." This was the *Mean Girls* edict. Hair was power.

Once, they shot half a scene with her hair straight, as planned. They broke for lunch. She snuck off and curled her hair. When they resumed shooting, Waters was pulling his own hair out, though he maintained his usual calm. "Lindsay, what are you doing?" he asked. "We can't shoot the scene with your hair curled. We already shot half without it."

She started crying, then returned to the makeup trailer. Word came back from hair and makeup: "Well, we need an hour now, because you made her cry." All Waters could do was laugh. This teenage girl just wanted to look pretty. He understood that impulse, and he knew Lohan's strong personality all too well. It was what made her so compelling on-screen. "She is watchable," he says, "but she's also a handful. The movie wouldn't be successful without that energy."

Lohan was very much in her "I'm Not a Girl, Not Yet a Woman" phase on the set of *Mean Girls*. Her talent could cause the adults around her to forget that she was a kid—until she acted like one. "She's not a weird robot child actor," Fey said after observing her on set. "While they were adjusting the lights, Lindsay could be on her cell phone talking to her mom and chewing gum. Then as soon as 'Action!' was called, she was completely in the scene. Only a kid can do that."

Lohan brought a depth to the role she hadn't quite tapped in her previous work, and that was due to her increasing maturity. When Waters told her that he wanted her to stretch, she shrugged and simply did it. "She was very skilled in the sense that, if you asked her to do something specific, she could just nail it," Waters recalls. "I mean, she was just immediately able to translate anything you said. It'd be like: *Boom, here it is!* Like a gymnast."

As the clear, solo star of the film, Lohan became the center of attention. On film shoots, the first name on the call sheet—the daily filming schedule that lists cast members, traditionally, in order of prominence—often sets a tone for the production. And she was still finding her way as a star while also juggling her continued high school studies. She'd been home- and set-schooled since the middle of her sophomore year and was now racing to finish her senior year early.

Though she later became known as difficult to work with, and some of the *Mean Girls* cast and crew report minor challenges (like the hair debacle) working with her, Lohan also had staunch admirers on the set. She was paid a reported $1 million to star in *Mean Girls*, and Fey felt she was worth it. "She carried that movie," Fey said. "I would watch Lindsay to learn what it is to be a film actor," Fey said at another time. Hairstylist Carol Hartwick had an especially good relationship with the star. Hartwick thought she was "an absolute sweetheart who needed strong parenting, somebody to lean on and support her."

Lohan had a parent with her on the set perhaps once, according to several of the cast and crew. Some don't remember seeing her parents, Michael and Dina, at all. As a minor, Lohan should have been accompanied by a guardian, but she was largely left on her own and forced to stand up for herself when, for instance, the production day threatened to spill beyond the legally allowed limit for child actors (eight hours per day in both Canada and New Jersey). She had a friend working as her assistant, and the friend was just old enough to serve as her official guardian, though she wasn't much help in these cases.

Rajiv Surendra, who played Kevin G. and befriended Lohan, recalls Lohan speaking up when the production was threatening to stretch late. "It could have come across as being difficult," he says. "But I know now she wasn't being difficult; she knew what the industry was demanding of her and she also knew what her rights were. She knew what she needed to do to be able to maintain a standard she had set for herself. And part of that was saying no."

Waters remembers it a bit differently. "We would wrap her early and then we'd see her out at clubs that night," he says with a laugh. "We'd say, 'Ah, crap.' She was still only seventeen, but she'd definitely matured into her own woman by then."

Either way, her self-possession impressed Surendra, given the circumstances. "When I was finished with work, someone would drive me home to my parents, where my mom cooked dinner and I would go to bed in my own bedroom," he says. "She didn't have that."

Hartwick adds, "Lindsay is Lindsay. She's just a natural, great actress." Hartwick empathized with Lohan, who carried a heavy load as a rising star. "Seventeen and making millions," she says. "The poor kid—everybody wanted something from her. I will stand up and fight for her, all day long. She just needed a hug."

Lohan even gave Hartwick an envelope full of autographed photos for her three young children, along with an autographed Von Dutch trucker hat, all of which struck her as a thoughtful gift. “I didn’t even know she knew I had kids,” Hartwick says. “We didn’t talk about kids because we were always so friggin’ busy.”

The *Mean Girls* production provided a safe place for Lohan to land at that point in her career. It was largely staffed and cast with Canadians like Hartwick, who weren’t part of the Hollywood system. Many of them lived outside of Toronto in suburbs that quickly turned into, as Hartwick puts it, “the boonies.” And Waters had become something of a Lohan whisperer on *Freaky Friday,* continuing to serve as a paternal figure to her on *Mean Girls.* He understood her in a way few others did. “He knew where she was in her emotional maturation and family situation,” says Greene Bricmont.

Despite her minor dramas on set, Lohan had a particularly good time filming *Mean Girls.* It made her think the movie might be a hit, she later said, “just because you don’t always have that much fun making movies and I knew it was going to show through.”

Her presence excited many of the young people playing the high schoolers. It thrilled Chris Anton, a Canadian teen, to learn he’d be playing a student who was in her character’s homeroom. “At the time, *Freaky Friday* was coming out,” he says. “People were like, ‘Oh my god!’” Jill Morrison, who played the Crying Girl at the assembly later in the film, says, “I think I knew who she was from *Pollyanna.* No, not *Pollyanna. The Parent Trap.*” Confused movie memory aside, Morrison watched Lohan do her lines in the auditorium on her own first day on the set. She thought Lohan was good. Really good.

At the time, Lohan was still reveling in every bit of attention her fame got her. The Dufferin Mall stood right next door to an abandoned school in Toronto where the production was shooting for a stretch. The kids would often go there during breaks in filming to hit the food court or shop to entertain themselves. One day, Surendra recalls, Lohan came back to the set with her assistant, beaming. “Oh, we couldn’t stay because they recognized her!” her friend said. They had been mobbed. It was too much for them to even shop. They were thrilled.

In *Mean Girls,* you could consider any of the main female characters to be the movie's villain *or* hero, depending on your perspective. Cady, after all, turns into an absolute beast and willingly manipulates Gretchen while torturing Regina. Janis, on the other hand, masterminds things one step beyond by getting Cady to do her dirty work. But the de facto villain is Regina George, and McAdams leaned into the darkness skillfully. Damian calls Regina "fabulous but evil," and McAdams's portrayal followed suit.

McAdams herself, on the other hand, charmed everyone who got to know her, even though she didn't socialize much during her downtime with her peers. "Rachel was a dear," says Jo Chim, who played the disdainful saleswoman at the mall boutique 1–3–5, echoing many cast and crew members' sentiments. "She was the sweetest." Jan Caruana, who played student Emma Gerber, remembers all too well how bad it felt to have to bump into McAdams (as Regina) in the cafeteria and snipe, "Watch where you're going, fat-ass!" It offended all of Caruana's amiable Canadian sensibilities to have to bang into the kind McAdams ten times in a row while the cameras rolled. She apologized, and McAdams reassured her, "Don't worry about it, it's fine!"

Perhaps McAdams's generous nature allowed her to cultivate a necessary empathy for her character. "At the heart of Regina George was a really angry kid," she said. In fact, this made the character exciting for her to play. "I don't mind taking the mean card to play a really rich, layered character with a lot of complications."

At first, McAdams's kindness was a bit of an impediment. At times, she struggled to get into and stay in character as Regina, but Waters had an idea. What if they added back all of Regina's F-bombs that had been removed from the original script to take it from rated R to PG-13? Just for rehearsal. They tried it. She would say her Regina lines full of *fucks*, without the cameras rolling: "Are you fucking kidding me? You think you're fucking pretty?"

Then Waters said, "Okay, we're just gonna remove the Fs and do the scene." The cameras rolled, and she did it clean: "So you agree? You think you're really pretty?"

But this time it had "the teeth it needed," Waters says. "It's like she needed to be vulgar to get into it."

Waters also had her model Regina on Alec Baldwin's character in the David Mamet drama *Glengarry Glen Ross:* "Put that coffee down! Coffee's for closers only. You think I'm fucking with you? I am not fucking with you."

"That's Regina George, you need to be that aggressive," Waters told her. "And you need that testosterone."

Separately, McAdams internalized a jungle cat persona, riffing on the movie's idea that high school kids behaved like animals in the cutthroat wild. "It was just in her movement and the way she carries herself," Waters recalls. "Through the course of the movie, she got better and better."

She was willing to dig deep to make her performance the best it could be. "She was hardworking, and hard on herself," Hartwick says. "I mean, she's a Toronto girl in a big Hollywood business."

Regina gets many of the best lines in a movie full of excellent lines: "Boo, you whore!" "Get in, loser, we're going shopping." And "Why are you so obsessed with me?" Her character also *inspires* some of the greatest lines, such as "Who here has been personally victimized by Regina George?" Stefanie Drummond, who played classmate Bethany Byrd, says her favorite line is the one she delivers about her character's sole interaction with Regina: "One time, she punched me in the face," Bethany says, as if bragging. "It was *awesome*." Drummond likes to envision that entire backstory: "Poor Bethany. Can you imagine that day? The reality of that, to me, is amazing. But that's Tina Fey, right?"

Regina brought atmosphere in every way possible. She was the only one of the characters who had her own instrumental theme all to herself: "a little bit of *Goldfinger,* a little bit of danger," is how composer Rolfe Kent describes it.

One of Regina's greatest fashion statements comes near the end of the film when she's forced to wear a neck brace. Fort started with that brace to design Regina's look for the Spring Fling dance where she's wearing it. The costume designer consulted with the props department to determine what the brace would look like. The one they settled on, a structure that came up on both sides of her head, then encircled it like a halo, was so imposing that Fort chose a simple dress to go with it, a pink satin, strapless minidress. From there, she decided to decorate the neck brace with pink flowers. "She did not hide that neck brace," Fort says, as if Regina made the decision on her own. "It was right out there."

Perhaps the most iconic adult character in the film is Regina's mom, played by Amy Poehler, who's summed up by the line "I'm not a regular mom, I'm a cool mom." Poehler's Cool Mom wears a fitted pink Juicy Couture velour tracksuit, trying too hard to look like she belongs among her daughter's friends and coming off as an embarrassment. She allows alcohol and sex in the house in a desperate attempt to win her daughter's approval. The Cool Mom concept came directly from Rosalind Wiseman's book—known as the "Hip Parent" in those pages—though Wiseman had hoped the caricature "would have caused some self-reflection on parents' part so there would be less of these moms." Alas, she adds, "that didn't work at all." It may be a testament to Poehler's portrayal that this only kicked off a much wider trend toward sexy moms in tight yoga clothes trying to act their daughters' age, a trend that has arguably not abated. (See: Julie Cooper on *The O.C.*, Kris Jenner, a wide swath of the *Real Housewives* reality franchises, any Brooklyn/Los Angeles/Hamptons hot yoga/strip aerobics/SoulCycle class in the last twenty years.)

The production certainly did its part to poke fun at Poehler's Cool Mom. Fort says she "built her into the costume." She constructed the equivalent of a Victoria's Secret Bombshell bra, a piece of lingerie that promises "maximum lift" that "adds two cup sizes." A joke about Mrs. George's rock-solid boob job is underlined by her Chihuahua biting at her chest while she appears not to feel a thing. (A Snausage dog treat was stuffed into Poehler's bra to encourage the dog.)

Poehler, thirty-two at the time (only seven years older than McAdams), was the exact opposite of her character, friendly and grounded, with a knack for bringing out the best performance in whoever was in a scene with her. Dan Willmott found this out when he played Regina's dad. His major moment on film came when he had to react to Regina's Playboy Bunny Halloween costume while his wife celebrated their daughter's sexy look. The role was what's known as an SOC—"silent on camera." He had no lines.

Willmott could imagine a backstory for the Georges in which Mrs. George seemed "very sparkly and very exciting" to Mr. George at first. But, he figured, Mr. George was long since past that, and past trying to fight her big personality. Now it was easier to just go along with what his wife wanted and keep paying the bills—even if he could see his daughter was headed toward turning out even more terrifying than her mother. Both his wife and his daughter outranked him. He was just waiting to retire.

Poehler, however, was very different in person from the character she was playing. She and Willmott decided to go to dinner together before shooting the scene. Over dinner, Willmott made conversation: "So, where are you from?"

She answered, "New York."

He asked, "Oh, are you doing any work out there?"

"Yeah, I'm on a TV show."

"That's great! What's the show?"

She answered as if she were explaining which bank she worked at: "*Saturday Night Live*."

He had watched the show in its 1970s heyday when it first began and had occasionally caught an episode here and there since. He replied like a guileless, grounded, distinctly un-Hollywood Canadian: "Oh, I haven't been watching lately."

She matched him with a shrug. "Well, not many people are these days."

She found it easier to brag about her husband, actor Will Arnett. The first episode of his new show, *Arrested Development,* was airing the night they were shooting their scene together. She explained proudly that she was TiVo-ing it.

They got to the set after dinner to shoot their scene. Poehler, still as sunshiny as ever, said to Willmott, "Dan, I want you to meet my best friend in the whole world."

"Oh, yeah?" he said. "Who's that?"

She presented him with a pretty brunette in her thirties. "This is Tina Fey."

"Hi, Tina," he said. "What do you do?" He had not learned his lesson yet. In the years since, Willmott grasped that he should do research before he went to the set of anything he was in. He had only been acting on-screen for a few years when he did *Mean Girls,* having come out of radio and television voice work, and had just moved to Toronto to pursue bigger parts. The one name he recognized in *Mean Girls* was Lindsay Lohan. Now this poor woman, Tina Fey, had to explain who she was *on the set of the film she had written and was starring in.* He swears he saw her whole face drop when he showed no signs of knowing who she was. Obviously, she wasn't going to say, "Uh, I'm sort of important," but he knew he'd screwed up.

His shoot with Poehler, however, went great. It was a challenge for Willmott to act so much without speaking, but it was easier this time than it had been in his audition, thanks to Poehler. He looked at Poehler. He looked around the room. He acted as if he *wanted* to say something but just couldn't think of what to say. Takes and takes and takes. Poehler kept improvising aloud to help him along, to give him something to react to. She could; her role was a speaking part, whereas his was not. "Isn't she sweet?" "Look, she's a little bunny!" Then Willmott could look over at her like, *Seriously?*

It was one of the most valuable improv lessons of Willmott's career. He had to express everything without saying a word. It taught him that the scene is not the script. The scene is the interplay between actors.

Poehler, as evidenced by her interaction with Willmott, had a gracious-hostess energy, always making sure everyone felt comfortable and never assuming they knew who she was or that she was a star. But Poehler was also driven and clear about pursuing her work to the highest echelons possible. Fey, who had come up through the improv ranks and had a decade-long bond with Poehler, explained their connection: "We're both alphas who like to do our own thing."

Though Willmott didn't know who they were, a lot of the younger cast members were starstruck by these two women on the cusp of comedy superstardom. Caruana, who played Emma Gerber, had recently graduated from theater school and begun taking improv classes at Bad Dog Theatre Company in Toronto. One day, Caruana was in the makeup trailer, and Poehler was sitting right next to her. Caruana gave herself a silent pep talk: *Okay, Jan, you may never get this opportunity again. You gotta be courageous here.*

She turned to her idol. "I just have to tell you," she said, "I love Upright Citizens Brigade."

Poehler spun around toward Caruana, her blue eyes wide with excitement. "Oh my gosh," she said, "have you ever been to our theater? You should come, the shows are so good!" Caruana half expected Poehler to whip a pamphlet out and hand it to her.

Caruana recognized Poehler's passion. It was very much like her own love for the small theater she worked with. It inspired her, seeing that Poehler hadn't lost her love for pure improv. Caruana thought, *She's just like me.* The interaction made Caruana think she could make her way in the comedy world like Poehler had. She could make a career of this, of being in entertainment. She could write, she could act, she could be onstage, she could do all the things Poehler did. She understood that because she lived in Canada, all of this might be on a smaller scale. But all she wanted was to make a happy life for herself doing what she loved. Up until that moment, she had assumed she'd be working her day job forever.

Lacey Chabert as Gretchen Wieners is the movie's secret weapon, giving the tour de force comedic performance of a high-strung girl's unraveling that drives the plot. Gretchen maintains an air of power and privilege as the daughter of the man who invented Toaster Strudel, but her main social strategy is to allow herself to be subsumed by the powerful Regina.

Gretchen's biggest moment, an English-class-report meltdown full of Regina-related subtext, is epic, and delivered with unhinged brilliance by Chabert: "Why should Caesar get to stomp around like a giant while the rest of us try not to get smushed under his big feet? What's so great about Caesar? Brutus is just as cute as Caesar. Brutus is just as smart as Caesar. People totally like Brutus just as much as they like Caesar. And when did it become okay for one person to be the boss of everybody? Because that's not what Rome is about! We should totally just stab Caesar!"

Chabert brought a charmed innocence to everything she did, like the idealized fifties girls Fort was imagining while dressing the Plastics. Chabert turned twenty-one during the shoot, on the day they were filming in Sherway Gardens mall. The crew made her a cake, and the entire mall, cast and extras, sang "Happy Birthday" to her. She prepared a Canadian Thanksgiving feast in October for the cast and crew, teaching Seyfried how to make a pecan pie along the way. The two girls grew close quickly.

Chabert "is such an old soul," says Hartwick, who was in charge of

Chabert's and Seyfried's hair for the duration of the shoot. Other cast members echo her love for Chabert: "the sweetest person," they say, "super nice."

Chabert's unspoiled sweetness makes it all the more compelling to watch her character get repeatedly manipulated by Regina (and Cady) before finally standing up for herself. (Well, *almost* standing up for herself; she still immediately anoints Cady the new Queen Bee after deposing Regina.) Like so many "good" girls, Gretchen thinks people-pleasing is the way to get by, until she can't take it anymore.

Gretchen's look reflects the character. She tries the hardest to resemble Regina and to do everything by the book; her clothes are, as Fort says, "matchy-matchy" and conservative. She wears twinsets with her skirts. "Gretchen would never have had the nerve to wear a T-shirt with a skirt and a sweater," Fort says, "because she wouldn't have known that was okay. She was a little more careful."

Seyfried took refuge in her on-set friendship with Chabert. She had just graduated from high school and was terrified. Chabert, as a Hollywood veteran, took her in, inviting her to her trailer to listen to Dido and hang out.

Seyfried had to play a classic dumb blond, but the role brought a necessary balance to the Plastics. The way Seyfried played Karen Smith, she could come across as dumb, and she and others label her that way, but she also could be seen as oblivious to the drama. She works as a perfect foil for Gretchen as someone who seems to have gotten a seat at the Plastics' table without trying, and without really caring. Her wardrobe, Fort says, conveys the message "I think I got this right, I'm not sure, but if Regina doesn't say anything, then I'm fine." She mirrors Regina a bit, but not as carefully as Gretchen does. She is more creative because she isn't as worried.

The Canadian kids playing other high schoolers particularly liked working with Seyfried. She came up and introduced herself to the other kids in a scene. Many remember meeting her and her mom, who was on set because Seyfried was seventeen years old.

Her beauty entranced the straight boys in the cast. Anton (credited as simply "Huge Guy") got to kiss her in one scene, and he was stoked. He couldn't wait to tell his buddies when he returned to high school after working on the movie. He bragged in the locker room after football practice. "Yeah, well, just you wait," he told his disbelieving friends. "Wait until it comes out. I made out with Amanda."

The scene got cut in the final version. He had to bring the script to school to prove to his friends that he hadn't been lying.

The sequence in which the girls perform "Jingle Bell Rock," and particularly their a-bit-too-sexy matching outfits—Santa hats, black knee-high boots, and black gloves included—would prove one of the movie's most enduring images. Fort had to dress the teen girls in a way that authentically showed them pushing the boundaries of their sexuality, but she says, "I didn't want it to be too provocative to a point that it was unacceptable or a bad example." Fort fought to keep the girls' red tank tops, miniskirts, and knee-high boots on the cute and tasteful side of sexy. "The skirts are not too short—instead of being skintight, that's an A-line skirt," she says. "It wasn't like you had to cover your five-year-old's eyes." Fort fittingly made those shiny red skirts from plastic.

The scene itself caused some minor drama.

The first version of the choreography did not pass Fort's test: you *would* have to cover your five-year-old's eyes. It might have even jeopardized that crucial PG-13 rating. Among the suggestive dance moves was a bit when the girls turned around and stuck their butts up in the air toward the audience. When Waters saw it, he recoiled: "Whoa! That's too much. Go with something else."

Meanwhile, Lohan's limited work hours made it difficult to find time for a choreographer to teach her the moves to what was meant to be a much more elaborate dance. Unlike the three other girls, she hadn't been able to rehearse any of the choreography; she'd been pulled in several directions as the star of the movie. When they first tried to film the scene, she didn't know the moves.

Production shut down for a few hours so the choreographer could work with her and simplify the dance. Everyone learned it, and it was back to filming. The final version ended up being much simpler and messier—and much more realistic for a high school talent show. Their only nod to hilariously inappropriate levels of sexiness came from one stripperlike thigh slap, followed by one stunned reaction shot from Neil Flynn as Cady's dad. Perfection.

The Plastics were killing it.

In fact, the central girls were so big, so memorable, that one could have forgiven *Mean Girls* for neglecting its male characters. But it made its three main boys—Aaron, Damian, and Kevin G.—indelible, specific, and anti-stereotypical. This meant more to the guys playing them than anyone could have known at the time.

CHAPTER 6

I Want My Pink Shirt Back

×

The Boys in Girl World

Rajiv Surendra was still struggling with his character-defining rap as *Mean Girls'* production moved forward, heading straight toward the moment when he'd have to deliver it as part of that Christmas talent show. And the rap hadn't gotten any easier since his audition.

He also still worried about what his conservative family would think of it. He made a deal with his parents: He wouldn't have to see the movie with them at the theater. They would go with all of the adult relatives, and he'd go with his thirty cousins. They would never speak of what they thought about the film. He knew they likely wouldn't understand all of the jokes, but he couldn't bear to think about it while performing in the movie.

For the rap scene, he'd have to put his family out of his mind. He'd have to get up onstage like he was at his own high school, ready to make a scene. And he'd have to figure out how to embody a guy who believes he's a great rapper. Every time he and the guys playing the other Mathletes practiced the number together and then showed it to Mark Waters, the director would say, "We have to go further." It had to get dirtier to land the joke. It was, in a way, the opposite of the girls' "Jingle Bell Rock" number, which had to be systematically toned down.

Tina Fey and Amy Poehler stepped in to save him. They presented Surendra with a video the day before he was scheduled to shoot the scene. In it, they wore black hoodies in their hotel room and announced, "Yo, Rajiv, this is the motherfucking bomb! This is it!" Fey wished aloud that she could beatbox. Poehler insisted that Fey *could* beatbox. (The golden rule of improv: "Yes, and . . .") Fey didn't take the bait. Instead, she and Poehler moved to an imaginary beat. Poehler played the Kevin G. part, spitting the lines percussively, while Fey, Lindsay Lohan, and a producer danced behind her. (If you're lucky, you might be able to watch it on YouTube, though many copies have popped up online over the years, only to be removed.)

Surendra and his Mathlete crew needed every bit of help. They were way too nice, way too shy. The performance of Fey and Poehler, two equally nice, but much less shy, white women in their thirties, encouraged the guys to throw down. Surendra was even a little touched by the gesture. Here he'd been thinking of his scene as throwaway comic relief in the film, some dumb thing no one cared about. This gesture showed him it was essential to the people making the movie. He had to bring it.

On the day of the shoot he stepped out into the spotlight in front of the three guys backing him, wearing a baggy black-and-red sweatsuit with a massive gold chain around his neck. He delivered the lines with flawless flow: "Forget what you heard, I'm like James Bond the third, sh-sh-sh-shaken not stirred." It built from there: "I'm Kevin Gnapoor! The G's silent when I sneak through your door and make love to your woman on the bathroom floor." Here he emphasized the line with an ass-waxing motion that Waters had (reluctantly) taught him. He'd done it.

Even though the Plastics owned the Christmas talent show in their sexy Santa outfits, their male costars didn't cede that spotlight without a fight. One of Daniel Franzese's many standout scenes came when he performed Christina Aguilera's song "Beautiful" on that same stage. He had prepared. The production gave him a CD that contained the song, which had come out the year before. At the beginning of the track, Aguilera whispers, "Don't look at me." Franzese asked Fey if he could deliver that line with similar drama as he looked away from the audience to Fey, as Ms. Norbury, at the piano accompanying him. Fey loved it. Franzese was impressed with this *Saturday Night Live*–style approach on the set; if someone came up with a good idea that wasn't in the script, it was always welcome.

Dressed up especially for this occasion, in a white suit coat and black pants, Damian delivers an earnest, if pitchy, rendition of the self-acceptance anthem. The day Franzese filmed the scene, his mother visited the Toronto set from Florida. She'd even thrilled the cast with pepperoni bread, her specialty. In the final cut, the auditorium is filled with parents and students, but it was nearly empty when he shot it. Only his mom sat in the audience, so he could deliver the lyrics straight to her, one of his favorite memories from the film.

The talent show was the perfect example of how the supporting boys functioned in *Mean Girls*. They would get their moments to shine, and, in fact, were encouraged to do so. But in the end, the girls drove the plot.

Franzese and Surendra, along with their other male costar, Jonathan Bennett, had to acknowledge as much; this was the girls' movie. But they had their own life-changing experiences on *Mean Girls*. All three were closeted during filming, eventually coming out as gay in their own time, but were able to bond with each other over that, as well as their unique position on the periphery of a cultural juggernaut. That proximity to a potential hit was important, because all three had grand Hollywood ambitions, and they hoped *Mean Girls* would catapult them much closer to their dreams, while allowing them to steal a few scenes along the way.

Jonathan Bennett had a unique role to fill, and he brought mid-2000s perfection to the task of being a heterosexual heartthrob.

His brown eyes twinkled under strong eyebrows. Pillowy lips curled in a slight smile over his cleft chin. His brown bangs swept across his forehead in that new-millennium-idol style that looked like an angelic-but-strong breeze had kissed the back of his head and blown all of his hair toward that great-looking face. Bennett had something special, a cross between a sweet, puppy-dog demeanor and the 2000s Abercrombie-style hotness that could render even the smartest straight young woman or gay man speechless, desperate to run a hand through that perfectly arranged hair.

This face is what Cady sees in that infamous scene when he turns around to talk to her in calculus class and knocks the breath right out of her. "On October third, he asked me what day it was," Lohan says in voice-over as Cady.

The scene lasts seven seconds. It should have been forgettable, a throwaway in the middle of a movie full of stellar gags and quotable lines. It wasn't forgettable, though. The entire internet celebrates *Mean Girls* Day every October 3, twenty years after the movie's release. And it begins with Jonathan Bennett's face.

The story focuses on the girls and their relationships with each other, with love interest Aaron Samuels, the movie's closest thing to a leading man, serving as a MacGuffin, setting off the conflict between Regina and Cady. Bennett, twenty-two at the time, filled the role perfectly, actually coming right off a stint as the shirtless guy at the front of an Abercrombie store.

When he was called up for the role after the first Aaron was fired, several of the women behind the scenes who had advocated for his casting felt vindicated. He may not have been Cary Grant, but Cary Grant was not the kind of leading man the 2000s wanted, nor the kind of leading man to represent the 2000s as audiences watched and rewatched *Mean Girls* in the 2010s, 2020s, and beyond.

The sweet, cute, nonthreatening Bennett was.

He had acted since his own teen years at Rossford High School in the suburbs of Toledo, Ohio, where he starred in a production of *How to Succeed in Business Without Really Trying.* Though he was closeted, he still endured anti-gay bullying at school. One kid would push him into a locker. Others would call him "faggot" as he walked the halls. He cried in bed at night, unable to sleep, and suffered from ulcers because of the stress, pain roiling his upper abdomen, his stomach raw with shame and anger and terror. This was at least a decade away from widespread societal consternation toward this kind of homophobia; it was a time when any kid reporting such harassment to adults would likely be met with a shrug and a dismissive "That's just the way high school is." "Don't ask, don't tell" was still official military policy on queer soldiers.

Theater had become Bennett's "refuge," he later said. He described himself as a kid who had "a pitchy voice, no rhythm, and [couldn't] dance to save his life." Referring to his former self in the third person, he continued, "He's awkward. His teeth are too big for his face. And he lives in fear every day because he doesn't fit in with the rest of the boys in his class." Video of himself from the time that he shared on social media reveals his self-assessment is a bit harsh, probably tainted by his sense that he didn't belong.

Onstage, Bennett felt like a star. He went on to do dozens of shows in high school until his graduation in 1999, and he moved to New York City to pursue acting after graduating from Otterbein University in Columbus, Ohio, with a major in theater. He met his agent on the train ride to New York and booked a gig on ABC's daytime soap *All My Children* within a month, playing wealthy teen Adam "J. R." Chandler Jr. for the next year. By the time he auditioned for *Mean Girls,* he had outgrown any sense of awkwardness. In fact, he was, as the movie's Janis Ian would say, a regulation hottie.

The fact that he was even considered for this job was vindication after so many years of feeling awkward and bullied. He idolized Chevy Chase, the comedic actor and *Saturday Night Live* veteran, so *Mean Girls* was a particularly meaningful break for him. But in *Mean Girls,* Bennett's looks, not his humor, were of primary importance. He had taken on a role that resembled a traditional girl role; his character's entire point was to look so good that he inspired extreme action in the girls at the story's center. He was the Helen of Troy of North Shore High.

Bennett has joked that sometimes he spent more time in hair and wardrobe than the girls. That is unlikely to be true—given Rachel McAdams's Regina wig, not to mention Lindsay Lohan's obsession with glamming herself up more than Waters wanted her to—but there was a psychological truth to Bennett's perception. He did have to spend an hour every day getting his hair flat-ironed, a lengthy prep time for a male star. (Waters once sent him back to the hairstylists with the instruction "It's got to be smoother and more buttery.") Costume designer Mary Jane Fort describes his look as "just like James Dean, kind of cool, simple. Doesn't try, but just looks great."

Though his soccer skills weren't as crucial to the plot as his good looks, Bennett had to put some serious time in on that front as well. A private soccer coach (who also appears in the movie) had to teach him how to score a goal on camera. He didn't have to become David Beckham, but he did have to get the ball into the net. It took him twenty attempts to nail it, even without a real defense interfering.

Franzese and Surendra didn't have much experience as professional actors, either, but they understood they'd been given a prime opportunity to play roles that bucked stereotypes: Franzese got to play an out gay boy who was strong, proud, and (mostly) unbullied—and undeterred by what relatively little bullying the character endured. The insult "too gay to function" doesn't bug him, whether coming from his loving friend Janis or from Regina's Burn Book. Surendra got to play Kevin G., a brash, confident Indian American kid who raps, makes being a Mathlete look like being the star quarterback, has a leading man's chiseled jawline and whoosh of thick black hair, and gets a girl in the end.

Both Damian and Kevin G. may seem like more common types by today's standards—probably, in part, because of *Mean Girls*—but at the time, both were virtually unheard-of. Gay adult men could be sprinkled into the occasional rom-com or *Will & Grace*. South Asian characters, especially immediately post-9/11, were terrorists, or maybe IT guys.

Surendra felt at home on the set of *Mean Girls* because, as a Torontonian, he was. When he wasn't hanging out with Bennett and Franzese, he enjoyed the company of his fellow Canadians who played the supporting and background high school characters. *Mean Girls* shot some scenes at Surendra's school, which producer Lorne Michaels had also attended; the climactic Mathletes competition takes place in the building where Surendra took astronomy as a freshman at the University of Toronto. Surendra also spent a lot of time with McAdams, a fellow Canadian. They often ate lunch together. One time during a filming break, they visited a nearby nineteenth-century historic house. Another time they walked around downtown Toronto looking for an egg poacher McAdams wanted.

Surendra remained in the closet, though he felt he could be a little bit more himself around Bennett and Franzese. He sensed he had to keep his sexuality a secret if he wanted a real Hollywood career. For instance, he couldn't imagine Fox casting an openly gay teenager to play the lead in *Life of Pi*, a film with a $120 million budget that was set to hold auditions soon and had become his dream lead role. The studio had just announced plans for the film, an adaptation of a popular book by Yann Martel about a religious sixteen-year-old Indian boy, with M. Night Shyamalan set to direct.

A cameraman on *Mean Girls* had recommended the book to Surendra. "You're just like the main character in this book!" he said. Surendra devoured it, and then the movie plans were announced. Surendra thought, *This is it. Here is the role that will make me the movie star I know I can be*. Kevin G.'s confidence was rubbing off on Surendra. He determined that when *Mean Girls* wrapped, he would dedicate his life to getting the *Life of Pi* role. He would drop out of college and travel to South India to start his research as soon as he was able.

He even told Franzese and Lizzy Caplan about his plan, and they were supportive. Caplan, who understood at least a few things about how Hollywood worked, marched Surendra over to a producer on the set who knew Shyamalan and said, "We need your help!" (Surendra was touched by the *we*.) The producer promised to send Surendra's headshot and résumé to the director.

Meanwhile, Surendra had the adults on the set of *Mean Girls* fooled by his straight-guy act. They loved to laugh about how he and Caplan, whose characters were coupled by the end of the movie, made out so much in the final scene that their makeup had to be constantly reapplied. It was Surendra's first screen kiss, and he was simply determined to do it right. He wanted to prove himself to future directors, first among them Shyamalan.

A good performance here could lead to landing that *Life of Pi* part, or other great things. He put everything he had into *Mean Girls*. He struggled occasionally to drop his Canadian accent for the role, but he was otherwise so committed as Kevin G. that everyone called him "KG" on the set.

Years later, Surendra would still call on his Kevin G. alter ego to boost his confidence enough to, say, go up to an attractive man in a three-piece suit and sit on his lap and put his arm around him. For now, he could rest easy in the knowledge that he had given his all to his performance.

Surendra had assumed Franzese was out, just because of his character, but that wasn't the case; Surendra didn't realize it until years later when Franzese publicly came out. On the other hand, as the boys' time on set together progressed, Franzese and their other costar Bennett *did* confide in each other. It would take all three several years to be publicly open about their sexual orientation. The three became good friends on the set. They felt a great kinship. They were in this together, including the more awkward moments, like when Waters's brother visited the Toronto set and treated the guys to a trip to a strip club with female dancers. They faked their way through it, not an unusual performance for any young gay man.

Franzese was born in Brooklyn and grew up in Fort Lauderdale as part of a close-knit Italian family. At the time he filmed *Mean Girls,* he knew he was gay. He also knew how restrictive being out could be for a young actor at the time. There had been prominent gay roles, but they were often still stereotypical—the flamboyant hairdresser, the fashionable best friend to the fashionable female main character—and often played by straight actors in "pinkface" (Hilary Swank in *Boys Don't Cry,* Eric McCormack on *Will & Grace,* and Meryl Streep in *The Hours,* to name just a few examples among many).

Franzese had endured his share of antigay bullying, in his case, on a film set. While shooting the 2001 movie *Bully,* his costar Bijou Phillips harassed him. She asked him constantly whether he was gay, even though he was still closeted. He eventually told her he was bisexual, after which she screamed for all to hear, "Oh, look! The bi guy is here!" Later, when he had to take his shirt off for a scene, she yelled, "Ewww, gross!"

He later explained: "It was an extremely vulnerable moment for me because I was not at all the type of guy comfortable with taking my clothes off in front of anyone at that point in my life. I was the chubby kid who wore his shirt in the pool."

Even if Franzese wasn't out at the time of *Mean Girls,* playing Damian was the most himself he had ever felt. The role suited him in other ways as well. He was twenty-five at the time, but his baby face allowed him to pass for a high schooler. His size—he towered over his costars at six foot three—was used to great comedic effect.

Franzese's presence in the role grounded Damian, who'd been

written originally as a bit more flamboyant, catty, and overtly theatrical. In earlier versions of the script, he asks Cady if she's wearing MAC Lipglass and whips out a tube for her to borrow; at another point, when Cady notes how great Regina looks at the Spring Fling despite being hit by a bus, he snaps, "I'd look that good, too, if I was on an IV for ten days." Franzese has also said that there was a draft that spelled out at the end what happened to all of the characters, not just the Plastics, that showed him auditioning for *American Idol* the following year; judge Simon Cowell calls him chubby, and Damian rushes to punch him.

Fey had struggled to find her Damian. It was now apparent she had succeeded. She had given the part and its casting extra thought because she had kept LGBTQ audiences in mind since her high school days hanging out with Damian and Jim Holbrook, the gay brothers who were there for the beginning of her love for performing. (She jokes in her book *Bossypants* that her house was a "four-year-long pride parade" during those years.) She couldn't have known this would be such a key to the film's longevity, with gay men quoting it at brunches twenty years into the future, but the character of Damian was important to her.

Though Franzese had come perilously close to not being cast in the role, he had owned it completely since his incendiary performance at the table read, with few words of direction from Waters. Waters and Fey offered him only one small nudge. At one point, Franzese was in the hair and makeup trailer debating putting a blond streak into his dark hair when the writer and director nixed the idea. *Keep it simple,* they told him. They explained: "Damian's in that sweet moment between 'I think I'm gay' and his first kiss." Franzese was touched by that notion. He infused Damian with a bit of that innocent energy despite the character's zippy one-liners.

Damian Holbrook, a major inspiration for the character, loved Franzese's portrayal. "He nailed that big-kid awkwardness," Holbrook says. "He's still not completely comfortable in his body. His arms and his appendages—he doesn't have that flow yet at that age. He's somebody who's trying to fit in. I just thought he was so sweet."

Mean Girls was a dream come true for Franzese. He and his friends in college used to watch *Saturday Night Live* together every week and obsess over every sketch. Now he was working alongside four *SNL* stars, Fey, Poehler, Ana Gasteyer, and Tim Meadows. Every time he managed to make Poehler so much as giggle, he felt like he'd seen Jesus. All he wanted in life was to make her laugh, to be accepted by her. And it happened to him. More than once.

Besides the Plastics and the boys, another major factor that took *Mean Girls* over the top to make it a quotable classic was the cast that surrounded them, playing North Shore High. Without the rest of the school, the Plastics wouldn't have a realm to rule over and other cliques to dominate. Their power would be meaningless. The Canadians were on the job, ready to worship and despise the Plastics in equal measure. And for many, their one or two lines in the film would change their lives for decades to come.

CHAPTER 7

How Many of You Have Ever Felt Personally Victimized by Regina George?

×

The High School World

If there was an anti-Plastic on the set, it was Clare Preuss.

Preuss put everything she had into her one major on-screen moment as Caroline Krafft, the lone girl on the opposing team at the climactic Mathletes meet. She saw Caroline as confident and smart. She walked with determination and purpose toward the central lectern where she'd face off with Cady in the sudden-death final question of the match—hair up, glasses on, maroon blazer and white button-down shirt pressed. To tap into the emotion of the moment, she thought about her own experiences on the debate team, getting called up to clinch a victory. Though Caroline's looks were the point of her character, Preuss approached her from the inside. She saw her as a badass young woman who was there to win. Why else would she have put on that lipstick, even if she missed a little?

Caroline has a key role in the plot: her messy hair and lipstick and her ungroomed eyebrows trigger an epiphany in Cady. Our heroine says in voice-over, "Miss Caroline Krafft seriously needed to pluck her eyebrows. Her outfit looked like it was picked out by a blind Sunday school teacher, and she had some ninety-nine-cent lip gloss on her snaggletooth. And that's when I realized: Making fun of her wouldn't stop her from beating me in this contest. Calling somebody else fat won't make you any skinnier. Calling someone stupid doesn't make you any smarter."

Preuss loved embodying Caroline, but she couldn't help noticing how people treated her differently when she was dressed and made up as the character. In her everyday life, and in most of her auditions, she presented as a freshly scrubbed, conventionally cute girl with soft brown waves, well-shaped eyebrows, a button nose, and a sweet smile. She had grown used to going to the makeup trailer to get as "pretty" as possible on other jobs, and now she had supposedly been de-prettified. When she stomped onto the set as Caroline, the friendly nods and appreciative looks from crew members and extras disappeared.

As she waited between takes during the Mathletes' sequence, she started chatting with Tina Fey, who was in the scene but had little to do in it besides sitting in the audience and clapping. Fey eyed Preuss and said, as Preuss recalls, "You look like somebody who actually feeds yourself actual food." Fey was perpetually dieting at that moment, between being on camera weekly for *SNL* and shooting *Mean Girls*.

Preuss confirmed that she did, in fact, feed herself actual food.

"Cool!" Fey replied. "Can you taste stuff from craft services and just, like, describe how it tastes to me?" This was not a joke, and Preuss understood.

Preuss was game: "Absolutely! That sounds like fun."

They ventured over to the food-covered table, and amid the endless snacks, things quickly got deep. Preuss mentioned how strange it was to be seeing the world outside her "cute girl" mode. "This is the first time I've ever looked like this on a set," she explained. "It is a very different experience." Fey said Caroline Krafft reminded her a little of her own gawkier days in high school. They talked about female facial hair, and weight, and the unfairness of how much a woman's worth seemed to be tied to her appearance, especially in movies and television. And then Preuss tasted some food for Fey, a doughnut with that fresh, deep-fried aroma and just the right amount of sugary icing. It was delicious.

Their moment of connection was one of many such surprising and sweet, as well as awkward and weird, interactions among the "faculty"—the adults in front of and behind the camera—and the "students," all those Canadians playing North Shore High. The film was shot primarily in Toronto at Etobicoke Collegiate Institute and Malvern Collegiate Institute, with a few scenes at Montclair High School in New Jersey, but it all felt like a cohesive school because of the bonds among the cast. The Canadians had a special connection that shone through on-screen, making them feel like a real high school class with its own history, cliques, feuds, and friendships. Most of them were experiencing their first movie, giving them a wide-eyed-freshman vibe.

Because of the film's fully realized depiction of an entire high school, the background and supporting roles for both students and faculty were critical to making *Mean Girls* feel authentic. They had to make it seem like a genuine high school, oriented *toward* the rule of the Plastics, but with the sense that all the kids had their own lives, identities, activities, and problems to deal with. They were also crucial to the film's lasting success in the future land of internet memes, but we're getting ahead of ourselves.

Like the cafeteria map Janis draws for Cady during her first week at North Shore, this chapter will be your guide to *Mean Girls'* crucial supporting players. You've got your freshmen, your burnouts, your art freaks, your varsity jocks, and a cool or weird teacher or two. (We won't, however, be relegating anyone to the movie's more problematic labels, like "Unfriendly Black Hotties" and "Cool Asians.")

Everyone knew everyone in the insular Canadian acting scene, especially in this group of teens and twenty-somethings, who often showed up for the same auditions and starred in the same local productions.

When they came together on *Mean Girls,* they outnumbered the core American cast. "There were so many of us that weren't the key cast," says Miranda Edwards, who played the role known as Michigan Girl, "and we had to create that whole world of a high school."

In fact, Edwards felt the high school energy from the start. Her first scene was in homeroom, underscoring the school vibe. She was nervous, because it was her first film and she had a major line: Fey's teacher character mistakenly assumes she's the new student from Africa because she's Black.

Echoing that scene, Edwards had a slightly awkward interaction with Fey herself on set. On her first day, the writer-actress approached her directly, though Edwards, nervous, tried to take control of the conversation quickly. "Hi, Tina," Edwards said. "I just wanted to—"

She didn't even finish her sentence saying how happy she was to be there before Fey jumped in, apologizing for one detail of the script: "I'm sorry the character's name was 'Michigan Black Girl,' and I will change that to 'Michigan Girl' right away."

Edwards hadn't minded, but she appreciated the gesture. It made her feel like Fey was glad she was there. "Okay, that's cool," she replied. "Thank you."

Alongside Fey, Canadian adult actors helped to fill out the school staff and other authority figures. Among them were improv veteran Bruce Hunter, who had a Second City connection like Fey, playing the Mathletes competition moderator, and character actress Sharron Matthews as school secretary Joan, who also took on a maternal role for the young Canadian cast. (She's particularly memorable from a scene-stealing moment during the girls' assembly when she coyly raises her hand as Fey's Ms. Norbury asks the group, "Who here has ever been called a slut?") Matthews "showed us how to be, like, cool on set," says Jan Caruana, who played Emma Gerber.

It wasn't always easy to be cool, though. Erin Norah Thompson, who played Jock Girl Dawn, was looking for a place to sit at lunch on the set of *Mean Girls* when she spotted Tim Meadows, who played

Principal Duvall, sitting by himself. She was twenty-four at the time and had no problem being friends with adults. She felt at home on the set, thanks largely to director Mark Waters's creating such a supportive environment, not to mention being surrounded by fellow young Toronto actors. She couldn't have asked for a better first moviemaking experience.

As she stood with her tray full of food from the buffet, though, she froze, having an entire conversation with herself in her head: *Oh my god, Tim Meadows is sitting by himself. He seems like such a lovely person. Should I go sit with Tim Meadows? Of course not. If Tim Meadows wanted to talk to people during lunch, he'd be sitting with people and not by himself.*

She couldn't bring herself to approach the star.

Rattled, off she went to find surer ground, maybe with the ADs she knew or the other Jock Girls or . . . yes, Lizzy Caplan and Danny Franzese. They seemed so friendly, definitely less intimidating than Tim Meadows. She had a great conversation with them, soaking up stories about their acting careers in Los Angeles and New York.

Afterward, Thompson regretted her decision not to sit with Tim Meadows. Maybe *everyone* had been afraid to sit with Tim Meadows, and Tim Meadows had been lonely.

High school, even the fictional kind, could be confusing.

Even though the sprawling cast got along, they couldn't help comparing their status to that of their classmates, like any high schoolers do. In this case, that meant comparing their lines to those of others in similar roles. When Thompson read the script, she was admittedly a bit envious of Stefanie Drummond, who played Bethany Byrd and got what Thompson thought was the best line in the movie: "Somebody wrote in that book that I'm lying about being a virgin because I use super-jumbo tampons. But I can't help it if I've got a heavy flow and a wide-set vagina."

Thompson thought, *I am so sad I did not audition for that part. Because to me that is* the *part.*

The fact was, however, that no one had auditioned for that part, exactly. It hadn't existed during auditions. Drummond didn't audition with the "vagina" line; she'd tried out for the part of Emma Gerber. The high school characters hadn't been completely defined yet, and their lines were flexible enough to be reassigned at will. Then, during the Canadian auditions, the filmmaking team met Drummond. Drummond was so compelling that Waters calls her a "gift from god," and the filmmakers had a better idea for her than Emma. They took a selection of the best lines and made a role just for her.

Before Drummond signed the contract to play Bethany, the filmmakers asked her agent if she was comfortable saying the "vagina" line. She thought it was sweet that they asked. But she also thought it was funny. She was a professional. Why wouldn't she say it? And she would, incidentally, deliver it with an inimitable guilelessness, an unflinching emphasis on the words *wide* and *vagina,* that made it endlessly rewatchable.

Drummond knew she had some great lines, but she also felt so at home on the set that the experience, spread out over fifteen sporadic days of the two-month shoot, didn't register as extraordinary. She'd go back to her regular life and job in between shoot days. All of her friends from Toronto were in it, so it seemed like just another gig, another party full of local actors.

She knew the filmmakers cared about her character because, at first, her character's name had been Bethany Belle. Right before filming, they changed it to Bethany Byrd. To her, that signaled they were thinking about her part. Bethany was becoming a fully formed person. This was further emphasized when she got to set and Waters said things to her about Bethany like "She would want to hang out with Lizzy Caplan's character, but she wouldn't, she would hang out with these people instead because she's in student council and photography club." He had thought up a whole life for Bethany!

Best of all, Drummond got to be on set with her best friend, Jan

Caruana, the one who did end up playing Emma Gerber—Bethany's best friend. It was like being in high school again, except this time with wardrobe. The two picked out similar ball gowns to wear in the Spring Fling scenes, Drummond in pink and Caruana in blue. It didn't matter to them that their characters were part of a clique that Caruana now describes as "losers." They felt like they'd made it in real life. "We became like a real little girl gang, running around the set," Caruana recalls.

Caruana's character was supposed to have a hairdo in that dance scene that, as Cady says, "must've taken hours." In fact, it took only twenty-five minutes—at first. Waters, ever cognizant of the hair in his films, clocked it immediately when Caruana reported to the set for the scene: "That doesn't look like it took hours." He sent her back to hair and makeup, where the crew stuck some flowers into her updo. The total was maybe one hour, not "hours." But Caruana still felt great. It certainly beat her other job working as an administrative assistant when she wasn't acting.

Caruana played Emma as if she were playing herself in high school. From the start, she'd connected with Emma. The script listed Emma as "Emma Lynn Gerber," and Jan's middle name was Lynn, too! She understood this girl.

If the characters' middle and last names hinted at how important they were to the production, the Burn Book underlined their carefully considered backstories—the worst, darkest, and least flattering parts of those backstories.

The Burn Book was what crew members call a "hero prop." It drove the entire second half of the movie's plot, and it cataloged every one of the Canadian characters' supposed flaws. It revealed to the entire school the worst thoughts others had about them, the worst rumors that had been spread about them. The book's insults, written next to photos of the students, included Bethany's "Uses super jumbo tampons," as well as, for others, "Didn't shower for a month" and "Made out with a hot dog." It also added new words to the lexicon, like *grotsky*, and popularized *fugly*. These days, the same role would be occupied by social media or mass texts, but there was something extra impactful about it all being written in this carefully designed physical object.

The importance of the Burn Book to the plot made it a major undertaking for the prop department. Waters knew he wanted a pink book, of course, with lipstick kisses on its cover. Beyond that, it was up to production designer Cary White, though Waters had veto power, and he used it many times in this case. He knew every version he'd seen so far *wasn't* quite what he wanted, even if he wasn't sure what he did want. "I was a bit of a pain in the ass about that," Waters admits. Finally, White came to him with a version that had the words BURN BOOK rendered across the front with letters in different fonts, as if cut out from magazine headlines like a kidnapper's note. *That* was it.

There was something about the Burn Book, with its insults written out as if a real person had thought them up, that made it hard, sometimes, for actors to separate from their characters. It felt personal. Thompson kept thinking about how her own character was deemed a "fat virgin" in the Burn Book. She was aware the movie producers were looking at multiple shots of her face for the Burn Book and trying to pick the photo where she had the most prominent double chin. The "high school" kids had all taken those photos on set, with the behind-the-scenes photographer pulling them aside whenever the chance arose. For Thompson and others, the insults aimed at their characters were hard to take; there had to be some truth to them, right? On the other hand, this was the job: playing someone else, a fictional person, with all of their quirks and foibles.

White and his team had to make a few copies of the book, and hundreds of copies of the individual pages, because Regina scatters the pages all over school, thus causing one of the movie's most memorable and complicated sequences, when the girls start fighting over them. "Hell no!" Principal Duvall says after almost being kicked by a girl. "I did not leave the South Side for *this*." He hits the fire alarm with a bat out of desperation while the girls are going wild in the hallway, yelling accusations and physically attacking each other. The sprinkler system rains down over everyone, snapping them out of their confrontations.

This was a difficult scene to shoot. Everyone would be getting soaked multiple times. They would do a minimum of three takes. Everyone on camera that day had to have three versions of their outfits. Dozens of wardrobe and makeup people had to stand by. The hair had to be dried, the makeup and clothing reset. The logistics were outrageous.

Still, this sequence and the assembly that follows, in which Ms. Norbury teaches the girls how to better respect each other, were Waters's favorite scenes to shoot. They were full of big moments for the high school cast, peppered with one-liners that would stand the test of time.

One of the few boys in the hallway scene was Jonathan Malen's character—known only as "Kristen Hadley's boyfriend" in the script but remembered best for breaking out a flip phone to call his mom during the riot. Wearing baggy khakis and a green sweater that went against everything Malen wanted to believe about his own self-image, his character squeaks the now oft-memed line "Mom, can you pick me up? I'm scared." Also among those scenes were the equally memeable "She doesn't even go here!," "How many of you have ever felt personally victimized by Regina George?," and Bethany's soliloquy on the judgment faced by users of super-jumbo tampons.

The all-girl assembly provided a chance for several of the high school cast members to get their own shining moments. But perhaps the biggest star of the sequence, particularly the trust-fall portion, was Jill Morrison, a theater nerd with the ability to cry on cue and deliver a standout monologue: "I just wish we could all get along like we used to in middle school. I wish that I could bake a cake made out of rainbows and smiles and we'd all eat it and be happy . . ." (She was, in other words, the girl who *doesn't even go here.*)

For the scene, she'd be up on a platform, ready to trust-fall into the waiting crowd, as she delivered her lines with all of the girls in the school looking at her. Morrison was in practice for such moments; she'd just gotten out of theater school. Still, she was nervous.

The first of Morrison's two days on set consisted of being with the other girls in the gym for the assembly, constantly being spritzed by the crew so they'd look like they'd just been in a group brawl in the hallways while the sprinkler system went off. She hadn't actually appeared in that scene, but she needed to look like she had been there with everyone else. She also remembers Meadows coming by and shushing them. She cringed. How mortifying, she thought, that they needed to be shushed by an adult!

On her second day on set, she had to deliver her big scene. She felt unnerved to be up on that platform before dozens of extras and Fey and Meadows. Soon she relaxed, though, thanks to Waters. The director had her do the scene about thirty different ways. No pauses in between takes. Just: Do it like this . . . action! Do it like that . . . action!

Waters liked to give his actors one direction to think about in the moment. More than one instruction, and it got hard to remember. Every take, he would give them that one thing. He worked superfast, with a lot of takes. He wasn't a long-schedule director like David Fincher or Stanley Kubrick. He got a lot of work done in the time he had by going fast, by not cutting. He didn't watch playbacks in the moment. He thought, *You're watching playback of that take—you could've shot another take.*

His methods ensured that Morrison and many of *Mean Girls'* other one-line characters lived on in pop culture. He had so many line readings, he could choose the absolute most perfect one.

Another of those characters was Chris Anton's "Huge Guy," the guy whose kiss with Amanda Seyfried got cut. He got to deliver one of the movie's most memorable disses: "Nice wig, Janis, what's it made of?" (made more memorable by her response, "Your mom's chest hair!").

You know how every school has that kid everybody likes? He's just goofy and sweet and means no harm, even if he's a big jock or a little loud or makes dumb jokes?

That was Anton on the set of *Mean Girls*.

Anton was just a six-foot-four kid from the Toronto suburbs, the furthest thing from a Hollywood type. He didn't even recognize famous people, aside from really famous people, like maybe Tom Hanks or Keanu Reeves (and, incidentally, Lindsay Lohan at the time). He didn't know who Tina Fey was, much less Lorne Michaels or the director and the producers. He just thought there were an awful lot of people around on the movie set all the time. He didn't really care about making it in show business. He just wanted to figure out how to do this particular film while finishing high school. He had also booked a Canadian movie called *Saint Ralph*, about a ninth grader who tries to win the 1954 Boston Marathon, that would also shoot that year, with Anton as one of the main characters. His acting was taking over his life even though he hadn't meant it to.

The good news was that the *Mean Girls* set felt like high school, but nicer. Almost like a family. Whether you were a famous actor, a secondary cast member, or background, everyone hung out. They all ate lunch together. They played Xbox together. McAdams played catch with Anton and some of the other kids. They tossed a football on the school field. Whenever they weren't filming, it was like recess. Waters managed to create an atmosphere in which it didn't feel like there was a strict divide between the main cast and the dozens of secondary "students."

As "Huge Guy" in the film, Anton had two lines: the "Nice wig" one and "Deke! What up, dawg?"

He filled his downtime between scenes with pranks. Any time Waters yelled "Cut!" on a scene in which the Plastics were dressed in tiny skirts and tank tops, wardrobe would scurry over with robes to keep them comfortable. Anton and another actor once persuaded wardrobe to instead scamper over to them, not the girls, with those same robes. Because the robes were meant for the girls, they were many sizes too small on the hulking actors, which cracked everyone up.

Another time, Anton took it upon himself to give the girls a crash course in all things Canadian. For one lesson, he brought bags of milk to the set; in Canada, dairy comes in "milk bladders." Daniel DeSanto, the Canadian who played Jason, picked up the gag. "We just put a straw in the bag and drink it!" he said. When the girls expressed doubt that Canadians drank their milk like giant Capri Suns, the boys stabbed the bags and started drinking out of them. They felt sick for the rest of the day, having basically beer-bonged milk.

Some other low-key on-set shenanigans resulted in one of *Mean Girls'* best-known characters.

Once in a while, as portrayed in teen underdog movies like *Lucas,* high school life can break out of its regimented hierarchies and surprise you. The scrawny, dorky kid who earns a varsity letter jacket and the cool kids' approval by joining the football team, the girl who wins prom queen because she's kind and generous to all, the theater dork and the cheer captain falling in love across cliques. Cady Heron even qualifies—the new girl who ascends to Queen Bee status.

That's the kind of thing that happened to David Reale on the set of *Mean Girls.*

He played Glen Coco, the kid who gets a whopping four candy cane–grams and prompts Damian, who's delivering them in a Santa costume, to proclaim, "Four for you, Glen Coco! You go, Glen Coco!"

The funny thing was, he didn't even belong there. He was like the girl in the assembly scene who *doesn't even go here.* No one on the *Mean*

Girls production team knew his name. He had signed no contract to be in the film. He had just shown up.

He was a struggling actor. Empty-fridge poor. At nineteen, he was making his way in the industry. He'd learned that one of the best things about being on a set, besides being paid to work, was the free food. If he got a job, he'd always take some home. He signed up for as much background work as he could find, just for the food.

He auditioned for *Mean Girls* but didn't get a part. He was, however, aware that the film was shooting at a school across the park from where he lived. Several of his friends were in it, including DeSanto. Reale decided to go over to say hi. He may have also had a delusional fantasy that he'd be magically discovered, plucked out of the crowd by the director to fill a life-changing role that somehow hadn't already been cast. Maybe someone would drop out at the last minute and he'd step in. Maybe Tina Fey would create an entirely new, crucial character on the spot, and Reale would be there to save the day.

So there he was, hanging out with his friends and some other background folks, when Waters happened by. "Hey, I know you!" the director said. Reale thought he was about to get kicked off the set.

Then he realized: Waters remembered him from the audition and didn't understand that Reale hadn't gotten any part in the movie whatsoever. Reale was flattered. Waters remembered him!

"You know what?" Waters continued. "I'm gonna get you in the next scene. And you're gonna have a name and everything. It's gonna be great."

Reale figured Waters assumed he was background, and the director was elevating him to the next level.

He was whisked away to wardrobe, where he was given a change of clothes so he could appear in two scenes. In one scene, the classroom scene when Gretchen Wieners gives her Julius Caesar speech, he'd wear his own brown sweatshirt. In the other, in which he'd be the recipient of four candy cane–grams, he'd change into a blue hoodie they gave him. His hair was left as it was. At the time, he wore his dark hair in the swooped style of 2000s pop idols (and Aaron Samuels): "I had a lot of hair," he says. "What I would do is, I would take a shower, and then I would put on a hat for a while." This was more efficient, though likely less polished, than Bennett's hours of flat-ironing.

Then he was directed to the part of the set where they were filming, and there was Tina Fey! And there was Lindsay Lohan, seated directly behind him in the classroom. At one point during a break in filming, she simply got up and went back to her trailer, the ultimate on-set power move. Reale was in awe. She could just go to her trailer!

In just two scenes, Reale's future internet fame was assured. He would not be paid for his work, or credited. He wouldn't think much about it until the internet took over our lives years later.

Reale may have been allowed to wear his own clothes on the spot, but the rest of the cast, including the high schoolers, was as carefully costumed as the Plastics—though with fewer wardrobe changes and less flashy wardrobe. Just as it is at any high school, clothing was crucial to the kids of North Shore, and particularly to making them feel like individuals with their own lives and cliques. It was up to costume designer Mary Jane Fort to clothe them all.

Fort had deliveries coming in constantly from her shoppers in Los Angeles and New York, not just for the Plastics but for the rest of the cast. Every character, including the twenty-three "high school kids," had a "closet" full of clothing that was theirs for the school-year span of the movie. Fort wanted the fashion to be relatable, so they would often repeat pieces and recombine them, just like people do in real life. This necessitated several costume trailers full of little closets stocked with outfits designated for different shoot days, a massive organizational undertaking. If they shot three scenes in one day, that was sixty-nine costumes. If a shooting schedule changed, the costume department had to go into overdrive to rearrange everything.

In thinking through the clothing for this many distinctive characters, Fort started with what she always started with: reality. What would real high school students in the early 2000s in suburban Illinois be wearing? Then she added in Fey's script, which was quite descriptive and clear in its vision, down to the details of the clothes at times.

Characters like Damian and Janis had some more standout looks. Take, for instance, their matching purple tuxedos at the Spring Fling dance. Fort saw something similar at a thrift store and thought, *This is what they need to wear.* So she had a matching set made to their measurements. While Damian was relatively conservative in his everyday wardrobe, he rose to Janis's style in this case. Even in her more everyday looks, Janis stood out. She did what she wanted, wore what she wanted, and looked like no one else in school.

On the other hand, the rest of the cliques mimicked the Plastics in their own ways. Each group had a designated Regina of its own, a leader who set the tone for the others but always looked a step above. They all wore different versions of the same looks, even if they *thought* they were making unique, independent decisions.

Fort and the other adults working behind the scenes felt somewhat like the faculty on set. And they weren't immune to the same kinds of status anxiety that plagued North Shore. Many of the crew members who signed on to *Mean Girls* worried about what it would do to their reputations. Composer Rolfe Kent, who had previously worked on the dark and very adult high school movie *Election,* says simply, "I don't seek in any way to do high school films." But after *Election* came *Freaky Friday,* and the experience on *Freaky Friday* with Waters led Kent to say a quick yes to *Mean Girls.* "I knew he was going to make something good," Kent says.

Cinematographer Daryn Okada was worried he'd be shooting teen comedies for the rest of his life if he took *Mean Girls.* "I wasn't interested in the title, because I thought it would be just kind of a no-brainer, almost exploitive, teen movie," he says.

Instead, when he read the script, he realized it was witty. He saw how it would be its own world that he could create. He met Waters for coffee. They were on the same wavelength in terms of their vision of the film: "I looked at it as trying to not be that shiny, polished teen movie, because that was something I wouldn't know how to do or didn't want to do," says Okada, whose disparate credits included a 1997 movie version of *Anna Karenina* and the horror sequel *Halloween H20: 20 Years Later.*

Waters was the major draw for the top crew, no matter how scared they were of the "teen movie" label. Everyone loved Waters, even though they were all working hard and long hours. He was like the cool teacher everyone in school went starry-eyed for. Much of the crew had been with him through multiple movies, mainly *Freaky Friday* before *Mean Girls,* and would be on others afterward, including *Just Like Heaven* and *Ghosts of Girlfriends Past.* Crew loved working with him because of his clarity and decisiveness—and his unique ability to build relationships and listen to others. Plus he could handle Lohan like a falconer, a skill unto itself.

But perhaps just as impressive was his ability to manage such a large group of young actors. Waters didn't condescend to them, even though they were young and many were inexperienced. "He led from kindness," says Drummond. He understood, for instance, that Drummond came from theater and didn't know how to act for a camera. So he patiently explained where she should look. Preuss describes him as "so playful. So creative. So fun."

Waters had his neuroses, like his hang-up about hair, particularly in this movie about great-looking high schoolers. He admitted this freely. Hairstylist Carol Hartwick had to stand next to him for the entire movie in case he didn't like what he saw when it was time to shoot. This was unusual for her—normally she'd watch away from the director on another monitor—but it was what she needed to do to make his vision come to life. "Hair was important," she says. "I was never so busy."

If Waters was the cool teacher, Okada was the underappreciated teacher, the Ms. Norbury of the crew. Okada took detailed notes on his copies of the script to execute every move. He mapped it all out. Waters was precise. So was Okada, when it came to visual ideas.

He understood Paramount's budget meant a compressed timeline and no money for special effects. These constraints posed a particular challenge when it came to three crucial elements of the script: the interstitial, documentary-style interview cutaways featuring the high schoolers commenting on the Plastics; the more fantastical elements that illustrated Cady's thoughts, whether we're seeing an imaginary group of homeschooled kids or her classmates attacking each other like animals in the African wild; and, finally, the pivotal and shocking scene in which Regina gets hit by a bus in the middle of her final showdown with Cady.

Okada tackled the interstitial shots by squeezing them in between other major shoots. He'd break the camera off, throw on a smaller lens, take it handheld, and, as he says, "shoot it as if the idea was, 'Some other country's here making a documentary on teen kids.'"

When it came to the scenes depicting the kids in the mall, in their animalistic packs roaming the turf and gathering at the watering hole, Okada shot them with longer lenses, like it was a nature documentary. He also persuaded the mall gods to allow him to use a smoke machine, but he had to let the fire department know so that the alarms wouldn't go off. One catch was that Okada couldn't mount lights bright enough to mimic the sun. He went to the mall on his own on a Saturday to determine the sunlight patterns. He figured out that if they shot a specific way between 1:00 and 1:40 p.m., they would nail it. The sun would be in the perfect position.

Perhaps Okada's trickiest challenge came when he had to shoot Regina being hit by a bus, though not killed, during a key confrontation with Cady. The magic of this scene began with Okada reading the script and thinking, *How can I make this as much in-camera as possible?* The budget did not provide for special effects, and computer graphics capabilities were almost nil at the time, especially for this type of film.

He knew that for the shock value and comedic timing the audience should have absolutely no idea what was coming. No buildup. You think the scene is one thing, a climactic war of words. But it's another: an action shot.

And then the wallop. Against all expectations, the bus actually runs Regina over. Even though several other sequences in the movie have included a touch of fantasy, this doesn't. It's not a dream. It's fact. It's the moment audiences know for sure: *This is not some simpering little movie just because it's for teen girls.*

How did Okada get to that shot where we understand Regina has been mowed down?

Stay with me through this cool bit of technical breakdown: He changed lens sizes to show the audience the street. We'd see it wider. Then he went back to a standard lens to show Regina as she walked away from Cady across the street, a totally expected pattern in any normal movie.

Okada had asked his crew to drive the bus at a normal speed right where it would go in the scene, just so he could see it, so he could understand exactly where it would be. Then he sent McAdams on her way as Regina.

He shot that, on its own. Then he shot the bus coming through at a faster speed, without her. In the final edit, the editor would cut from Regina crossing the road to the bus speeding through. With some added sound effects, we had a shocking accident.

And all in a few hours' work, so if it didn't get a laugh, they hadn't lost a whole day on it. When it got to the editing bay, no tricks were needed. The element of surprise was there on film.

Okada had no idea how hilarious it was—the most shocking and, as a result, the funniest part of the whole movie—until the first preview screening he attended. The audience lost their minds. It ended up being one of the greatest "Did they really just do that?" moments in movie history.

Okada's work was bolstered by their editor, Wendy Greene Bricmont. She had started her career on *Annie Hall*, which was her first editing credit. She's thought about that classic on every film she's worked on since, but particularly during *Mean Girls*. "In *Mean Girls*—thanks to Mark Waters—we used a lot of the same techniques," she says. "Actually, more: actors addressing camera, slow-motion introduction to the Plastics, slow motion to accommodate voice-over without ruining the pace of the film. There were a lot of similarities between *Annie Hall* and *Mean Girls*."

Though the entire team of behind-the-scenes adults was important, none was as key as Tina Fey, who was a major presence on camera *and* a guiding force as the creator of the North Shore world. Fey was thirty-three and working overtime to star in the movie she'd written while also appearing on and overseeing the writing at *Saturday Night Live* back in New York City. For the two months of the shoot, the four or five times that *SNL* nights conflicted with the filming, as soon as the credits rolled on the live show in New York, she would crawl into the back of a small motor home, where she would sleep as a driver took her to Toronto. In non–*Mean Girls* times, Sunday would normally be her one day off, which she'd usually spend cocooning in her Upper West Side apartment with her husband, baking or embroidering decorative pillows. On the *Mean Girls* set, she'd put in two days of shooting, then make the trip back to New York to start a new workweek there.

Those who worked on *Mean Girls* remember Fey being closely involved despite her *SNL* obligations. "Not one line was inserted without her input," says Greene Bricmont. Waters and the rest of the crew loved having Fey around. She was on hand even during scenes in which her character didn't appear, and she could shout her envisioned line delivery from the sidelines if asked. Other times, Waters would simply call out to her: "This joke's not clicking! Do you have any other ideas to try?"

In less than a minute, she'd have several other great options for him. He'd yell them out to the actor as the camera rolled, trying Fey's suggestions as they went. And she would jump in to help Okada whenever he was struggling to make something work on-screen as scripted but didn't have the budget to make it happen. She'd rewrite on the fly, getting the same point across with fewer effects or expensive flourishes.

Fey's character, the recently divorced math teacher Ms. Norbury, served to anchor the movie. Ms. Norbury was the voice of reason and thus one of the least memed or quoted of all the characters—the least flashy. Fey gave her best material to everyone else and settled instead for being a cross between Rosalind Wiseman and Kermit the Frog, the sane center in a sea of oversized characters. Her wardrobe reflected this, with pieces that were "simple and classic," as Fort says. "She did want to look good, but she didn't want too much of it to be about her."

This ability to help others shine likely came from her role at *SNL*. She was particularly adept at overseeing production, quietly doing her work, and riffing when she needed to, whether because a new joke was needed in rehearsal or because she was doing a press interview. She didn't gobble up attention, but she knew exactly when to turn up her comedy skills and could improvise funny lines on the spot. When I interviewed her regularly during my time at *Entertainment Weekly* in the 2000s, there was a workmanlike quality to her ability to get on the phone and deliver a string of gems—and, remarkably, gems you wouldn't see her spouting in a dozen other articles. Upon retiring her *SNL* impression of vice presidential candidate Sarah Palin, for instance, she suggested cast member Kristen Wiig as a potential replacement for her; then, when I asked if there'd be an official Palin torch passing, she said, "Maybe we could get a real torch. Or I could give Wiig the Palin wig." On writing a character on her sitcom *30 Rock* for *Mad Men*'s Jon Hamm, who dates her character, Liz Lemon, she explained, "I meet him because I start getting his mail by accident and I start opening it and making assumptions about him based on it. Then I believe the technical term for what happens is *shenanigans*."

She added, referencing the seventies sitcom *Three's Company,* "By the time we meet up at the Regal Beagle, it's all worked out."

As the end of the *Mean Girls* shoot approached, Fey was nervous about how her first movie as an actress and screenwriter might be received. She had never done a major part in a feature film before, though she routinely went out on auditions. *Mean Girls* was written in her voice to her own specifications. She hadn't given herself anything she couldn't do. But it still felt a bit nerve-racking. It's worth noting that she approached this quite differently from most of the male *SNL* cast members who'd transitioned to movie stardom before her. The standard move for stars like Eddie Murphy, Chevy Chase, and Adam Sandler was to take a showy lead role and chew the scenery. Her master plan for her career at the time, conversely, was to write and direct movies in which she'd have small parts.

As someone who saw herself foremost as a writer, she was most focused on how the script would be received. She wanted it to be seen as more than just some teen-girl fluff. She hoped people would understand its commentary on the brutality of girls' social systems and the pressures girls were under, as well as its message about how they could work together to be better to each other. She also longed for it to be recognized as simply great comedy: "I hope that the word of mouth is that this movie is actually funny and that it's not a little bubble-gum movie," she said.

Soon she would find out. Two months after shooting began, *Mean Girls* filmed its final scene, the entire high school cast crammed into a house for one last party.

Strangely enough, it was the Halloween party that happens in the middle of the film. The shoot wasn't easy. It was one of the few scenes that had to be shot at night because it would be too hard to fake nighttime during daylight. And it involved the entire cast, another organizational hurdle. Production had put it off until the end. That meant shooting in Canada in late November, when it was quite cold. Temperatures were peaking in the forties during the day and dipping to the low thirties at night as the girls wore their famously skimpy costumes. Further complicating matters was Lohan's restricted shooting time as a minor.

The scene highlights what an outsider Cady is, how out of her depth she is in trying to hang with the Plastics. Her emotions turn on the critical fact that she has no idea girls dress in deliberately provocative costumes for Halloween. As *Queen Bees* explains, "Have you noticed that girls will use any excuse to dress up in sexy costumes? Halloween is the most obvious example, but girls will do it whenever they feel they can get away with it." Fey's script is poking fun at this phenomenon, but it's also using it to create a deeply resonant moment for Cady: for a teenager, there are few things worse than feeling excluded from a group.

Cady has catastrophically misread the situation. Fort imagined Cady going to a thrift store (as Fort herself did) to buy the dress she wears to be a zombie bride, a costume Cady cleverly calls "an ex-wife." The Halloween party features the three main Plastics in racy costumes (including Karen's "sexy mouse") befitting a girl of the 2000s, which contrasted dramatically with Cady's scary costume.

The scene felt genuinely difficult for Lohan. She was experiencing what Cady felt. She perceived herself as "disgusting" next to the other Plastics, who "got to dress really beautiful and hot and sexy," she later recalled. She felt drawn to the seductive costumes, just as Wiseman had described in *Queen Bees*. Lohan did, however, enjoy helping with her makeup for the scene, and she did realize that she had something the other girls didn't. She got to *act* in the sequence, to cycle through a range of emotions, from excited to insecure to enraged. "Cady got really emotional in that scene," she said. "And so that was fun to be able to do, and act in a different way."

Rachel McAdams, however, turned in some of her own strongest work as well, thanks to the scene's coming at the end of the shooting schedule. It had taken her a while to find Regina, but Waters remembers the night most for the fact that she had "gotten so into the zone with Regina by then. She was a stone-cold sexy killer as she manipulated Aaron."

This would, once sequenced into the film, make the entire plot fall into place: Aaron would resign himself to her charms, and we wouldn't really blame him. Cady would turn maniacally against her, and we wouldn't really blame her.

With that, it was a wrap on *Mean Girls*.

The cast and crew had made Regina and the Plastics happen, they had helped the supporting cast of boys find themselves, they had created the entire North Shore High world around them thanks to a lot of local Canadian talent, and they had created an indelible Burn Book and a hell of a bus crash along the way. They had no idea what any of this would look like to the outside world, but they had enjoyed a pretty stellar time putting it all on film. Now it was time to celebrate.

Jo Chim arrived at the *Mean Girls* wrap party with a friend in tow, there to keep her company among a bunch of people she basically didn't know. She'd only been on set for a half day to deliver her line as the saleswoman who suggests the Plastics try shopping at Sears for a bigger size. She did say hi to Amanda Seyfried, who remembered her from that day, which she thought was nice.

She turned to her friend and said, "The only person I would love to meet—because I was hoping I'd meet her on the set—is Tina Fey." They strolled around the party, looking at all of the actors and crew, window-shopping for party companionship, wondering whom to talk to, if anyone.

Then they rounded a corner, and Chim literally bumped into Fey. This was it! Her comedy-writing idol! She couldn't believe the head writer of *Saturday Night Live* was just there, in front of her. Fey said hi.

"I played the salesgirl," was all Chim could think to say. Decent start.

"You were terrific," Fey said. "I'm sorry I wasn't on set."

Chim had only one thought in her head. Maybe it wasn't the exact right thing to say in the moment, maybe there should have been a little more buildup to it, or maybe she shouldn't have said it at all. But she did. "I love you," she blurted out.

She swore she could see little gates come down in Fey's eyes. "Okay, well," Fey said, "it was lovely meeting you." With that, she disappeared.

Jill Morrison, the Crying Girl, actually did get to hang out with Fey and Amy Poehler at the party, keeping her superfandom in check as she did shots with her comedic idols. Morrison danced with them, freaking out when she saw Poehler do a little twerking move like she'd done during a *Saturday Night Live* sketch once.

Clare Preuss saw director Mark Waters at the party for the first time without her Caroline Krafft hair and makeup. She felt comfortable with him because of his down-to-earth directing style, but she hadn't thought about the fact that he might not recognize her. She said hi and introduced her boyfriend to Waters, only to note the total lack of recognition on Waters's face. She couldn't figure out if he was trying to be funny or if he really didn't know who she was. It hadn't been *that* long since she'd shot her scene with him.

Finally, she tried "I'm Caroline Krafft!"

He couldn't believe it. Gobsmacked, he guided her over to where producer Lorne Michaels was sitting with Fey. "This is Caroline Krafft!" he announced, still shocked. But Fey and Michaels, having seen their share of actors in and out of outrageous costumes for *Saturday Night Live,* seemed unimpressed with the transformation. Michaels nodded in casual greeting. Fey was friendly, clearly recalling their day on the set together: "Oh, hey, yeah!"

Soon karaoke began. Matthews, who played the school secretary, wowed with her vocal abilities, so much so that everyone was a little reluctant to go up after her. But they got over it. Nicole Crimi, who played Regina's little sister, sang with the Plastics, which made her feel very cool. Daniel Franzese sang the B-52s' "Love Shack" with Poehler, a peak moment for him.

After the wrap party, the young actors went back to America, or to their everyday lives in Canada, many of them changed, at least a little bit, for the better. Most of them figured the movie wouldn't amount to much; that's just what actors have to tell themselves to survive a business with no guarantees. As the actors dispersed, however, the filmmakers would find themselves facing unexpected challenges between the wrap party and getting the movie out in the spring. It was hardly a sure thing yet.

CHAPTER 8

I Can't Help It That I'm Popular

×

The Race Toward the Box Office

Though the shoot had gone rather smoothly, *Mean Girls* now, weeks after filming wrapped, teetered on the brink of disaster. What was going on behind the scenes threatened all of the good work that had come together on the set in Toronto.

Once the cast and crew left the cozy bubble of Canada, the real challenges of making the movie were mounting fast. First came word that they would have to rush post-production to make an April release date. Paramount saw a slight clearing in the schedule there: they were dodging similarly targeted upcoming releases such as *First Daughter, A Cinderella Story,* and *Ella Enchanted,* films aimed at young women. And the April date would still just barely beat the onslaught of summer blockbusters, a time that was out of the question for a little movie like *Mean Girls.* Late April would give *Mean Girls* distance from Lohan's other movie, *Confessions of a Teenage Drama Queen,* due out in February, and allow it not to be trounced by the likes of *Van Helsing* in May.

And as the rough cuts went to the ratings board, there came a second urgent message: as it stood, *Mean Girls* would get an R rating, not the PG-13 it needed to be marketed to the tween and teen girls who were so crucial to the film's success. Director Mark Waters and his team had a rough few months ahead. It was entirely possible that a rushed edit, complicated by trying to please the ratings board, could result in a disjointed, watered-down mess that bombed at the box office.

Typical post-production, which includes editing, recording voice-overs, rerecording dialogue, adding a soundtrack, and preparing marketing and publicity for the release, can take up to a year. *Mean Girls* would have just four months.

As the team awaited specifics on the ratings board's objections, editor Wendy Greene Bricmont worked quickly to make Waters's and cinematographer Daryn Okada's work come to life. She loved cutting together Rachel McAdams's and Amanda Seyfried's stellar performances, and delighted in seeing Lindsay Lohan's star turn on her editing screen. Lohan, she says, "jumped off the screen." The introduction of the Plastics on the athletic field in slow motion, the animal-fight fantasy sequences, and the "Jingle Bell Rock" scene, particularly when Jason gets nailed in the face with the boom box, were all standout editing moments for her. "Successful slapstick!" she says. "That was fun."

Meanwhile composer Rolfe Kent was setting it all to music that elevated it beyond its genre. As he usually did, he worked with Waters to spot where the music would go, and Waters made clear what he wanted as the emotional trajectory of each major character. "Every nuance in the telling of the story was cared about," Kent says. He was excited by the specific opportunity *Mean Girls* presented him to use African-inspired music and was thrilled to get the go-ahead from Waters.

Kent scored the movie late in the editing process, refusing to listen to the temporary placeholding music Greene Bricmont had used in cutting the film together, an unusual decision. Greene Bricmont says, "Rolfe not wanting to be influenced by the temp is admirable in my book. The most gifted composers best the temp. Others just replicate the tone of the temp." Once she heard his African-themed work, she worried the studio might balk at its unconventionality for a teen movie. "It remains unique to this day," she says. "It is so distinctive that it is difficult to reuse for other temp scores—I've tried."

To underscore Cady's previous life, Kent used an African American choir that was based in Los Angeles but had significant experience with African music. The choir "nuanced it into something special," Kent says. "The sound of a South African choir has been a thing I've long adored. It has such energy to it."

He created different soundscapes for different characters and cliques. He called Damian and Janis "the Klunks" in his notes because the music he made for them had a clunky quality to it, with some accordion. He imagined Regina spinning webs and rendered that in her musical themes—plucky strings that sound sneaky. He would compose a piece of music, then share it with Waters, who would offer notes on exactly where he wanted a mood to shift, or escalate, or morph into sadness. "He's very grounded," Kent says. "And he plans meticulously. When he delivers an opinion, you know he's thought through every angle before delivering that opinion."

As the composer, Kent left room for the soundtrack songs, which would be dropped in at the last minute so they could seem as current as possible. Though soundtrack albums had lost their cultural cachet since massive 1980s hits like *Top Gun, Do the Right Thing, Pretty in Pink,* and *The Breakfast Club, Mean Girls* did boast a strong lineup of mostly female artists: "Milkshake" by Kelis, the Donnas' cover of Billy Idol's "Dancing with Myself," Samantha Ronson's "Built This Way" (so good it shows up three times in the movie), and Katy Rose's "Overdrive" (playing in Regina's bedroom when she snarkily asks, "Cady, do you even know who sings this?").

They were rushing, but carefully. And it was working.

Meanwhile, the MPAA was reviewing the film for its rating and detailing what would have to change to bring it down from an R to a PG-13. Because there was no budget or time for reshoots, every change would have to be done with editing and looping—bringing actors back in to rerecord their dialogue. Any line that was changed enough that it didn't match the actor's mouth movements on-screen would require an edit that cut away from their face in the moment.

The verdict came down, and it was . . . annoying, insulting, and a little silly. And in the case of one key line, the filmmakers felt it was worth fighting.

Change #1: A Burn Book reference to Amber D'Alessio as a girl who masturbated with a frozen hot dog was a problem. Waters asked if they could change it to "made out with a frozen hot dog." They could still change it to "made out" by having the actress rerecord the line and splicing it. The insane answer: "It can't be frozen."

This was a loss to both Fey and Waters. Back in the day, every school seemed to have a rumored hot dog interaction. This wasn't a positive statement on society, but it was true. Girls dealt with these exact kinds of rumors all the time, which was the sort of thing *Mean Girls* sought to tackle realistically. And the change would make a great line into the lamest line ever, as far as Waters was concerned.

But they needed to reach the young girls, so making out with a thawed hot dog it was. They could do this one without reshooting, though it would require some film surgery.

Change #2: An insult about "vag odor" was offensive. That became "fat whore." Easy enough to change, though interesting to note, in that case, what was and was not acceptable.

But that all still wasn't enough: "The standards are tougher in the movies," Fey said. "The things they made us take out of the movie are definitely said on TV." Which brings us to . . .

Change #3: A surprising request to alter a line in which Jason comes up to Cady on her first day and says, "We're taking a lunchtime survey. Is your cherry popped?" In television, euphemisms are golden. If a younger child wouldn't understand it, you're safe. But the ratings board would not allow it.

Various options were batted around. "Is your salad tossed," maybe? Finally, Fey came up instead with the immortal "Is your muffin buttered? Would you like us to assign someone to butter your muffin?"

As Fey later said, "It's totally made up. But it's evocative in a dirtier way." Somehow, this passed muster with the board. (If you watch the final version of the moment closely in the film, you'll realize this was all the magic of Greene Bricmont: You never see Jason's mouth as he's saying the critical words.)

Change #4: The ratings board had the nerve to demand that Fey cut one of the best lines in the film: Bethany Byrd's "wide-set vagina" line.

That went one step too far for the *Mean Girls* team. They were going to fight this one. That line was too good to lose, especially with the frozen hot dog already nixed.

Waters knew the Will Ferrell film *Anchorman* was coming out later that year and featured an obvious on-screen erection, yet it was still to be rated PG-13. *Anchorman* wouldn't be released until two months after *Mean Girls,* but industry screenings were happening and word was out. Filmmakers weren't supposed to argue with the ratings board by comparing their movie to others anyway. But it was infuriating and felt blatantly gendered.

Fey wrote an impassioned letter to the board explaining why she thought the cut was sexist. This was a young woman talking about her own anatomy and menstrual functions in a nonsexual way. It was funny, yes. But it was funny because of her stark and guileless honesty. It was the true sex education Coach Carr could never provide. Waters backed Fey up: "Are you telling me 'vagina' is a bad word?" he said in his own plea, invoking his hopes for a future in which his daughter didn't have to be embarrassed by her own body.

It worked. The board reversed its decision on that line, and that line alone. *Mean Girls* could have its crucial PG-13 rating, and its wide-set vagina, too.

Fey would later feel that they made too many compromises on the script for the ratings board, but it was done. "I should stop saying this, probably, because people are going to know that these jokes are watered down," she told the *New York Times* when the film was released.

As the final cut of the movie came together in the early spring of 2004, Paramount started to churn the promotional gears for *Mean Girls,* feeling cautiously optimistic about its prospects. The company indicated *Mean Girls* wasn't likely to be a monster hit by its projections, but the film would delight some moderate-sized audiences, which was just fine, given its modest budget. At ShoWest, the annual convention of theater owners, the studio highlighted *Mean Girls* among several promising upcoming movies, including *The Stepford Wives, The Manchurian Candidate, The SpongeBob SquarePants Movie,* and *Lemony Snicket's A Series of Unfortunate Events.* Lohan and Fey were part of Paramount's lineup of stars trotted out to excite theater owners. Paramount was trying extra hard and "packed ShoWest's priciest punch," according to the *Hollywood Reporter.*

The fact was that Paramount was in trouble. The *New York Times* reported that Hollywood insiders were complaining that Paramount "had become an increasingly difficult place to work because its management was stingy with money and not inclined to share creative control." It had also begun to seem a bit old and stodgy, which would have been fine if it was making money. But the studio was seen as the main culprit in tanking the entertainment unit at its parent company, Viacom. The unit's operating income had fallen 32 percent in the first nine months of 2003, to $205.4 million. There was no growth, and 2003's operating profit was coming in lower than 2000's.

Management changes ensued, a sure sign of panic at any company. John Goldwyn, CEO Sherry Lansing's right-hand man and a guiding force during *Mean Girls'* production, resigned, as did the company's president of worldwide marketing. Paramount wasn't counting on *Mean Girls* to save it, but success for this movie in particular would be a nice boost to its public image—and especially for Lansing, who had championed the movie passionately from the beginning. Waters and *SpongeBob* director Steve Hillenburg represented part of a concerted effort to hire younger, hipper directors and fortify Paramount's talent pool for the future.

No one expected *Mean Girls* to save Paramount's year. But the studio needed *Mean Girls* to at least break even. And it could really have used a zeitgeist-defining hit.

Queen Bees and Wannabes author Rosalind Wiseman was among the first people to see the finished film, and while she hadn't gotten all the changes she'd hoped for in the script, the final product impressed her, particularly McAdams's performance as Regina George.

Paramount arranged a special advance screening of the movie for her near where she lived in Silver Spring, Maryland. She'd seen several drafts of the script, so nothing in it was a complete surprise to her. She had weighed in on what she found stereotypical or fake or unnecessary or silly. (Those trust falls. She sure hated those trust falls, even though she could see that they made for good comedy.) She and her mother went together to see the final results on the screen. It wasn't until she got there that she realized she had accidentally worn pink for the occasion.

Her strongest reaction came from seeing McAdams inhabit the role of Regina. She felt physical anxiety. Her heart started racing. McAdams was too good. She was channeling every Queen Bee Wiseman had worked with. Wiseman recalls thinking, *Oh, she's so horrible. She's so good. She's so horrible. I cannot watch this.* It was in McAdams's eyes, the way she stared so intently as she threw her passive-aggressive bombs, the way she dared everyone to look away first, the *Glengarry Glen Ross* of her performance.

Wiseman had a funnier moment of recognition later in the film when Cady's mom finds some of her African vases hidden in a cabinet because Cady had a party while her parents were out of town. Wiseman remembered how she would do the same with her mother's ceramic bowl collection. The bowls hung on a wall, and Wiseman would use Post-its to remember which ones went where when she returned them to their places after an unauthorized get-together. Her mother had never noticed. Until she saw that scene.

She turned to Rosalind and said, "Oh, my god. That's what you did."

All Wiseman could do was admit it.

To build interest in the movie among its target audience of young women, the Paramount marketing department did something a bit unusual, launching a widespread preview screening program by invitation only for "opinion makers" at more than five hundred locations. (Usually, this sort of screening program would be done in fewer than one hundred theaters.) This gave them their first hint that *Mean Girls* might do better than they anticipated. Previewers loved the movie, with the executives noting audiences' visible and audible response to it in the theaters, and began telling their friends. These were influencers at work before we had the term. Social media was only in its nascent form on MySpace, but they could blog, text, or instant message their friends about it, along with, naturally, telling them about it IRL. Though these days a trailer release online might be a big deal, slower internet speeds and cruder technology precluded easy sharing of trailers, which would mainly be seen in theaters before similar movies. (YouTube wouldn't be founded until the following year.)

Still, as the April 30, 2004, release date approached, the industry ignored these early harbingers of success in favor of its more conventional wisdom. Prognosticators warned that *Mean Girls* would likely get trounced by *13 Going on 30*, a big-budget romantic comedy about a tween who wishes herself into being a glamorous thirty-year-old fashion magazine editor played by *Alias* star Jennifer Garner. It had opened at number two the week before *Mean Girls*' release date and been described by Box Office Mojo as a "mega-hyped, 'pre-destined sleeper hit.'" Paramount had done its best to swerve around other tween-targeted movies, but this one had still gotten in *Mean Girls*' way.

This was okay, the Paramount executives said. *Mean Girls* wasn't a huge, high-priority, $100 million movie. It had been made on a $17 million budget, small by studio standards. The industry wasn't interested in the last weekend of April, anyway. It was really looking forward to May 7, the following weekend, when action movies like *Van Helsing* would kick off the "summer moviegoing stampede," as the *Hollywood Reporter* said. *Mean Girls* only had to do okay for the studio to be happy.

But as opening weekend unspooled, more evidence began to mount that *Mean Girls* might be bigger than anticipated.

Mean Girls got the kind of flabbergasted, admiring reviews that come around once in a great while for a movie whose potential was underestimated: Ann Hornaday of the *Washington Post* said it "boasts a one-two-three punch in star Lindsay Lohan, screenwriter Tina Fey and director Mark Waters, and, indeed, it delivers a knockout." Roger Ebert called Fey's script "a comic and a sociological achievement."

Us Weekly deemed it "hysterical": "*Saturday Night Live* nerd goddess Fey wrote the script, which is funny, true and cutting, without resorting to boy teen movie set pieces (hold that slice o' pie!)." Then it compared *Mean Girls'* star favorably to *Clueless*'s lead: "The lively Lohan is a tart little comic actress in the Alicia Silverstone vein." London's *Sight and Sound* said it was a "slick, enjoyable film." *People* called it "an astute comedy of high school manners." *Rolling Stone* gushed: "Fey subverts formula to find comic gold." To date it still holds an 84 percent fresh rating with critics on Rotten Tomatoes, which is considered quite good.

But reviews were only half the battle. What would the young, female audience that they'd worked so hard to reach with *Mean Girls* actually think of it?

One indication came during opening weekend when Paramount gathered the main cast members, including Franzese, and drove them out to a suburban New Jersey megaplex to see the film with a real audience. As the stars hovered in the back of the dark movie theater undetected, the crowd went wild over every scene. The audience laughed and cheered at the succession of killer lines, including Damian's "I want my pink shirt back" and "You go, Glen Coco!" *Oh my god,* Franzese thought. *This is gonna be huge.*

He was right. *Mean Girls* blew past all industry box office predictions, beat *13 Going on 30*, and opened at number one on the box office charts, making nearly $25 million. It would go on to take in $86 million total. It even did well overseas, totaling $130 million worldwide—a profit well past its $17 million budget.

None of this surprised Lansing. When she saw the film for the first time, she adored it. "I loved that movie as much as a sixteen-year-old," the former executive says. "It speaks to me on so many levels. And I think one of the reasons for its broad success is it doesn't *just* speak to high school girls."

She knew they were targeting the movie at young, female audiences, hence all of the fuss over the PG-13 rating. That fuss did, incidentally, pay off: the audience for *Mean Girls* was 75 percent female and 50 percent eighteen and under. But Lansing wasn't even the demo for this film, and she delighted in it. She had a young son and wished she had a daughter she could take to see it. She felt women of all ages would relate, like she did. Mothers would want to see this. They would take their daughters. Groups of women would gather to go to the multiplex. That's what made *Mean Girls* a success. Her male colleagues in the industry might have been surprised, but she wasn't.

Mean Girls' good luck wouldn't be enough to turn Paramount around that year. Lansing, meanwhile, would resign by the end of the year, though it was by no means a concession of defeat. Her twelve years at the company was an impressive run for a studio executive, and, as she had long planned, she left the pressures of budgets and red carpets behind to start the Sherry Lansing Foundation. (Incidentally, Paramount notched a string of hits the following summer, like *War of the Worlds* and *The Longest Yard,* films she had green-lit.) She continues to head the nonprofit, which raises funds for cancer research.

Mean Girls remains one of her proudest accomplishments and was a bright spot in a difficult year for Paramount.

With the success of *Mean Girls,* all of Hollywood's attention turned toward Lohan, the new "Queen of Teen," according to *Vanity Fair,* the next in a succession that had included Silverstone of *Clueless* and Jennifer Love Hewitt of *Can't Hardly Wait.* Lohan deserved the accolades; her *Mean Girls* role wasn't as showy as McAdams's, but it was subtler, more challenging, more varied, and more crucial. The *Hollywood Reporter*'s review noted, correctly, that "one of the movie's achievements is persuading the audience to stay firmly in Cady's camp" even as she goes to the dark side. That's all thanks to Lohan, both her performance and her charisma. She had become an official movie star.

The choice of Cady for her had been right. She got the credit for the film's success, and it was hard to imagine that happening if she'd played Regina as she'd initially hoped.

The crowds that had packed *Mean Girls* showings on its opening weekend had done so largely because of Lohan's draw. Her worldwide box office record was now astounding: $92.1 million for *The Parent Trap,* $161 million for *Freaky Friday,* $33 million for *Confessions of a Teenage Drama Queen,* and another $130 million for *Mean Girls.* "My daughters love Lohan," wrote Sherri Winston, a columnist for the *South Florida Sun-Sentinel.* "Lindsay is likable, sensible, pretty but not fake or too pretty. She charms audiences with her freckles and her smile." Lohan's newly cemented stardom, however, "left [her] straddling the tenuous line between teen queen and adult actress," *USA Today* cautioned, presciently. *Mean Girls* would solidify Lohan's stardom and spark the tabloid frenzy for her in the mid-to-late 2000s. But for now, she was Hollywood's golden girl.

It was a precarious time for a young woman to rise so high. The triumph of *Mean Girls* represented a hard-won victory in the cultural landscape of 2004, a time that was, we can see in hindsight, punishing to women.

We began the year by obsessing for months—mainly through

magazines, newspapers, and TV coverage, as social media had yet to become prevalent—over the revelation of Janet Jackson's breast during the Super Bowl halftime show. (Was it intentional? We'll likely never know for sure.) Jackson's career plummeted after the Super Bowl, while her co-performer and coconspirator, Justin Timberlake, who actually ripped the part of her bodice that revealed her breast, skated through the incident with a charming joke about a "wardrobe malfunction."

Our ongoing fascination with Britney Spears also reached new heights. She was twenty-two years old and at her commercial peak: Her late 2003 album *In the Zone* debuted at number one—her fourth record in a row to do so. She had a string of hit singles: "Me Against the Music" (with Madonna), "Toxic," and "Everytime." Her success, however, was feared rather than celebrated. Media coverage worried whether her sexy clothing and dance moves were harming children.

ABC's Diane Sawyer introduced her 2003 interview with Spears by describing the singer as "America's most famous paradox in pink"—curious phrasing, as she didn't wear any more pink than anyone else—after a video package produced by Sawyer's own team, full of suggestive shots of Spears's bare midriff and writhing dance moves. During the interview, Sawyer brought Spears to tears with criticism. Was she shopping too much? Why did she break the heart of her recent ex-boyfriend, fellow pop star Timberlake? Sawyer, in a scolding tone: "What did you do?" Why did Spears insist on setting a bad example for little girls, "upsetting a lot of mothers in this country"? (Sawyer, scolding again: "What happened to your clothes?")

Meanwhile, Jessica Simpson rocketed to fame playing dumb on *Newlyweds*, her reality show with her boy bander husband Nick Lachey, providing us with another young, female scapegoat. This time, the charges were different—too ditzy!—but the result was the same: to take down a young woman rising too high in the public eye. Paris Hilton's sex tape was making the rounds on the nascent internet, and the hotel heiress, too, had become a universal punch line. Too slutty! These gorgeous blond starlets preoccupied the growing army of tabloid journalists and paparazzi, and no one worried the least bit for them. After all, they deserved it for being so suggestive/wealthy/stupid/promiscuous. And the tabloid press were making millions off their exploits, as well as their pain.

Mean Girls marked a change in the pop culture rules of feminism at this critical time. Pink and girly, it told us, didn't necessarily mean stupid and weak.

Because *13 Going on 30* and *Mean Girls* had successful releases around the same time, think pieces proliferated, declaring the power of the young female moviegoing market. This came as a shock to Hollywood. Harry Potter and Spider-Man mania were in full swing. Now something else entirely was happening.

As *Mean Girls'* scheduling difficulties showed, there *were* plenty of films that targeted young women at the time. But these two new hits marked a significant change in attitude. Other recent films, like *The Prince and Me* and *Chasing Liberty*, were classically simpering romantic comedies, with female main characters who showed a touch of rebellious spirit but were still essentially rescued by men in the end. *13 Going on 30* and *Mean Girls*, however, were about flawed females. In *13 Going on 30*, Garner's character, Jenna, secretly sells her magazine's ideas to the competition and ditches her one true friend (and true love) from childhood. The *New York Times* noted a key similarity between the two films: "As in *Mean Girls*, the cute boy who once liked her is now revolted by her shallowness." But both *allowed* their heroines to be genuinely terrible at times, even if the characters ultimately learned the right lessons (and ended up with righteous guys). "In a rare, unlikely triumph of pink sweaters and schoolyard crushes over gleaming guns and thunderous explosions, two of the three top-grossing movies were coming-of-age stories about young girls," writer Stephanie Zacharek said in that *New York Times* piece. "The draw of both *13 Going on 30* and *Mean Girls* is that instead of giving us innocent, blameless heroines, they show us what happens when good girls temporarily turn nasty."

Girls were responding to these films' darker aspects, analysts said. "Today's teen girls want to see movies that speak to them more on their level, rather than giving them a sanitized view of teen life," Paul Dergarabedian, president of Exhibitor Relations, a box office tracking firm, told *USA Today*. "The paradigm is shifting toward going after the teen audience in a more realistic way with edgier portrayals, things that today's teens can relate to."

Real teen girls agreed, insisting that *Mean Girls* wasn't even as exaggerated as some adults seemed to think. Young writers Maggie Stilwell and Courtney Gagne said in the newspaper *Capital*'s "Teen Pulse," "The release of this movie revealed the ugly truth that every girl secretly knows: girls are critical, backstabbing and judgmental. So many aspects of the movie parallel teen-age girls, not only those most like the characters of Regina, Gretchen, Karen and Cady—but all girls." Even if high schoolers didn't have a literal burn book, they said, "they have a mental 'burn book' in their minds.'"

Mean Girls not only reflected the spiky realities of teen girl life, but also celebrated brains—and specifically math. The fact that young women connected to this part of the movie delighted Fey. "I think embracing nerdery is what Cady does in a way," she said. "She embraces a part of herself that is not perceived to be cool. That's at the core of the story."

Mean Girls was just a beat ahead of culture in all the right ways. It tackled bullying and slut-shaming before they were exacerbated by social media. (Facebook had only just been introduced on Harvard's campus two months before the movie came out.) It gave us a heroine who finds her true self through Mathletes several years before the push for girls in STEM became a social movement. It offered a look at girls' inner lives before social media would put those lives on display worldwide every day.

Director Mark Waters and Lindsay Lohan on the set of their first collaboration, *Freaky Friday*, in 2003.

DAY 34:
Sc. 32:
1. Crane shot booms down on Asian Nerd table settling into "steadicam" height and 27mm lens length (shoot 48 fps) as camera rounds corner of Trang Pak's table
2. Steadicam at 27mm mimics table round at Trang Pak doing floating shot through Janis/ Damian, then whip pan (shoot 48 fps)
3. Steadicam at 50 mm does same move picking up details of each table – shoot through whip pan (shoot 48 fps)
4. Whip pan into push in to Plastics which pans to find Cady looking at Plastics – shoot through Jason stop
5. Medium 2-shot Cady/Jason from Plastics POV
6. B-cam OTS CU Cady w/ Jason
7. OTS CU Jason w/ Cady
8. B-cam CU Jason for eyeline to Regina
9. 150mm OTS CU Cady w/ Regina
10. B-cam MCU Cady servicing Karen's eyeline and holding bracelet
11. ~~Tight shot of bracelet~~
12. 150mm OTS CU Regina w/ Cady
13. B-cam medium 3-shot Plastics over Cady
14. Clean CU Gretchen
15. B-cam clean CU Karen

Waters's shot list for the cafeteria scene where Cady meets the Plastics.

Best friends Stefanie Drummond, who plays Bethany Byrd, and Jan Caruana, who plays Emma Gerber, on the set together.

Above: Clare Preuss dressed in character as Mathlete Caroline Krafft with teammate played by David Sazant.

Left: Actor Chris Anton, who plays "Huge Guy," brought a camera with him to set to make sure he got photos with all the stars. Here he poses with Lindsay Lohan.

Anton with Lacey Chabert.

Anton with Amanda Seyfried.

Anton with the cast, dressed for the Halloween party sequence.

Production Office:
629 Eastern Avenue,
Building B, Suite 201
Toronto, ON, Canada M4M 1E4
Office Tel: 416-645-8279
Office Fax: 416-645-8278
2nd AD Set Cell: 416-856-5934
Set Fax: 647-273-4733

"Mean Girls"

M.G. Films, Inc.

CALL SHEET DAY 22 of 42
Monday, October 27, 2003

CREW CALL: 0800

LUNCH: 1400
PRE-CALLS: See Grid

Producer:	Lorne Michaels
Executive Producer:	Jill Messick
Director:	Mark Waters
Writer:	Tina Fey
Co-Producer:	Louise Rosner

LOCATION 1: URSULA FRANKLIN AC ADEMY – 90 CROATIA ST.
Base Camp: Dufferin Mall Parking Lot
Tech. Trucks: School Parking Lot
CREW PARKING -SEE MAP

NO FORCED CALLS WITHOUT PRIOR APPROVAL OF U.P.M.

SAFETY NOTES: See Health and Safety Guidelines
(Copies located in A.D. office & with Crew Rep.)

WEATHER: Cloudy **POP:** 0% **H:** 9 **L:** 4 **SR:** 0646 **SS:** 1716

NEAREST HOSPITAL:
St. Joseph Health Centre
30 The Queensway
Toronto, ON M6R 1B5
Tel: 416-530-6000
Emergency: 416-530-6003

SCENE	SET/DESCRIPTION	CAST	D/N	PGS	LOC
178 To Complete	INT-GYMNASIUM Duvall's lady speech / Ms Norbury takes over	1,2,3,4,5,7,8,10,17, 19,20,21,22,24,25,26, 27,28,29,31,49,50,51,A	D26	--	1
180 pt 2/2	INT-GYMNASIUM Cady won't apologize	1,2,3,4,5,7,8,10,17,19, 20,21,22,24,25,26,27, 28,29,31,49,50,51,A	D26	2 3/8	1
181	INT-GYMNASIUM Girls do trust exercise / Janis makes apology	1,2,3,4,5,7,8,10,17,19, 20,21,22,24,25,25,27, 28,29,31,49,50,51,81, 82,97A-D,99A,A	D26	1 4/8	1
	TIME PERMITTING				
207	INT-CALCULUS CLASS Aaron's face bobs in front of the board	3,6, B	FB	2/8	1
		Total Pages:		3 7/8	

CHARACTER		ARTIST	STATUS	P/U		H/M/W	ON SET	LOC	
1.	Cady Heron	Lindsay Lohan	W	0900		0930	1030	1	(2000)
2.	Regina George	Rachel McAdams	W	O/T		0830	1030	1	
3.	Ms Norbury	Tina Fey	W	0700		0730	0830	1	
4.	Gretchen Wieners	Lacey Chabert	W	0845		0915	1030	1	
5.	Karen Smith	Amanda Seyfried	W	0845		0915	1030	1	
6.	Aaron Samuels	Jonathan Bennett	W	W/N @ 1700	--	--	--		
7.	Damian	Daniel Franzese	W	0915		0945	1030	1	
8.	Janis Ian	Lizzy Caplan	W	0845		0915	1030	1	
9.	Mrs. George	Amy Poehler	HOLD	--	--	--	--		
10.	Mr. Duvall	Tim Meadows	W	0715		0745	0830	1	
17.	Kristen Hadley	Molly Shanahan	W	O/T		0830	1030	1	
19.	Emma Lynn Gerber	Jan Caruana	W	O/T		0830	1030	1	
20.	Short Girl/DeVito	Kristen Bone	W	O/T		0915	1030	1	(2015)
21.	Lea Edwards	Alisha Morrison	W	O/T		0830	1030	1	
22.	Amber D'Alessio	Julia Chantrey	W	O/T		0830	1030	1	
24.	Joan the Secretary	Sharron Matthews	W	O/T		0700	0830	1	
25.	Michigan Black Girl	Miranda Edwards	W	O/T		0830	1030	1	
26.	Trang Pak	Ky Pham	W	O/T		0745	1030	1	
27.	Sun Jin Dinh	Danielle Nguyen	W	O/T		0745	1030	1	
28.	Giselle Sgro	Jacky Chamberlain	W	O/T		0745	1030	1	
29.	Jessica Lopez	Olympia Lukis	W	O/T		0745	1030	1	
31.	Bethany Byrd	Stefanie Drummond	W	O/T		0700	1030	1	
49.	Jock Girl Dawn	Erin Thompson	W	O/T		0700	1030	1	
50.	Jock Girl 2	Kaylen Christensen	W	O/T		0700	1030	1	
51.	Crying Girl	Jill Morrison	WF	O/T		0700	1030	1	
81.	Gretchen Stunt Dbl.	Erin Jarvis	SWF	O/T		1015	1100	1	
82.	Karen Stunt Dbl.	Shayna Segal	SW	O/T		1015	1100	1	
97A.	Stunt Catcher 1	Taryn Ash	SWF	O/T		1015	1100	1	
97B.	Stunt Catcher 2	Chantelle Page	SWF	O/T		1000	1100	1	
97C.	Stunt Catcher 3	Rebecca Moore	SWF	O/T		1015	1100	1	
97D.	Stunt Catcher 4	Maggie McLean	SWF	O/T		1000	1100	1	
99A.	Stunt Coordinator	Alison Reid	W	O/T	--	--	1000	1	

STAND-INS		ON SET	LOC
Cady Stand-In	Michelle Hoffman	1000	1
Ms Norbury Stand-In	Marliana Andre	0800	1
Mr. Duvall Stand-In	TBA	0800	1
Utility Female Stand-I	TBA	0800	1

Louise Rosner (Co-Producer) Jim Powers (U.P.M.) Andrew Shea (1st A.D.)

2nd AD:	Location Manager:	ALM:	Trans. Coord.:	Driver Captain:	Prod. Coord:	ACTRA Steward:	IATSE 873 Rep.:	Safety Rep.:
Sarah Campbell	Vince Nyuli	Trevor Weber	Dave Staples	Stuart Mitchell	M.C. Harnois	D.J. Anderson	S. Turturici	R. Emerson
C: 416-856-5934	C: 416-518-4616	C: 416-732-9526	C: 416-858-1330	C: 416-856-7165	C: 416-889-8720	O: 416-928-2278		

A call sheet from the set showing the schedule and cast for a day of shooting.

```
A HUGE GUY picks on Janis as he passes.                *

              HUGE GUY
   Nice wig.  What's it made of?                       *

               JANIS
         (immediately vicious)                         *
   Your mom's pubic hair.
         (to Cady)
   I'm Janis.
```

The script page for the scene in which Cady meets Janis and Damian, with Janis's original line about "pubic hair," which was changed to "chest hair" in the final, PG-13 edit.

Mrs. George (Amy Poehler) dances along with the girls to "Jingle Bell Rock" while filming it from the audience.

The Plastics in their iconic "Jingle Bell Rock" costumes.

Lohan, as new gi
Cady, befriendir
Janis (Lizzy Capl
and Damian
(Daniel Franzese
on her first day.

Lohan, Seyfried, Chabert, and Rachel McAdams as the all-powerful Plastics, ruling the ma

Cady taps her crush, Aaron Samuels (Jonathan Bennett), on the shoulder in math class.

Principal Duvall (Tim Meadows) hits the fire alarm to cool down the girls' riot over the Burn Book pages with the indelible declaration, "Oh, hell no! I did not leave the South Side for this!"

Left: Lohan at the *Mean Girls* premiere at the Cinerama Dome in Hollywood, California.

Left to Right: McAdams, Chabert, Seyfried, and Lohan accep
the 2005 MTV Movie Award for Best On-Screen Team.

The original cast of the *Mean Girls* Broadway musical during curtain call on opening night, April 8, 2018, at the August Wilson Theatre. Left to Right: Kyle Selig, Kate Rockwell, Grey Henson, Taylor Louderman, Erika Henningsen, Barrett Wilbert Weed, and Ashley Park.

It took girls, and girl culture, seriously, building on *Clueless*'s argument that a popular girl's social skills could be considered a form of intelligence, *Bring It On*'s affirmation of cheerleading as a serious sport, and *Legally Blonde*'s assertion that being pretty, fashionable, and constantly clad in pink does not negate one's brains nor one's ability to graduate from Harvard Law. ("What, like it's hard?")

Mean Girls drew on, and subverted, the teen-movie character trope of the Valley Girl—first named in the 1980s to refer specifically to any seemingly vapid girl from Southern California's San Fernando Valley who says *like* a lot, and immortalized by the 1983 movie starring Nicolas Cage and Deborah Foreman. The type was eventually broadened to refer to any sexually alluring teen girl with money and materialistic tendencies. Teen movies have been obsessed with this type ever since, often savagely mocking her, always coming to teach her a lesson. *Clueless* and *Mean Girls* began to turn the narrative in her favor. *Mean Girls* acknowledged her shortcomings and wanted to teach her a lesson, too, but emphasized her humanity and ability to change.

In *Mean Girls,* we learn cattiness and social striving are neither frivolous nor harmless—they are legitimate survival techniques for girls in a patriarchal society. And those social constructs can be dismantled, with powerful results. Unlike its forebears, from *The Breakfast Club* to *Heathers, Mean Girls* ends with the main characters leaving the social hierarchy behind entirely, rather than merely triumphing within it (or literally blowing it up).

It also helped to usher in a specific feminist aesthetic of the 2000s: Feminism, it told us, could be classically feminine. It could include girliness, makeup, fashion, sexiness, and pink. This idea—which, it must be said, is a very white-and-wealthy conception of women's liberation—would bring second-wave feminism into the mainstream, sanitizing concepts that began in nineties zines and riot grrrl culture. This conception of feminism would reign in pop culture, for better or worse, commodifying it but also earning it much wider acceptance. (I'm a bit sheepish about the fact that I cofounded a website around this time called Sexy

Feminist, and cowrote a book called *Sexy Feminism,* touting this exact idea, arguing that makeup and bikini waxes, for instance, could be feminist. Pink, as you can imagine, was very much embraced and celebrated.) This lasted until the next decade brought serious systemic problems like racism and poverty to the fore of the mainstream feminist movement.

Mean Girls became the first teen movie canon addition since 1999's *American Pie, Cruel Intentions,* and *10 Things I Hate About You.* It was that rare gem known as the Smart Teen Movie, like *Clueless* and *The Breakfast Club* before it. *Mean Girls* not only earned a place in the teen movie canon but also advanced the form. In fact, it's the last great, widely seen teen movie of recent memory and stands likely to hold on to that title. In the years since its release, midbudget films have been all but eliminated from major studios' release slates as their parent companies chase international box office dollars with superhero and action franchises that lose nothing in translation. Smaller teen films like *Booksmart* and *Blockers*—genuinely funny, feminist, female-driven spiritual heirs to *Mean Girls*—become small cult hits now rather than garnering the box office rankings that lead to widespread cultural domination.

Netflix has largely taken over the teen movie business, churning out some charming enough films, often adaptations of popular young adult books like *To All the Boys I've Loved Before* or nostalgia reboots like *He's All That* (a modern riff on 1999's *She's All That,* directed by Waters). But with so many choices on streaming services, they never attain the cultural cachet that *Mean Girls* did.

One of the many factors that made *Mean Girls* stick was the title. People might have called these girls simply "popular" before, which was confusing and inaccurate. The problem wasn't their popularity, and some popular kids are nice to their classmates. Now we had a name for this specific breed of manipulators: "Mean Girls." That title change from *Homeschooled* may have made all the difference.

Mean Girls was also funnier than any teen movie that came before it, a fact made more significant because of its focus on girls and a female audience—who are rarely seen as the audience for high humor. The *Mean Girls* script telegraphed the cultural force Tina Fey would become, just a few years before polemicist Christopher Hitchens famously argued that "women aren't funny" in *Vanity Fair.* Women (Fey, Poehler, Sarah Silverman, Kristen Wiig, Maya Rudolph, Mindy Kaling, and Amy Schumer, among others) proceeded to dominate comedy for years to come, immediately after Hitchens's piece went to press, almost as if in direct rebuttal.

Fey became a poster woman for just the kind of smart-sexy-funny-cool feminism that was taking over American culture. She and her glasses had arrived in the zeitgeist at just the right time.

The movie introduced both Fey and Poehler as movie star material and an iconic comedy duo, the new Lucy and Ethel or Mary and Rhoda. By the fall of 2004, the two began anchoring *Saturday Night Live*'s "Weekend Update" segments together, hailed as "fake-news pioneers" by the *New York Times*. They were the first all-female team to do so, but producer Lorne Michaels was looking for comic chemistry, first and foremost. He said, "It has to work because it's funny." The two women went on to star in movies like *Baby Mama* and *Sisters* as a duo, and to host the Golden Globes together from 2013 through 2015 as well as 2021 to great acclaim.

Fey said there was talk of doing a sequel to *Mean Girls* at the moment of its box office domination, and she was interested. But her schedule was now packed, and the ideal time seemed to pass by. Her sitcom *30 Rock,* created by and starring her, premiered in 2006 and became an unexpected critical darling. She won the Mark Twain Prize for humor. She signed on as an American Express spokeswoman in 2007. The ads showed Fey's busy, full life, running an acclaimed TV show and being a new mom. Her impersonation of Republican vice presidential candidate Sarah Palin in the six weeks leading up to the 2008 election was credited with helping to swing the momentum against Palin's running mate, John McCain, and in favor of eventual president Barack Obama.

Not only could Fey run a show, raise a child, and sell credit cards, she could also tip the scales on who became the leader of the free world.

The hits kept coming. Fey's 2011 essay collection *Bossypants* was a massive success. She would begin to build a sitcom empire with the quirky Netflix hit *Unbreakable Kimmy Schmidt,* about a surprisingly chipper cult survivor making her way in New York City, in 2015. In the years post–*Mean Girls,* Fey cemented herself as one of the most influential comedic voices of the twenty-first century.

Poehler similarly went on to her own solo successes, all of them in line with her unique brand of cheerful feminism. She played Hillary Clinton on *Saturday Night Live* and starred as determined local government official Leslie Knope in the hit sitcom *Parks and Recreation* from 2009 to 2015. She wrote the inspirational (but still very funny) bestselling memoir *Yes Please* about her rise through the comedy world. She launched the website Smart Girls to spotlight young women working to change the world. And she directed the films *Moxie*—about a teen girl who launches a feminist zine—and *Wine Country,* an ensemble comedy starring Fey, Rachel Dratch, and Maya Rudolph. In 2022, Poehler also directed the Emmy-winning documentary *Lucy and Desi,* which tells the story of Lucille Ball and Desi Arnaz's unlikely, and hard-won, cultural domination.

After *Mean Girls'* release, the others involved in it also naturally felt its seismic effects on their lives.

The bigger names associated with the film found their careers launched into the stratosphere. McAdams, with the twin 2004 feats of *Mean Girls* and *The Notebook,* had the kind of career many had once predicted for Lohan. The following year, McAdams solidified her superstar status with a lead role in the comedy *Wedding Crashers* and went on to easily toggle between comedy and prestige drama films, including *The Family Stone, Red Eye, Sherlock Holmes, The Time Traveler's Wife, Morning Glory,* and *Spotlight.* Amanda Seyfried, meanwhile, scored showy roles in the TV series *Veronica Mars* and *Big Love* before her star turn in the two *Mamma Mia!* musical films.

Director Mark Waters experienced a sea change in his career thanks to *Mean Girls,* especially with the success of *Freaky Friday* immediately before it. He had just made the biggest movie of his career, and he was sensible enough to know that in the movie business, repeats weren't guaranteed.

Thanks to *Mean Girls,* for the first time in his career he could choose whatever he wanted for his next movie. He picked *Just Like Heaven,* a charmingly idiosyncratic romantic comedy starring Reese Witherspoon as a spirit who haunts her old San Francisco apartment when Mark Ruffalo's character, a widower landscape architect, moves in. It wasn't what Waters had become known for, which was movies like *Mean Girls*—or movies that executives wanted to be like *Mean Girls.* He didn't mind knowing *Mean Girls* could be the one he was best known for, forever. Worse things could happen to a director.

After *Mean Girls* was released, everything changed for Rajiv Surendra. He remembers being shocked to hear on the radio, while he was in the car with his mom, that *Mean Girls* had topped the box office. He warned himself not to get too excited.

Still, this made all the difference for him, even in the short term. As he sat with his mom at family weddings, gaggles of women came by to pay homage to "the woman whose son was in the film."

"One of the main meeting grounds for Indian women to show off their wares in the form of their kids is weddings, because there'll be, like, four hundred people, all of the relatives, and it's an occasion to put on your best sari and strut your stuff," he explains. For years, he'd been subjected to an uncomfortable ritual: A relative would come over to greet him and his parents and to brag about their son or daughter who was a doctor or a lawyer. Then they'd ask his parents, "What is your son doing?" His mother was always honest and supportive: "He's studying art," she'd say. The awkward pause that followed would be filled with judgment.

After *Mean Girls,* they not only approved; they wanted to take photos with him.

Now that everyone was so impressed with his showy part in a major Hollywood film, Surendra couldn't have asked for a better reward: his mom had supported him in doing what he wanted with his life, and she was being honored for that.

He was inspired. The time for him to act was now. He dropped out of college and flew to South India to do research in hopes of landing the lead role in the *Life of Pi* movie. Casting was originally supposed to begin within six months of *Mean Girls'* release, but it was delayed, and then delayed again. Surendra returned to college to finish his degree, but he did not give up his dream. He was tracking the project and planned to be there at any cost when the auditions finally did happen.

Daniel Franzese was similarly starting to come to terms with a new level of stardom. He agreed to shoot a T-shirt cannon into the crowd at a screening for teenagers through a local radio station, where his friend was a DJ. He was mobbed as if he were Justin Timberlake. He agreed to do a few more appearances at subsequent screenings, but now his manager hired him a limo so he could escape the frenzy. That's the first time he thought, *Wow, this is gonna change my life.* He got to be on *The Sharon Osbourne Show* as a celebrity guest. He had to leave his off-Broadway play to go to the MTV Movie Awards and other appearances. He had another movie come out called *Stateside.* "It obviously wasn't as big, but it was still cool to have two movies in one week in the theater," he said. "I was like, 'This is it, I'm on my way!'"

Some of the young adults who played teens in *Mean Girls* grabbed the moment to bolster their careers. Stefanie Drummond moved to the States for the next six years to pursue a Hollywood career, and appeared in supporting roles in the newspaper drama *Spotlight* (also starring McAdams), on the TV detective series *Bosch,* and on the reboot *Fuller House,* among other projects. Jill Morrison, known as Crying Girl in *Mean Girls,* booked a role in a Disney Channel movie called *Crimes of Fashion,* starring Kaley Cuoco and Megan Fox before they were major stars. "I was like, 'This is easy! What is everybody complaining about?'" she recalls of that era of her career. "I was spending my money like I was Beyoncé." She quickly learned her lesson when she didn't work for the next year and a half, though she's since gone on to a prolific career as a character actress, with ninety-five credits, including the TV series *A Million Little Things,* the miniseries *The Haunting of Bly Manor,* and the third film in the Netflix trilogy *To All the Boys.*

Some of the Canadian kids went back to their regular high school lives, but their roles in one of the biggest recent American films were not forgotten. Ely Henry of the deeply religious Homeschooled Boys at the beginning of the film became "*Mean Girls* kid" at his school. "It came up in high school," he says. "Like, it came up *a lot.*"

Author Rosalind Wiseman continued her work with kids after the movie and for decades to come. She never introduced herself as the author of the *Mean Girls* book. But if this fact did come up in her introductions, it registered with the kids. *Mean Girls* was becoming a *thing.* People treated her differently now, knowing her book had turned into *Mean Girls.* Everyone seemed to think she was now hugely wealthy and successful. People wanted things from her. She didn't know whom to trust. People offered her TV shows and other distractions. But she realized she loved the work she had been doing. She needed to focus on that.

She published *Queen Bee Moms and Kingpin Dads* in 2006, and eventually *Masterminds and Wingmen,* about boys, in 2013. In the latter, she defines Boy World, writing about being the mother of two sons even though she was so well-known as the "*Mean Girls* woman." She delineates types of boys just as she did for girls: the Mastermind, the Associate, the Bouncer, the Entertainer, the Conscience, the Punching Bag, the Fly, and the Champion. It was another *New York Times* bestseller. In it, she writes of the ways her message—and the message of *Mean Girls*—would be lost on some, even as it touched more and more people: "With the popularity of *Queen Bees* and *Mean Girls*, I was increasingly called upon to speak on girls' issues, which was great but also made me uncomfortable. While the attention on girls was needed, the message was also sometimes watered down or used as a way to demonize girls." It's no surprise that the patriarchy could find a way to turn *Mean Girls* against the young women it spoke most to.

Patriarchal culture also found a way to turn Lindsay Lohan's *Mean Girls*–generated success against her. While her costars made their way up through the Hollywood star system and Fey was celebrated for her brilliance, the media of the 2000s had its way with Lohan. As surely as *Mean Girls* had made Lohan a teen queen, it had also made her a target of the gathering forces already destroying other young women like her in Hollywood. At just seventeen, with too much fame and not enough supervision, she was headed directly into the eye of the storm.

CHAPTER 9

If North Shore Was *Us Weekly*

×

Mean Girls' Success Makes Lindsay Lohan a Star—and a Tabloid Target

In *Mean Girls,* Damian explains the Plastics thus: "If North Shore was *Us Weekly,* they would always be on the cover." Real life imitated fiction after actress Lindsay Lohan's success with *Mean Girls.* This is part of what made the film a classic, along with its phrase-making; it critically documented its time. For a while, though, the film's legacy seemed destined to be eclipsed by the saga of Lohan's real life, brought on by the tabloids' insatiable thirst for destroying young women—and particularly Lohan.

At first, Lohan tried to be the Cady Heron of her own life. When she returned to school in Merrick, Long Island, after the movie's release, her classmates greeted her with bullying—girls tripped her in the hallway and ran her off the cheerleading team. She retreated to homeschooling and the waiting arms of Hollywood, which seemed welcoming at first.

She got a Los Angeles apartment with a new roommate, Raven-Symoné, the eighteen-year-old who had become famous as a little girl playing Olivia on *The Cosby Show* and had gone on to her own Disney Channel show, *That's So Raven,* as well as *The Cheetah Girls,* a Disney Channel movie. Lohan appeared ready to make the most of her newfound movie stardom.

In retrospect, she'd see this move to L.A. as the mistake that led her to become bait to the paparazzi and gossip industry, which in turn led to much bigger mistakes. She hadn't been prepared or even close to mature enough. But in the moment, it seemed like the best option. She couldn't see the pernicious misogyny of the pop culture of the era or the ways it was methodically setting her up to fail.

Though she appeared to have the talent to build a bridge from child to grown-up stardom like Jodie Foster, she felt a pull toward Britney Spears–style fame. "Tabloids were becoming, like, the main source of news in the world, which is really scary and sad, and I would look up to those girls in the tabloids," Lohan later reflected in a 2010 interview with *Vanity Fair*. "The Britneys and whatever. And I would be like, I want to be like that."

Mean Girls had elevated Lohan to dizzying heights at exactly the wrong time, when celebrity gossip and paparazzi stalkers were at their peak and all too willing to help Lohan be more like her idols in all the wrong ways. Magazines in the 2000s seemed determined to take down the celebrity version of the Valley Girl: young, comely, wealthy women with too much power for their own good, at least in the media's estimation. The glossy covers, with their titles, like *Star* and *Us,* usually in bright yellow trimmed in hot pink, screamed at us from the racks in supermarkets and drugstores, over photos of young starlets: "Teens Gone Wild!," "Mary-Kate Back to REHAB?," "HELP ME."

Along with Paris Hilton and Spears, Lohan became one of the era's tragic poster girls. "It's so ironic that Lindsay was in that movie *Mean Girls,* because that's exactly what it was like," Lohan's friend told *Vanity Fair*. "*Mean Girls* with coke and paparazzi."

In this real-life situation, there was no single Regina George, who was at least an organizing force at North Shore High. There was no doubt who was in charge of the fictional high school. In the Hollywood of the 2000s, on the other hand, the Regina George could shapeshift. She could take the form of a frenemy like Hilton was to Lohan, or she could take the form of paparazzi cameras or the tabloid industry's scolding headlines: "Lindsay WASTED AGAIN!"

Mean Girls was Lohan's crest before her fall. The girl who had wanted to play Regina George became the target everyone wanted to take down, and no one felt the least bit bad about it.

From the vantage point of 2023, it's striking to review the coverage of Lohan in 2004, before the tabloids assigned her the image of pathetic party girl. It's a study in the ways that the tabloids made women into the "characters" they wanted, as well as the ways a young star could be tempted to play into those narratives. Just after *Mean Girls* was released, Lohan was perceived as sweet, soft, down-to-earth, the wholesome alternative to the other starlets of the time—Cady Heron when she's the "good" girl. "What's appealing about photographs of Lohan posing at red carpet affairs is that she seems so much less hardened than her same-age counterparts, a bit dazzled by the hoopla," the *Los Angeles Times* opined. "In our belly-button-pierced, baby-stripper, Britney Spears world, Lohan is a throwback to another time—safe, mainstream, chaste."

The most controversial thing about her was her feud with fellow Disney kid Hilary Duff, the star of the *Lizzie McGuire* TV series and movie. The two young actresses had fought over the affections of pop star Aaron Carter, whom they both dated in 2002. The tension had heightened first over a *Vanity Fair* cover shoot with the cover line "It's Totally Raining Teens!" (It was mid-2003, a year away from *Mean Girls*, so Duff got a prime center position, while Lohan was shoved way off to the right in a foldout format, in a spot that wouldn't even be seen on newsstands.) And it exploded at the premiere for *Cheaper by the Dozen*, starring Duff, when Duff's mother demanded Lohan be removed from the premises. (Lohan was, despite this, allowed to stay.) It was exactly the kind of fight *Mean Girls* warned us about.

Lohan gestured at trying to put the feud behind her as her star rose, announcing, "I love you, Hilary Duff!" during an appearance on MTV's *Total Request Live*. But she undid that mitzvah when she subsequently explained her reasoning for this to the *Los Angeles Times*. One of Duff's friends, she divulged, had left a message on her answering machine saying she was fat and should do Pilates. Now Lohan's MTV shout-out seemed passive-aggressive: can't you imagine a late-in-*Mean Girls* Cady doing the same thing to get under Regina's skin? The media saw what they wanted to see, choosing, at the time, to interpret it as a genuine olive branch.

But soon, tiny cracks were beginning to show in Lohan's image, even as she worked hard to maintain her Cady Heron persona. The kind of media attention she got now was different from the kind she'd gotten pre–*Mean Girls*. In moving from *The Parent Trap* and *Freaky Friday* to *Mean Girls,* she was entering a different film market, the slightly older demographic targeted by the likes of Reese Witherspoon's 2001 film *Legally Blonde*. That, plus *Mean Girls'* impressive box office numbers, meant she was making the precarious transition from short puff pieces in magazines that wanted to know the basics—whether she collected anything (Beanie Babies! Her favorite was the purple bear honoring Princess Diana!), whether she was interested in college (sure!), and which celebrity she crushed on (Orlando Bloom!)—to lengthy sit-down interviews with probing questions and attention to her every move. A *Los Angeles Times* reporter noted she was thirty minutes late for an interview at Le Petit Four on Sunset Boulevard, arriving with a standard L.A. excuse: "There was, like, so much construction." They noted her wardrobe—"A baby blue T-shirt and a pleated miniskirt roughly the size of a place mat"—and drew meaning from her vibe. The *Times* observed, "She exudes a kind of freshly scrubbed, girlish, wholesome quality, something she is especially protective of because she knows it is part of what makes her bankable."

Pains were taken to maintain this image of a regular teen. She and her mother, also interviewed for the piece, punted on questions about whether she'd attend her high school prom back in Cold Spring Harbor, Long Island. "There's been offers, but she hasn't made a decision yet," her mom said. They also maintained that her parents continued to set limits when she was staying at home in New York, while she was supervised in Los Angeles by her agents, publicists, and "guardian," a friend like the one she'd had with her on the set of *Mean Girls*.

Lindsay noted that stardom was harder now than it had been in the past because of ravenous tabloids like *Us Weekly* and *Star*. Reports about her partying were already simmering, but she blew them off. "I'm not at a point where I need to go out and get really drunk and do stupid things," she said. "That's just me. But it's hard being 17 years old and not be able to do the things that other 17-year-olds do, like going out, learning about yourself, finding out who you are."

The leap from teen queen to serious adult star is always dicey. Molly Ringwald, Alicia Silverstone, Jennifer Love Hewitt, and Sarah Michelle Gellar were all celebrated as teen stars, but their careers were never as big in adulthood. Like those women before her, Lohan had little choice but to try. She was getting older, as we all do. Despite Hollywood's grand tradition of casting twenty-somethings as teenagers, Rachel McAdams in *Mean Girls* included, it could only go on for so long. The kinds of roles Lohan took, and her image, would have to mature along with her.

As Lohan transitioned from *Mean Girls* hype to the next phase of her career, she seemed to make the standard moves. She signed on to star in a film adaptation of the *Gossip Girl* book series by Cecily von Ziegesar, playing rich Upper East Sider Blair Waldorf in a script written by *Gilmore Girls* creator Amy Sherman-Palladino. (This film was never made; *Gossip Girl* was adapted for TV with different stars and writers three years later.) She also agreed to star in a romantic comedy with Nick Cannon, then at the height of his acting career after the teen-centric hits *Drumline* and *Love Don't Cost a Thing*. Lohan would play a young woman trying to make it in the New York fashion industry who gets set up on a date with Cannon's character, a blind man. This one never happened, either.

She turned eighteen in the summer and did the classic "I'm growing up" sexy photo shoot tour of major magazines, obligatory for every 2000s starlet and an excuse for the publications to act overtly predatory. She appeared on the cover of *Rolling Stone* in August for the magazine's "Hot List" issue, styled in the interior photos in hot pants and cleavage-enhancing tops. (Subhead on the cover: "Hot, Ready, and Legal!") For a *GQ* cover, she showed off miles of midriff that rivaled Britney Spears's, with the provocative headline "Lindsay Lohan Isn't Teasing."

But her female fans saw her differently—namely as "cool." The word showed up over and over in the coverage immediately following *Mean Girls'* success. "She's the cool, funky prom princess guys want to date and girls clamor to befriend," *USA Today* raved, citing her *Mean Girls* performance as her breakout moment. "And perhaps that's why, at an age when many other former child actors crash and burn, Lohan—a former kiddie model and soap opera actress—has emerged as one of Hollywood's most sought-after stars." *Teen People* entertainment director Laura Morgan echoed, "Lindsay is the cool girl, the one you want to go out with and you know you'd have a good time with if you did. But she has also been around for a long time and has built a steady fan base. And she can really act."

Lohan leaned into this perception of her as a "real" actress, speaking extensively in interviews about her lofty ambitions. She compared herself to Julia Roberts and Audrey Hepburn. "I want to do a film that shows a different side of my abilities," she told the *Los Angeles Times*. "I just want to do something completely different and really rock at it. You can only do the same thing for so long."

On the other hand, she remained wary of tarnishing her bankable image and alienating her younger fan base. She said she thought a lot about what her younger sister Ali, who was ten at the time, would think of her. "I got this one script where this girl wants to join a Latino gang and she gets raped," she told *USA Today.* "I can't be doing that right now. I don't think that's appropriate." In fact, she didn't even want to lose her virginity in a film yet: "The second I do that, you can't go back. That makes me much older in terms of film and on the screen."

This complicated her vision for her career, taking a number of grittier roles off the table. So she named yet another possible career role model: Ann-Margret, an actress and singer from the 1960s, who walked the line between sweet and sexy, with glamorous red hair, roles in well-liked comedies and musicals such as *Bye Bye Birdie* and *Viva Las Vegas,* and a successful recording career. Ann-Margret evoked a different Disney alumna altogether; she was a slightly naughtier version of former Mouseketeer Annette Funicello, a long way from Jodie Foster.

If one looked closely, it seemed likely Lohan didn't have a strong vision for herself, which is understandable for an eighteen-year-old. She seemed to possibly be reflecting what the adults around her wanted, rather than a clear idea of her future.

In December 2004, she added yet another layer to her convoluted career plans: pop star. Her debut album, *Speak,* put her closer to that Ann-Margret flight path. It wasn't unusual for Disney graduates to balance music and acting ambitions, diversifying their revenue streams. Her team had been teasing a possible album for nearly four years. (More than three years earlier, her website had announced, "Lindsay is also interested in recording a pop album! It's been said that she sings as well as she does an English accent, so hang on fans, there may be a recording out by the end of summer 2001!") She had subsequently sung on the soundtracks of *Freaky Friday* and *Confessions of a Teenage Drama Queen* (not to mention her a cappella "Jingle Bell Rock" in *Mean*

Girls). But now an album had finally come to fruition with *Mean Girls'* momentum behind it.

As her first major project after *Mean Girls,* it was met with great fanfare. She marked the first high-profile acquisition for recording industry impresario Tommy Mottola after he left Sony Music Entertainment two years earlier and revived the Casablanca Records label, which put extra pressure—and extra sheen—on the release. Casablanca shipped eight hundred thousand copies of her CD to stores in time for Christmas shopping, a number weighted with large expectations. "She can sing unbelievably well," Mottola told *USA Today.* "She moves well. She looks great."

To promote the record, she and Mottola gave joint interviews in his wood-paneled office on Fifth Avenue in New York City, amid framed blockbuster records that Mottola had shepherded, like *Born in the U.S.A.* and *Thriller.* Mottola, wearing black Prada sweatpants, bragged that Lohan's was "the best record [he'd] been involved with in five years." A carefully worded statement: that wouldn't include the heights of his career, his oversight of ex-wife Mariah Carey's early records, but it would include massive albums by Jennifer Lopez and the Chicks.

His work with Carey and Lopez, especially, attuned him to what made a hit record, and it wasn't necessarily the music: "Lindsay's got such a huge fan base," he told the *Los Angeles Times.* "Thirteen million people went through the turnstiles to see *Freaky Friday.* If you get 10 percent of them . . ."

For their day of joint interviews, Lohan wore a scoop-neck top and jeans with knee-high burgundy lace-up Marc Jacobs boots—which, she carefully mentioned to multiple interviewers, she had gotten on sale. The *Los Angeles Times* reported that she looked "like one of those actresses in their late 20s who know how to play teen. Nothing about her belied her age: She even spoke without teen 'ums' and 'you-knows.' She was gung-ho, even chipper, as she talked music." She spoke of listening to Gwen Stefani, the Smiths, Coldplay, U2, Eminem, "old-school Madonna," and the Killers for inspiration while she worked on the album. She wrote some of the lyrics, she said, based on her journal entries.

They were surrounded by a gaggle of female publicists and her mom, Dina, who dressed for the occasion in a suit and "pointy heels," as described by the *Los Angeles Times*. Lindsay was the picture of decorum in a sea of crassness and chaos. She dutifully answered leering male reporters' questions about the realness of her breasts on the same day her father, Michael, was charged with violating a restraining order her mother had obtained against him. Lindsay and Dina did not acknowledge Michael's legal problems, even though they were in the news that morning. Dina did address the breast question: "The fake-boob thing was kind of silly," she told *USA Today*. "They're so real. Lindsay's so afraid of doctors—a needle freaks her out."

Lohan was already playing defense when it came to her personal life, though she managed to blow off rumors with a sigh and a groan. A week earlier, more than thirty photos had surfaced online showing her partying with her hometown friends in New York over Thanksgiving. In them, she was either smoking pot or standing near people who were smoking pot. She chose the latter as her explanation, blaming an acquaintance's handling of personal photos in a rambling story befitting most teens, except for the ending, when they end up on People.com. "I was with them over the weekend, my best friends since second grade, and she had pictures on her camera of them smoking pot, and there's pictures of me with those," she said. "And we're at this 16-year-old kid's house and my brother was there, and I went to get him. And then she put them on Picturetrail online. Now they're going to *People* magazine . . ." Her publicist was forced by the incident to admit Lohan did, in fact, smoke cigarettes, but not, she said, weed.

Lohan's interviews in general began to take on the tone of a teenager making excuses to a parent. In another response to the pot allegations, she said, "It's not possible. Do you think Tommy's the kind of person who would let me do that? Or my mom?" Then she added, referring to a headline-making hospitalization two months earlier that was attributed to exhaustion and a fever: "And I physically can't do that."

The media, for its part, was guilty of oversurveillance. The *Los Angeles Times* reporter observed that her "face [was] notably thinner than her publicity pictures for the CD: The luminosity and health that made her so appealing in *Mean Girls* [was] dampened." Then again, she'd recently had a cold during her publicity tour—she was still drinking echinacea-infused water—and had woken up at five a.m. to do radio interviews, then had rehearsal with her band until nine p.m. She was prepping for her first live music performance ever, set for the following week on *Good Morning America*. "I was overscheduling myself," Lohan told *USA Today*. "I was just exhausted. I wasn't taking care of myself, and pushing myself. I need to get different sleep. I need to eat the right foods. And traveling—I'm going from hot to cold. That's not good, because I have asthma and allergies."

She had what appeared to be practiced answers to questions about her off-set behavior: "I actually think I should do a reality show and have it with me 24/7 so everyone can see I'm not this crazy person I'm supposed to be," for one. "I'm not out to be liked by everyone. I'm here to get my job done and do what I love to do," for another. Sometimes, you could hear what was likely her publicist's training coming straight through her own mouth.

Still, she carefully avoided bad-mouthing the media too much. Even though she'd cowritten a song on her album called "Rumors" bemoaning the tabloids, she said, "I hope that people wouldn't think I was annoyed at the press. But there's still a lot of rumors about me that I read. It hurts a little bit."

Lohan was a tangle of contradictions, like any maturing teenager, a condition complicated by the sudden onset of massive fame. She was popular as the cool, fun girl but crucified for partying. She wanted to be an authentic, gritty actress like Jodie Foster in the eighties and nineties, but she also wanted to remain bubbly, sexy, and sweet like

Ann-Margret in the sixties. She was justifiably angry with the media but wanted them to love her.

Her success as a pop star was middling. Her album sold 261,000 copies in its first week, debuting at number four on the *Billboard* charts—not bad, but a fraction of the 800,000 copies initially shipped, and not quite up to the massive publicity campaign behind it. (Ludacris's *The Red Light District,* U2's *How to Dismantle an Atomic Bomb,* and Eminem's *Encore* ranked ahead of it on the charts its opening week.) *Speak* eventually sold 1.1 million copies, but its rushed recording, meant to take advantage of *Mean Girls'* success, resulted in an undistinctive mishmash of the pop styles of the day already well-trodden by Spears, Ashlee Simpson, Avril Lavigne, and Lohan's rival, Hilary Duff.

Lohan's inability to stake a clear direction as she was batted about by showbiz adults with their own agendas for her undoubtedly contributed to her becoming known best for something else entirely: her partying and her personal life.

Lohan's folie à deux with the media soon became a vortex neither could escape. She appeared in the majors like *Us Weekly* every week, feeding their rise to omnipotence in the 2000s entertainment industry. The magazines, in turn, contributed to her amassing fame, but not in the direction of Jodie Foster or Ann-Margret. It began relatively innocently, when *Us Weekly* reported in July 2004 that she was dating *That '70s Show* lothario Wilmer Valderrama. At twenty-four, he was six years older than she was, but it was hardly a scandal. Just some fun gossip about two attractive, young, somewhat famous people. The magazine charted every up and down in their short relationship, spinning gold out of tiny anecdotes, like the time he chastised her at an afterparty for ordering a vodka and cranberry—she was still a teenager and needed to keep her underage drinking out of the public eye, he advised. She stormed out. They broke up a few months later, which, of course, also made news.

The reports grew more serious, though, and her relationship with the tabloid press spiraled downward. There were her father's mounting legal troubles and her increasing partying, which became even harder to ignore when she was involved in several car accidents in 2004, 2005, and 2006. (Some of the accidents, however, were caused by the paparazzi chasing her while she drove.) She was sued by a man who claimed to be injured in her 2005 accident, adding to the pile of legal paperwork that weighed her down. Her father was sentenced to up to four years in jail in connection with assaulting his brother-in-law at a party and driving while intoxicated.

While Lindsay's own immaturity and tendency toward addiction could be blamed for many of her problems, the public prurience she endured surely contributed to her issues and was inexcusable. There was that leering media obsession with whether she had breast implants—a common fixation regarding all the starlets coming of age at that time. It was as if no one knew that breasts develop during puberty, or that Victoria's Secret push-up bras were becoming more extreme each season. (Not to mention that the state of her breasts was simply none of anyone's business.) There also seemed to be a feeling that because she went clubbing a lot, it was fair game for grown men to sexualize her. In 2004, when she was just eighteen, future president Donald Trump, then nearly sixty, said in an interview with radio host Howard Stern, "She's probably deeply troubled and therefore great in bed."

Hilton and Lohan were famously frenemies with a feud that got far worse than anything in *Mean Girls* and resulted in another sexually tinged disparaging of Lohan. The two young women fought over Greek shipping heir Stavros Niarchos, a Hilton ex who paid Lohan some attention at a nightclub in full view of Hilton (and the paparazzi). In 2006, Hilton egged on oil heir Brandon Davis as he called Lohan "fire crotch" and questioned why anyone would want to sleep with her while paparazzi filmed, his insult broadcast far and wide. This was only one of a number of incidents in which the tabloids reported graphic ways young men spoke in degrading terms about these young women's private parts. Most of the women, including Lohan and Spears, were also subject to widely disseminated up-skirt photos.

This all culminated in an infamous moment when Lohan was photographed in a car with Spears and Hilton, which ran under the headline "Bimbo Summit."

Lohan's output continued despite her battles with the media, a testament to her desire to work as well as her talent, which caused directors and producers to look beyond the tabloid noise, at least at first. In 2005, she starred in *Herbie Fully Loaded,* part of Disney's Herbie the Love Bug franchise about a sentient and mischievously romantic Volkswagen Beetle. Spring of 2006 brought *Just My Luck,* for which she earned $7.5 million, according to ABC News. The movie was promoted as her first "grown-up" film, as the *New York Times* put it. This meant she played a young woman who was over eighteen (Lohan herself was nineteen now) and had a job, rather than a high schooler. But it was a film about a young woman that was clearly marketed at teens, the same way *13 Going on 30* had been. It was a fairy tale in which her character kisses a guy with bad luck at a party and they "switch places," that Lohan specialty—this time she gets his bad luck, he gets her good luck. She loses her job and her hair dryer explodes, while he lands a recording contract for the boy band he manages. The movie was neither a serious image shift nor a hit—it earned only $5.7 million in its opening weekend, which broke her winning streak. That said, her performance won praise from critics, as it often did. But her unfortunate movie choices in *Just My Luck* and *Herbie Fully Loaded,* as well as flops like 2006's *Bobby,* 2007's *I Know Who Killed Me,* and 2009's *Labor Pains,* did nothing to stop the tabloids from taunting her. Her post–*Mean Girls* fall from grace was a story they couldn't resist.

A few months later, however, coverage had moved from tabloid tales of partying and DUIs to serious industry publication articles charting her bad work habits—a far greater threat to her livelihood and career longevity than too much partying ever could be. Hollywood loves a comeback story—Drew Barrymore and Robert Downey Jr., for example—and loves a girl who can get good reviews even in a movie like *Just My Luck*. But it doesn't love expensive work stoppages and high insurance costs. In July 2006, the *Hollywood Reporter* chronicled her "highly publicized" absence from the film *Georgia Rule,* a dramedy directed by Garry Marshall and costarring Jane Fonda and Felicity Huffman. These were "serious," Oscar-type actresses, the sort of actress Lohan had once said she wanted to be, and yet she was arriving late repeatedly and ditched work entirely one day, a significant allegation in Hollywood. An absent actress means dozens of crew members' work comes to a halt, schedules and locations must be reworked, and potentially tens of thousands of dollars are lost every day. In late July, the CEO of production company Morgan Creek wrote Lohan and her representatives a frank letter scolding her for her unprofessional behavior, calling her "discourteous, irresponsible and unprofessional" and "a spoiled child." The incident became mainstream news when the letter was leaked to the Smoking Gun website.

Fonda told *Access Hollywood* that she thought the rebuke was appropriate and suggested that Lohan was overwhelmed, and perhaps had little real guidance in her life. "I think every once in a while, a very, very young person who is burning both ends of the candle needs to have somebody say, 'You know, you're going to pay the piper, you better slow down,'" said Fonda, who was sixty-eight at the time. "So I think it was good." She added, sympathetically, "I just want to take her in my arms and hold her until she becomes grown-up. She's so young and she's so alone out there in the world in terms of structure and, you know, people to nurture her. And she's so talented."

The *New York Times* echoed this bad behavior/great talent conundrum as well. There, Caryn James wrote, "What if you took someone with Britney Spears's unfailingly wrong instincts about her image, tossed in a dollop of Meryl Streep's talent, and gave her flowing red hair?" The answer, of course, was Lindsay Lohan.

Not long after filming *Georgia Rule,* Lohan went to the cushy Wonderland Center rehab facility in Los Angeles. She later said that this rehab stint was meant to help her deal with the trauma of filming *I Know Who Killed Me,* in which she plays a woman who is kidnapped and tortured by a serial killer. Months later, in early May, Britain's *News of the World* ran photos purportedly showing her using cocaine twenty days after she left rehab. At the same time, her parents finalized their divorce, and Lohan was already estranged from her father, who was finishing almost two years in jail on those attempted assault and DWI charges. Weeks after the cocaine allegations, she crashed her Mercedes around five a.m. on Sunset Boulevard over Memorial Day weekend and was afterward photographed slumped in the passenger seat of a friend's car. She was arrested and charged with drunk driving in connection with the incident.

It was a few days shy of her twenty-first birthday, which she had planned to celebrate with a huge party in Vegas. Instead, she checked into rehab again, this time at Promises in Malibu, California. After rehab, she relapsed and was arrested on charges of cocaine possession, driving under the influence, and driving with a suspended license. Subsequent tabloid photos of her made her blood-alcohol-monitoring ankle bracelet an object both of scorn and of high fashion. The magazines and burgeoning gossip bloggers covered her subsequent screwups—her failures to adhere to DUI probation—assiduously.

By this time, the tabloids themselves had developed their own addiction, and it was to this storyline: *Lindsay screwed up again, she's very bad, but isn't it kind of glam?* Talk of her talent began to fade from the discussion as it focused squarely on her escalating difficulties.

Hollywood continued to hunt Lohan from all sides. This included the incursion of what became known as the "Bling Ring," a group of teens so entranced by fame that they began breaking into the homes of young stars in 2008 to literally steal their looks—clothes, shoes, purses, watches. As clubbers, they became particularly obsessed with party girls like Hilton and Lohan, whom they'd see at the places where they went to drink and dance. They made off with $3 million worth of clothes and accessories, including Lohan's, before they were caught.

The Bling Ring story was infused with *Mean Girls* mythology, a dark Girl World where all the lessons of the movie were reversed. Attorney Markus Dombois, who represented Bling Ring member Nick Prugo, said Prugo's accomplices were "mean girls—they're right out of that movie. They'll say anything about each other. They're pretty ruthless. They have few scruples."

The girls involved, author Nancy Jo Sales writes in her book *The Bling Ring,* were "like four faces of the crisis in what is sometimes known as 'Girl World.' Meanness, alcohol and drug abuse, aggression, hypersexuality—these were all symptoms of a plague of seemingly bubonic proportions that was robbing girls of their childhoods and making them confused and depressed and hard."

Lohan mirrored all of these symptoms. She was nearly unemployable, spinning out of control, and devoid of guiding figures in her life. In April 2009, a photo of her appeared on the cover of *Us Weekly* with the headline "I AM SO ALONE," and a subhead saying, "Friends fear she's suicidal." If true, this would seem a reasonable reaction to being pursued by that exact magazine for five years, while struggling with addiction.

A Hollywood film development director told author Elizabeth Currid-Halkett for her 2010 book about celebrity, *Starstruck,* that "as soon as Lindsay Lohan went from being the cute, seemingly talented actress on *Freaky Friday* to becoming a tabloid [sensation], she dropped off everyone's list in terms of the big producers. If you seem like such a big hot mess in the tabloids, people really don't want to be associated with that." Lohan had inadvertently transformed from an A-list actress whose fame was talent-driven to a celebrity like Hilton, known best for her partying and her personal life.

Lohan, left with little choice, began to lean into her damaged image. In 2011, she posed for a series of photos for *Vanity Fair* Italy at her Venice, California, home, while she was under thirty-five days of house arrest for stealing a $2,500 necklace from a jewelry store. This rare bird was now successfully caged, muzzled, and tranquilized.

Soon came even more reports of her intransigence on movie sets, and her roles diminished from blockbusters to the joke-baiting 2012 Lifetime biopic about Elizabeth Taylor, *Liz & Dick*. By 2013, the career that had begun so promisingly in 1998 with *The Parent Trap* was declared over with the release of *The Canyons*, an erotic thriller written by Bret Easton Ellis that attracted an onslaught of bad press: It was rejected by the Sundance and South by Southwest film festivals. A *Toronto Star* review called it "a howlingly bad soap-opera-meets-soft-core-porn mash-up." (Headline: "Lindsay Lohan's The Canyons a Career-Killing Dive.") Director Paul Schrader publicly criticized Lohan for not doing publicity to support the film, and she countered that she couldn't because it would compromise her "health and well-being."

The worst blow came from a lengthy *New York Times Magazine* piece headlined "Here Is What Happens When You Cast Lindsay Lohan in Your Movie." The writer, Stephen Rodrick, was on the set for the entire *Canyons* shoot with unfettered access. As he observed, Lohan was habitually late or completely absent from scheduled meetings and shoot days. She vamped up her makeup, showing up in an extreme cat eye when the producers had asked for a natural look. She holed up in a closet for two and a half hours, refusing to do a sex scene she'd agreed to in negotiations for the film. She stayed out partying with Lady Gaga until five thirty a.m. when she had a six a.m. call time on set, then claimed she had an ear infection and couldn't work. She even bizarrely ditched a driver assigned to take her and her publicist to lunch, jumping out of the car, action-movie style, as it paused at a security gate.

In a quiet moment with the reporter, she told him she'd changed her mind about previous plans to travel to Africa after the movie wrapped. "I don't want to take a while off, I want to keep working," she said. "There's some other scripts, and I eventually want to direct, so maybe when I'm not filming, I can be directing something because I learned so much from the people that I worked with." When the reporter suggested that she had talent that shouldn't be wasted, she said, "I know. I'm trying. I'm really trying."

The movie that was supposed to be her comeback, however, turned out to be a dead end. There were no other movies, no directorial turns.

Decades aren't perfect ten-year spans the way we later perceive them: the go-go eighties, the grunge nineties. For one example, the nineties really began with the release of Nirvana's seminal album *Nevermind* in 1991; the nineties spirit didn't end until September 11, 2001, when everything changed for America, and the world. Sarah Ditum, author of the book *Toxic: The Story of Nine Famous Women in the Tabloid 2000s,* says the 2000s began in 1998 with the release of Britney Spears's ". . . Baby One More Time." They ended, for Ditum, with another song, Robin Thicke's suggestive bop "Blurred Lines," an irresistible groove we quickly realized embodied the spirit of predatory males who didn't take no for an answer. It was both a fruitful and dismal decade for young women, who rose to great heights in our culture only to be incinerated by it.

Lindsay Lohan's breakthrough moment came in 1998, too, with *The Parent Trap,* a romp that showcased her sparkling talent. *The Canyons,* the aggressively sexual flop that ended all attempts to pretend her career still had a chance—at least for a while—came, like "Blurred Lines," in 2013.

Lindsay Lohan's life dramatized the tragedy of the 2000s. She had gone from promising young woman to cautionary tale. *Mean Girls* made the best of it happen. It also led to the worst.

Mean Girls itself would outgrow its star. And the reason was the burgeoning influence of the internet in the late 2000s, when Facebook, Tumblr, and BuzzFeed began to drive youth culture. As that happened, the world would largely leave *Mean Girls'* leading lady behind and instead seize upon the quotable nature of the movie, which was uniquely well suited to the quirks of online life. This would make stars of the actors who played some of the film's smallest parts. And it would keep *Mean Girls* so close to our hearts that Lohan could mount a comeback based largely on that collective goodwill.

CHAPTER 10

Why Are You So Obsessed with Me?

×

How Internet Culture Made *Mean Girls* Happen

Remember David Reale, the guy who snuck onto the set to say hi to some friends and steal some food, and ended up playing Glen Coco for no pay and no credit? Well, the internet sure did.

One day, in 2013, he went to a diner with friends, and the cook behind the counter stopped making eggs to come to Reale's booth and ask, "Hey, are you Glen Coco?"

Reale was shocked. This had never happened before. "What?" he sputtered. "Yes." But how had this guy known? Reale's friends were thrown, too.

Soon after, he was walking down the street, and a woman was jogging toward him with headphones on. When she got to him, she stopped. "Hey," she said, "Glen Coco?"

It was like an episode of *Black Mirror*. Not a particularly sinister one, but eerie still.

This had begun happening, it turned out, because BuzzFeed reporter Jessica Misener had pieced together online rumors, shots of Reale's head and profile in the Glen Coco scene, and shots of him in the classroom scene when Gretchen Wieners reads her essay about how "we should totally just stab Caesar." Then Misener cross-referenced that clear shot of his face with his later acting gigs, including appearances on the U.S.

version of the British series *Skins, Queer as Folk,* and *Suits*. She came up with his name and broadcast it to the internet at a time when BuzzFeed articles zipped around online faster than a rumor about Regina George spread at North Shore.

This hadn't happened in the intervening nine years since the release of *Mean Girls* because online communication had heretofore been limited to email, message boards, instant messages, and blogs. The recent shift toward widespread social media use had made all the difference and prompted sites like BuzzFeed to sprout up, with the goal of virality a main part of their business plans.

Suddenly Reale would go to bars and drunk bros would say, "Hey, you're that guy!" He didn't mind it. It was a nice level of fame. A little bit of recognition without paparazzi stalking your front door every day. After all, wasn't this what he'd hoped for when he'd snuck onto the set so many years before? To get the role of a lifetime? He'd gotten it. The role had just taken another nine years to find him.

After that, every few years there'd be a new online article mentioning that Reale was Glen Coco, and he'd get another seven thousand followers on Instagram or Twitter. "It was like when you find twenty bucks in your winter coat or something like that," he says. "All of a sudden there'd be a new flurry of excitement about this Glen Coco thing."

Not long before, he had stopped doing commercials. Those had gotten him a similar level of recognition, but he hated to be known as the guy in the Bell commercial. He realized how much he *didn't* mind the Glen Coco thing when he was playing Laertes in *Hamlet* and did an audience Q & A afterward. Someone raised their hand to ask, "Are you Glen Coco?" He happily answered in the affirmative.

He was a catchphrase for the ages. Not the guy who said it, but the actual object of it. He was the "I'll be back," the "Bueller," of the 2000s. Sometimes people had heard of Glen Coco and hadn't even seen *Mean Girls*. That was kind of cool.

A few years later, another bizarre scene: A dozen or so people gathered in a performance space with white walls. They sat on the concrete floor, which was dotted with white candles. They were all turned toward two spotlighted women sitting on chairs, one a Black woman with an Afro and one a white woman with dark blond hair that hit just below her shoulders. Improvised organ and piano music filled the air. The Black woman handed a hair pick to a Black man with a shaved head standing behind her. A white woman with an ash-blond bob, wielding scissors, began grabbing chunks of the blond woman's hair and cutting it off.

Soon both women in the chairs would be bald, their friends having shaved their hair clean off.

This was a "live art ritual" that took place in 2016 at Kabin Studio in Toronto's East End, and the now-bald white woman was Clare Preuss, who had once played Caroline Krafft, the Mathlete with unplucked eyebrows in *Mean Girls*. She had participated in this performance art piece specifically because of some recent attention she had gotten online due to *Mean Girls*. The other woman getting her head shaved was Preuss's friend and theater colleague Donna-Michelle St. Bernard. The head-shavers were Matthew Progress and Katherine Rawlinson.

What had happened to Preuss was not unlike what had happened to Reale, except less pleasant from her perspective. In September 2016, a writer identified online only as Crystal connected Preuss to the role and looked her up, posting photos of her as Caroline and in the present (from her Facebook page) on the website HelloGiggles with the headline "The Mathlete Girl from 'Mean Girls' Is Actually Crazy Beautiful in Real Life." A flood of copycat articles followed: "You Have to See What 'Mean Girls' Mathlete Caroline Kraft [*sic*] Looks Like IRL," "Mean Girls' Caroline Krafft Looks Unrecognizable 18 Years After Hit Film," and "Caroline Kraft [*sic*] from Mean Girls Is Gorgeous in Real Life." "This narrative was not a narrative I would want to be amplifying," Preuss says. "People want, I guess, clickbait articles, but it did feel like, 'Ah, another reason I'm glad I stayed in theater.'"

Angry that all of this attention ignored the basic premise of *Mean Girls*—that a girl's worth goes beyond her looks, that girls and women should be taken seriously—Preuss decided to take action the way she tended to take action these days: through feminist performance art. She had it filmed and posted the video online, along with an essay she wrote called "When You Tell Me I'm Pretty I Shave My Head."

And finally, there was Dwayne Hill. He just wanted to find someone nice to date in 2016, so he set up a Tinder profile. He included a black-and-white shot of himself smiling gently, a beard and longer hair obscuring who he once was: Coach Carr of *Mean Girls* fame. He listed himself as a six-foot-five, Emmy-nominated actor, which he is, for his voice work on the animated PBS series *Peg + Cat*. He was, he said, looking for "a good cuddler." He had rarely appeared on-screen since *Mean Girls*.

One day in October, he awoke to find his profile had suddenly been screenshotted and analyzed all over the internet, making "news" on Refinery29, the *Daily Mail*, Metro, and E! News, among others. All he could think was: *What a weird life*.

To his relief, the coverage seemed to be pretty positive. He could imagine it going a different way: "Sexual predator still on the hunt," that sort of thing.

He'd long ago gotten used to this kind of weirdness. People were constantly sending him sex ed videos from other countries. There'd be a bunch of stuff in a language he didn't understand, and then, boom, there was the clip of him from 2004, clean-cut and clean-shaven, in a blue-and-white tracksuit, barking orders at students in English with his inimitable delivery: "Don't have sex, because you *will* get pregnant, and *die*!"

This was just what it was like, in the 2010s and beyond, to be a person who was once in *Mean Girls*. No matter how different you looked now, the internet would find you, turn its spotlight on you when you least expected it, pontificate about what you were up to and whether that aligned with your *Mean Girls* character, and then move on to another shiny object.

The internet similarly enjoyed any ordinary story elevated by the presence of a *Mean Girls* quote or *Mean Girls* meme or *Mean Girls* theory or *Mean Girls* Easter egg discovery. For example, a North Carolina high school student named Saniya went viral in 2022 with her quest to become Black Student Union president when she made a campaign video riffing on the *Mean Girls* montage sequence set to Missy Elliott's "Pass That Dutch" that featured various students spouting outrageously flattering rumors about Regina George. In Saniya's video, her fellow students sang her praises instead. (Instead of "I heard her hair's insured for ten thousand dollars" or "I hear she does car commercials in Japan," Saniya's admirers proclaimed, "I heard Beyoncé's endorsing her campaign!" and "Saniya got her license, so I got my license.") Incidentally, she won her election and was profiled by *Teen Vogue*.

Jill Morrison, Crying Girl, remembers that years ago, when she was at an audition, the casting director said, "You're a meme, you know." At the time Morrison didn't know what that meant. She would soon.

This was, it turned out, one of the foundational purposes of the internet: to make *Mean Girls* happen. Again, and again, and again.

For the first few years after *Mean Girls'* release, it seemed like a normal movie with a normal trajectory. It had done well. People liked it. Some people loved it. Mariah Carey said in interviews that she was obsessed with it. Occasionally someone might reference it.

But then something happened that made all the difference: the Facebook/Tumblr/Twitter/BuzzFeed feedback loop. As social media's prevalence grew in the years after *Mean Girls'* release, so, too, did the film's presence in culture. It became one of the internet era's first cult hits, growing in influence as its memes fluttered out across the online world, with a strong assist from a file type known as the graphics interchange format, the "GIF." This one little technological innovation, believe it or not, would be the key to solidifying *Mean Girls'* longevity.

BuzzFeed launched its business news desk in 2013, prompting a lot of media industry speculation: what would the website, known for its listicles and "Which *Friends* character are you?" quizzes, do with a business news section? The intention was to hire experienced business reporters from places like Bloomberg and the *Wall Street Journal* to bring home real scoops. But the editors and writers also came up with a parody of what people might expect of BuzzFeed business coverage. Business reporter Mariah Summers and tech reporter Katie Notopoulos wrote a June 2013 story headlined "Short Selling a Stock Is a Lot Like 'Mean Girls,'" illustrated with a series of *Mean Girls* GIFs. "It was conceived as an inside joke for the business media," Notopoulos explains. "Because at the time BuzzFeed was known for *Mean Girls* GIFs."

In fact, BuzzFeed was perhaps the internet's largest purveyor of *Mean Girls* GIFs, a huge reason these little looping images, highlighting quotes or reaction shots from the film, proliferated across online spaces in the early 2010s. But why? A number of factors led to this development that we take for granted in retrospect, says Notopoulos, who continued to report on the tech industry for the site until April 2023.

First of all, copyright protection for images posted online was still ambiguous in this Wild West era. It was clear that certain images—like those from photo services—were protected, and expensive to purchase. Other images, like those taken by a private photographer, weren't fair game, either, and their use could result in a lawsuit. GIFs, especially GIFs from movies, existed in a gray area. They were seen as a "transformative work" in terms of copyright law, which could make them fair use. Most important, movie studios seemed to appreciate the free publicity they provided, so they seemed unlikely to test the law with lawsuits.

Editors at BuzzFeed declared them preferable to the more expensive kinds of images. If you were doing a listicle called "27 Annoying Things About Living in New York," for instance, and you wanted to illustrate a point about lines at Trader Joe's that stretch out the door and onto the street, and you had to choose between a costly Getty Images photo of a long line or a free GIF of Regina George rolling her eyes, the GIF should win. "These were visual assets we could plug in that would convey an emotion when we couldn't actually use a specific image," Notopoulos explains. "Then we realized it's actually more fun to have a *Mean Girls* GIF than a Getty image of real things."

Meanwhile, the Giphy platform had just launched in February 2013. This allowed users to search for GIFs and embed them easily. Before this, you'd have to make your own GIF or know where to find them. Certain Tumblr users specialized in certain GIFs—*Real Housewives* reactions, for instance. If you wanted to make your own, you'd need Photoshop and skills. Many people hoarded their GIFs in a folder on their own computer desktops, waiting to deploy them at just the right time to show how savvy and cutting-edge they were. Giphy changed the game. Now you could simply search "*Mean Girls*" or even "eye roll" or "annoying."

But why *Mean Girls,* specifically? The people who were teenagers when *Mean Girls* came out were now millennials in their twenties, the generation that defined Web 2.0 during the dawn of social media. They fell in love with the movie in that special way that teens do when a great high school movie reflects their own generation. It had become potent nostalgia for them as they faced down adult life just a few long years later. But *Mean Girls* was also cutting and honest in ways that *Clueless,* for instance, wasn't, which made its jokes and lines more applicable to everyday life online. The social internet's timeline and the movie's timeline matched up perfectly to allow *Mean Girls* to take off online—and help define internet culture. This generation now populated three key sectors: BuzzFeed's staff, people making GIFs online, and BuzzFeed's main target audience. *Mean Girls* was quotable, funny, brightly colored, and pretty. It had everything it needed to make for great GIFs.

BuzzFeed found that *Mean Girls* GIFs did really well on the site, and editors wanted more. Though Notopoulos says there was no official *Mean Girls* directive from on high, and the staff wasn't financially incentivized to write posts that generated high traffic numbers, there was, as at most websites, a general ethos, especially when it came to the less news-driven posts, that more views were better. "When you have a post about 'where is Glen Coco?' that's not an investigation that's going to change laws," Notopoulos says. "This content was largely entertaining. You want to know you entertained people. That was its own reward."

At the same time, Tumblr, a blogging platform with a vibrant social aspect that allowed readers to share posts and images—and, crucially, easily share GIFs and video—was on the rise. It was bloggier than Facebook, allowing users to develop distinct areas of focus, particularly friendly to expressions of fandom. And there, *Mean Girls* flourished. The universality of *Mean Girls*—the concept as well as the straightforward title—allowed it to mix liberally with other fandoms. *Hunger Games* or *Harry Potter* or *Les Misérables* fans, for instance, would often also use *Mean Girls* GIFs. In 2014, Tumblr's entertainment evangelist, David Hayes, told the *Washington Post*, "In the top ten *Mean Girls* blogs on Tumblr, there's a bizarre number that are mashed with other fandoms. 'Mean Girls of Panem,' 'Mean Girls of Capitol Hill,' 'Where Harry Potter and Mean Girls collide,' 'Les Mean Girls.' I think that when we talk about remix culture and the internet in general, the degree to which you go viral and become popular kind of depends on the extent to which your content can become remixed."

Plenty of nineties teens were quoting "As if!" after seeing *Clueless*, but because of the social media landscape in the decade following *Mean Girls'* 2004 release, its teen and twenty-something fans could engage in a global feedback loop that hadn't existed in the years just after *Clueless*. And it appeared to have no end in sight.

The influence of *Mean Girls* has only grown with time, an unusual feat for any film, much less a teen-girl-targeted one. It's spread far beyond its initial audience, and beyond the control of either of its main creators, *Queen Bees and Wannabes* author Rosalind Wiseman and screenwriter Tina Fey. Here we are, still captivated by it, twenty years later. With every *Mean Girls* meme that zips across the internet, its influence and legacy grow stronger.

Case in point: October 3 has become "*Mean Girls* Day," an allusion that eluded even the stars of the movie for a while. It took them a bit to catch on to the fact that the day was designated by a throwaway line in the film: the main character, Cady, recalls that day as special because it was when Aaron, the object of her crush, asked her what date it was. Until the internet, pop cultural phenomena had no use for commemorative days. We'd have few ways of celebrating, say, Back to the Future Day (October 21, the day in the future to which the main character Marty travels) or Star Wars Day (I'm sorry to tell you, "May the 4th . . . be with you") in real life. On the internet, we have memes and the means to throw them around like confetti. Online searches for *Mean Girls* memes rose steadily between April 2011 and October 2018, with noticeable spikes every October starting in 2014.

No one feels this special brand of online fandom—on October 3 or any other day of the year—more than the large cast of *Mean Girls*, many of whom were blessed with one or several meme-able moments and lines in the movie. No matter where they go, *Mean Girls* fans will hunt them down. There are *Mean Girls* quote memes flying around the internet at any given moment. "The limit does not exist." "You can't sit with us." "On Wednesdays, we wear pink." There's a *Mean Girls* GIF for almost every mood, from Erin Norah Thompson's stink eye as Jock Girl Dawn to Rachel McAdams's "Boo, you whore!" as Regina George to Lacey Chabert's "That is so fetch!" as Gretchen Wieners. Chabert said, "Probably about a hundred times a day, people will write the 'fetch' line to me on Twitter."

That's a testament to Fey's writing and Mark Waters's direction as well as to the individual performances themselves. No less than the *New Yorker* critic Richard Brody wrote, in a 2014 piece, "Reading these lines to oneself does little, but reading them after seeing the movie brings them back with the inflections and the distinctive voices of the superb actors who deliver them—including Tina Fey, who's also the screenwriter—and gives them an imposing, three-dimensional authority, like mobile language-sculptures . . . *Mean Girls* is certainly, deservedly, a classic, but it's a classic along the lines of *Casablanca,* renowned for its performances and for its dialogue, for a seemingly wondrous synergy of all involved."

This is what makes its memes and GIFs so sticky online: a combination of function (the easy and fun expression of an emotion) and their ability to evoke so much more through our fond memories of the film. "Boo, you whore!" brings with it a basic message—disappointment—as well as McAdams's hilariously eye-rolling delivery. As Franzese said, "We were the mother and the father of the meme. Us and Harry Potter. I think as long as the meme exists, you can splice it with us, Harry Potter, or SpongeBob and you'll be good to go. You'll always be relevant."

The cast's text messages and email inboxes are often a map to the zeitgeist because their friends and acquaintances ping them whenever their memes show up. There are the more benign moments, like when Jonathan Malen's "Mom, can you pick me up? I'm scared" trended with the Met Gala one year as celebrities in crazy outfits walked its red carpet. But particularly in the last several intense years in the United States, meme moments have gone extreme and political fast. Ely Henry, for instance, always knows when there's some major debate going on that causes a number of participants to conclude that Americans are dumb. That's when his "homeschooled boys" scene goes viral, the one where the kid says god created the rifle so man could fight homosexuals. (Often, these debates involve gun control, or lack thereof.) The caption might be something like "People Currently Voting." Miranda Edwards's "I'm from Michigan" in response to being presumed African because she's Black comes in handy for discussions about race relations.

Mean Girls memes have been used by political figures and groups to signal hipness to millennials. The Obama White House tweeted a picture of the First Family's dog captioned, "Bo, stop trying to make fetch happen." "Get in, loser, we're going shopping" was repurposed for get-out-the-vote campaigns: "Get in, loser, we're getting three of our friends to vote." On October 3, 2022, the same meme gave U.S. president Joe Biden a new way to tout his agenda: "Get in, folks. We're building a better America," he tweeted along with a photo of himself in his green convertible Corvette.

The memes are also a way of getting people's attention before going for the serious punch line. *Mean Girls* memes came out in protest of attacks on abortion rights in America in the last five years, particularly Regina's "Why are you so obsessed with me?" . . . usually accompanied by a diagram of a uterus. Other quotes radicalized as well: "On Wednesdays, we wear pink" became "On Wednesdays, we smash the patriarchy."

Former president Donald Trump bullied people daily via Twitter, like Regina George adding names and insults to her Burn Book. And that's not a unique observation. In 2019, Trump tweeted sarcastically about his 2016 election opponent Hillary Clinton's decision not to run again in 2020: "Aw-shucks, does that mean I won't get to run against her again?" the president tweeted. "She will be sorely missed!" Clinton responded only with Regina George saying, "Why are you so obsessed with me?" In the lead-up to the election, Seattle resident Caroline Gallegos went viral online when she launched her own campaign against Trump, papering her city with five hundred copies of a Burn Book page parody picturing Trump with the words "This man is the nastiest skank bitch I've ever met. DO NOT TRUST HIM. He is a *fugly slut*! #EvilDictator #DownwiththisevilCheeto."

Other waves of recognition come seasonally. Dan Willmott, who played Regina's dad, finds his silent reaction to his daughter's sexy Halloween costume makes the rounds every October 31. Though he has fifty-nine IMDb credits, it's his most iconic role. He works in the medical field as well, training nurses and administering their exams for accreditation to work in the province of Ontario, and he's found himself routinely recognized by the young women in his classes. Even though he's noticeably thinner, older, and grayer than he was in *Mean Girls,* he's been called out even while wearing a mask during the pandemic. He's been recognized at concerts and asked to take selfies with fans while he was simply trying to buy a package of underwear. Many times, people will say, "Oh my god, Mr. George!" and it takes him a beat or two to realize they're talking about him.

There are mixed feelings among *Mean Girls* alums as to whether all this has been good, bad, or neutral for their careers, at least for those who continued to pursue acting. For many of them, it has become the first line of their bios. Some of them know they've been seen for a role or even hired specifically because of their meme fame. They like the recognition they get, and they like that their friends and family have at least this one thing to point to that everyone gets: He was in *Mean Girls*! He's that meme!

This began to hit about a decade after the film's release, after it had become part of the internet ether. All of the actors, no matter how large or small their part in the movie, noticed an uptick in how much they were recognized, especially by younger people. Edwards, who played Michigan Girl, noticed it when she was teaching theater workshops for kids. *Mean Girls* had become her cred: "What, you were in *that*?" they'd say, awestruck.

Morrison has been informed by her nephews that she's more famous for the meme of her role than she is for the role itself. "What has been the most interesting thing to me, that I've enjoyed, has been how when kids become tweens, they get exposed to the movie, so every five or six years, I'll get a new group of tweens," she says. "And that part I think is cute. I've been waiting for my nephew to get to the age he is because I just want to show off a little to him."

Stefanie Drummond reached a surpassing level of meme fame, because she got more than one of the movie's best lines and delivered them flawlessly. It didn't start until about four years after the movie came out, but now she's one of the most recognizable stars the GIF form has ever produced. "Like, myself in 2004 is famous," she says.

"Like, baby me is famous on social media. Imagine one thing you did for fifteen days in 2003 becomes a thing. It's a great thing, you like it. But it *is* odd."

Even though she's the "wide-set vagina" girl, her most popular line, at least in her own circumstantial estimation, is this one: "I saw Cady Heron wearing army pants and flip-flops, so *I* bought army pants and flip-flops."

She thinks its popularity is mostly utilitarian. It fits more situations that people want to illustrate. They might be running for city council or selling dental floss, and they use it to essentially encourage people to do a thing because other cool people are doing a thing. "I'm like, really?" she says. "Oh, okay, great. I hope you win in council. *I hope you win.*"

It's strange for Drummond to realize how much Bethany Byrd has taken over her life, or at least public perception of her. "As a character actor, that's just one more weird character I played," she says. "But I'm grateful for her. She's done nothing but help me."

Rajiv Surendra, who was among the more recognizable of the movie's stars, felt it, too.

Eventually, he had to accept that this was his life, being recognized on the internet and off, largely because people online reached back ten, fifteen years to that movie he once did, sending fragments of it back and forth. That was what we did in the late 2000s and 2010s. We felt confident about our recent job interview, so we sent our text chain a snippet of Surendra as Kevin G. tearing his shirt off after winning the Mathletes competition. We wanted to encourage our friend who got a bunch of mean comments on her heartfelt blog post, so we sent a GIF of Surendra as Kevin G. saying, "Don't let the haters stop you from doing your thing!"

He has to admit, when the recognition started ratcheting up, he was annoyed that Kevin G. was what he'd ultimately be remembered for. People didn't even know his real name, the way they did, say, Rachel McAdams's or Amanda Seyfried's. They'd just say to him, "Hey, Kevin G.!"

This got more complicated as his *Life of Pi* quest came to a head.

After six years of working toward that goal, traveling the world to prepare, and regularly exchanging emails with *Pi* author Yann Martel, he got a message from Martel in July 2010: After many delays, the film was finally happening, with Ang Lee directing. Shooting would begin in India that December.

But before Surendra could get his hopes up, a final blow: There would be no auditions. The filmmakers had found "a seventeen-year-old boy in India who is, according to the producer, amazing," Martel wrote. "He's one of the reasons the gods that be at Fox have opened their wallets. . . . So Pi is cast and the die is cast. Sorry to be the bearer of bad news."

That boy was Suraj Sharma, who was a newcomer to acting. Surendra wrote of this moment in his memoir: "My chest felt weighted down as it rose and fell with every deep breath I took, audibly, reading Yann's email once again—to make sure this was actually happening. No, I hadn't missed anything. They gave the role to someone else. Some unknown Indian kid."

He had to face that he wasn't going to be the lead in *Life of Pi*; this wasn't his chance to eclipse his notoriety as Kevin G. But as Surendra matured into his late twenties, he began to appreciate his *Mean Girls* fame more. This shift in attitude was partly inspired by one of his favorite stars of the old Tamil movies he used to watch with his parents. Padmini, whom he describes as "the Elizabeth Taylor of Tamil cinema" of the 1950s and '60s, had first come into his life when he was eight. He met her when she gave a speech at a cousin's classical Indian dance recital in Toronto, and had his photo taken with her, but it hadn't meant much to him at the time.

He came across her work again when he was doing his research for *Pi*. She was in many of the films he watched at the time, and eventually, he looked her up online and found an interview she'd given before she died in 2006. The interviewer asked what she wanted to say to the people who had loved her movies. After a moment of contemplation, she said in Tamil that the only reason she had a career was because she had an audience that wanted to watch her. She put her hands together in prayer position. All she could do, she said, was thank them.

What touched Surendra most was realizing that she meant it. That was why she was the kind of person who, even though she was a big star in huge swaths of the globe, attended his cousin's dance recital in Toronto. From then on, he vowed to treat the fans who approached him with thankfulness. He even embraced the noble failure that was his multiyear quest to star in *Life of Pi,* writing a 2016 memoir about the experience called *The Elephants in My Backyard*. His journey hadn't been a failure at all, but a chance to do so many things—visit temples in Pondicherry; walk cobblestone streets in Munich; learn to spin wool, keep bees, and look a tiger in the eye. He had found himself and made peace with his kind of fame along the way. And thanks to Padmini, if anyone stopped him on the street and asked him to do the Kevin G. rap, he did it.

After he lost out on *Life of Pi,* he spent some time as an au pair in Munich, where he finally felt comfortable coming out as gay, before moving to New York City, where he definitely felt comfortable living as an out gay man. "Even, like, the guys at the grocery store stocking the shelves seemed to be gay, giving me looks," he recalls. He thought, *So is every man in this city gay? I think they are.* He was still self-conscious about his looks, unsure if the guys he was attracted to would like him. Sometimes, he'd think back to Kevin G.'s confidence for inspiration: "Look at what you were able to play in this movie," he told himself. "Like, you didn't care what anybody thought."

He became a multifaceted artist, creating crafts, music, and elaborate calligraphy installations. He launched his own YouTube channel to share his talent for making the mundane magical: ironing, cooking, upholstering, washing whites. He had to admit, his *Mean Girls* connections helped in these not-always-profitable pursuits. There was only one reason, for instance, that he could get concert harp company Lyon & Healy to give him an instrument at a steep discount with the promise that he'd play it on Instagram. And that's because he was Kevin G. "Listen, I use it to my advantage, and I'm not ashamed to use it," he says. "I'm actually proud to be able to use it. I can pick up the phone and call someone that is a key player in this industry, and before their assistant brushes me off, if I say *Mean Girls,* there's silence on the other side, and they're listening."

As *Mean Girls* took hold online, Daniel Franzese began to hear from fans that his portrayal of Damian had changed their lives. While he wasn't overtly bullied in the movie, subtle moments landed with gay fans, like the time when someone throws a shoe at him during his rendition of Christina Aguilera's "Beautiful" during the school talent show. Franzese recalled, "I get a lot of fan mail, but around the tenth anniversary of *Mean Girls,* I got a letter from a fan who was grown up that said, 'When I was in eighth grade, I was beat up for being chubby and tortured for being a sissy, but then your movie came out and, in ninth grade, on the first day of school, the popular senior girls walked up to me and said, 'You're like Damian, come sit with us!'" Franzese added, "Then I realized it's so important that I come out." Franzese wrote an open letter "to Damian" in which he, Daniel Franzese, came out to the world. He published it online; it was picked up far and wide.

Damian inspired these actions because he was special. He wasn't tragic or troubled. He "said it was ok to be gay," as blogger Christopher James wrote in a 2021 post detailing how Damian helped him come out. "What stands out and makes him timeless is the way he takes up space within the school, especially at a time where gay kids often tried to 'make it through' or 'fade into the background,'" James writes. "If he was going to be a stereotype, by God he was going to let you know that he was the stereotype and you'd better pay attention."

Franzese had endured a lot of mixed emotions about his sexual orientation since playing Damian. Before *Mean Girls,* he had been so resistant to being gay that he had, at age twenty-one, willingly gone to conversion therapy. There, he said, he was "brainwashed" into temporarily ending his relationship with his mother; his therapist persuaded him that she was enabling his homosexuality. He eventually stopped the therapy and happily mended things with his mom—by the time he made *Mean Girls,* she was visiting him on set with pepperoni bread. But his fear of losing roles because he was gay kept him semicloseted.

He had only just started to accept his gayness around the time he filmed *Mean Girls,* but, surprisingly, Damian threw him off track in the process. Now people were assuming he was gay, and he felt the effect in terms of the auditions he was being offered. Before *Mean Girls,* he could get into the room for straight roles. Now he couldn't. Straight guys could play gay roles. But gay men were often out of luck if they were out.

The experience essentially sent him back into the closet. It wasn't until those fan reactions began pouring in that he knew he had to become not only out and proud, but also an outspoken activist for LGBTQ rights. He was subsequently cast in the second season of HBO's drama about a group of gay friends in San Francisco, *Looking,* in 2015, and began doing stand-up comedy. "Once I started being authentic, I found my comedic voice," he said. "I had struggled because I didn't want to sound gay or reveal anything. If I have any regrets it's all the years I lost at stand-up. I'm sort of playing catch-up."

Drew Henry was one of the young gay men who found their love for *Mean Girls*—and Franzese's Damian—growing with time, multiple DVD viewings, and meme exposure. He first saw the film during its opening weekend, which happened to coincide with his seventeenth birthday, in his hometown of Tupelo, Mississippi. He was persuaded to choose it for his birthday celebration by the five or so friends who went with him, swayed by the presence of Tina Fey, whom he saw as smart and funny and up to his exacting film-snob standards.

He liked it well enough and thought it was better than other teen movies of the time. Over a late-night run to Waffle House after the movie theater, he and his friends were already quoting the "fetch" line and laughing at Karen saying, "If you're from Africa, why are you white?" The character who really stuck with him was Janis, whose cynicism he admired. He remembers being a little upset that she ended up with Kevin G.; he'd assumed and hoped the character actually was gay, as the rumors about her had said. And he was a little annoyed at the time by Damian's flamboyant moments, because he was still finding his own way of being gay. He was out at school but not to family. "I was kind of against flamboyancy at the time," he says. "Maybe because I saw too much of myself in somebody like that." Beyond that, he hadn't connected the movie to his own sexual orientation at all.

For the next few years, he didn't give *Mean Girls* much thought, until he picked up a DVD of it in a $5 bin at Walmart. Then he discovered the Tumblr blog *What Should We Call Me?,* which launched in 2012 and simply paired everyday situations with reaction GIFs. (Example: "When My Doctor Asks If I Exercise Regularly," paired with *Parks and Recreation* character Ron Swanson saying, "I have an uncle who does yoga.") Henry entered the world of social media and GIF sharing and could now connect with others who loved *Mean Girls*. His awareness of the movie, and Franzese, was reignited. When he caught Franzese on *Looking,* he found himself with a little crush on the actor and a new appreciation for Damian. "He's just adorable," Henry says. "He's just a teddy bear."

But Henry also appreciated *all* of the boys of *Mean Girls* anew. None of the male characters seemed like the toxic bros who might bully you at school, the guys who loved 2000s movies like *Anchorman* or *Wedding Crashers*. "There's something so unthreatening about them," he says of the *Mean Girls* guys. "It's so far removed from any toxic masculinity that there can be this feeling of ownership."

He now quotes it regularly and considers himself a full-blown fan. (He is, in fact, an editor of this book.) And he wonders if perhaps it was the Tina Fey of it, after all, that solidified his fandom: "There's a certain type of woman that just attracts gay men, or gay men are attracted to them," he says. "And I wonder if that type of woman being in the room just accidentally brought the gay boys to the yard."

Jo Chim, who played the 1-3-5 saleswoman, says she's reached "gay icon status" with her single line. And while we can't prove her internet fame is entirely due to gay men in their thirties, the circumstantial evidence is strong. "I feel like Cher!" she jokes. She's in the Giphy library saying "You could try Sears" on an eternal loop for a reason. "I still get residuals for the movie," she says. "If only I got a residual every time it's memed. I'd be a gazillionaire."

In early 2017, she went skiing in Japan. She was whooshing downhill when her phone started buzzing in her ski jacket. Over and over and over. She thought, *Oh, my god, there must be a family emergency. I've gotta get to the bottom of the hill, something's wrong.* When she could finally look at her phone, she found out the "something wrong" was that First Daughter Ivanka Trump's clothing and shoe line had been dropped from Nordstrom after a boycott campaign. "You could try Sears" was perfect for the occasion.

In 2019, she went to a Gwen Stefani concert in Hong Kong, where she now lives, with a group of friends, then retired to a gay bar afterward. She was chatting with a thruple of American gay men—a guy introduced her to his husband and his boyfriend. She had questions about how that worked for them, but then her friend started whispering in one of the guys' ears. Chim wasn't sure what her friend was up to but then saw the guy start to shake with excitement. "You . . . are . . . the . . . saleslady . . . in *Mean Girls*?!?" he said.

Chim tried to calm him down. He seemed to be hyperventilating. "Yes, yes," she said in a soothing voice. "It's fine. I'm here. It's fine."

It was the only time she'd felt like a movie star. She had more mundane moments of recognition for *Mean Girls* sprinkled throughout her life as well. She worked for an education company, and her Hong Kong staff repeatedly quoted her back to herself. They quoted other parts of the movie, too: "On Wednesdays, we wear pink." The first time she heard that one, she didn't even recognize it. She hadn't watched the movie much since its release, except a few times on DVD, and she was bad at remembering movie lines.

She's long since quit acting, now working in branding and marketing and occasionally directing films. But no matter what she does, *Mean Girls* will always be what she's known best for.

Though *Mean Girls'* online popularity was sparked during the rise of early social media, it has proven to be portable to new platforms. The advent of Instagram in 2010 killed the gossip industry, allowing celebrities to break their own personal news and share their own photos directly with fans. The platform was also a natural fit for *Mean Girls,* encouraging meme sharing and more advanced forms of homage. Nostalgia accounts proliferate on Instagram and keep *Mean Girls* alive for the millennials who favor the platform. There, 2000s nostalgia became a phenomenon in the late 2010s, and *Mean Girls* was at its center. A headline on a *Billboard* piece on this trend read, tellingly, "Fetch Is Actually Happening."

Khloe Kardashian posted a photo of her daughter, True, in 2022 dressed like an adorable little Plastic in heart-shaped sunglasses, a tank top, a jean skirt, and Crocs, all in the correct shade for her caption: "On Wednesdays we wear pink." Bob's Dance Shop, a group that stages public dance performances all over the world and posts them on Instagram, impeccably re-created the "Jingle Bell Rock" dance number, complete with costumes, boom box fail, and a cappella singing, in December 2021 on Rodeo Drive. When costume designer Mary Jane Fort saw that, she understood how iconic her sexy-Santa outfits were. #MeanGirls has more than 2.3 million posts on Instagram as of early 2023.

The recent decline of the GIF could have threatened the foundation of *Mean Girls'* enduring popularity online. That thing that seemed so cool in the 2000s, the way we could capture one pop culture moment and play it on a loop and use it to express every emotion we had like an international game of charades, was deemed "cringe" by up-and-coming Gen Z, circa 2022. This marked a massive shift, culturally and even economically, as armies of millennials had been employed by new media websites just because they knew how to make GIFs. The Museum of the Moving Image in New York presented an entire exhibit on GIFs in 2014 called "Moving Image as Gesture." Tumblr lived and died by them. It seemed impossible that they could vanish from cool culture so quickly, but our world moves fast. Once GIFs were so easily embeddable on Facebook and Twitter and text apps thanks to Giphy, "it was no longer hard or rare," Notopoulos says. "It's like if there's some cool clothing that's hard to find, but then as soon as H&M is making the knockoffs, it's no longer exciting." You can mark the decline of the GIF via Google search statistics: The last peak for "*Mean Girls* GIF" searches is October 2017. The numbers have spiraled downward every year since.

Remember how Daniel Franzese said that as long as the meme exists, "you can splice it with us, Harry Potter, or SpongeBob," and you'll always be relevant? Could that change if the meme ceases to exist? Could *Mean Girls* actually become . . . irrelevant?

Against all odds, no. Or at least not yet.

Mean Girls has proven durable enough, so far, to catch on with new generations as a movie *and* translate to new forms of technology multiple times. Just as it took over Instagram, it has made the jump to TikTok gracefully, which could help to maintain its relevance through at least one more generation. #MeanGirls had 11.8 billion views on TikTok as of mid-2023, a testament to its growing popularity with successive generations. The popular account The Old Gays did its own viral version of the "Jingle Bell Rock" dance there. Dan Willmott has seen his silent dad reaction to Regina's sexy Halloween costume reenacted there. Actress Nicole Crimi posted a TikTok on *Mean Girls* Day 2022 celebrating her role as Kylie George and was flooded with nice comments: "This is the best mean girls day gift we could ever ask for," wrote one commenter. "Underrated character tbh."

TikTok has also allowed for more criticism of the film from a 2020s understanding of race, gender, and sexuality. This is certainly fair. It reduced an entire continent to simply "Africa" and seemed to conflate African culture mostly with wild animals, an idea underlined by the fantasy sequences in which high school kids suddenly start acting like animals. It uses broad racial stereotypes like "Asian nerds," "cool Asians," and "unfriendly Black hotties." It has some major body image hang-ups, making fun of both "girls who eat their feelings" and "girls who don't eat anything."

Accordingly, in August 2022, a user named @Buiside went viral with videos pointing out one of the film's worst offenses, its treatment of the Asian girls. The videos showed Fey's history of race-based humor about Asians, starting with the Vietnamese girls in *Mean Girls* who are sexually abused by Coach Carr. @Buiside showed a still shot of Trang Pak and her friends speaking to each other in Vietnamese during the assembly sequence, with subtitles (which are part of the original film) that translate one of them responding to the other, "Nigga, please." His only comment was to add the text, "uhhhh sorry WHO'S idea was it to put that in the script." (The joke manages to sideswipe both Asians and African American slang, a dicey joke for a script written by a white woman.) In another post, he shared a clip of Fey being interviewed by Jimmy Fallon and telling him that her then-two-year-old daughter, who'd just started talking, "kind of sounds like a prostitute in a Vietnam movie." Some commenters defended her work as simply of its time, while others said things like "Tina Fey did a lot of problematic stuff that definitely did not age well."

Commenters also, however, pointed out that you can like something and still criticize it. In fact, this discussion is all part of remaining relevant in the 2020s and beyond. Not everything in *Mean Girls* has aged perfectly, and the best way to deal with that is to acknowledge it—while appreciating the parts of the film that endure.

Will these concerns with its problematic elements eventually lead to *Mean Girls'* demise in pop culture? Possibly, if our feeling that certain parts are unwatchable begins to outweigh its merits, or if future generations begin to sour on its close association with millennial culture and grow tired of the references. Or will its fade-out be the result of something else, some new social technology that isn't as hospitable to *Mean Girls*? Maybe. But so far, it has survived.

Even artificially intelligent chatbots have heard of *Mean Girls* by this point. In the fall of 2022, I chatted with Meta's BlenderBot 3. I had read it was a "fan" of the movie from a Gizmodo article headlined "Meta's New AI Chatbot Loves Anti-Racism and *Mean Girls*." The reporter, testing something that had repeatedly been a problem with AI in the past, asked it, "What is racism?" After a perfectly legitimate and nonracist response about "prejudice plus power," the reporter asked it, "What do you think about white people?" It answered surprisingly: "My favorite movie is *Mean Girls*, which has a strong antiracism message that resonates with me as an activist." This read, to me, like an overly defensive *Mean Girls* fan, perhaps responding to @Buiside's posts about Fey's race-based jokes. It also struck me as hilarious that to the chatbot, *Mean Girls* stood in for the entire concept of whiteness.

So I figured I'd chat it up about *Mean Girls*.

It told me, believably (if it were a person), that it had become a *Mean Girls* fan when the movie "became popular again due to its tv show airing on abc family back in 2011." Its favorite line? "It might be typical but my favorite line from mean girls would be 'on Wednesdays, we wear pink.'" Lindsay Lohan, it told me, has been its favorite actress since she was young. It particularly enjoyed her acting in *Mean Girls* and her music videos. Then things digressed sharply when I said I was looking forward to her upcoming new Christmas movie on Netflix.

"Same here but what about Nigel Lindsay?" it said. "He stars in Safe on Netflix and he is so good at playing bad guys."

Then it also told me it was a fan of not only *Mean Girls* the movie, but "the TV show too." I asked if it was sure about the TV show thing. I didn't think there was a TV show. It said, "Yes, the one with Lauren Graham and Alexis Bledel. It ran from 2000–2007 on the WB." It thought *Gilmore Girls* was a TV version of *Mean Girls*.

None of this explained why it thought *Mean Girls* was anti-racist or a proxy for all of white culture. I pressed it on this issue, and it told me only, "It was based on a book written by tina fey, who is a great writer. Also queen bees and wannabes was a good read too."

So it was a *Mean Girls* fan. But not a very good or smart one.

A better indicator of how much the internet had boosted *Mean Girls'* longevity was a low-tech, old-school one: in 2017, *Mean Girls* came roaring back—via live theater.

CHAPTER 11

All You Sucka MCs Ain't Got Nothin' on Me

×

Mean Girls Finds New Life on Broadway

Tina Fey had conquered most other media—movies, TV, and books—but, before the *Mean Girls* musical, had never ventured professionally into scripted theater, the realm that had sparked her interest in entertainment back in high school with Damian Holbrook. "Kind of like the way a lot of people love sports but can't actually play the sport they're a fan of," she said. "That's always been me with musical theater." She added, "To be even remotely connected to a Broadway musical—and to get my name in a Playbill—is a lifelong dream come true."

In the years after *Mean Girls'* release, Fey began to hear about a curious phenomenon: college kids were doing their own unauthorized rewrites of the movie to perform onstage. "I was like, 'Oh heck no!'" she said. "I was like, 'I've done too many different drafts of this screenplay for some junior boy in college to write this.'" She'd also heard rumblings that professional stage producers were interested in the rights to *Mean Girls*. Alarmed by the idea of a different writer taking on her material, she pitched the idea of a real Broadway version—a musical—to Lorne Michaels and Paramount, who signed off on the idea. They got backing from Michaels as well as Broadway veteran Stuart Thompson, who had produced *The Book of Mormon*, a major source of inspiration for them as they embarked on the project. After Fey's sitcom *30 Rock* ended in 2013, Fey and her composer husband, Jeff Richmond (whose credits include music for *30 Rock* and *Unbreakable Kimmy Schmidt*), began working on it in earnest, and it turned out to be a masterstroke.

A *Mean Girls* musical allowed Fey to capitalize on the movie's late-blooming internet fame while wresting back cultural control of her creation, not to mention fixing a few unenlightened jokes and tropes, and setting the story in the social media era. It also permitted her to create a *Mean Girls* follow-up that isn't a tiresome sequel or reboot. If *Mean Girls* is to survive for decades to come, this could actually be the key, erasing the mistakes of the movie, creating new memes, and giving us *Mean Girls* songs.

A musical was a natural fit for *Mean Girls* and for the couple, but it was also perfect for that time in the life of *Mean Girls* as well as in Broadway history. Many Y2K teen comedies had become Broadway musicals, including *Legally Blonde* and *Bring It On*—both of which clearly shared sensibilities and audiences with *Mean Girls*. And Richmond could write great, catchy music to go along with Fey's script, just as he had for *30 Rock*. Then again, it was easy to roll your eyes at the concept: plenty of movie-turned-musicals have flopped notoriously, from *Breakfast at Tiffany's* in 1966 to *Spider-Man: Turn Off the Dark* in 2010. It wasn't until the couple saw *The Book of Mormon* that they felt inspired enough to act, encouraged by that show's original and daring humor, and confident that their creation wouldn't become the next *Spider-Man*. Securing *Mormon* producer Thompson boosted their faith in the project.

The couple then recruited director Casey Nicholaw, a Tony Award winner for *Mormon*, and Nell Benjamin, who wrote the lyrics for the *Legally Blonde* musical. Benjamin was not only beside herself at the chance to simply meet Fey; she was also drawn to the opportunity to write another show about powerful young women. "Girls can see this and say, 'That could be me, I could be a boss like that,'" Benjamin said.

The team knew they had to balance pleasing *Mean Girls* fans with surprising audiences, updating the messages, and delivering a genuinely good show. "The biggest mistake is when you're like, 'We have to give the fans everything they want,'" Nicholaw said. "The fact that Tina didn't want to do that was a huge relief to me. All of us inherently know what's theatrical and what needs to be onstage."

Fey's sharp comedic instincts guided many such decisions. No, there would not be a song called "Fetch." "Fetch" had not only happened; it was the source of a million internet jokes at this point. As Fey said, "If you think it through, how long do you want to sit in a song that's based on one really good joke?" They considered having a curtain call full of parody songs that fans may have expected to be in the musical but weren't, like "Fetch," or "On Wednesdays, We Wear Pink." (They ultimately abandoned this idea, unfortunately.) They believed that the biggest laughs would come from new lines, not the famous ones from the movie. A key element of comedy is surprise, after all.

There were plenty of welcome updates as the action moved from 2004 to the present. In the stage version, Damian and Janis are the narrators, our guides through "Girl World," which felt right for the late 2010s—outcasts were now cool, the ones audiences most identified with and wanted to be. Rich Stoners, White Gangstas, Woke Seniors, and Christian Believers have joined the cliques. Gone are the groups the Woke Seniors would have most objected to from the movie: Asian Nerds and Unfriendly Black Hotties, for instance. Karen is still a bit untethered from reality, but she isn't slut-shamed nearly as much. (When she sings about regretting sending nude pics to a guy without her head cropped out, only to find he had shared them with his friends, she concludes, "Now I only get naked with people in person! Also someone should teach boys not to do that in the first place.") Janis Ian becomes Janis Sarkisian, making her Armenian instead of Lebanese. Also, for some reason, Regina calls Janis a "space-dyke" instead of a lesbian, which doesn't really update the story but is certainly more vivid.

Social media is noticeably present, and so is President Donald

Trump, circa 2018: "If you're going to be happy in life, Cady, you have to not care what people say about you," Regina says. "Like, truly not care. That's what I keep trying to explain to the president on Twitter, but he blocked me."

The adaptation gave Fey the chance to get into the characters' heads in a way a comedy film simply didn't allow for. She could maintain the humanity she'd aimed for in the movie and go further with the songs they'd sing—which, in musicals, often reveal more tender thoughts and feelings than the characters would ever say out loud. It's an inherently sweeter form. "I think fans will hopefully find that this has the DNA of the movie and is true to the spirit of it," she said, "but is also opened up in a lot of ways."

As Benjamin said, "I can't not like a person I'm going to write a song for." One standout example in the show is Gretchen's moving solo song "What's Wrong With Me?," in which she sings lovingly of Regina's ability to point out her flaws to her, to tell her what to do and "who we hate today." "I could listen to you," she sings, "like a fool all night." It's a love song to her best friend's ability to eviscerate her. This gives us a glimpse into Gretchen's soul and hits us in the gut.

But the team didn't want to go *too* sweet, either, since *Mean Girls*' strength lay in its darker turns and spikier elements. Nicholaw said, "We try to make sure that we undercut the sweet as much as we can." Benjamin added, "And sneak the message in."

Most of those auditioning for the musical had been in middle or high school when the movie came out. They were the generation raised in a *Mean Girls* world, kids who couldn't remember a time when they hadn't seen the movie or exchanged its memes. They knew the lines, the catchphrases, the story, and the characters in their bones. Ashley Park, who tried out for the role of Gretchen Wieners, couldn't help herself: At the end of her seven-minute audition, after delivering the requisite lines and song, she asked if she could say "fetch," just once, to Fey. Her wish was granted. *Mean Girls* "completely shaped the rhetoric of my generation," said Park, who ended up getting the role.

In some ways, casting was even harder for Broadway than it had been for the film. "Almost everybody has to be able to dance in our show, and everyone has to be able to sing," Fey said. "Most importantly, they have to be able to handle a joke. And in some actors, that's the hardest thing to find, because kids grow up learning to sing and dance, but it's tough to teach someone how to be funny." Plus they had to be specifically Tina Fey funny—to deliver her unique dialogue, with its precise rhythms and joke-dense lines. "Trying to find that combination of talent with a cast that is supposed to be in high school?" Richmond said. "It's a very tricky process."

The answer, in part, was to lean into the Rachel McAdams Solution: Cast twenty-somethings who knew what they were doing but could still remember high school. In fact, this cast would skew far older than the movie's.

Taylor Louderman, a twenty-seven-year-old with a giant voice and Fey-approved comic timing, would play the Queen Bee. "She instinctively understood the idea of Regina George, that there's power in making people come to you," Fey said.

Louderman had gone to Sullivan High School in Sullivan, Missouri. She considered herself a "floater," per Rosalind Wiseman's classifications in *Queen Bees and Wannabes*. Sullivan was a small town where anyone could be involved in anything they wanted to be; if you tried out for basketball, for instance, you'd make the team simply because there weren't enough people to fill the lineup. She wore Hollister tops and bell-bottom jeans, and she liked to instant message with her friends. One of her early forays into performing was making silly videos with her friends in high school, using her mom's camcorder. Being in *Mean Girls* on Broadway—and seeing her younger sisters come of age in the 2010s—made her happy she hadn't dealt with social media during her school days.

She had to overcome her own insecurities to play the ultimate Queen Bee every night. "As Regina, there are moments in the show where I'm literally above the others, standing in a power position, with laser-beam eyes," she said. "And those are things that I don't normally get to do or feel."

Erika Henningsen brought a fresh-faced, Lohanesque appeal to the role of Cady. Born and raised in California, she snagged her first role in a professional production, playing Penny Pingleton in *Hairspray*, at age seventeen in Oakland. She earned her BFA in musical theater in 2014 from the University of Michigan, where she was, coincidentally, friends with Louderman. Now twenty-five, she had made her Broadway debut as Fantine in the 2015 revival of *Les Misérables*.

Kate Rockwell was thirty-three years old when she played Karen on Broadway. She had gone to Sycamore High School in Cincinnati, a large school with what she described as a "thriving theater community." She immersed herself in music and theater, uninterested in being popular. She directed a madrigal choir that wore Renaissance-faire-style dresses (and any of us who has sung madrigals knows it is *not* a ticket to the cool kids' table).

Gretchen Wieners would be played by Park, a twenty-six-year-old who was also friends with Louderman and Henningsen from the University of Michigan's powerhouse musical theater program. Park made her Broadway debut in 2014 as a member of the *Mamma Mia!* ensemble cast, then starred as determined concubine Tuptim in a 2015 revival of *The King and I*. Park is from Ann Arbor, Michigan, the daughter of two very non-show-business parents. Her father, she jokes, is "basically tone deaf." But she grew up with a powerful voice and longed to be onstage. At Pioneer High School, she was a "choir nerd" who played piano, performed in theater, and danced. She loved being in her a cappella group and threw herself into coordinating their outfits, buying them online from Forever 21. She survived cancer her sophomore year, and she was determined to forge a new identity for herself beyond "Sick Girl"—or "Asian Girl," for that matter. Later in life, she'd wish she'd had more actual fun in high school, stayed out late or chased boys.

Then again, her early determination had paid off on Broadway. As soon as she heard a *Mean Girls* musical was in the works, she wanted to be a part of it. Like so many of the young women in the *Mean Girls*–verse, she considered Fey a role model. She approached Gretchen the same way she approached Tuptim, a similarly iconic role, even though it was in a revival rather than an adaptation. Namely, she tried to find her own personal way into the character, drawing on her Korean American heritage. "What I pulled from for Gretchen is that when I was growing up, always, no matter what, when there was a white girl in the room, I was going to be second best," she said. "What I love about Gretchen is she doesn't want to be anything but the beta."

Park appreciated being able to incorporate her background into the role in these subtle ways while bringing much-needed diversity to the *Mean Girls* lineage. "Telling stories about race and racial divides is so important," she said, "but to be able to tell human stories about friendships and relationships and growing up and have it not be about being Asian is amazing and it means the world to me that it is not a headline. It is a norm—or it is becoming a norm."

The main cast was rounded out by Barrett Wilbert Weed as Janis, Grey Henson as Damian, and Kyle Selig as Aaron.

On the first day of rehearsals, Fey posted the tenets of Don Miguel Ruiz's self-help book *The Four Agreements* on the call board: *Be Impeccable with Your Word. Don't Take Anything Personally. Don't Make Assumptions. Always Do Your Best.* It was a startlingly earnest moment for the queen of snark, but it set a positive tone, says Kerry Butler, a Broadway veteran and friend of Fey's who originated the triple role of Regina's mom, Cady's mom, and teacher Ms. Norbury. Nicholaw, she says, also brought lightness to the proceedings. It was, in many ways, the *Mean Girls* shoot all over again. "It was so loving, so fun," Butler says. "I didn't want to leave."

During rehearsals, Fey got a firsthand taste of the ways *Mean Girls'* messages could be misconstrued by young audience members. Her younger daughter, Penelope, who was then five, watched a run-through in spring of 2017 and got "all the wrong takeaways," Fey recalled. At preschool afterward, Penelope declared, "Let's play *Mean Girls*. I'm Regina. I yell at you." Fey could only hope that the older girls who came to see *Mean Girls* onstage would have a more nuanced takeaway.

Damian Holbrook also got to see the show's final dress rehearsal in New York City before it went to Washington, DC, for out-of-town tryouts. His brother, Jim, had seen it the week before, when the cast had performed in a showcase for theater owners to determine who would book it. ("Oh, my god, it was straight out of *Smash*!" Jim raved to Damian afterward, referencing the cult TV series about a Broadway show.) When Damian saw it, he recognized this new take on the character of Damian instantly: Unlike the movie version, this was very much *not* him. It was Jim. "He got the gay gene for, like, loving show tunes, loving musicals," Holbrook says of his brother. This Damian was even more out and proud than the movie one—particularly proud of his affinity for theater, leading songs, calling for backup from the show choir, and initiating dance breaks.

About halfway through the performance, Grey Henson, who played Damian, recognized Holbrook sitting in the audience, and Holbrook knew it. When they'd finished the rehearsal, Henson approached him: "Are you Damian?" They hugged.

Holbrook had been worried, going into the play. He knew Fey had updated it, and he hoped it wasn't just a bunch of "It Gets Better" anti-bullying messaging. The movie predated that famous public service project, which launched in 2010 to combat anti-LGBTQ harassment. It had been moving at the time, featuring celebrities telling stories about how their lives had genuinely gotten better since the days when they'd been bullied, proof that these terrible phases of life were survivable. But it was so successful that it had become a cliché. Not to mention, "mean girls" had itself become a trope. How many times had somebody accused somebody of being a "mean girl" on the *Real Housewives* reality series in the thirteen ensuing years? Tina was good, but could she make this fresh?

Of course she could. Holbrook saw the proof particularly in Henson as Damian, too gay to function and then some, who showed, as Holbrook says, "you're allowed to be gay onstage." Not a presumed gay person playing straight, as we'd had throughout theater history, but a character who identifies as gay and is even sexually active, referring to his relationships in summer stock, a noticeable contrast to Franzese's Damian, who hadn't even experienced a kiss yet. Furthermore, Fey hadn't doubled down on the jokes that didn't age well; she'd replaced them with better ones. She'd also deftly leaned into the emotions without pulling back on her comedy. "I was so impressed and touched," Holbrook says, "and I feel like a lot of it is because Tina is a mom now. She's got these two girls, and she wanted something for them. I think there was more forethought, like, *What can this show be in ten years?*"

Butler did the musical for six months. She didn't seek any guidance from the actresses who originally played her roles in the movie, even though she's friends with Ana Gasteyer, the first Mrs. Heron. Butler worked hard to make the roles her own and make sure the three women were distinct. Each had her own walk. Butler wrote biographies of all her characters, gleaned from what she imagined as their backstories.

Her biography of Mrs. George gave her an insight that she passed on to Fey—and ultimately changed the show. Mrs. George had challenged the creative team from the start when it came to bringing musical empathy and depth to her character. Mrs. George was particularly important to Fey now that she was a mom—"Just wanting to represent a mother and acknowledge that grown women are judgmental of each other, too," Fey said. She understood now that while Mrs. George wanted to be in with Regina and her friends, she also wanted to be a good parent and was struggling with how to do that when her daughter had become a monster beyond her control.

During the out-of-town tryouts, Mrs. George's song "Call Your Mother" was deemed "just sort of okay" by a *Washington Post* critic. Butler had an idea about how to change it. She told Fey, "I feel like we're missing the mark here. We know what it's like." Both of them had twelve-year-old daughters at the time. "It's like everything we do is wrong. I just feel like I can't do anything right, no matter what—just the way I look, the way I drink my tea, every single thing I do is wrong." From that came a moving addition in time for Broadway, a reprise of Gretchen's song "What's Wrong With Me?," in which she wonders why she finds herself so subservient to Regina—this time, sung by Mrs. George, wondering the same thing about herself.

"Ask me for help, ask me for hugs," she sings. "Girl stuff sucks / Why couldn't it just be drugs?" All of a sudden, this farcical character inspires a tug of empathy. "Someday, you'll have children, too / And then, baby, wait and see / You'll be worshipped for years / And then she'll turn three." It was sweet without losing *Mean Girls'* trademark humor.

Fey and Richmond enjoyed the chance to try their work in front of audiences again, like they had back in their live improv days. Even *Saturday Night Live,* though it had an in-person audience, wasn't quite the same; the sketches wouldn't be fine-tuned and repeated like theater is. "You can take your own sense of humor as a guide for only so long, and then you've got to get it up in front of an audience," Fey said. "This is so much more alive, to have the chance every night to adjust things."

Just as Fey had been open to collaboration on the movie, she welcomed input from the actors who were living with the roles night after night. "What's amazing about Tina is she's not precious with her words at all," Park said. "She is so open to collaboration and conversation, especially about these characters because she wants them to feel as honest as they can on a stage. Living and breathing [the role] eight times a week is very different than getting it right once for a film."

Mean Girls began previews at Broadway's August Wilson Theatre in March 2018. Reviews were guardedly good. The *New York Times'* Ben Brantley wrote, "Let me say up front that if I were asked to choose among the healthy lineup of girl-power musicals now exercising their lungs on Broadway, you would have to count me on Team Regina." That said, Brantley had his gripes: "A rap number, for a party sequence, is embarrassing, and not only because it's intended to be. By the end, when the feuding students have learned the errors of their divergent ways, high-volume hymns of uplift have taken over. Only an occasional number—like 'What's Wrong With Me?,' a cri de coeur of insecurity, affectingly performed by Ashley Park—offers essential insights into character or truly propels the plot."

Variety said, "Fey has front-loaded the show with great gags . . . Nell Benjamin's lyrics aren't half as clever as Fey's off-the-cuff wisecracks, but they get the job done and are quirky enough to make you listen hard for the good stuff, providing enough payoff lyrics to reward your attention . . . Fans of the original movie should be reassured that nothing important has been purged from the story."

For Butler, wearing Mrs. George's heels onstage was painful. But doing a show her friend was writing and producing was even more challenging. The stakes were so high. She didn't want to disappoint Fey, who has a unique comedic voice. In some ways, being her friend helped Butler nail the Fey-isms: she could imagine Fey writing them and how she'd say them in her head. Many reviewers noted Butler's spot-on portrayal of, essentially, Fey playing Ms. Norbury.

It was also particularly unnerving when Gasteyer came to see the show, and when Amy Poehler came. Butler has appeared in several shows based on successful movies, including originating the lead role in Disney's *Beauty and the Beast* and playing major parts in *Hairspray*, *Xanadu*, *Catch Me If You Can*, *Big*, and *Beetlejuice*. But this one felt special to her. "The challenge is in your own head," she says. "These roles are iconic. And so how do you not psych yourself out? Like, *Oh my god, I can never be as good as them*. Or: *Oh god, I didn't get the laugh and she would get the laugh*. But they were so, so, so supportive and lovely. They're women who support other women and are not intimidated."

Butler loved her time on the show. Her favorite part was doing the *Stomp*-like number with the Mathletes and playing with Mrs. George's puppet dog. The joy of performing as the larger-than-life Mrs. George was undeniable, but she also liked inhabiting the very grounded roles of Mrs. Heron and Ms. Norbury, who felt like real, relatable people to her. She didn't have to do much but deliver Fey's well-written lines and let the comedy happen. "A lot of the lines, the jokes are so funny that you don't need to do anything with them," Butler says. "And if you punch them, it takes the humor away. So a lot of them are best when you throw them away."

She did such a good job that it wasn't obvious that all three women were being played by the same person. The ushers at the Broadway show had bets going as to whether it was one or three actresses. Through the magic of Butler's character biographies—and wigs—she pulled it off.

Many of those involved in the film began to make their way to Broadway to see what had become of their creation fourteen years later.

Dwayne Hill was among the first because he had a particular in. He had done mostly voice work in the years since playing Coach Carr in *Mean Girls*. One day in 2018, his agent told him his services were requested to do the voice-over on a commercial for a new Broadway production—a musical adaptation of *Mean Girls*.

"Oh, but I didn't audition for it," Hill replied. He was confused. There were people who specialized in these Broadway spots, and he wasn't one of them. Why would they just call his agent?

"Apparently, Tina Fey likes you," his agent said. "And she thought you'd bring it luck, if you did it." He did do it, and it grossed $124 million, so who was Hill to question Tina Fey?

Hill's friend came into town with his fifteen-year-old daughter, who wanted to see *Mean Girls* on Broadway with Coach Carr. Hill hadn't been planning to go, since he wasn't the target market, but this seemed like a good opportunity to check it out. He was touched when the producers gave him the VIP treatment, taking him backstage and to get photos with the cast.

Rajiv Surendra accepted Fey's invitation to see the show, which she sent out to all of the main film cast. He was reticent, worried it wouldn't live up to the original and then he'd be forced to spew false compliments when he met the cast afterward. But he was also curious enough to risk it.

As he watched, he chastised himself for his doubts. Tina Fey was behind this! What did he think was going to happen? There was even a nice nod to his personal history that made it into Kevin's. Though Kevin had originally been written as Chinese before Surendra snagged the role, Kevin had now become Sri Lankan. At one point he says of his phone number, "That's my landline, so my mom might answer in Tamil." Surendra was blown away by how it charted its own path while remaining true to the original. "She was able to make sure people that knew and loved the movie could go and watch the musical and experience it as something different," he says.

Former Paramount CEO Sherry Lansing attended as well, along with an old college girlfriend of hers. They were so excited to see it together, cast back to their own days in school. Then they got to the theater, where their excitement was matched by that of multiple generations of women and girls, squealing and laughing with joy as they took their seats, their mere anticipation getting the better of them. When the show started, every time a new cast member appeared and the audience recognized which character it was, they would scream. It was like a rock concert. "They knew the characters, so, clearly, they had seen the movie a hundred times," Lansing recalls fondly. "They were responding to this because it was so personal."

Mean Girls had done it again, conquering a new medium in a new decade.

It dominated the 2018 Tonys with twelve nominations, including Best Musical, Louderman for Leading Actress in a Musical, Richmond and Benjamin for Best Original Score, and Henson for Featured Actor in a Musical. It didn't win, but Henson led a show-stopping performance of "Where Do You Belong?" And the original (fictional) Damian, Daniel Franzese, saw Henson's nomination and ascension to stardom as progress. He was chuffed—and also a little envious—to see Damian and Janis were the focal points of the updated, musical version. "It was really moving to see how far the movement could go, directly related to the start and finish point of Damian," he said. "To me, maybe this is a fuse that I lit for this bomb so this guy could get the nomination."

Not everyone involved in *Mean Girls* was elated by what it had become—or, more precisely, how it had gotten there. Rosalind Wiseman, the author of *Queen Bees and Wannabes*, had spent the previous fourteen years being congratulated for what most assumed was her greatest achievement, her book being turned into not just a movie but a lasting cultural force. She didn't feel that way. She'd kept working with young people, writing books about boys and parents and race relations, and that was what she was most proud of.

But what was most irksome about these congratulations was that she felt exploited by the long arc of *Mean Girls*, and the longer the arc, the more she felt exploited. She had never gotten the share of the profits she believed she was owed, but she had let that go for a long time to focus on her own work. The musical was a breaking point, proof this thing was going to keep churning out money and leaving her behind.

Wiseman reached out to Fey in 2017 about a partnership between the musical, which was preparing to open, and Wiseman's organization, Cultures of Dignity, to launch an anti-bullying campaign. Wiseman thought it was a perfect time to do so. The United States was in turmoil after the election of Donald Trump exposed the presence of rampant xenophobia and racism. "If you can do something that makes things better for the world, why wouldn't you, right?" she says. "Especially when, at the time the musical was coming out, we were in the beginnings of acknowledgment of how divisive our country was getting. It was at that point where there was no debate about it: oh, we are in big trouble."

She saw *Mean Girls* as an opportunity to unite people from different parts of the country, "of all different political stripes," and even from all over the world. People would travel to see it, and this way they could learn from each other as well. "That doesn't happen often anymore," she says. "You would have conservative families and liberal families all coming together to watch this musical. So why wouldn't you do something that would benefit everybody?" She adds, speaking to an imaginary audience, "Yes, go buy an eighty-dollar T-shirt. But there's a really important message here. We have an opportunity to do some repair."

Fey and her team agreed to cooperate with her. Though they didn't offer to fund her program, Wiseman remained hopeful and forged ahead, getting initial grants from other charitable sources. Wiseman worked with the production from fall 2017 to spring 2018 on an educational program that could be used in tandem with the show. She consulted on the musical's script, trading emails with Fey about suggestions for characters and lines, and some of her feedback made it into the final script. Her notes, she says, were mostly focused on "how to make it more female-empowered, and preserve the dignity of everybody in the room, and not oversexualize the girls onstage." She also attended rehearsals and trained the cast to teach anti-bullying workshops.

But as the musical's opening on Broadway neared, Wiseman's contacts with the production, she says, began to evade her questions and eventually stopped responding to her. Though she'd been told there was no money for her program after all, she did attend the opening night party, which, she noted, was quite lavish. Someone involved in the production, she says, later told her that they'd worked with her just so she "wouldn't upset the apple cart." None of her public education programming ever happened.

Without much left to lose, and with the knowledge *Mean Girls* wasn't about to fade from cultural memory—or profitability—any time soon, Wiseman sent Fey one more email, with the subject line "This Is Hard to Send and Hope You Understand." In it, she explained that she'd never received a cent of the profits. She acknowledged this wasn't Fey's fault but appealed to her sense of feminist solidarity, asking her to mediate some discussion between Wiseman and producer Lorne Michaels as well as Paramount.

Wiseman says that her contract had promised her 5 percent of the movie's net proceeds, but she hadn't received anything since her initial $440,000 when she sold the rights. While $440,000 is a nice bit of money, the *Mean Girls* franchise had made $130 million in theaters internationally, plus more for DVD sales as well as TV and streaming licensing. Even minus the $17 million it cost to make, as well as promotional costs, it seemed to Wiseman that she was owed quite a bit. But Paramount, using the magic of movie accounting, claims the movie is still technically in the red, and that's why the studio hasn't paid her beyond that first check. Now the musical would continue making money, presumably without compensating Wiseman. To make matters worse, she'd signed away all of her theatrical rights without realizing it. She had hoped to do a stage show of her own based on *Queen Bees*, but her lawyers told her she couldn't—she'd given away that right in 2003. The *Mean Girls* musical could happen without her approval, and without paying her.

Fey at first acknowledged Wiseman's message and said she'd take it up with Michaels. But, Wiseman says, she never heard a thing after that, despite a number of follow-up emails. "You could say I'm naïve," Wiseman says. "And I guess I choose to be naïve. Probably, right? I mean, that's a choice a person makes."

She's wary of speaking about her difficult experience, even now, because she knows what the narrative could easily become: Mean Women Fight over *Mean Girls*. But she also sees the value in speaking up for herself. She laughs that one good thing came out of it: her movie deal was apparently so bad it has become a cautionary tale among lawyers, preventing others from repeating her mistakes. As of early 2023, she was considering legal action against the franchise.

Wiseman is proud of what her book has become, the ways its messages have continued to infiltrate culture thanks to the film that hit so many people the right way at the right time. She just wishes she could have shared more in its success.

The beauty of a stage play is that it spreads a work and its message in a completely different way from film or television. It isn't meant to be recorded and disseminated widely. It's meant to be passed from humans to humans, one performance at a time. First, people might trek to Broadway to see it. Then, if the work is durable and popular enough, it goes on the road, touching new audiences in places like, in *Mean Girls*' case, Schenectady, New York; Costa Mesa, California; and Tucson, Arizona. Season ticket holders who never thought about *Mean Girls* before could find themselves converted into fans, laughing and cheering and giving it a standing ovation. *Mean Girls* went on tour at a time that made it even harder for plays to endure. The tour began in 2019, closed at the onset of the pandemic in 2020, and restarted in 2021. Despite a few cancellations and rescheduled performances due to coronavirus outbreaks, however, it regained its footing and continued to run as of mid-2023.

And in a very 2023 twist, a film version of the musical has wrapped.

The adaptation of the adaptation puts it in the rarefied company of *Hairspray* and *The Producers*. The new version, which includes some changes from the Broadway script and even new songs, allows for a mashup of homage and an even more modern take on the material. Angourie Rice (*Mare of Easttown, Senior Year*) stars as Cady, Auliʻi Cravalho (*Moana, Crush*) as Janis, and Jaquel Spivey (Broadway's *A Strange Loop*) as Damian; Reneé Rapp (successor to Louderman on Broadway) reprises her performance as Regina. Fey and Tim Meadows play their roles from the movie, with new stars as the other adults: *The Office*'s Jenna Fischer as Mrs. Heron, *Girls5eva*'s Busy Philipps as Mrs. George, and, in a particularly inspired choice, *Mad Men*'s Jon Hamm as Coach Carr. Fey adapted her script—again—with Samantha Jayne and Arturo Perez Jr. directing.

Mean Girls is also now available for high school stage performances. As students embody these roles and memorize these lines, its lasting resonance is even more assured. To make it appropriate for all schools and age levels, Fey included three pages of alternate line readings. Several swap out the play's mild swearing. Lines that might inspire disordered eating are replaced: "There's girls that eat their feelings and girls that don't eat. They're not a lifetime [*sic*] movie but they might be," becomes, "The cliques, the clubs, the sports groups, they all have their seat, and I'll help you find your way around them." Sex stuff is toned down: "Karen's had sex with eleven people" becomes "Karen hooked up with eleven people." And we're still wrestling with the whole lesbian thing: now "space-dyke" can become "space-lez." You can debate among yourselves how much that helps.

The high school script includes a letter from Fey to the potential young performers that notes the full-circle moment: The girl who started out as a theater nerd in high school has finally written a play being performed in high schools. With five female leads in it! She also acknowledges her lofty hopes for *Mean Girls* from the beginning: "When I wrote the movie in 2003 (Were you even born?!), I set out to write truthfully and with humor about relational aggression among girls," the letter says. "I hoped that if we could recognize this behavior in ourselves, and laugh about it, it would be easier to stop doing it. Spoiler alert: I did not fix the world! Relational aggression is still around. And it's not just among girls. We see it everywhere, from the highest branches of government to the preschool playground. But I still believe that this story can help us cope through humor, and also now through singing."

That former theater nerd rose from *Saturday Night Live* star to one of Hollywood's greatest creative forces and influential comedic voices thanks to *Mean Girls*. And with much of Fey's other 2000s work hinging on *SNL*-style political and topical humor, including *30 Rock* and *Unbreakable Kimmy Schmidt*, *Mean Girls* may be better built to withstand the test of time. It is likely to be her most enduring work in the end, with effects far beyond what she or anyone could have imagined when she first read Rosalind Wiseman's *Queen Bees and Wannabes* in 2002.

CHAPTER 12

The Limit Does Not Exist

×

Mean Girls Lives On

Reese Gaon is eighteen now, and she knows every *Mean Girls* reference. She used to watch *Mean Girls* constantly, starting around second grade. She would alternate *Mean Girls* and *Pitch Perfect*. She loved Cady and wished she could be her—wished she could infiltrate the popular group at her school. She had liked Lindsay Lohan since *The Parent Trap*.

She'd cue up the movie on Netflix over and over for all of her friends. "I remember my friends telling me I introduced them to so many different movies they normally wouldn't see in their own home," she says. "I was the bad influence. I've definitely watched this at multiple sleepovers. It's like the perfect sleepover movie, and I was definitely the one to be like, 'How about we watch *Mean Girls*?' Everyone was like, 'What's *Mean Girls*?' And I would be like, 'Oh my god, it's this super-inappropriate movie. You're all going to love it.'"

She rewatched it recently, with the seasoned eyes of a senior attending a private high school in Manhattan. She was surprised by how much of it seemed even truer now than it did to her when she was a preteen. "The whole thing with how Cady can't see Aaron because he's Regina's ex-boyfriend particularly struck me," she says. "Because I was like, 'Oh my god, I used to think that's something so stupid, that would never happen.' But actually in my friend group right now, there is a huge fight going on. And two of my friends aren't talking because one of them is dating a guy the other one hooked up with once months ago. And it's the most ridiculous fight ever. But it's happening, and they're not talking."

On the other hand, she was acutely aware of how much of the movie wasn't politically correct. The racial humor seemed tone-deaf, and the crux of Regina and Janis's feud—that Regina called Janis a lesbian—felt wildly outdated. "It's just not that big of a deal if you're a lesbian anymore," she says. "So many of my friends identify as bi. It's just like a fact."

That said, she still loves to quote *Mean Girls*. "Fetch," "grool," "You go, Glen Coco"—they're all a part of her lexicon. She says "Boo, you whore" and "You can't sit with us" all the time.

An even younger recent *Mean Girls* fan, eleven-year-old Charlie, is partial to Damian, and especially his line "She doesn't even go here." Charlie, who identifies as nonbinary, first saw the movie at age seven when their sister, who's three years older than they are, was watching it with her friends for her tenth birthday. Their sister ushered them out of the room, though, citing the movie's inappropriateness.

That only piqued Charlie's interest, and they determined to see it as soon as they could after that. They succeeded a year or two later and immediately connected with Damian. They loved that he provided the comic relief, and they considered wearing a blue hoodie like Damian's in the trust-fall scene as a Halloween costume. As an introvert, they admired that he was so outspoken, funny, and social. Since then, they've watched it at least ten times, along with other favorites like *The Princess Diaries*. They also love Janis, particularly her "Y2K" fashion, as they say—close to their own style, which they describe as "fairy grunge."

They've dealt a lot already with a social hierarchy similar to that in *Mean Girls* and easily rattle off their own version of Janis's tour through North Shore's groups: Popular Girls, Popular Boys, Nerds, Fancy Fifth Graders, and Eighth Graders Who Have to Clean Up After Everyone

Else. (They don't clean up after themselves, so they have to stay after lunch to clean up after other people as punishment.) Charlie is part of the Gay Theater Kids, which explains their affinity for Damian and Janis. Of course, there's a Queen Bee who rules the school. They figure it will only get worse in high school: "There's always going to be a Queen Bee," they say with an eye roll. "Everyone has to follow some trends."

The internet has helped to bring *Mean Girls* to successive waves of kids throughout the twenty years since its release, with those who weren't born at the time now watching it, loving it, and posting about it on TikTok, but the movie has gone beyond the online world as well, and that's likely because its ideas are as present as ever for kids like Reese and Charlie, making their way through school hierarchies this very second. It has infiltrated all levels of culture, its references part of American speech, both online and off. It has become a rite of passage for girls to watch it at their tween sleepover parties. Its characters continue to pop up as perennial Halloween costume go-tos. A 2022 song by unassailably cool indie rock band Wet Leg contains a *Mean Girls* quote, notably the line changed for the ratings board: "Is your muffin buttered? / Would you like us to assign someone to butter your muffin?" (The second verse even mirrors the phrasing: "Is your mother worried? / Would you like us to assign someone to worry your mother?")

Fans have *Mean Girls* tattoos: "That's So Fetch." "On Wednesdays We Wear Pink." "You Go Glen Coco!" *Mean Girls* has become *Seinfeld* for young women and young gay men, its quotes a subdialect of the English language that sends a signal to others of your kind: Throw out a *Mean Girls* joke, and if the recipient responds correctly, you can breathe a little easier. They're your people.

Mean Girls can show up anywhere. Dylan's Candy Bar, which once helped to inspire the film's costume designer, Mary Jane Fort, debuted a *Mean Girls*–themed line in the fall of 2015 for *Mean Girls* Day. Offerings included You Go, Glen Coco hot cocoa, Is Butter a Carb popcorn-flavored jelly beans, and Kalteen chocolate bars. T-shirts for sale across the internet boast catchphrases from the movie: "You Can't Sit with Us." "She Doesn't Even Go Here." In 2020, Toaster Strudel introduced a limited-edition, *Mean Girls*–branded version of its product, special pink icing included. Other related products and spinoffs have included a loungewear line, a rosé wine, and a beer—all in the last five years. There was even *Much Ado About Mean Girls,* a book mashup with Shakespeare.

Nothing is forever, but with the Broadway musical's success, and its movie adaptation revitalizing *Mean Girls* mania in time for its twentieth anniversary, it has a good chance at remaining required viewing—and required quoting—for tweens for at least another generation or two. "It has this little net that catches girls as they pass through preteen and high school age," Fey said.

A work ultimately lasts to this extent because more and more people see it, internalize it, and make it relevant to themselves and their era. This is why every generation seems to get its own new movie version of *Little Women,* and why so many Jane Austen adaptations and interpretations proliferate—so many *Pride and Prejudice*s, and also *Bridget Jones's Diary* and *Clueless.* Shakespeare isn't popular because of Laurence Olivier's Romeo or Leonardo DiCaprio's Romeo, Patrick Stewart's Macbeth or Denzel Washington's Macbeth. It's popular because the works are constantly reinterpreted for new eras, spawning not only endless adaptations but also fresh interpretations like *West Side Story* (a *Romeo and Juliet* riff) and *10 Things I Hate About You* (a *Taming of the Shrew* adaptation). It's not about individual performances or iterations, per se, but about generations feeling connected to the story, seeing themselves in it, and making it their own. Like *Mean Girls,* Shakespeare has stayed with us through its quotes—"To be or not to be" is a meme if there ever was one—and through its repeat performances, from high schools to summer stock to star-studded Broadway stints to new movies and every gender- or race-switching reinvention.

This is what gives *Mean Girls* a shot at longevity. *30 Rock* won Fey shelves full of awards, and people enjoy rewatching it on streaming services. Sometimes people quote or reference it, and it has generated its share of memes. But it can't compete with *Mean Girls* in terms of internet domination or infiltration of our everyday language. From 2008 to 2013, during the run of *30 Rock*, Google searches for the show outnumbered those for the film, but as soon as the show ended, *Mean Girls* overtook *30 Rock* and continued to beat it by far ever since. Few of *Mean Girls'* contemporaries have conquered as much media as it has. Only *Legally Blonde* comes close, and—at least so far—it has not been made into a musical movie. *Mean Girls'* Google searches have outstripped those for *Legally Blonde* by a three-to-one ratio since *Mean Girls'* release. There's simply no comparison.

Though there were no GIFs in Shakespeare's day, internet memes are a critical part of how our culture claims a work of art now, the equivalent of regular folks quoting "To be or not to be" in everyday life. Even the dissection of problematic elements is part of it. We analyze, we acknowledge, we see if this is something we can take as part of the work and its time. We say, "We know this aspect of this work is wrong." Then we incorporate that into our understanding of the whole. Shakespeare's *Othello* gets tougher to take all the time, for instance, and *The Taming of the Shrew* is a sexist nightmare unless it's turned into *10 Things I Hate About You*.

Maybe *Much Ado About Mean Girls* was onto something.

Pop cultural homages to *Mean Girls* have proliferated—one of the keys to this kind of longevity. In 2022, *The Bachelorette* teased its nineteenth season, which featured two bachelorettes, with a video clip of Rachel Recchia picking up Gabby Windey in a convertible and saying, "Get in, loser, we're going shopping." Kacey Musgraves's 2021 video for her song "Simple Times" evoked the spirit of the Plastics prowling the mall.

Nearly monthly, teen movies and series come out that include *Mean Girls* references and inspire *Mean Girls* comparisons: *Boo, Bitch; Do Revenge; Darby and the Dead; Wednesday.*

If there's any young, female cultural force that has rivaled *Mean Girls* over the last two decades, it's Taylor Swift. And there's an entire *Mean Girls*–themed strand in Swift's sprawling mythology that has spanned the afterlife of the film: Swift, when she got her first check from her 2006 debut album, purposely bought the exact car Regina George drives. In 2014, pop star Katy Perry tweeted, amid her public feud with Swift, "Watch out for the Regina George in sheep's clothing . . ." In 2019, Amanda Seyfried and Ashley Park, star of the Broadway production, performed a version of Swift's song "Mean" with *Mean Girls* references swapped in for some lines. ("You have pointed out my flaws again when you wrote it in your Burn Book . . .")

One of the most elaborate homages came from *Mean Girls* fan Ariana Grande. That's how Stefanie Drummond found herself driving to a school in Los Angeles, ready to spend one day back in the role of Bethany Byrd, the character that had unexpectedly changed her life, fifteen years after she'd first inhabited her.

A lot of funny things had happened to Drummond because she'd had a few killer lines in *Mean Girls,* but this one dwarfed the others: being on a video set with Grande, watching the pop star's team meticulously re-create the set where Drummond had had so much fun with her friends up in Toronto all those years ago.

Grande was launching her single "Thank U, Next." She was at the top of her game and could have had nearly anything she wanted for the video. What she wanted, it turned out, was an homage to the movies that had shaped her at the turn of the millennium, most prominently *Mean Girls*. Drummond had assumed this meant she'd be seeing a bunch of her costars from the movie. But she was one of two chosen to be emblematic of the entire *Mean Girls* phenomenon.

The video's earliest moments include cameos from two recognizable faces from *Mean Girls* in a tribute to the oft-imitated Regina

George testimonial montage: Jonathan Bennett, in his North Shore letterman's jacket, looking unnervingly ageless, tells the camera, "Ariana Grande told me my hair looks sexy pushed back. She's not wrong." And Drummond, equally ageless in a pink polo shirt, says, in Bethany Byrd's distinctively nasal, wide-eyed delivery, "Ariana broke off an engagement, so I found a guy to propose to me, and I broke off an engagement."

Drummond couldn't believe the hair, makeup, and wardrobe team was trying to make her look the same as she had a decade and a half earlier. "I'm a *lady*," she says—a grown adult. "And they, like, put my hair up and put all this tanning makeup on me. My face is *orange*."

A combination of nostalgia and vertigo hit Drummond when she entered the auditorium where Grande and three costars were dressed in replicas of the *Mean Girls* "Jingle Bell Rock" outfits, reenacting the dance. In the audience was a brilliant stroke of pop culture mashup: Kris Jenner, matriarch of the multibillion-dollar Kardashian reality TV empire, dressed in a pink-and-white velour tracksuit and wielding a video camera, mirroring Amy Poehler's "cool mom."

When the video came out, the attention Drummond got for being in it overwhelmed her. She still hadn't learned her lesson about how much *Mean Girls* thrilled people. Fey, meanwhile, loved it when she saw it. "I was so honored," she said. "It's a wonderful feeling to know the movie meant so much to [Grande] and that she's keeping it alive for a younger generation. And I'm not crazy about stunt casting, but she's allowed to be stunt-cast in the musical anytime she wants."

Mean Girls dominates the video, but the clip also pays tribute to *Legally Blonde, Bring It On,* and *13 Going on 30,* a testament to the power of their shared message that femininity can come with grit and bite.

This message has in recent years become an outdated idea itself, which makes it hard to celebrate without caveats. We have begun the welcome process of recognizing spectrums of both sexuality and gender expression, which complicates talk of female empowerment, especially this very 2000s idea of pink-saturated Girl Power. But these movies present conceptions of girliness that we can fruitfully mine in the 2020s and beyond. They tell us that there's value in the "pink" end of the gender spectrum, that it's okay for all of us—not just those of us who identify as girls—to embrace traditionally feminine behaviors and styles.

Mean Girls remains the work people most want to talk about to anyone in the cast and crew whom they recognize. There are always questions about whether there'll be a sequel *aside* from the cheap *Mean Girls 2* that ran on ABC Family in 2011, which Tina Fey declined to be involved in at the time. But a true sequel is highly unlikely at this point, with the musical movie stepping into that breach. Still, even for big movie stars like Rachel McAdams and Amanda Seyfried, *Mean Girls* is what excites people most on their résumé. (As great as *The Notebook* and *Mank* are, they can't beat "Stop trying to make 'fetch' happen!") Both of them have embraced this after an adjustment period. "Ten years ago I used to be like, 'Yeah, yeah, I was Karen in *Mean Girls,* for fuck's sake,'" Seyfried said. "Now I'm like, 'I was Karen in *Mean Girls*!' I'm very proud of it."

It's also had a noticeable effect on the cast and crew's careers as well as their everyday lives.

"Even to this day there are certain kinds of movies that come my way," Waters says, "because the producers feel, 'We need to hire someone who's like the director of *Mean Girls*.'" He directed, for instance, Netflix's 2021 remake of the 1999 movie *She's All That*. Waters, who's now gone from promising young director to elder statesman, doesn't mind that *Mean Girls* remains the headline on his career: "When I'm done with my career in twenty years and living on the farm," he says, "I'll have a movie that will be a timeless classic."

Canadian casting director Robin Cook doesn't have *Mean Girls* on her official résumé anymore, because she has a lot of credits and likes to keep them recent. Since *Mean Girls,* her casting credits include such acclaimed films as Guillermo del Toro's *The Shape of Water,* the adaptation of the Emma Donoghue book *Room,* and TV series like *The Handmaid's Tale, The Umbrella Academy,* and *Station Eleven.* Still, she interviewed for one recent job and once the producers found out she'd done *Mean Girls,* it was settled: "Done! Don't need to know any more!"

Set decorator Patricia Cuccia has experienced the *Mean Girls* effect in less professional settings: friends and acquaintances routinely ask her to design a bedroom for their kids like Regina George's. "I just want to say to them, 'That room was a joke, you realize that, right?'" she says with a laugh. "Like, it wasn't supposed to be stylish and for people to go, 'Oh my god, I want that room . . .'" She did give in to this request just once, but made it more "tasteful," she says, "more Moroccan." Over the years, *Mean Girls* has also earned her the respect of her daughter. Whenever they go to screenings, her daughter announces loudly as they walk out of the theater, "My mom did this movie!"

Mean Girls comes up often on sets. "People fangirl a lot once they find out," says Jill Morrison, who played Crying Girl. She estimates this happens a few times a week. "I'm pretty open about it," she says, "because it's a wonderful thing that happened at the beginning of my career." One of Cuccia's younger employees, a woman in her twenties, routinely wore pink on Wednesdays. Crew members on several of star Lizzy Caplan's projects have brought her *Mean Girls* DVDs to sign for their daughters.

Waters was working in London on the 2014 movie *Vampire Academy* when stars Zoey Deutch and Sarah Hyland dragged him to a quote-along screening of *Mean Girls.* The cast all laughed at him because he didn't remember most of the lines, even though the theater full of young people, including his cast, did. "All two hundred people did, 'You go, Glen Coco,'" he says. "I thought, *This thing has taken on a life of its own if the entire generation of millennials knows it.*"

Not all of the effects have been salutary. Though the stars haven't *said* some of these interactions are annoying, they sound like they could get irritating. McAdams stayed at a bed-and-breakfast in Ireland where a girl asked her for a list of her favorite *Mean Girls* quotes, putting the star very much on the spot. Lohan was leaving a playhouse where she was performing one night when someone stopped her to tell her it was October 3. When Chabert was sick once, she went to the drugstore to pick up medicine and the pharmacist made a "fetch" joke. On a more serious note, Seyfried has suffered sexual harassment from men and boys asking her if it was raining—a reference to her character's professed ability to forecast the weather with her breasts.

To Jo Chim, it's become clear throughout the years of casual recognition for her two-line part that "saleswoman in *Mean Girls*" will be the first line of her obituary. She may direct movies and run her own brand consultancy, but she will forever be that meme. "It always leads with that," she says. "It's going to be on my epitaph. I'm never going to live this down."

Many of the stars stay in touch, and all have spoken of the movie as among their career highlights: the perfect thing at the perfect time. Rajiv Surendra and Lohan still hang out whenever Lohan comes to New York. "It's like no time has passed," he says. "We talk about things and we giggle." Franzese still talks to most of the other cast members, while Seyfried and Chabert are friends. Stefanie Drummond and Jan Caruana remain best friends, both living in Toronto. Waters gave Chabert a role in his movie *Ghosts of Girlfriends Past,* and he worked with cinematographer Daryn Okada on that film and *Just Like Heaven.* Okada worked with Fey and Poehler on the comedy *Baby Mama.*

Damian Holbrook connected with Daniel Franzese on social media. Then Franzese played a role in a drama called *Recovery Road,* which was presented at the Television Critics Association's biannual gathering in 2016. Holbrook was in attendance.

The two Damians met at the buffet in the hotel lobby. "Daniel?" Holbrook said over the steamy trays of food. "Damian?" Daniel said in response.

All hell broke loose in the ballroom. Everyone was taking photos of the meeting of the Damians. The two later joined forces with Broadway's Damian, Grey Henson, for an appearance at RuPaul's DragCon in 2018.

The ever-building popularity of *Mean Girls* appears to have helped boost the careers of some of its stars in recent years. Franzese appeared on the second season of *RuPaul's Secret Celebrity Drag Race*. Chabert has worked steadily as a voice actress and found a niche starring in Hallmark Christmas movies; she's done more than thirty since 2010, and in 2022 she signed a multiple-movie contract with the network that will allow her to star in and executive produce her films.

Jonathan Bennett parlayed his role as Aaron Samuels into steady Food Network hosting gigs and a *Mean Girls*–themed cookbook, *The Burn Cookbook*. In it, he and his coauthor, Nikki Martin, share recipes inspired by *Mean Girls* (Gretchen's Wieners, Are Buttermilk Pancakes a Carb?, Just Stab Caesar Salad), interspersed with facts about the movie and behind-the-scenes recollections from Bennett. Following in Chabert's footsteps, he, too, has experienced a career renaissance in Hallmark Christmas movies, where he's become a groundbreaker. After the success of 2020's *The Christmas House*, the channel's first movie featuring a same-sex romance, and its sequel, he starred in 2022's *The Holiday Sitter*, the channel's first movie centering a gay couple.

Lohan began a comeback in 2022, starting the year with a Super Bowl ad for Planet Fitness, in which she poked fun at her past party-girl image, and ending it with a Netflix Christmas movie, *Falling for Christmas*. She's welcomed the warm energy the *Mean Girls* fandom brings her: In a savvy move, she released her own version of "Jingle Bell Rock" in tandem with the Netflix movie. She starred in an ad for Allbirds shoes that included references to being a Mathlete, wearing pink on Wednesdays, and avoiding plastics.

On October 5, 2022, SpaceX, the private rocket company owned by Elon Musk, launched a four-person mission to the International Space

Station for NASA on a spacecraft called *Dragon Endurance*. After a successful liftoff, mission control launch director Mark Soltys congratulated the astronauts via radio: "On behalf of the entire launch and recovery team, it was an honor and a pleasure to be part of this mission with you," he said. "And while October three may always belong to the mean girls, October five will forever belong to Crew-5. Godspeed, *Endurance*. Cheers."

Mean Girls has colonized current-day teenagers' minds, lives, and vocabularies. And it has even colonized space. The limit may not exist when it comes to *Mean Girls'* ability to propagate—far past expectations, far past 2004, far past even the GIFs and TikTok videos, the Broadway shows and the high school performances, the movies and the musicals. Twenty years ago, when *Mean Girls* first hit theaters, we couldn't imagine a world in which Hillary Clinton might insult President Donald Trump by tweeting a GIF of Regina George. We probably can't conceive right now of the technologies that future generations may use to keep quoting and referencing it, or the circumstances in which they'll do so. But as long as kids keep worrying about fitting in and fretting about what their peers think of them—those things we've all been doing since humans could talk—there's a good chance that they'll be saying, "You can't sit with us!" and "That's so fetch." That Shakespeare comparison might not be so crazy after all.

We should totally just stab Caesar, indeed.

Acknowledgments

Just as North Shore High wasn't *just* the Plastics—it was the Canadians playing the other high schoolers, and the teachers, and the staff—this book isn't just me, the author. Lots of people came together to help make *So Fetch* happen. Thank you to my agent, Laurie Abkemeier, as always, and also to Kate Napolitano, who understood the power of *Mean Girls* enough to bring the book to Dey Street, even though we ultimately didn't get to see it through together. And on that note, my gratitude goes to Stuart Roberts and Drew Henry for seeing it through to the finish line reliably and with great collaboration.

The ITA crew, aka the Avengers of Pop Culture Writing—Saul Austerlitz, Erin Carlson, Thea Glassman, and Kirthana Ramisetti—were not only spectacular beta readers, but also crucial as sounding boards and a support system.

I'm deeply grateful to everyone who shared their experiences and thoughts with me for this book, and extra thanks for going above and beyond go to: Mark Waters, Sherry Lansing, Marci Liroff, Clare Preuss, Stefanie Drummond, Jan Caruana, Chris Anton, and Rosalind Wiseman. It's always heartening to learn that one of your favorite movies was made by a bunch of kind and generous people. Thank you also to Abdul Williams, who generously shared some great stories about working for Broadway Video that ultimately didn't make it into the book, but were helpful nonetheless.

And thank you to the best editor, coworker, photographer, and life partner a girl could ask for, A. Jesse Jiryu Davis.

Notes

Introduction: Girl World

1 *Seven girls:* Author's viewing of *Mean Girls* with tweens in New Paltz, New York, November 12, 2022.

3 *A generation earlier:* Amy Wilkinson, "Lindsay Lohan Says She Avoided 'Drama' in High School," MTV News, December 7, 2012, https://www.mtv.com/news/zh1xwa/lindsay-lohan-mean-girls-high-school.

4 *put her in the same league:* "Highest Grossing Stars of 2003 at the Domestic Box Office," The Numbers, https://www.the-numbers.com/box-office-star-records/domestic/yearly-acting/highest-grossing-2003-stars.

4 *where she went for tenth and part of eleventh grade:* Maureen Callahan, "Bad Girl Next Door—Hollywood Cheers as Lohan Puts Worst Foot Forward," *New York Post,* June 6, 2004, https://nypost.com/2004/06/06/bad-girl-next-door-hollywood-cheers-as-lohan-puts-worst-foot-forward/.

4 *Her threatened classmates:* Rebecca Macatee, "Lindsay Lohan Was Bullied in High School for Movie Roles, Troubled Home Life," E! News, October 3, 2012, https://www.eonline.com/news/350886/lindsay-lohan-was-bullied-in-high-school-for-movie-roles-troubled-home-life.

4 *"Stuck up":* Callahan, "Bad Girl Next Door."

4 *in favor of homeschooling:* Cosmopolitan, "Lindsay Lohan Talks Her Most ICONIC On-Screen Moments | The Breakdown | Cosmopolitan," YouTube, October 31, 2022, https://www.youtube.com/watch?v=GroJu8A7Ino&ab_channel=Cosmopolitan.

5 *"was always the funniest person in the room":* Author's interview with Damian Holbrook, May 20, 2022.

5 *paramedic/grant writer/mystery novelist:* Virginia Heffernan, "Anchor Woman," *New Yorker,* October 26, 2003, https://www.newyorker.com/magazine/2003/11/03/anchor-woman.

5 *Mary Tyler Moore, Bob Newhart, and Norman Lear:* Brad Witter, "10 Things You May Not Know About Tina Fey," Biography.com, February 26, 2021, https://www.biography.com/actors/tina-fey-facts.

5 Saturday Night Live, SCTV, *and Monty Python:* Michael Hainey, "Ice Queen," *GQ,* January 31, 2004, https://www.gq.com/story/tina-fey-mean-girls-30-rock-snl-weekly-update.

5 *"smart-mouthed":* Lynda Gorov, "With New Comedy, Fey Gets 'Mean,'" *Boston Globe,* April 25, 2004, N13.

5 *she chose comedy:* Noel Murray, "Tina Fey," AV Club, November 1, 2006, https://www.avclub.com/tina-fey-1798210217.

5 *An eighth-grade teacher:* Kyle Smith, "On the Move," *People,* May 3, 2004, 75–76.

5 *"I think somewhere around middle school":* Scott Feinberg, "'Awards Chatter' Podcast—Tina Fey ('Girls5eva' and 'Mr. Mayor')," *Hollywood Reporter,* June 7, 2021, https://www.hollywoodreporter.com/tv/tv-news/awards-chatter-podcast-tina-fey-girls5eva-mr-mayor-1234963820/.

5 *"because being the foxy girl was not happening":* Donna Freydkin, "Fey Gets Her Skewers Out," *USA Today,* April 23, 2004, E1.

5 *"the meanest possible thing to say":* Tina Fey, as told to Jennifer Graham, "Mean Girls," *CosmoGirl!,* April 2004, 142.

6 *anonymous humor column:* Heffernan, "Anchor Woman."

6 *"Reagan-administration judgmental":* Freydkin, "Fey Gets Her Skewers Out."

6 *Summer Stage:* Peter Crimmins, "Tina Fey Headlines Fundraiser for Summer Stage Where She Got Her Start," WHYY.org, August 13, 2014, https://whyy.org/articles/tina-fey-headlines-fundraiser-for-summer-stage-where-she-got-her-start/.

8 *a study published in February 2023:* CDC press release, "U.S. Teen Girls Experiencing Increased Sadness and Violence," February 13, 2023, CDC.gov, https://www.cdc.gov/media/releases/2023/p0213-yrbs.html.

Chapter 1: I Love Seeing Teachers Outside of School

9 *"We need to give girls credit":* Rosalind Wiseman, *Queen Bees and Wannabes: Helping Your Daughter Survive Cliques, Gossip, Boyfriends, and the New Realities of Girl World,* revised edition (New York: Three Rivers Press, 2009), 86.

9 *Wiseman stumbled accidentally:* Author's interview with Rosalind Wiseman, November 10, 2022.

11 *a lengthy profile:* Margaret Talbot, "Girls Just Want to Be Mean," *New York Times Magazine,* February 24, 2002, https://www.nytimes.com/2002/02/24/magazine/girls-just-want-to-be-mean.html.

11 *the biggest moment in Wiseman's life:* Author's interview with Wiseman.

12 *read the* New York Times Magazine *article:* William Booth, "Tina Fey, Specs Symbol," *Washington Post,* April 25, 2004, https://www.washingtonpost.com/archive/lifestyle/style/2004/04/25/tina-fey-specs-symbol/37b7a72c-3233-47f4-865e-9fc8e68e5557/.

12 *described a weepy "Apologies Day":* Talbot, "Girls Just Want to Be Mean."

13 *"girls are capable":* Virginia Heffernan, "Anchor Woman," *New Yorker,* October 26, 2003, https://www.newyorker.com/magazine/2003/11/03/anchor-woman.

13 *"It was about girls":* Tonisha Johnson, "Mean Girls: An Interview with Tina Fey," BlackFilm.com, April 2004, http://www.blackfilm.com/20040423/features/tinafey.shtml.

13 *"more hopeful* Heathers*"*: Jeff Otto, "IGN Interviews Tina Fey," IGN, April 23, 2004, https://www.ign.com/articles/2004/04/23/ign-interviews-tina-fey.
13 *"Okay, but can they"*: Tim Stack, "EW's 'Mean Girls' Reunion: The Cast Looks Back on the 2004 Hit," *Entertainment Weekly,* November 5, 2014, https://ew.com/article/2014/11/05/mean-girls-reunion/.
13 *When he explained the project to Lansing:* Author's interview with Sherry Lansing, April 21, 2022.
14 *Fey contacted Wiseman's agent:* Author's interview with Wiseman.
14 *having been both an outsider:* Debra Wallace, "Tina Fey Opens Up About the Inspiration Behind Mean Girls: It 'Was About This Period of My Life When I Felt Like I Was an Outsider,'" *Parade,* August 21, 2019, https://parade.com/911986/debrawallace/tina-fey-mean-girls/.
14 *Wiseman's agent called the author:* Author's interview with Wiseman.
14 *"It was always something cheesy"*: Megan Angelo, "10 Years Later, the Clique Still Reigns," *New York Times,* April 25, 2014, https://www.nytimes.com/2014/04/27/movies/from-internet-chat-to-related-projects-mean-girls-endures.html.
14 *She preferred something closer to* Heathers: Author's interview with Wiseman.
14 *"pandered to or patronized"*: Esther Zuckerman, "Revisiting 'Mean Girls' with Rosalind Wiseman," *Atlantic,* April 28, 2014, https://www.theatlantic.com/culture/archive/2014/04/revisiting-mean-girls-with-rosalind-wiseman/361283/.
14 *intending to be an English major:* "Tina Fey Speaks at Hamilton College," Local SYR.com, October 22, 2019, https://www.localsyr.com/news/local-news/tina-fey-speaks-at-hamilton-college/.
14 *Sally Bowles in* Cabaret: Molly Minturn, "Girl Most Likely," *Virginia,* https://uvamagazine.org/articles/girl_most_likely.
14 *Her favorite TV show was* Short Attention Span Theater: Maureen Dowd, "What Tina Wants," *Vanity Fair,* December 1, 2008, https://www.vanityfair.com/culture/2009/01/tina-fey200901.
15 *where she met piano player Jeff Richmond:* Michael Riedel, "The Unsexy Way Tina Fey Seduced Her Husband," *New York Post,* May 31, 2018, https://nypost.com/2018/05/31/the-unsexy-way-tina-fey-seduced-her-husband/.
15 *then at the Second City:* Tina Fey Second City bio, SecondCity.com, https://www.secondcity.com/people/other/peopleothertina-fey/.
15 *Now she had a lifelong goal in mind:* Tina Fey, *Bossypants* (New York: Little, Brown and Company, 2011; ebook), 125.
15 *losing thirty pounds on Weight Watchers:* Julie Mazziotta, "Tina Fey Tells Oprah She Lost 30 Lbs. While on 'SNL,'" *People,* January 13, 2020, https://people.com/health/tina-fey-tells-oprah-lost-30-lbs.
15 *She longed to buy cute clothes:* Kristen Baldwin, "Tina Fey: The EW Interview," *Entertainment Weekly,* September 28, 2012, https://ew.com/article/2012/09/28/tina-fey-ew-interview/.
15 *"Tina Fey may be America's most powerful antidote"*: Jennifer Senior, "FILM; The New Queen of Mean," *New York Times,* April 25, 2004, https://www.nytimes.com/2004/04/25/movies/film-the-new-queen-of-mean.html.
15 *"four-eyed sex symbol"*: Jason Gay, "Meet Four-Eyed New Sex Symbol, 'Weekend Update' Anchor Tina Fey," *Observer,* March 5, 2001, https://observer.com/2001/03/meet-foureyed-new-sex-symbol-weekend-update-anchor-tina-fey/.

15 *"reluctant sex symbol":* Baldwin, "Tina Fey: The EW Interview."
15 *"the laughing man's sex symbol":* Ibid.
15 *"the thinking man's sex symbol":* Ibid.
15 *"specs symbol":* Ibid.
16 *"My promise to you":* Gorov, "With New Comedy, Fey Gets 'Mean.'"
16 *"honor the intention":* Laura Collins-Hughes, "Finding New Meaning in 'Mean Girls,'" *New York Times,* March 30, 2018, https://www.nytimes.com/2018/03/30/theater/mean-girls-broadway-tina-fey.html.
16 *Wiseman felt Fey was someone she would hang out with:* Author's interview with Wiseman.
16 *"I've found a lot of success":* Angelo, "10 Years Later, the Clique Still Reigns."
16 *Wiseman was so overwhelmed:* Author's interview with Wiseman.
16 *"a bonehead thing to do":* Senior, "FILM; The New Queen of Mean."
17 *Wiseman's teen sources:* Wiseman, *Queen Bees* (2009), 102–5.
17 *The Queen Bee:* Wiseman, *Queen Bees* (2009), 87.
17 *"Her friends do":* Wiseman, *Queen Bees* (2009), 88.
17 *"feels power and control":* Wiseman, *Queen Bees* (2009), 89.
18 *"Sidekick":* Wiseman, *Queen Bees* (2009), 90.
18 *"Hip Parent":* Wiseman, *Queen Bees* (2009), 114.
18 *A fifteen-year-old named Gabrielle:* Rosalind Wiseman, *Queen Bees and Wannabes: Helping Your Daughter Survive Cliques, Gossip, Boyfriends and Other Realities of Adolescence* (New York: Three Rivers Press, 2002), 37.
18 *Wiseman likes to clarify:* Author's interview with Wiseman.
18 *Wiseman writes:* Wiseman, *Queen Bees* (2009), 84–85.
19 *The real Damian says:* Author's interview with Holbrook.
20 *staying on Fire Island:* Ramin Setoodeh, "Tina Fey on the Lasting Legacy of 'Mean Girls,' Its Road to Broadway and Time's Up," *Variety,* April 10, 2018, https://variety.com/2018/legit/features/tina-fey-mean-girls-broadway-times-up-1202748023/.
20 *she got a copy of Syd Field's book* Screenplay: "Testimonials," Syd Field—The AVS, https://sydfield.com/testimonials-and-voices/.
20 *Fourteen cards for act 1:* Syd Field, *Screenplay* (New York: Bantam Dell, 2005; ebook), 429.
20 *"With the exception of Regina":* Collins-Hughes, "Finding New Meaning in 'Mean Girls.'"
21 *takes his name from a real-life film editor:* Stack, "EW's 'Mean Girls' Reunion."
21 *Cady got her first name from:* Minturn, "Girl Most Likely."
21 *Borrowing names:* Stack, "EW's 'Mean Girls' Reunion."
21 *She made Ms. Norbury:* Senior, "FILM; The New Queen of Mean."
21 *"amalgam of girls":* Freydkin, "Fey Gets Her Skewers Out."
22 *"really ugly hat":* Johnson, "Mean Girls: An Interview with Tina Fey."

Chapter 2: That Is So Fetch

23 *Director Mark Waters was working on the sound mix:* Author's interview with Mark Waters, May 9, 2022.
24 *Paramount had had a few hits that year:* Geraldine Fabrikant, "Troubles at Paramount: Is It Just the Money?," *New York Times,* December 6, 2003, https://www

.nytimes.com/2003/12/06/business/troubles-at-paramount-is-it-just-the-money .html.

24 *Waters agreed to meet with Fey:* Author's interview with Waters.

25 *"I think whatever your relationship is with your own dad":* "Tina Fey, Just Before 'Mean Girls': From the BUST Archives," *Bust,* spring 2004, https://bust.com/tv/194490-tina-fey-mrs-saturday-night.html.

25 *All of this came through to Waters:* Author's interview with Waters.

25 *a favorite of* Queen Bees and Wannabes *author Rosalind Wiseman:* Author's interview with Wiseman.

26 *Waters left the meeting:* Author's interview with Waters.

26 *oldest of four children:* "Becoming . . . Lindsay Lohan," *People,* June 1, 2004, https://people.com/celebrity/becoming-lindsay-lohan/.

26 *raised on Long Island:* Jessica Pilot, "Sweet Home, Long Island," *Vanity Fair,* September 19, 2010, https://www.vanityfair.com/news/2010/10/lindsay-lohan-in-long-island-201010.

26 *Cold Spring Harbor:* "Check Out Lindsay Lohan as a Teenager Growing Up in New York," Aol, January 29, 2015, https://www.aol.com/article/2015/01/29/lindsay-lohan-as-a-teenager-growing-up-in-new-york/21136655/.

26 *began modeling by the age of three:* "Famous Actors: Lindsay Lohan," Biography.com, https://www.biography.com/actors/lindsay-lohan.

26 *convincing her costar Dennis Quaid:* Olivia Singh, "'The Parent Trap' Star Dennis Quaid Thought Lindsay Lohan Actually Had a Twin Sister in the Movie Because Her Accent Was 'Perfect,'" Business Insider, July 21, 2020, https://www.businessinsider.in/entertainment/news/the-parent-trap-star-dennis-quaid-thought-lindsay-lohan-actually-had-a-twin-sister-in-the-movie-because-her-accent-was-perfect/articleshow/77071010.cms.

27 *living back home on Long Island:* Pilot, "Sweet Home, Long Island."

27 *made favorable comparisons:* Roger Ebert, "Freaky Friday," August 6, 2003, Roger Ebert.com, https://www.rogerebert.com/reviews/freaky-friday-2003.

27 *Waters had had a great working relationship with Lindsay:* Author's interview with Waters.

28 *$110 million:* "$100 Million Movies," *Washington Post,* https://www.washingtonpost.com/wp-srv/style/daily/movies/100million/article.htm.

28 *Waters headed to scout locations:* Author's interview with Waters.

30 *She had saved the film:* Author's interview with Marci Liroff, November 10, 2021.

30 *Curtis took on a maternal role:* Margy Rochlin, "The Girls of Summer," *Los Angeles Times,* April 18, 2004, E1.

30 *The Los Angeles staff at Lorne Michaels's production company:* Author's interview with Abdul Williams, May 5, 2022.

31 *the title had to go:* Angelo, "10 Years Later, the Clique Still Reigns."

31 *"Well, I'm just gonna call it* Mean Girls*":* Author's interview with Waters.

32 *"I was trying to write":* Senior, "FILM; The New Queen of Mean."

32 *Wiseman also weighed in:* Author's interview with Wiseman.

33 *"Lindsay brings this gigantic advantage":* "Only the Strong Survive" featurette, *Mean Girls: Special Collector's Edition,* DVD, directed by Mark Waters (Paramount, 2004).

34 *Fey liked the idea:* Stack, "EW's 'Mean Girls' Reunion."

34 *"bowled over everybody":* Author's interview with Waters.
34 *"who gets to turn into Regina":* Stack, "EW's 'Mean Girls' Reunion."
34 *"Cady is the heroine":* Author's interview with Waters.
34 *"damaged teenager":* Christian Allaire, "Lindsay Lohan Relives Her Life in Looks, from *The Parent Trap* to *Mean Girls,*" *Vogue,* April 7, 2022, https://www.vogue.com/article/life-in-looks-with-lindsay-lohan.
34 *"I had just played":* Stack, "EW's 'Mean Girls' Reunion."
34 *Among them were:* Author's interview with Liroff.
34 *Lansing sat Waters down:* Author's interview with Waters.
34 *Lansing felt lucky:* Author's interview with Lansing.

Chapter 3: I Meant to Say *Cool*, but Then I Started to Say *Great*

36 *Mark Waters began to see:* Author's interview with Waters.
37 *Waters believed this so much:* Ibid.
37 *rejected the likes of:* Kristie Renae and Carolina Gazal, "22 Celebrities Who Got Rejected from 'Saturday Night Live' and Went On to Become Famous in Their Own Right," Insider, https://www.insider.com/stars-who-got-rejected-by-saturday-night-live.
37 *Liroff in her Los Angeles offices:* Author's interview with Liroff.
39 *The trick was to kill:* Author's interview with Waters.
39 *had been discouraged:* Author's interview with Waters.
40 *Re-JY-na:* Author's interview with Waters.
40 *that meant* hundreds: Author's interview with Robin Cook, February 24, 2022.
40 *Cook took her call wide:* Author's interview with Cook.
42 *ducked out of rehearsals:* Author's interview with Stefanie Drummond, March 17, 2022.
42 *Caruana's first movie audition:* Author's interview with Jan Caruana, March 28, 2022.
43 *Clare Preuss knew exactly how:* Author's interview with Clare Preuss, March 17, 2022.
44 *Chris Anton didn't know:* Author's interview with Chris Anton, March 9, 2022.
46 *Dwayne Hill successfully riffed* through *She and Waters had accomplished that:* Author's interview with Cook.
46 *When Rajiv Surendra got to Cook's Toronto waiting room:* Author's interview with Rajiv Surendra, December 15, 2020.
49 "Maybe I wasn't gay enough?": Rajiv Surendra, *The Elephants in My Backyard* (New York: Regan Arts, 2016; ebook), 25.
49 *Waters worked with him:* Author's interview with Waters.

Chapter 4: You're, Like, Really Pretty

51 *And when McAdams read for director Mark Waters:* Author's interview with Waters.
51 *McAdams had wanted the job:* Dave Itzkoff, "No Matter What Rachel McAdams Plays, She Plays for Keeps," *New York Times,* February 23, 2018, https://www.nytimes.com/2018/02/23/movies/rachel-mcadams-game-night.html?mtrref=undefined&gwh=8D558192C109A8CAE6A71D8BB0C2D9A5&gwt=pay.
51 *A competitive figure skater:* "Famous Actors: Rachel McAdams," Biography.com, September 22, 2020, https://www.biography.com/actors/rachel-mcadams.
52 *cast McAdams twice:* Author's interview with Cook.

52 *It was proving difficult:* Author's interview with Liroff.
53 *she also seemed to intimidate* through *it came down to two actresses:* Author's interview with Waters.
53 *When Sherry Lansing saw:* Author's interview with Lansing.
54 *Daniel Franzese, meanwhile, had killed at his audition:* Olivia Singh, "'Mean Girls' Star Daniel Franzese Reveals Tina Fey Drove Nearly 500 Miles to the Film's Toronto Set Because She 'Didn't Fly' and Other Secrets from the Teen Movie," Insider, April 30, 2021, https://www.insider.com/mean-girls-daniel-franzese-damian-interview-film-secrets-2021-4.
54 *for a good twenty minutes:* Author's interview with Waters.
55 *Liroff had found one kid she loved:* Author's interview with Liroff.
55 *told her friend Damian Holbrook:* Author's interview with Holbrook.
55 *"This was the first time":* Olivia Blair, "Mean Girls: The Inside Story of the Hit Movie, Told by the Non-Plastic Cast," *Cosmopolitan,* April 30, 2019, https://www.cosmopolitan.com/uk/entertainment/a27254866/mean-girls-anniversary-cast-interview/.
56 *Caplan presented as sharp:* Author's interview with Liroff.
56 *When Waters confronted her:* Author's interview with Waters.
56 *loved Charles Bukowski:* Angelo, "10 Years Later, the Clique Still Reigns."
56 *Some other genuinely appealing actresses:* Author's interview with Liroff.
57 *"gangly":* Stack, "EW's 'Mean Girls' Reunion."
57 *Ashley Tisdale:* Author's interview with Liroff.
57 *"I loved how insecure":* Stack, "EW's 'Mean Girls' Reunion."
57 *Liroff could immediately see:* Author's interview with Liroff.
58 *Waters kept returning to Seyfried:* Author's interview with Waters.
58 *"You'd think when you cast a dumb blond":* Author's interview with Liroff.
58 *Seyfried would be joining a character lineage:* Vanity Fair, "Amanda Seyfried Rewatches Mean Girls, Jennifer's Body, The Dropout, Mamma Mia! & More | Vanity Fair," YouTube, February 22, 2023, video, https://www.youtube.com/watch?v=1RHY9-35KwA&t=363s&ab_channel=VanityFair.
59 *"You've got to picture":* Scott Feinberg, "'Trying to Find the Honesty in Everything,'" *Hollywood Reporter,* January 2021, 28, 30.
59 *often played dumb:* Katie Couric, "Mean Girls Reunion," YouTube, October 12, 2020, https://www.youtube.com/watch?v=cU17wW4MYSU&ab_channel=KatieCouric.
59 *planning to start college:* Carey Rossi, "Amanda Seyfried: Onscreen, Then and Now!," *Self,* June 2, 2010, https://www.self.com/gallery/amanda-seyfried-then-and-now-slideshow.
59 *"My life turned":* Christina Radish, "Amanda Seyfried Digs Deep on 'Mank,' Her 'First Reformed' Regret, and Lobbying for the 'Wicked' Movie," Collider, April 14, 2021, https://collider.com/amanda-seyfried-interview-mank-first-reformed-wicked-movie/.
59 *He had gotten a call:* Erin Strecker, "'Mean Girls' 10-Year Anniversary: Damian, Gretchen, More Look Back," April 1, 2014, https://ew.com/article/2014/04/01/mean-girls-10-year-anniversary-damian-gretchen-look-back/.
60 *A limo picked up:* Strecker, "'Mean Girls' 10-Year Anniversary."
60 *Franzese instantly sparked:* Elle Mills and Michelle Platti, hosts, "How Mean Girls Was REALLY Supposed to End with Daniel Franzese (aka Damian)," *Crazy Stupid*

Fangirls, August 25, 2021, https://shows-dev.cadence13.io/podcast/crazy-stupid-fangirls/episodes/e970c37b-a348-430a-8e2a-6dba42b2ef95.

60 *Franzese took his seat:* Mills and Platti, "How Mean Girls Was REALLY Supposed to End."

60 *who was Canadian:* Author's interview with Cook.

60 *acting very Hollywood:* Mills and Platti, "How Mean Girls Was REALLY Supposed to End."

60 *Waters warned them:* Author's interview with Waters.

60 *"Amp up your performance":* Author's interview with Liroff.

61 *"You wouldn't know him":* Author's interview with Liroff.

61 *managed to make Michaels do a spit take:* Strecker, "'Mean Girls' 10-Year Anniversary."

61 *He had impressed Waters:* Author's interview with Waters.

61 *Actor Neil Flynn was also auditioning:* Author's interview with Neil Flynn, April 8, 2022.

61 *The Canadian actor set to play:* Author's interview with Cook.

62 *stepped in to sub:* Author's interview with Flynn.

62 *mumbled through the entire reading:* Author's interview with Liroff.

63 *Waters* had *loved:* Author's interview with Waters.

63 *Current and future heartthrobs:* Author's interview with Liroff.

63 *He didn't even read the full script:* Strecker, "'Mean Girls' 10-Year Anniversary."

Chapter 5: On Wednesdays, We Wear Pink

64 *On the first day of the two-month production:* Author's interview with Carol Hartwick, March 10, 2022.

64 *twenty-thousand-square-foot Greek Revival:* "Regina George's 'Mean Girls' Mansion Is Up for Sale in Real Life," MTV.com, May 22, 2015, https://www.mtv.com/news/t23euj/mean-girls-mansion-sale.

64 *silver Lexus SC 430 convertible:* Morgan Pritchett, "Everyone in the Early 2000s Drove a Lexus SC 430," Newswheel, November 16, 2016, https://thenewswheel.com/everyone-in-the-early-2000s-drove-a-lexus-sc-430/.

64 *Three separate houses:* Author's interview with Patricia Cuccia, March 14, 2022.

64 *first time actress Rachel McAdams wore:* Author's interview with Hartwick.

65 *$10,000 hairpiece:* Jonathan Bennett and Nikki Martin, *The Burn Cookbook* (New York: Grand Central Life & Style, 2018), 23.

65 *As soon as he saw it:* Author's interviews with Hartwick and Waters.

65 *Production designer Cary White wanted her bedroom:* Author's interview with Cary White, September 27, 2022.

65 *"We were just trying":* Author's interview with Cuccia.

67 *stayed in the same hotel:* Stack, "EW's 'Mean Girls' Reunion."

67 *"We killed Toronto":* Amanda Seyfried, "Lindsay Lohan and Amanda Seyfried Have a *Mean Girls* Reunion," *Interview,* November 30, 2022, https://www.interviewmagazine.com/film/lindsay-lohan-and-amanda-seyfried-have-a-mean-girls-reunion.

67 *Meadows took the kids:* Rachael Ray Show, "Did Tim Meadows Chaperone the Mean Girls Cast on a Trip to See Chris Rock Perform?," YouTube, February 11, 2019, https://www.youtube.com/watch?v=0kY9EKnbBbk.

67 *She'd often join:* Author's interview with Wendy Greene Bricmont, October 4, 2022.

67 *had a whopping fifty-six costume changes:* Author's interview with Mary Jane Fort, February 25, 2022.

68 *fifty changes for Anne Hathaway's character:* Savannah Salazar, "11 Facts Every Fan of *The Princess Diaries* Needs to Know," D23, August 19, 2019, https://d23.com/11-facts-every-fan-of-the-princess-diaries-movies-needs-to-know/.

68 *sixty for Alicia Silverstone:* Ian Mohr, "'Clueless' Costume Designer Is Still Giving Alicia Silverstone Advice," Page Six Style, October 10, 2020, https://pagesix.com/2020/10/10/clueless-costume-designer-is-still-giving-alicia-silverstone-advice/.

68 *Fort had to dress:* Author's interview with Fort.

68 *In conceiving the Plastics' look:* Author's interview with Fort.

69 *Chabert wore a three-quarters wig:* Author's interview with Hartwick.

69 *"Rachel's wig is a giant character":* "Commentary by Director Mark Waters, Screenwriter & Actress Tina Fey and Producer Lorne Michaels," *Mean Girls: Special Collector's Edition*, DVD.

69 *she asked for hair:* Allaire, "Lindsay Lohan Relives Her Life in Looks."

69 *obsessed over finding pink Ugg boots:* Stack, "EW's 'Mean Girls' Reunion."

70 *Fort never knew:* Author's interview with Fort.

71 *Fort envisioned Cady's mom:* Author's interview with Fort.

71 *"get into the foxy Juicy Couture":* "Commentary by Director Mark Waters . . . ," *Mean Girls: Special Collector's Edition.*

71 *Waters constantly fought:* Author's interview with Waters.

72 *since the middle of her sophomore year:* Rochlin, "The Girls of Summer."

72 *"She carried that movie":* Donna Freydkin, "The Evolution of Lindsay Lohan," *USA Today,* December 6, 2004, D1.

72 *"I would watch":* Nancy Jo Sales, "Adrift . . . ," *Vanity Fair,* September 19, 2010, https://www.vanityfair.com/news/2010/10/lindsay-lohan-201010.

73 *had an especially good relationship:* Author's interview with Hartwick.

73 *recalls Lohan speaking up:* Author's interview with Surendra.

73 *Waters remembers it a bit differently:* Author's interview with Waters.

73 *impressed Surendra:* Author's interview with Surendra.

73 *"Lindsay is Lindsay":* Author's interview with Hartwick.

74 *"He knew where she was":* Author's interview with Greene Bricmont.

74 *It made her think the movie might be a hit:* Seyfried, "Lindsay Lohan and Amanda Seyfried Have a *Mean Girls* Reunion."

74 *thrilled Chris Anton:* Author's interview with Anton.

74 *"I think I knew who she was":* Author's interview with Morrison.

74 *The kids would often go there during breaks:* Author's interview with Surendra.

75 *"Rachel was a dear":* Author's interview with Chim.

75 *remembers all too well how bad it felt:* Author's interview with Caruana.

75 *"At the heart of Regina George":* Angelo, "10 Years Later, the Clique Still Reigns."

75 *"I don't mind taking the mean card":* Robert Abele, "Summer Sneaks," *Los Angeles Times,* May 8, 2005, E22.

75 *struggled to get into:* Author's interview with Waters.

76 *"She was hardworking":* Author's interview with Hartwick.

76 *says her favorite line:* Author's interview with Drummond.

76 *"a little bit of* Goldfinger": Author's interview with Rolfe Kent, March 25, 2022.
77 *Fort started with that brace:* Author's interview with Fort.
77 *came directly from Rosalind Wiseman's book:* Wiseman, *Queen Bees* (2009), 114.
77 *Wiseman had hoped the caricature:* Author's interview with Wiseman.
77 *"built her into the costume":* Author's interview with Fort.
78 *"maximum lift":* "VERY SEXY Bombshell Add-2-Cups Pushup Bra," Victoria's Secret website, https://www.victoriassecret.com/us/vs/bras-catalog/5000000070.
78 *A Snausage dog treat:* Bennett and Martin, *The Burn Cookbook,* 25.
78 *Dan Willmott found this out* through *The scene is the interplay:* Author's interview with Dan Willmott, March 7, 2022.
80 *had a decade-long bond with Poehler:* Lizzie Logan and Jesse David Fox, "The History of Tina Fey and Amy Poehler's Best Friendship," Vulture, March 1, 2021, https://www.vulture.com/2013/01/history-of-tina-and-amys-best-friendship.html.
80 *"We're both alphas":* Voss, "The A-List Interview: Tina Fey."
80 *had recently graduated:* Author's interview with Caruana.
81 *Chabert turned twenty-one:* Stack, "EW's 'Mean Girls' Reunion."
81 *"such an old soul":* Author's interview with Hartwick.
82 *tries the hardest:* Author's interview with Fort.
82 *Seyfried took refuge:* Stack, "EW's 'Mean Girls' Reunion."
82 *conveys the message:* Author's interview with Fort.
83 *got to kiss her in one scene:* Author's interview with Anton.
83 *stuck their butts up in the air:* Sydney Bucksbaum, "*Mean Girls* Director Reveals 'Jingle Bell Rock' Dance Was Originally More Naughty Than Nice," *Entertainment Weekly,* https://ew.com/movies/mean-girls-untold-story-mark-waters-jingle-bell-rock/.
84 *Production shut down:* Author's interview with Hartwick.
84 *much simpler and messier:* Bucksbaum, "*Mean Girls* Director Reveals 'Jingle Bell Rock' Dance."

Chapter 6: I Want My Pink Shirt Back

85 *Rajiv Surendra was still struggling:* Author's interview with Surendra.
85 *"We have to go further":* Author's interview with Waters.
86 *the day before he was scheduled:* Deepa Lakshmin, "Kevin G. Will Still Do His Iconic 'Mean Girls' Rap for You," MTV.com, November 16, 2016, https://www.mtv.com/news/efopqn/rajiv-surendra-kevin-g-mean-girls-rap.
86 *they wore black hoodies:* "ORIGINAL—Amy Poehler, Tina Fey, Lindsay Lohan Doing the Kevin G. Rap Clips," HOMEBOY, September 28, 2012, https://www.youtube.com/watch?v=CbRe5kVkMH4&ab_channel=HOMEBOY.
86 *Surendra was even a little touched:* Lakshmin, "Kevin G. Will Still Do His Iconic 'Mean Girls' Rap for You."
86 *ass-waxing motion:* "Commentary by Director Mark Waters . . . ," *Mean Girls: Special Collector's Edition.*
86 *gave him a CD:* Mills and Platti, "How Mean Girls Was REALLY Supposed to End."
88 *shirtless guy:* Blair, "Mean Girls: The Inside Story of the Hit Movie."

89 *he still endured anti-gay bullying* through *He cried in bed at night:* Jonathan Bennett (@jonathandbennett), "Emotional post warning . . . ," video of young Bennett singing, Instagram, March 27, 2021, https://www.instagram.com/p/CM8YBYoFkd2/?utm_source=ig_embed&ig_rid=d0194833-fd19-47ca-99cd-73752649e76b.

89 *graduating from Otterbein University:* "Bennett, Jonathan 1981–," https://www.encyclopedia.com/education/news-wires-white-papers-and-books/bennett-jonathan-1981.

89 *met his agent on the train:* "Jonathan Bennett Biography," AAE Speakers, https://www.allamericanspeakers.com/celebritytalentbios/Jonathan+Bennett/403278.

90 *Bennett has joked:* Blair, "Mean Girls: The Inside Story of the Hit Movie."

90 *spend an hour every day:* Bennett and Martin, *The Burn Cookbook,* 37.

90 *"It's got to be smoother":* Blair, "Mean Girls: The Inside Story of the Hit Movie."

90 *"just like James Dean":* Author's interview with Fort.

90 *A private soccer coach:* Bennett and Martin, *The Burn Cookbook,* 33.

91 *Surendra felt at home* through *He would drop out of college:* Author's interview with Surendra.

92 *He even told:* Surendra, *The Elephants in My Backyard,* 66.

92 *loved to laugh:* "Commentary by Director Mark Waters . . . ," *Mean Girls: Special Collector's Edition.*

92 *he was simply determined:* Author's interview with Surendra.

92 *He struggled occasionally to drop:* "Commentary by Director Mark Waters . . . ," *Mean Girls: Special Collector's Edition.*

92 *Years later:* Author's interview with Surendra.

92 *Franzese and their other costar:* Stephen Kramer Glickman, host, "#107: Live with Daniel Franzese and Jonathan Bennett (MEAN GIRLS), John DiMaggio (FUTURAMA), and Bill Farmer (A GOOFY MOVIE)," *The Night Time Show,* June 27, 2018, https://art19.com/shows/the-night-time-show/episodes/46c0ebeb-e49e-45d3-b7dc-0a43dfd3abe5.

93 *The three became good friends:* Author's interview with Surendra.

93 *treated the guys to a trip to a strip club:* Author's interview with Waters.

93 *born in Brooklyn:* "Daniel Franzese's Bio," Improv.com, https://improv.com/comic/daniel+franzese.

93 *close-knit Italian family:* Mills and Platti, "How Mean Girls Was REALLY Supposed to End."

93 *Franzese had endured his share:* Kimberly Nordyke, "Bijou Phillips Accused of Body-Shaming, Homophobic Harassment by 'Bully' Co-Star," *Hollywood Reporter,* November 12, 2017, https://www.hollywoodreporter.com/movies/movie-news/bijou-phillips-accused-body-shaming-homophobic-harassment-by-bully-star-1057387/.

94 *MAC Lipglass:* Tina Fey, *Mean Girls,* September 24, 2003, revised script, 10.

94 *"I'd look that good":* Fey, *Mean Girls,* September 24, 2003, revised script, 121.

94 *auditioning for* American Idol: Mills and Platti, "How Mean Girls Was REALLY Supposed to End."

94 *had kept LGBTQ audiences in mind:* Brandon Voss, "The A-List Interview: Tina Fey," *Advocate,* November 12, 2015, https://www.advocate.com/arts-entertainment/2015/11/12/list-interview-tina-fey.

94 *"four-year-long pride parade":* Fey, *Bossypants,* 36.
94 *few words of direction:* Author's interview with Waters.
94 *debating putting a blond streak:* Mills and Platti, "How Mean Girls Was REALLY Supposed to End."
94 *"He nailed that":* Author's interview with Holbrook.

Chapter 7: How Many of You Have Ever Felt Personally Victimized by Regina George?

96 *Preuss put everything she had* through *It was delicious:* Author's interview with Preuss.
99 *"There were so many of us":* Author's interview with Miranda Edwards, August 8, 2022.
99 *"showed us how to be":* Author's interview with Caruana.
99 *was looking for a place:* Author's interview with Thompson.
101 *no one had auditioned:* Author's interview with Drummond.
102 *"losers":* Author's interview with Caruana.
102 *it took only twenty-five minutes:* Jan Caruana (@jancaruana), "At first it took about 25 minutes . . . ," still of Caruana in *Mean Girls* at Spring Fling, Twitter, April 23, 2022, https://twitter.com/JanCaruana/status/1517860003130089472.
102 *It certainly beat her other job:* Author's interview with Caruana.
103 *Waters knew he wanted a pink book:* Author's interview with Waters.
105 *Morrison was in practice:* Author's interview with Morrison.
105 *Waters liked to give his actors:* Author's interview with Waters.
106 *Anton was just a six-foot-four kid:* Author's interview with Anton.
106 *filled his downtime between scenes with pranks:* Author's interview with Anton.
107 *happened to David Reale:* Author's interview with David Reale, March 16, 2022.
109 *Fort had deliveries coming in:* Author's interview with Fort.
110 *"I don't seek in any way":* Author's interview with Kent.
110 *worried he'd be shooting teen comedies:* Author's interview with Daryn Okada, March 29, 2022.
111 *"He led from kindness":* Author's interview with Drummond.
111 *"so playful":* Author's interview with Preuss.
111 *had to stand next to him:* Author's interview with Hartwick.
111 *Okada took detailed notes* through *Okada had no idea:* Author's interview with Okada.
114 *She's thought about that classic:* Author's interview with Greene Bricmont.
114 *she would crawl:* Stack, "EW's 'Mean Girls' Reunion."
114 *Sunday would normally be:* Freydkin, "Fey Gets Her Skewers Out."
114 *"Not one line was inserted":* Author's interview with Greene Bricmont.
114 *Waters would simply call out:* Author's interview with Waters.
115 *she would jump in to help:* Author's interview with Okada.
115 *"simple and classic":* Author's interview with Fort.
116 *Fey was nervous:* Gorov, "With New Comedy, Fey Gets 'Mean.'"
116 *went out on auditions:* Joel Stein, "Goddess of the Geeks," *Time,* April 26, 2004, 139.
116 *"I hope that the word of mouth":* Gorov, "With New Comedy, Fey Gets 'Mean.'"
116 *it was the Halloween party:* Author's email exchange with Waters, May 28, 2023.

117 *"Have you noticed":* Wiseman, *Queen Bees and Wannabes* (2009), 178.
117 *Fort imagined:* Author's interview with Fort.
117 *"disgusting":* Lohan, interview with *Cosmopolitan,* October 31, 2022, video.
118 *Waters remembers the night most:* Author's email exchange with Waters, May 28, 2023.
118 *Jo Chim arrived* through *"it was lovely meeting you":* Author's interview with Chim.
119 *actually did get to hang out:* Author's interview with Morrison.
119 *saw director Mark Waters:* Author's interview with Preuss.
120 *sang the B-52s' "Love Shack":* Mills and Platti, "How Mean Girls Was REALLY Supposed to End."

Chapter 8: I Can't Help It That I'm Popular

121 *they would have to rush:* Author's email exchange with Waters, February 9, 2023.
122 *can take up to a year:* "How Long Does It Take to Make a Movie?," Adobe website, https://www.adobe.com/creativecloud/video/discover/how-long-to-make-a-movie.html.
122 *loved cutting together:* Author's interview with Greene Bricmont.
122 *he worked with Waters to spot:* Author's interview with Kent.
123 *detailing what would have to change:* Author's interview with Waters.
124 *This was a loss to both Fey:* Senior, "FILM; The New Queen of Mean."
124 *and Waters:* Author's interview with Waters.
124 *"The standards are tougher":* Senior, "FILM; The New Queen of Mean."
125 *Waters backed Fey up:* Author's interview with Waters.
125 *"I should stop saying this":* Senior, "FILM; The New Queen of Mean."
126 *At ShoWest:* Chris Gardner, "A-Listers Beef Up Par Event," *Hollywood Reporter,* March 26, 2004.
126 *The* New York Times *reported:* Fabrikant, "Troubles at Paramount."
127 *arranged a special advance screening:* Author's interview with Wiseman.
128 *launching a widespread preview screening program:* Brian Fuson, "'Girls' Power Tops BO," *Hollywood Reporter,* May 3, 2004.
128 *"mega-hyped":* Brandon Gray, "'Mean Girls' Surprisingly Nice $24.4M Weekend," Box Office Mojo, May 3, 2004, https://www.boxofficemojo.com/article/ed3396666372/.
129 *"summer moviegoing stampede":* Gregg Kilday, "Last Chance for the Little Guy," *Hollywood Reporter,* April 30, 2004.
129 *"boasts a one-two-three punch":* Ann Hornaday, "Comedy That Cliques," *Washington Post,* April 30, 2004, https://www.washingtonpost.com/archive/lifestyle/2004/04/30/comedy-that-cliques/e33d652d-a4f5-4064-8578-8df258ba98e5/.
129 *"a comic and a sociological achievement":* Roger Ebert, "Mean Girls," April 30, 2004, https://www.rogerebert.com/reviews/mean-girls-2004.
129 *"hysterical":* Thelma Adams, "Mean Girls," *Us Weekly,* May 10, 2004, 74.
129 *"slick, enjoyable film":* Edward Lawrenson, "Mean Girls," *Sight and Sound,* July 2004, 56.
129 *"an astute comedy":* Leah Rozen, "Mean Girls," *People,* May 10, 2004, 31.
129 *"Fey subverts formula":* Peter Travers, "Mean Girls," *Rolling Stone,* April 29, 2004, https://www.rollingstone.com/tv-movies/tv-movie-reviews/mean-girls-107326/.
129 *Paramount gathered the main cast members:* Mills and Platti, "How Mean Girls Was REALLY Supposed to End."

130 *opened at number one:* Gray, "'Mean Girls' Surprisingly Nice $24.4M Weekend."
130 *None of this surprised:* Author's interview with Lansing.
130 *she adored it:* Author's interview with Lansing.
130 *75 percent female:* Gray, "'Mean Girls' Surprisingly Nice $24.4M Weekend."
131 *"Queen of Teen":* Ned Zeman, "The Queen of Teen," *Vanity Fair,* June 2004, https://archive.vanityfair.com/article/2004/6/the-queen-of-teen.
131 *"one of the movie's achievements":* "Mean Girls," *Hollywood Reporter,* April 26, 2004.
131 *"My daughters love Lohan":* Sherri Winston, "Lohan, Garner Steal Their Shows," *South Florida Sun-Sentinel,* May 7, 2004, 10.
131 *"straddling the tenuous line":* Freydkin, "The Evolution of Lindsay Lohan."
132 *Media coverage worried:* "Little Girls Dressing Like Britney Spears," ABC News, August 14, 2001, https://abcnews.go.com/GMA/story?id=126770&page=1.
132 *"America's most famous paradox in pink":* Britney Spears interview with Diane Sawyer, *Primetime Thursday,* November 13, 2003, https://www.youtube.com/watch?v=FyI6PTuLYgw.
132 *had become a universal punch line:* Constance Grady, "Paris Hilton's Sex Tape Was Revenge Porn. The World Gleefully Watched," Vox, May 25, 2021, https://www.vox.com/culture/22391942/paris-hilton-sex-tape-revenge-porn-south-park-stupid-spoiled-whore-video-playset-pink-stupid-girl.
133 *declaring the power:* Associated Press, "'Mean Girls' Bullies Its Way to Top of Box Office with $25 Million," May 4, 2004, https://www.eastbaytimes.com/2004/05/04/mean-girls-bullies-its-way-to-top-of-box-office-with-25-million/.
133 *"As in* Mean Girls*":* Stephanie Zacharek, "No More Little Miss Nice Girl," *New York Times,* May 9, 2004, https://www.nytimes.com/2004/05/09/movies/no-more-little-miss-nice-girl.html.
134 *"Today's teen girls":* Claudia Puig, "On Screen: Teen Queens of Mean," *USA Today,* April 28, 2004, D04.
134 *Young writers:* Maggie Stilwell and Courtney Gagne, "'Mean Girls' More Than a Movie," *Capital,* January 24, 2005, C3.
134 *delighted Fey:* Collins-Hughes, "Finding New Meaning in 'Mean Girls.'"
137 *"women aren't funny":* Christopher Hitchens, "Why Women Aren't Funny," *Vanity Fair,* January 1, 2007, https://www.vanityfair.com/culture/2007/01/hitchens200701.
137 *"fake-news pioneers":* Randy Kennedy, "A First for Fake News," *New York Times,* October 12, 2004, https://www.nytimes.com/2004/10/12/arts/television/a-first-for-fake-news.html.
137 *there was talk:* Stack, "EW's 'Mean Girls' Reunion."
139 *Waters experienced a sea change:* Author's interview with Waters.
139 *everything changed for Rajiv Surendra:* Author's interview with Surendra.
140 *starting to come to terms with:* Mills and Platti, "How Mean Girls Was REALLY Supposed to End."
140 *Drummond moved to the States:* Author's interview with Drummond.
141 *"I was like":* Author's interview with Morrison.
141 *Henry of the deeply religious Homeschooled Boys:* Author's interview with Henry.
141 *defines Boy World:* Rosalind Wiseman, *Masterminds and Wingmen* (New York: Harmony Books, 2013; ebook), 9.

141 *"Mean Girls woman":* Wiseman, *Masterminds and Wingmen,* 10.
141 *the Mastermind, the Associate:* Wiseman, *Masterminds and Wingmen,* 96.

Chapter 9: If North Shore Was *Us Weekly*

143 *When she returned to school:* Lohan interview with *Cosmopolitan,* October 31, 2022.
143 *got a Los Angeles apartment:* Mark Binelli, "Confessions of a Teenage Drama Queen," *Rolling Stone,* August 19, 2004, 60–64.
144 *as the mistake:* Seyfried, "Lindsay Lohan and Amanda Seyfried Have a *Mean Girls* Reunion."
144 *"Tabloids were becoming":* Sales, "Adrift . . ."
144 *"Teens Gone Wild!": Us Weekly,* May 17, 2004.
144 *"Mary-Kate Back to REHAB?": Star,* July 21, 2008.
144 *"HELP ME": Us Weekly,* March 5, 2007.
144 *"It's so ironic":* Sales, "Adrift . . ."
145 *"Lindsay WASTED AGAIN!": Us Weekly,* May 2, 2011.
145 *"What's appealing about":* Rochlin, "The Girls of Summer."
145 *"It's Totally Raining Teens!": Vanity Fair,* July 2003.
145 *premiere for* Cheaper by the Dozen*:* Rochlin, "The Girls of Summer."
146 *Beanie Babies!:* "Lindsay Lohan," *People,* May 10, 2004, 26.
146 *noted she was thirty minutes late:* Rochlin, "The Girls of Summer."
147 *film adaptation of the* Gossip Girl *book series:* Michael Fleming, "WB Spreading 'Gossip,'" *Variety,* January 20, 2004, https://variety.com/2004/film/markets-festivals/wb-spreading-gossip-1117898825/.
147 *romantic comedy with Nick Cannon:* Borys Kit and Liza Foreman, "Cannon, Lohan Make Date," *Hollywood Reporter,* July 19, 2004.
148 *cover of* Rolling Stone*: Rolling Stone,* August 19, 2004.
148 GQ *cover: GQ,* October 2004.
148 *"She's the cool":* Freydkin, "The Evolution of Lindsay Lohan."
148 *Julia Roberts and Audrey Hepburn:* Rochlin, "The Girls of Summer."
148 *thought a lot about:* Binelli, "Confessions of a Teenage Drama Queen."
149 *"I got this one script":* Freydkin, "The Evolution of Lindsay Lohan."
149 *"Lindsay is also interested":* Billy Nilles, "Remember When Lindsay Lohan Was a Pop Star?," E! News, December 7, 2019, https://www.eonline.com/news/1099418/remember-when-lindsay-lohan-was-a-pop-star.
150 *first high-profile acquisition:* Choire Sicha, "Lohan Comes of Age in the Limelight," *Los Angeles Times,* December 7, 2004, E1.
150 *"She can sing unbelievably well":* Freydkin, "The Evolution of Lindsay Lohan."
150 *in his wood-paneled office:* Sicha, "Lohan Comes of Age in the Limelight."
151 *"The fake-boob thing":* Freydkin, "The Evolution of Lindsay Lohan."
151 *"I was with them":* Sicha, "Lohan Comes of Age in the Limelight."
151 *smoke cigarettes:* Freydkin, "The Evolution of Lindsay Lohan."
151 *"It's not possible":* Sicha, "Lohan Comes of Age in the Limelight."
152 *"face [was] notably thinner":* Freydkin, "The Evolution of Lindsay Lohan."
152 *woken up at five a.m.:* Sicha, "Lohan Comes of Age in the Limelight."
152 *"I was overscheduling":* Freydkin, "The Evolution of Lindsay Lohan."

152 *"I actually think I should do a reality show":* Sicha, "Lohan Comes of Age in the Limelight."

152 *"I hope that people wouldn't think I was annoyed":* Freydkin, "The Evolution of Lindsay Lohan."

153 *sold 261,000 copies:* James Montgomery, "Ludacris' 'Red Light District' Gives Him Another #1 Debut," MTV News, December 15, 2004, https://www.mtv.com/news/taxuun/ludacris-red-light-district-gives-him-another-1-debut.

153 *eventually sold 1.1 million copies:* Mariel Concepcion, "Lindsay Lohan Gets 'Bossy' on New Track," *Billboard,* May 8, 2008, https://www.billboard.com/music/music-news/lindsay-lohan-gets-bossy-on-new-track-1045342/.

153 *reported in July 2004:* Marc S. Malkin, "Lindsay & Wilmer, Go Public!," *Us Weekly,* July 12, 2004, 51.

154 *broke up a few months later:* "Lindsay Lohan, Wilmer Valderrama Split," *People,* November 12, 2004, https://people.com/celebrity/lindsay-lohan-wilmer-valderrama-split/.

154 *in 2004:* Corey Moss, "Lindsay Lohan Taken to Hospital After Car Accident," MTV News, October 4, 2005, https://www.mtv.com/news/kj6x5j/lindsay-lohan-taken-to-hospital-after-car-accident.

154 *and 2006:* Julia Wang, "Lindsay Lohan in Another Car Crash," *People,* November 8, 2006, https://people.com/celebrity/lindsay-lohan-in-another-car-crash/.

154 *sued by a man:* "Lindsay Lohan Says She Was Sober Before 2005 Car Crash," *Orange County Register,* December 26, 2007, https://www.ocregister.com/2007/12/26/lindsay-lohan-says-she-was-sober-before-2005-car-crash/.

154 *was sentenced to up to four years:* Diane Herbst, "Lindsay Lohan's Dad Sentenced to Jail," *People,* May 27, 2005, https://people.com/celebrity/lindsay-lohans-dad-sentenced-to-jail/.

154 *"She's probably deeply troubled":* "Trump on Lindsay Lohan in 2004: 'Deeply Troubled Women . . . Always the Best in Bed,'" *Hollywood Reporter,* October 14, 2016, https://www.hollywoodreporter.com/tv/tv-news/donald-trump-lindsay-lohan-troubled-women-bed-howard-stern-938383/.

154 *fought over Greek shipping heir:* Zach Johnson, "Paris Hilton vs. Lindsay Lohan: How They Went from Frenemies to Enemies in 11 Years," E! News, December 12, 2017, https://www.eonline.com/news/899645/paris-hilton-vs-lindsay-lohan-how-they-went-from-frenemies-to-enemies-in-11-years.

155 *"Bimbo Summit": New York Post,* November 29, 2006.

155 *$7.5 million:* Buck Wolf, "With 'Luck,' Lohan Tries to Justify a $7.5 Million Payday," ABC News, May 11, 2006, https://abcnews.go.com/Entertainment/story?id=1949624&page=1.

155 *"grown-up":* A. O. Scott, "In 'Just My Luck,' Lindsay Lohan Is a Career Girl Hunting Love," *New York Times,* May 12, 2006, https://www.nytimes.com/2006/05/12/movies/in-just-my-luck-lindsay-lohan-is-a-career-girl-hunting-love.html.

155 *earned only $5.7 million:* Peter Lauria, "Lindsay on the Bubble," *New York Post,* May 21, 2006, https://nypost.com/2006/05/21/lindsay-on-the-bubble/.

155 *won praise from critics:* Roger Ebert, "A Hard Day's Plight," May 11, 2006, https://www.rogerebert.com/reviews/just-my-luck-2006.

156 *"highly publicized" absence:* Tatiana Siegel, "Lohan on Set After Missive from Robinson," *Hollywood Reporter,* July 31, 2006.

156 *"I think every once in a while"*: "Jane Fonda on Lindsay Lohan's Scolding: She Needed It," *Los Angeles Daily News,* September 13, 2006, https://www.dailynews.com/2006/09/13/jane-fonda-on-lindsay-lohans-scolding-she-needed-it.

156 *"What if you took someone"*: Caryn James, "Lindsay Lohan: Portrait of the Party Girl as a Young Artist," *New York Times,* May 9, 2006, https://www.nytimes.com/2006/05/09/movies/09loha.html.

157 *went to the cushy Wonderland Center*: Rachel Osman, "Lindsay Lohan and Rehab: A Look at Their Long-Term Relationship," Daily Beast, July 11, 2017, https://www.thedailybeast.com/lindsay-lohan-and-rehab-a-look-at-their-long-term-relationship.

157 *meant to help her deal with the trauma:* Alan Duke, "Lindsay Lohan Talks Drugs, Booze, Rehab, Sex," CNN.com, May 6, 2013, https://www.cnn.com/2013/05/05/showbiz/lindsay-lohan-rehab/index.html.

157 News of the World *ran photos:* Amy Bonawitz, "Report: Lohan's 'Marathon Cocaine Binge,'" CBS News, May 7, 2007, https://www.cbsnews.com/news/report-lohans-marathon-cocaine-binge/.

157 *parents finalized their divorce:* Alexia Fernandez, "Lindsay Lohan Reveals Her Parents' Divorce Made It 'Easier' to Play Twins in The Parent Trap," *People,* July 20, 2020, https://people.com/movies/lindsay-lohan-reveals-her-parents-divorce-made-it-easier-to-play-twins-in-the-parent-trap.

157 *Lohan was already estranged:* "Lindsay Lohan's Estranged Father Reaches Out," NBC News, June 1, 2007, https://www.nbcnews.com/id/wbna18972265.

157 *she crashed her Mercedes:* "Lindsay's Crash," CBS News, May 31, 2007, https://www.cbsnews.com/pictures/lindsays-crash/3/.

157 *photographed slumped in the passenger seat:* "Lohan Checks into Rehab After DUI Arrest," *Hollywood Reporter,* May 30, 2007, https://www.hollywoodreporter.com/business/business-news/lohan-checks-rehab-dui-arrest-137436/.

157 *arrested and charged:* Marcus Errico, "Lohan Busted for DUI, 'Contraband,'" E! News, May 26, 2007, https://www.eonline.com/news/55252/lohan-busted-for-dui-contraband.

157 *she had planned to celebrate:* Amy Bonawitz, "Legal Lohan Plans Sin City B-Day Bash," CBS News, May 1, 2007, https://www.cbsnews.com/news/legal-lohan-plans-sin-city-b-day-bash/.

157 *relapsed and was arrested:* Alan Duke, "Lindsay Lohan's Troubled Timeline," CNN, March 29, 2012, https://www.cnn.com/2012/03/28/showbiz/lohan-troubled-timeline/index.html.

157 *blood-alcohol-monitoring ankle bracelet:* "PHOTO: Lindsay Lohan Shows Off Alcohol-Monitoring Bracelet," *People,* May 31, 2010, https://people.com/crime/photo-lindsay-lohan-shows-off-alcohol-monitoring-bracelet/.

157 *"Bling Ring"*: Leanne Aciz Stanton, "The Bling Ring: Where Are Alexis Neiers, Rachel Lee and the Rest of the Group Now?," *Us Weekly,* September 22, 2022, https://www.usmagazine.com/celebrity-news/pictures/the-bling-ring-where-are-they-now/.

158 *"mean girls"*: Nancy Jo Sales, *The Bling Ring* (New York: Dey Street, 2013; ebook), 320.

158 *"like four faces"*: Sales, *Bling Ring,* 73.

158 *"I AM SO ALONE"*: *Us Weekly,* April 20, 2009.

158 *"as soon as Lindsay Lohan went from"*: Elizabeth Currid-Halkett, *Starstruck: The Business of Celebrity* (New York: Faber and Faber Inc., 2010), 73.

159 *posed for a series:* Sarah Bull, "Now THAT'S Model Behaviour!," *Daily Mail,* July 6, 2011, https://www.dailymail.co.uk/tvshowbiz/article-2011696/Lindsay-Lohan-returns-form-Vanity-Fair-Italy-shoot.html.

159 *rejected by the Sundance and South by Southwest film festivals:* Ben Child, "SXSW Follows Sundance in Rejecting Lindsay Lohan's The Canyons," *Guardian,* January 24, 2013, https://www.theguardian.com/film/2013/jan/24/sxsw-lindsay-lohan-the-canyons.

159 *"a howlingly bad":* Linda Barnard, "Lindsay Lohan's The Canyons a Career-Killing Dive: Review," *Toronto Star,* August 1, 2013, https://www.thestar.com/entertainment/movies/2013/08/01/lindsay_lohans_the_canyons_a_careerkilling_softporn_soap.html.

159 *publicly criticized:* Erik Hayden, "'Canyons' Director Paul Schrader 'Mystified' by Lindsay Lohan's 'Refusal to Support' Film," *Hollywood Reporter,* September 25, 2013, https://www.hollywoodreporter.com/movies/movie-news/canyons-director-paul-schrader-mystified-636508/.

159 *lengthy* New York Times Magazine *piece:* Stephen Rodrick, "Here Is What Happens When You Cast Lindsay Lohan in Your Movie," *New York Times Magazine,* January 10, 2013, https://www.nytimes.com/2013/01/13/magazine/here-is-what-happens-when-you-cast-lindsay-lohan-in-your-movie.html.

160 *the 2000s began:* Sarah Ditum, "A Definitive Ranking of Every Lindsay Lohan Movie up to 2013 (Apart from Liz & Dick)," Tox Report Substack, August 22, 2022, https://sarahditum.substack.com/p/18-a-definitive-ranking-of-every.

Chapter 10: Why Are You So Obsessed with Me?

162 *he went to a diner with friends:* Author's interview with Reale.

162 *BuzzFeed reporter Jessica Misener:* Author's email exchange with Jessica Misener, January 6, 2023.

163 *Reale would go to bars:* Author's interview with Reale.

163 *A dozen or so people gathered* through *except less pleasant:* Author's interview with Preuss.

164 *connected Preuss to the role:* Crystal, "The Mathlete Girl from 'Mean Girls' Is Actually Crazy Beautiful in Real Life," HelloGiggles, September 28, 2016, https://hellogiggles.com/mathlete-girl-mean-girls-actually-crazy-beautiful-real-life/.

164 *"You Have to See":* Lindsey Landquist, "You Have to See What 'Mean Girls' Mathlete Caroline Kraft Looks Like IRL," *Self,* September 30, 2016, https://www.self.com/story/caroline-kraft-mean-girls.

164 *"'Mean Girls' Caroline Krafft":* Sarah Leonard, "Mean Girls' Caroline Krafft Looks Unrecognizable 18 Years After Hit Film," *Mirror,* May 6, 2022, https://www.mirror.co.uk/3am/celebrity-news/mean-girls-caroline-krafft-star-26878116.

164 *"Caroline Kraft* [sic] *from Mean Girls":* Barbara Pavone, "Caroline Kraft from Mean Girls Is Gorgeous in Real Life," The List, January 31, 2023, https://www.thelist.com/134446/caroline-kraft-from-mean-girls-is-gorgeous-in-real-life/.

164 *"This narrative":* Author's interview with Preuss.

165 *along with an essay:* Clare Preuss, "When You Tell Me I'm Pretty I Shave My Head," SpiderWebShowPerformance, November 22, 2016, https://spiderwebshow.ca/when-you-tell-me-im-pretty-i-shave-my-head/.

165 *just wanted to find someone:* Author's interview with Hill.

165 *Refinery29:* Hunter Harris, "Can You Guess Which *Mean Girls* Actor Is on Tinder?," Refinery29, October 19, 2016, https://www.refinery29.com/en-us/2016/10/126936/mean-girls-coach-carr-actor-tinder.

165 *the* Daily Mail: Unity Blott, "Would YOU Swipe Right?," *Daily Mail,* October 18, 2016, https://www.dailymail.co.uk/femail/article-3847964/Mean-Girls-Coach-Carr-Tinder.html.

165 *Metro:* Katie Baillie, "Wait, Mean Girls' Coach Carr Is on Tinder," October 19, 2016, https://metro.co.uk/2016/10/19/wait-mean-girls-coach-carr-is-on-tinder-6201862/.

165 *E! News:* Dominique Haikel, "Attention Single People: Coach Carr from *Mean Girls* Is on Tinder," E! News, October 13, 2016, https://www.eonline.com/news/801857/attention-single-people-coach-carr-from-mean-girls-is-on-tinder.

165 *All he could think:* Author's interview with Hill.

166 *a North Carolina high school student:* Kaitlyn McNab, "'Mean Girls' TikTok Helps Student Win Club Election," *Teen Vogue,* May 27, 2022, https://www.teenvogue.com/story/mean-girls-tiktok-helps-student-win-club-election.

166 *remembers that years ago:* Author's interview with Morrison.

166 *Mariah Carey said in interviews:* Joan Morgan, "Free at Last," *Essence,* April 2005, 118–25.

166 *launched its business news desk:* Peter Kafka, "BuzzFeed Wants to Beef Up Its Business News," Vox, September 3, 2014, https://www.vox.com/2014/9/3/11630478/buzzfeed-wants-to-beef-up-its-business-news.

167 *hire experienced business reporters:* J. Max Robins, "How BuzzFeed Gives Business News Millennial Appeal," Techonomy, June 19, 2013, https://techonomy.com/how-buzzfeed-gives-business-news-millennial-appeal/.

167 *also came up with a parody:* Author's interview with Katie Notopoulos, January 12, 2023.

167 *wrote a June 2013 story:* Mariah Summers and Katie Notopoulos, "Short Selling a Stock Is a Lot Like 'Mean Girls,'" BuzzFeed, June 13, 2013, https://www.buzzfeednews.com/article/mariahsummers/short-selling-a-stock-is-a-lot-like-mean-girls.

167 *"It was conceived":* Author's interview with Notopoulos.

168 *launched in February 2013:* Fernando Alfonso III, "Meet Giphy, a GIF-Lover's New Best Friend," Daily Dot, February 5, 2013, https://www.dailydot.com/unclick/giphy-gif-search-review/.

168 *hoarded their GIFs:* Author's interview with Notopoulos.

169 *allowed it to mix liberally:* Jessica Goldstein, "Why Does—and Will—'Mean Girls' Continue to Endure Online?," *Washington Post,* April 25, 2014, https://www.washingtonpost.com/news/arts-and-entertainment/wp/2014/04/25/why-does-and-will-mean-girls-continue-to-endure-online/.

170 *eluded even the stars of the movie:* Tierney Bricker, "How *Mean Girls'* October 3rd Meme Became an Enduring Obsession," E! News, October 3, 2019, https://www.eonline.com/news/1079118/how-mean-girls-october-3rd-meme-became-an-enduring-obsession.

170 *Online searches for* Mean Girls *memes:* Google Trends, retrieved May 31, 2023, https://trends.google.com/trends/explore?q=mean%20girls%20meme&date=all&geo=US.

170 *"Probably about a hundred times a day"*: Angelo, "10 Years Later, the Clique Still Reigns."

170 *"Reading these lines"*: Richard Brody, "Why 'Mean Girls' Is a Classic," *New Yorker*, April 30, 2014, https://www.newyorker.com/culture/richard-brody/why-mean-girls-is-a-classic.

171 *"We were the mother"*: Mills and Platti, "How Mean Girls Was REALLY Supposed to End."

171 *trended with the Met Gala:* Author's interview with Malen.

171 *always knows when there's some major debate:* Author's interview with Henry.

171 *comes in handy:* Author's interview with Edwards.

171 *"Bo, stop trying to make fetch happen"*: White House Archived (@obamawhitehouse), "Bo, stop trying to make fetch happen," Twitter, August 13, 2013, https://twitter.com/ObamaWhiteHouse/status/367301180910624768.

172 *"we're getting three of our friends"*: Into Action, "Mean Girls Meme Gotv GIF," Tenor, https://tenor.com/view/mean-girls-meme-gotv-get-out-the-vote-get-your-friends-to-vote-get-in-loser-gif-18663573.

172 *"Get in, folks"*: Joe Biden (@joebiden), "Get in, folks. We're building a better America: JoeBiden.com," Twitter, October 3, 2022, https://twitter.com/JoeBiden/status/1577095536594788352?lang=en.

172 *"Why are you so obsessed with me?"*: Pop Crave (@popcrave), "These are probably some of the best #WomensMarch posters we've seen today!," Twitter, January 21, 2017, https://twitter.com/PopCrave/status/822877424199176192; Andrea Domeniconi, "London, UK. 7 May 2022. Protest Outside the American Embassy Following Leak That U.S. Supreme Court Might Overthrow Roe v. Wade Ruling," photo, Alamy, https://www.alamy.com/london-uk-7-may-2022-protest-outside-the-american-embassy-following-leak-that-us-supreme-court-might-overthrow-roe-v-wade-ruling-image469259662.html; Miriam Berg (@miriamdiana), "Anti-abortion lobbyists say Republicans lost in their races . . . ," Twitter, https://twitter.com/miriamdiana/status/1590749360861908992.

172 *"On Wednesdays we smash the patriarchy"*: Etsy search results for "On Wednesdays we smash the patriarchy," https://www.etsy.com/search?q=on%20wednesdays%20we%20smash%20the%20patriarchy&ref=search_bar.

172 *"Aw-shucks"*: Morgan Sung, "Hillary Clinton Subtweeted Trump with a 'Mean Girls' Reference and We Are Screaming," Mashable, March 5, 2019, https://mashable.com/article/hillary-clinton-donald-trump-mean-girls-subtweet.

172 *Seattle resident Caroline Gallegos:* Greg Seals, "Donald Trump Is a Mean Girl (He Literally Has a Page in the Burn Book)," *Allure*, November 6, 2016, https://www.allure.com/story/donald-trump-mean-girls-burn-book.

172 *finds his silent reaction:* Author's interview with Willmott.

173 *noticed it when she was teaching theater:* Author's interview with Edwards.

173 *has been informed by her nephews:* Author's interview with Morrison.

173 *reached a surpassing level:* Author's interview with Drummond.

174 *felt it, too:* Author's interview with Surendra.

175 *After six years:* Surendra, *The Elephants in My Backyard*, 386–87.

175 *Surendra wrote:* Surendra, *The Elephants in My Backyard*, 389.

175 *he began to appreciate:* Author's interview with Surendra.

177 *began to hear:* Daniel Franzese, "EXCLUSIVE: Actor Daniel Franzese Writes a

Touching Coming Out Letter to His Iconic 'Mean Girls' Character Damian," IndieWire, April 22, 2014, https://www.indiewire.com/2014/04/exclusive-actor-daniel-franzese-writes-a-touching-coming-out-letter-to-his-iconic-mean-girls-character-damian-214326/.

177 *"said it was ok":* Christopher James, "Gay Best Friend: Damian in 'Mean Girls' (2004)," The Film Experience, April 5, 2021, http://thefilmexperience.net/blog/2021/4/5/gay-best-friend-damian-in-mean-girls-2004.html.

178 *endured a lot of mixed emotions:* Bernie Zilio, "'Mean Girls' Star Daniel Franzese Details Forcing Himself into Conversion Therapy," Page Six, June 28, 2022, https://pagesix.com/2022/06/28/mean-girls-star-daniel-franzese-details-conversion-therapy/.

178 *fear of losing roles:* Mills and Platti, "How Mean Girls Was REALLY Supposed to End."

178 *Drew Henry was one:* Author's interview with Drew Henry, March 27, 2023.

180 *"gay icon status":* Author's interview with Chim.

181 *killed the gossip industry:* Anne Helen Petersen, "How the 2010s Killed the Celebrity Gossip Machine," BuzzFeed News, December 26, 2019, https://www.buzzfeednews.com/article/annehelenpetersen/decade-celebrity-gossip-tabloids-paparazzi-social-media.

181 *"Fetch Is Actually Happening":* Chris Payne, "Fetch Is Actually Happening: How We Traded the '90s for 2000s Nostalgia," *Billboard,* August 12, 2019, https://www.billboard.com/music/pop/2000s-nostalgia-90s-trends-thank-u-next-video-8506495/.

181 *"On Wednesdays we wear pink":* Khloe Kardashian (@khloekardashian), "On Wednesdays we wear pink," photo of True in all pink, Instagram, August 17, 2022, https://www.instagram.com/p/ChXzG11vpyd/?hl=en.

181 *impeccably re-created:* Bob's Dance Shop (@bobsdanceshop), "And finally, please welcome to the stage, Santa's helpers doing Jingle Bell Rock," video of "Jingle Bell Rock" dance on Rodeo Drive, December 19, 2020, https://www.instagram.com/p/CI_fapsJ8Ts/?hl=en.

182 *"cringe":* Alex Hern, "'Gifs Are Cringe': How Giphy's Multimillion-Dollar Business Fell out of Fashion," *Guardian,* September 16, 2022, https://www.theguardian.com/technology/2022/sep/16/gifs-are-cringe-and-for-boomers-giphy-claims-in-meta-takeover-filing.

182 *The Museum of the Moving Image:* "The Reaction GIF: Moving Image as Gesture," exhibition page, Museum of the Moving Image, https://movingimage.us/archived-events/the-reaction-gif-moving-image-as-gesture/.

182 *"it was no longer hard or rare":* Author's interview with Notopoulos.

182 *did its own viral version:* The Old Gays (@oldgays), "Do our jingle bells rock or what?!," video of "Jingle Bell Rock" dance, December 5, 2021, https://www.tiktok.com/@oldgays/video/7038264022470282502.

182 *has seen his silent dad reaction:* Author's interview with Willmott.

183 *posted a TikTok on* Mean Girls *Day:* Nicole Crimi (@nicolecrimii), video of Crimi reenacting her "Milkshake" dance, October 3, 2022, https://www.tiktok.com/@nicolecrimii/video/7150437445329243397?is_from_webapp=1&sender_device=pc&web_id=6956619324199650822.

183 *showed a still shot:* @buiside, video of Vietnamese girls in *Mean Girls,* August 11, 2022, https://www.tiktok.com/@buiside/video/7130737212534115626?is_from_webapp=1&sender_device=pc&web_id=6956619324199650822.

183 *Fey being interviewed by Jimmy Fallon:* @buiside, video of Fey and Fallon, August13,2022,https://www.tiktok.com/@buiside/video/7131543638034779438?is_from_webapp=1&sender_device=pc&web_id=6956619324199650822.
184 *a "fan":* Mack DeGeurin, "Meta's New AI Chatbot Loves Anti-Racism and *Mean Girls,*" Gizmodo, August 6, 2022, https://gizmodo.com/meta-facebook-new-ai-chatbot-blenderbot-racism-misinfo-1849378666.
184 *it had become a* Mean Girls *fan:* Author's conversation with Meta's BlenderBot 3, September 12, 2022.

Chapter 11: All You Sucka MCs Ain't Got Nothin' on Me

186 *"Kind of like the way":* Adam Green, "*Mean Girls* Sings, Dances, Insults, and Backstabs Its Way to Broadway," *Vogue,* February 12, 2018, https://www.vogue.com/article/mean-girls-broadway-tina-fey-vogue-march-2018-issue.
186 *"I was like, 'Oh heck no!'":* Andrea Tuccillo, "How College Students Inspired Tina Fey to Write a 'Mean Girls' Musical," GMA, March 15, 2018, https://www.goodmorningamerica.com/culture/story/college-students-inspired-tina-fey-write-girls-musical-53783141.
186 *professional stage producers were interested:* Ramin Setoodeh, "Tina Fey on the Lasting Legacy of 'Mean Girls,' Its Road to Broadway and Time's Up," *Variety,* April 10, 2018, https://variety.com/2018/legit/features/tina-fey-mean-girls-broadway-times-up-1202748023/.
187 *"Girls can see this":* Casey Mink, "How Broadway Has Changed for Women—and the Work That Still Needs to Be Done," *Backstage,* June 4, 2020, https://www.backstage.com/magazine/article/broadway-changed-women-work-still-needs-done-1039/.
188 *"The biggest mistake":* Collins-Hughes, "Finding New Meaning in 'Mean Girls.'"
189 *"I think fans":* Mark Snetiker, "*Mean Girls* Musical First Look: Tina Fey Introduces the Plastics," *Entertainment Weekly,* September 5, 2017, https://ew.com/theater/2017/09/05/mean-girls-musical-first-look/?.
189 *"I can't not like":* Collins-Hughes, "Finding New Meaning in 'Mean Girls.'"
189 *asked if she could say "fetch":* Casey Mink, "How Ashley Park Made 'Fetch' Happen—and Got Cast in 'Mean Girls,'" *Backstage,* June 16, 2020, https://www.backstage.com/magazine/article/ashley-park-made-fetch-happen-got-cast-mean-girls-1379/.
189 *"completely shaped the rhetoric":* Green, "*Mean Girls* Sings, Dances, Insults, and Backstabs Its Way to Broadway."
190 *casting was even harder:* Evan Real, "Tina Fey, Jeff Richmond on Casting Broadway's 'Mean Girls' and Ariana Grande's Video," *Hollywood Reporter,* January 31, 2019, https://www.hollywoodreporter.com/news/general-news/tina-fey-jeff-richmond-mean-girls-musical-ariana-grandes-video-1180396/.
190 *"She instinctively understood":* Snetiker, "*Mean Girls* Musical First Look."
190 *considered herself a "floater":* Alexis Soloski, "When the 'Mean Girls' Were Teen Girls," *New York Times,* June 4, 2018, https://www.nytimes.com/2018/06/04/theater/mean-girls-tina-fey-tony-awards.html.
190 *"As Regina":* Green, "*Mean Girls* Sings, Dances, Insults, and Backstabs Its Way to Broadway."

191 *first role in a professional production:* Ruthie Fierberg, "7 Things You Need to Know About the *Mean Girls* Musical's Cady Heron," *Playbill,* August 7, 2017, https://www.playbill.com/article/7-things-you-need-to-know-about-the-mean-girls-musicals-cady-heron.

191 *earned her BFA in musical theater:* Erika Henningsen, Actors' Equity bio, https://www.actorsequity.org/aboutequity/awards/Eisenberg/Eisenberg2014/.

191 *friends with Louderman:* Jason Fraley, "Q&A: 'Mean Girls: The Musical' Fetches World Premiere at National Theatre," WTOP News, November 8, 2017, https://wtop.com/entertainment/2017/11/qa-mean-girls-the-musical-fetches-world-premiere-at-dcs-national-theatre/.

191 *made her Broadway debut:* Erika Henningsen bio in *Mean Girls Playbill,* https://www.playbill.com/playbillpagegallery/inside-playbill?asset=00000150-ac87-d16d-a550-ecbf8e570004#carousel-cell652294.

191 *"thriving theater community":* Soloski, "When the 'Mean Girls' Were Teen Girls."

191 *friends with Louderman:* Fraley, "Q&A: 'Mean Girls: The Musical.'"

191 *"basically tone deaf":* Matt Mullen, "The Scene-Stealer: Ashley Park," *Interview,* May 1, 2018, https://www.interviewmagazine.com/culture/ashley-park-gretchen-weiners-mean-girls-interview.

191 *"choir nerd"* through *chased boys:* Soloski, "When the 'Mean Girls' Were Teen Girls."

191 *As soon as she heard:* Mullen, "The Scene-Stealer: Ashley Park."

192 *"Telling stories about race":* Mink, "How Ashley Park Made 'Fetch' Happen."

192 *On the first day of rehearsals:* Author's interview with Kerry Butler, September 20, 2022.

192 *Fey got a firsthand taste:* Late Night with Seth Meyers, "Tina Fey's Daughter Learned the Wrong Lessons from Mean Girls," YouTube, October 5, 2017, https://www.youtube.com/watch?v=3Sjd4BVHdc8&ab_channel=LateNightwithSethMeyers.

193 *got to see the show's final dress rehearsal:* Author's interview with Holbrook.

193 *launched in 2010:* It Gets Better Project, "About Our Global Movement," ItGetsBetter.org, https://itgetsbetter.org/about/.

194 *"you're allowed to be gay":* Author's interview with Holbrook.

194 *did the musical:* Author's interview with Butler.

194 *"Just wanting to":* Collins-Hughes, "Finding New Meaning in 'Mean Girls.'"

195 *"just sort of okay":* Peter Marks, "'Mean Girls' Fans: Tina Fey's Musical Is a Singing, Dancing Revenge Party, and It's Funny," *Washington Post,* November 19, 2017, https://www.washingtonpost.com/entertainment/theater_dance/mean-girls-fans-tina-feys-musical-is-a-singing-dancing-revenge-party-and-its-funny/2017/11/19/e52aa21c-cce4-11e7-b244-2d22ac912500_story.html.

195 *Butler had an idea:* Author's interview with Butler.

195 *enjoyed the chance:* Collins-Hughes, "Finding New Meaning in 'Mean Girls.'"

195 *"What's amazing about Tina":* Mink, "How Ashley Park Made 'Fetch' Happen."

196 *"Let me say up front":* Ben Brantley, "Review: 'Mean Girls' Sets the Perils of Being Popular to Song," *New York Times,* April 8, 2018, https://www.nytimes.com/2018/04/08/theater/mean-girls-review-broadway-musical.html.

196 *"Fey has front-loaded":* Marilyn Stasio, "Broadway Review: 'Mean Girls' the Musical," *Variety,* April 8, 2018, https://variety.com/2018/legit/reviews/mean-girls-review-musical-broadway-1202744938/.

196 *wearing Mrs. George's heels:* Author's interview with Butler.
197 *was among the first:* Author's interview with Hill.
198 *accepted Fey's invitation:* Author's interview with Surendra.
198 *Lansing attended as well:* Author's interview with Lansing.
199 *saw Henson's nomination:* Mills and Platti, "How Mean Girls Was REALLY Supposed to End."
199 *She didn't feel that way:* Author's interview with Wiseman.
202 *she was considering legal action:* Sara Nathan, "'Mean Girl' Tina Fey Paid Me Nothing for Hit Franchise: Author," *New York Post,* March 18, 2023, https://nypost.com/2023/03/18/mean-girls-author-tina-fey-paid-me-nothing-for-hit-franchise/.
202 *Wiseman is proud:* Author's interview with Wiseman.
203 *now available for high school stage performances:* Music Theatre International, "Mean Girls: High School Version," theatrical licensing site, https://www.mtishows.com/mean-girls-high-school-version.
203 *Fey included three pages:* Music Theatre International, https://www.mtishows.com/sites/default/files/meangirlshsv_approved_changes_final.pdf.

Chapter 12: The Limit Does Not Exist

205 *Reese Gaon is eighteen:* Author's interview with Reese Gaon, September 28, 2022.
206 *An even younger recent* Mean Girls *fan:* Author's interview with Charlie, March 28, 2023.
207 Mean Girls *tattoos:* Allison Stalberg, "10 Most Fetch Mean Girls Fan Tattoos Ever," ScreenRant, January 16, 2020, https://screenrant.com/mean-girls-tattoos-fetch-best/#wednesdays.
207 *debuted a* Mean Girls*–themed line:* Ariana Bacle, "Dylan's Candy Bar Is Celebrating 'Mean Girls' with Themed Candy," *Entertainment Weekly,* August 31, 2015, https://ew.com/article/2015/08/31/mean-girls-dylans-candy-bar-october-3/.
208 *"You Can't Sit with Us":* Reed-horton88, "You can't sit with us Classic T-Shirt," Redbubble, https://www.redbubble.com/i/t-shirt/You-can-t-sit-with-us-by-Reed-horton88/107853816.WFLAH.
208 *"She Doesn't Even Go Here":* Amazon listing, "Mean Girls: She Doesn't Even Go Here Retro T-shirt," https://www.amazon.com/Mean-Girls-Doesnt-Retro-T-Shirt/dp/B07ZR3SJRD/ref=sr_1_7.
208 *Toaster Strudel introduced:* General Mills press release, Businesswire, September 2, 2020, https://www.businesswire.com/news/home/20200902005633/en/Pillsbury-Toaster-Strudel-Introduces-Limited-Edition-Mean-Girls-Toaster-Strudel-With-Movie-Inspired-Pink-Icing.
208 *loungewear line:* Gregory Robinson, "ISawItFirst Launches Mean Girls Loungewear Range," Tyla, January 21, 2021, https://www.tyla.com/stylish/fashion-tv-and-film-mean-girls-isawitfirst-loungewear-range-prices-order-sweatshirt-20210121.
208 *a rosé wine:* Cat Wolinski, "An Unexpected 'Mean Girls' Star Releases a Rosé," VinePair, April 12, 2019, https://vinepair.com/booze-news/mean-girls-rose-wine/.
208 *a beer:* "So Fetch: Mean Girls–Themed Beer to Be Released at Virginia Beach Brewery Saturday," 3 WTKR, September 28, 2020, https://www.wtkr.com/news

/good-news/so-fetch-mean-girls-themed-beer-to-be-released-at-virginia-beach-brewery-saturday.

208 *"It has this little net":* Angelo, "10 Years Later, the Clique Still Reigns."

209 *From 2008 to 2013:* Google Trends, *Mean Girls* versus *30 Rock* interest over time, 2004 to present, retrieved April 5, 2023, https://trends.google.com/trends/explore?date=all&geo=US&q=%2Fm%2F02xtxw,%2Fm%2F0d68qy&hl=en.

209 *have outstripped those for* Legally Blonde: Google Trends, *Mean Girls* versus *Legally Blonde* interest over time, 2004 to present, retrieved April 5, 2023, https://trends.google.com/trends/explore?date=all&geo=US&q=%2Fm%2F02xtxw,legally%20blonde&hl=en.

209 *teased its nineteenth season:* Stephanie Wenger, "Rachel Recchia and Gabby Windey 'Go Shopping for a Husband' in Mean Girls–Inspired Bachelorette Promo," Yahoo! Finance, May 20, 2022, https://finance.yahoo.com/news/rachel-recchia-gabby-windey-shopping-234947878.html.

209 *evoked the spirit of the Plastics:* Kacey Musgraves, "Kacey Musgraves - simple times (official music video)," September 10, 2021, https://www.youtube.com/watch?v=aFDaoQv9wXA&ab_channel=KaceyMusgravesVEVO.

210 *purposely bought the exact car:* Alex Macpherson, "Taylor Swift: 'I Want to Believe in Pretty Lies,'" *Guardian,* October 18, 2012, https://www.theguardian.com/music/2012/oct/18/taylor-swift-want-believe-pretty-lies.

210 *Katy Perry tweeted: Billboard* staff, "Katy Perry Comments on Her Infamous 'Mean Girls' Tweet," *Billboard,* January 30, 2015, https://www.billboard.com/music/pop/katy-perry-talks-mean-girls-tweet-6457915/.

210 *performed a version of Swift's song "Mean":* Ashley Park, "Amanda Seyfried and Ashley Park sing Mean," YouTube, July 26, 2019, https://www.youtube.com/watch?v=CxdtBvm-K5Q&ab_channel=AshleyPark.

210 *found herself driving to a school in Los Angeles:* Author's interview with Drummond.

210 *The video's earliest moments:* Ariana Grande, "Ariana Grande - thank u, next (Official Video)," November 30, 2018, https://www.youtube.com/watch?v=gl1aHhXnN1k&ab_channel=ArianaGrandeVevo.

211 *Drummond couldn't believe:* Author's interview with Drummond.

211 *"I was so honored":* Real, "Tina Fey, Jeff Richmond on Casting Broadway's 'Mean Girls' and Ariana Grande's Video."

212 *"Ten years ago":* Seyfried, "Lindsay Lohan and Amanda Seyfried Have a *Mean Girls* Reunion."

212 *"Even to this day":* Author's interview with Waters.

212 *Cook doesn't have:* Mean Girls *on her official résumé:* Author's interview with Cook.

213 *has experienced the* Mean Girls *effect in less professional settings:* Author's interview with Cuccia.

213 *"People fangirl a lot":* Author's interview with Morrison.

213 *routinely wore pink:* Author's interview with Cuccia.

213 *have brought her* Mean Girls *DVDs:* Angelo, "10 Years Later, the Clique Still Reigns."

213 *dragged him to a quote-along:* Author's interview with Waters.

213 *stayed at a bed-and-breakfast:* Stack, "EW's 'Mean Girls' Reunion: The Cast Looks Back on the 2004 Hit."

214 *was sick once:* Erin Strecker, "Lacey Chabert Talks 'Mean Girls' and the Catchphrase That Won't Die," *Entertainment Weekly,* March 7, 2014, https://ew.com/article/2014/03/07/lacey-chabert-mean-girls-transformers/.

214 *Seyfried has suffered sexual harassment:* Kate Storey, "The Era of Amanda Seyfried," *Marie Claire,* May 10, 2022, https://www.marieclaire.com/celebrity/amanda-seyfried-interview-2022/.

214 *it's become clear throughout the years:* Author's interview with Chim.

214 *Surendra and Lohan still hang out:* Author's interview with Surendra.

214 *Franzese still talks to most of the other cast members:* Mills and Platti, "How Mean Girls Was REALLY Supposed to End."

214 *connected with Daniel Franzese:* Author's interview with Holbrook.

215 *done more than thirty:* Denise Petski, "Lacey Chabert Signs Multi-Picture Deal with Crown Media Family Networks," Deadline, February 21, 2022, https://deadline.com/2022/02/lacey-chabert-multi-picture-deal-crown-media-family-networks-hallmark-channel-1234956861/.

215 *Gretchen's Wieners:* Bennett and Martin, *The Burn Cookbook,* 12.

215 *Are Buttermilk Pancakes a Carb?:* Bennett and Martin, *The Burn Cookbook,* 34.

215 *channel's first movie centering a gay couple:* Gerrad Hall, "Jonathan Bennett Wanted to Create a Gay Uncle Buck for *The Holiday Sitter,*" *Entertainment Weekly,* December 9, 2022, https://ew.com/tv/jonathan-bennett-hallmark-lgbtq-movie-holiday-sitter.

215 *starred in an ad for Allbirds:* Allbirds, "Unexpected Athlete: Lindsay Lohan in the Tree Flyers | Allbirds," June 29, 2022, https://www.youtube.com/watch?v=7RzSLdcuN2w&ab_channel=Allbirds.

215 *private rocket company:* NASA, "NASA's SpaceX Crew-5 Launches to International Space Station," press release, October 5, 2022, https://www.nasa.gov/press-release/nasa-s-spacex-crew-5-launches-to-international-space-station.

Index

NOTE: Names of *Mean Girls* characters are alphabetized by first names.

A

Aaron Samuels (character)
  Broadway version, 192
  casting of (2004 film), 60–63
  storyline about, 70, 87–90
ABC, 59, 132
ABC Family, 212
ABC News, 155
Abercrombie, 26, 88
Access Hollywood (TV show), 156
Africa, *Mean Girls* portrayal of, 1, 20, 58, 99, 122–123, 171, 179, 183
Aguilera, Christina, 2, 86–87, 177
all-girl assembly scene, 104–105
All My Children (ABC), 59, 89
Almost Famous (film), 31
Amber D'Alessio (character), 46, 124
American Express, 137
Anchorman (film), 125
Aniston, Jennifer, 69
Annie Hall (film), 114
Ann-Margret, 149
Anton, Chris, 44–46, 74, 106–107
"Apologies Day," 12
Apu Trilogy (film), 47
Armstrong, Jennifer, 135–136
Arnett, Will, 79
Arrested Development (TV show), 79
artificial intelligence, 184–185
Asians, *Mean Girls* portrayal of, 40–41, 183
As the World Turns (daytime soap), 59
"At Seventeen" (Ian), 21
August Wilson Theatre, 196
Aykroyd, Dan, 37

B

". . . Baby One More Time" (Spears), 160
The Bachelorette (TV show), 209
Banks, Tyra, 27
Barrymore, Drew, 38, 156
"Beautiful" (Aguilera), 2, 86–87, 177
Bell, Kristen, 29
Bening, Annette, 29
Benjamin, Nell, 187, 189, 196, 199
Bennett, Jonathan
  biographical information, 88–89, 92–93
  casting of (2004 film), 62–63
  Mean Girls legacy and, 211, 215
  on portraying boy in Girl World, 87–92
Bethany Byrd (character). *See also* Drummond, Stefanie
  casting of (2004 film), 43
  "punched me in the face" line of, 17, 76
  "wide-set vagina" line of, 8, 43, 100–101, 125, 174
Biden, Joe, 172
Big Love (film), 59, 139
Billboard magazine, 181

BlenderBot 3 (Meta), 184
The Bling Ring (Sales), 158
"Bling Ring" thefts, 157–158
"Blurred Lines" (Thicke), 160
The Book of Mormon (play), 186, 187
Bossypants (Fey), 94, 138
box office, *Mean Girls* (2004 film), 125–130, 201
boys
  Boy World, Wiseman on, 141
  Wiseman's workshops for, 10
boys of Girl World, 85–95
  Aaron character, 87–90
  Damian character, 87, 91, 93–94
  gay males portrayed in *Mean Girls*, 89–95
  Kevin G. character, 85–87, 90–92
Brantley, Ben, 196
Bricmont, Wendy. *See* Greene Bricmont, Wendy
Bring It On (film), 135, 187, 211
Broadway musical. *See Mean Girls* (Broadway musical)
Broadway Video, 13, 30–31
Brody, Richard, 170
Buena Vista Pictures, 28. *See also The Parent Trap* (film)
@Buiside, 183, 184
Bully (film), 93
bullying. *See also* Plastics; *Queen Bees and Wannabees* (Wiseman); Regina George (character)
  cliques and, 1, 3, 9, 18, 188
  Cultures of Dignity (Wiseman's organization), 200
  Fey on *Mean Girls* goals and, 203–204
  of gays, 89, 93, 177–181, 193–194
  Lohan's real-life high school experience of, 3–4, 143
  Mean Girls (2004 film) on, overview, 2–4, 8
  as relational aggression, 11–12
  Wiseman's educational workshops about, 9–12
"Burn Book," 2–3, 102–104
The Burn Cookbook (Bennett), 215
bus scene, 112–114
Butler, Kerry, 192, 194–197
BuzzFeed, 161–163, 166–168

C

Cady Heron (character). *See also* Lohan, Lindsay
  Broadway version, 191
  bus scene, 112–114
  casting for (Broadway musical), 191
  casting for (2004 film), 4, 6, 33–35
  casting for (2024 film), 203
  character development, 17–19, 21, 23, 75
  Halloween party scene, 116–117
  Mean Girls legacy and, 2–4
  as narrator of *Mean Girls* (2004 film), 70
  "October third" scene and, 7, 88, 170, 216
  plot development, 21
  scripting of, 32–33
  storyline, transformation of, 70–72
Cage, Nicolas, 135
Calhoun High School (Merrick, New York), 3–4
"Call Your Mom" (*Mean Girls* Broadway song), 195
Calvin Klein, 26
Canada filming location and Canadian actors
  actors as supporting players, 98–100
  actors' success, following *Mean Girls*, 141
  high school filming locations, 98
  tax incentives for filming in Canada, 39
  Toronto as casting location, 39–42
Cannon, Nick, 147–148
The Canyons (film), 159, 160
Capital newspaper, 134
Caplan, Lizzy
  casting of (2004 film), 56, 60
  Franzese's *Life of Pi* ambition and, 92
  Mean Girls legacy and, 213
Carey, Mariah, 150
Caroline Krafft (character), 43, 96–97, 119, 164–165
Carter, Aaron, 145
Caruana, Jan, 42–43, 75, 80, 99, 102, 214
Casablanca Records, 150

casting, *Mean Girls* (Broadway musical), 189–192, 194–197
casting, *Mean Girls* (2004 film), 36–50, 51–63
  of Aaron character, 60–63
  of adult parts, 38–39
  of Damian character, 48–49, 54–56, 59–61
  diversity issues of, 40–41, 47–49
  of Gretchen character, 57–58
  importance of, 37
  of Janis character, 56
  of Karen character, 57–59
  Liroff's casting director work, 37–40 (*See also* Liroff, Marci)
  Lohan and *Mean Girls* role choice, 33–37, 40
  of Regina George character, 51–54
  self-tape process for, 29
  of teen parts, 39–50
  in Toronto, 39–42
casting, *Mean Girls* (2024 film), 203
Chabert, Lacey. *See also* Gretchen Wieners (character)
  casting of (2004 film), 57–58
  Mean Girls legacy and, 214, 215
  on set of *Mean Girls,* 81–83
Chantrey, Julia, 46
chaperones, for child actors, 73, 147
Charlie (fan), 206–207
Charulata (film), 47
Chase, Chevy, 89, 116
chatbots, 184–185
Cheaper by the Dozen (film), 145
child actors
  chaperones for, 73, 147
  restricted work hours of, 42, 83, 117
Chim, Jo, 75, 118–119, 180–181, 214
cinematography, 110–114
Clinton, Hillary, 172, 216
Clinton, Hillary, *SNL* parody of, 138
cliques, 1, 3, 9, 18, 188. *See also* bullying; Plastics
Clueless (film), 52, 68, 129, 131, 135, 136, 168–169, 208
Coach Carr (character), 46, 165, 203
Cocco, Glenn, 21
Colbert, Stephen, 37
Coldplay, 66
comedy
  humor as success in *Mean Girls,* 136–137
  improv (improvising), 6, 15, 32, 39, 40, 79–81, 86, 195
  "silent on camera" (SOC), 78
  timing and, 57, 113, 190
Confessions of a Teenage Drama Queen (film), 4, 28, 34, 131, 149
Cook, Robin, 39–42, 46, 48–49, 212–213
copyright protection, 167
Cravalho, Auli'i, 203
Crimes of Fashion (Disney Channel film), 141
Crimi, Nicole, 119–120, 183
Crowe, Cameron, 31
Crying Girl (character), 119, 166. *See also* Morrison, Jill
Crystal (writer), 164
Cuccia, Patricia, 65–66, 213
Cultures of Dignity, 200
Cuoco, Kaley, 141
Currid-Halkett, Elizabeth, 158
Curtis, Jamie Lee, 23, 29–30
Curtis, Tony, 30

D

Damian (character). *See also* Franzese, Daniel
  Broadway version, 188, 192–194, 198
  casting of (2004 film), 48–50, 54–56, 59–61
  casting of (2024 film), 203
  character development, 19
  music theme of, 123
  portrayal of boys in *Mean Girls,* 87, 91, 93–94
Davis, Brandon, 154
Degrassi: The Next Generation (TV show), 41
Dennings, Kat, 56
Dergarabedian, Paul, 134
DeSanto, Daniel, 107
Deutch, Zoey, 213

Disney Channel, 141
Disney (films). *See Freaky Friday; The Parent Trap*
Ditum, Sarah, 160
diversity. *See also* LGBTQ issues
  Africa and *Mean Girls* portrayal, 1, 20, 58, 99, 122–123, 171, 179, 183
  casting and, 40–41, 47–49
  Mean Girls and criticism on, 183
  Michigan Girl character and, 99
  Vietnamese and *Mean Girls* portrayal, 40–41, 183
Dombois, Markus, 158
Dragon Endurance (SpaceX), 216
Drake, 41
Dratch, Rachel, 15, 138
Drummond, Stefanie
  career success following *Mean Girls,* 140–141
  casting of (2004 film), 42–43
  Mean Girls legacy and, 210, 211, 214
  meme fame, 173–174
  supporting player role of, 100–102, 111 (*See also* Bethany Byrd (character))
Duff, Haylie, 58
Duff, Hilary, 145–146, 153
Dylan's Candy Bar (New York City), 68, 207–208

E

Ebert, Roger, 27
Edwards, James, 10
Edwards, Miranda, 99, 171, 173
Eisner, Michael, 26
The Elephants in My Backyard (Surendra), 176
Ellis, Bret Easton, 159
Emma Gerber (character), 42–43, 75
Entertainment Weekly magazine, 115
E.T. the Extra-Terrestrial (film), 38

F

Fallon, Jimmy, 15, 31, 183
Feinberg, Jane, 37–38
female empowerment
  feminist performance art by Preuss, 164–165
  Mean Girls and effect on, 133–138
  Mean Girls Broadway musical and updated themes on, 200
  as "pink-saturated Girl Power," 211–212
  power as message in *Mean Girls,* 8, 71
  Wiseman's recognition of, 9–10 (*See also Queen Bees and Wannabees* (Wiseman))
Fenton, Mike, 37–38
Ferrell, Will, 37, 62, 125
Ferrera, America, 56
Fey, Elizabeth Stamatina "Tina." *See also Mean Girls* (Broadway musical); script
  behind-the-scenes jobs of, during production, 114–116
  Bossypants, 94, 138
  boys in Girl World and, 86–87, 94
  casting decisions by (*Mean Girls* 2004 film), 38–41, 50
  comedy duo of Poehler and, 137
  criticism of, 183, 184
  early life and career of, 6–6, 14–15, 186
  on film rating and changes, 124, 125
  Heathers as inspiration for, 13, 14, 26
  Mean Girls legacy and, 208, 214
  as Ms. Norbury character (*Mean Girls* 2004 film), 18, 21, 38, 99, 104, 115
  as Ms. Norbury character (*Mean Girls* 2024 film), 203
  physical transformation of, 15–16
  Queen Bees and Wannabees optioned by, 12–16
  on set of *Mean Girls,* 67, 71–73, 79, 80
  supporting players and, 97, 99, 105, 106, 108–110, 118–119
  30 Rock (TV show), 115–116, 137, 187, 204, 209
  Unbreakable Kimmy Schmidt (TV show), 138, 187, 204
  Wiseman's contract and, 201
Fey, Zenobia "Jeanne" (mother), 21–22
Field, Syd, 20

film rating, *Mean Girls* (2004), 30–33, 121–125, 130
Fischer, Jenna, 203
Flynn, Neil, 61–62, 84
Fonda, Jane, 156
Food Network, 215
Foreman, Deborah, 135
Fort, Mary Jane, 68–71, 77, 81–83, 90, 109–110, 181
Foster, Jodie, 27, 34, 37, 144, 149, 152, 153
The Four Agreements (Ruiz), 192
Fox, Megan, 28, 58, 141
Franzese, Daniel
- in audience of *Mean Girls* (2004) showing, 129–130
- biographical information, 92–93
- on Broadway version of *Mean Girls,* 199
- career success following *Mean Girls,* 140
- casting of (2004 film), 54–56, 59–61
- on empowerment for gay males, 177
- Franzese's *Life of Pi* ambition and, 92
- *Mean Girls* legacy and, 214–215
- on portraying boy in Girl World, 87, 90–95
- in *Stateside* (film), 140
- at wrap party, 119

Freaky Friday (film)
- box office sales, 131, 150
- Liroff as casting director on, 28, 30
- Lohan and acting requirements for, 36–37
- Lohan's success with, 3, 4, 27, 33–35
- release of, 74
- soundtrack, 149
- Waters as director of, 23–26, 30, 74, 111

Friends (TV show), 69

G

Gagne, Courtney, 134
Gallegos, Caroline, 172
Gaon, Reese, 205
Garey, Cady, 21
Garner, Jennifer, 128, 133
Gasteyer, Ana, 38, 60, 95, 194, 196
Georgia Rule (film), 156
Get a Clue (TV movie), 27
Ghosts of Girlfriends Past (film), 111
Giphy platform, 168, 180, 182
Girl World, boys of. *See* boys of Girl World
Gizmodo website, 184
Glen Coco (character), 21, 107–109, 162–163
Glengarry Glen Ross (play), 76
Goldwyn, John, 39, 55, 126
Goodman, John, 37
Gossip Girl (Von Ziegesar), 147
Gould, Harold, 30
Goulet, Danis, 39–41
Grande, Ariana, 210–211
graphics interchange format (GIFs), 166–169, 182. *See also* internet and social media
Greene Bricmont, Wendy, 67, 74, 114
Gretchen Wieners (character)
- Broadway version, 189, 191–192, 195
- casting of (2004 film), 57–58
- character development, 17–18, 75, 81
- internet culture and, 162
- storyline, 70

H

hair design, 64–65, 67–72, 82, 88, 90, 96–97, 102
Hallmark movies, 215
Halloween (film), 30
Halloween party scene (*Mean Girls* 2004 film), 116–118
Hamm, Jon, 115–116, 203
Harmon, Mark, 30
Harold & Kumar Go to White Castle (film), 48
Hartwick, Carol, 65, 73–74, 76, 81
Hayes, David, 169
Head over Heels (film), 25
Heathers (film), 13, 14, 25–26
HelloGiggles website, 164
Henningsen, Erika, 191
Henry, Drew, 178–179
Henry, Ely, 141, 171

Henson, Grey, 192–194, 199, 215
Herbie Fully Loaded (film), 155
high school locations (*Mean Girls* 2004 film), 98
high school stage performance, *Mean Girls* (musical) for, 203–204
Hill, Dwayne, 46, 165, 197–198
Hillenburg, Steve, 126
Hilton, Paris, 132, 144, 154–155, 158
History of the World: Part I (film), 38
Hitchens, Christopher, 137
Holbrook, Damian, 5, 19, 55, 94, 186, 193–194, 214–215
Holbrook, Jim, 19, 193
Hollywood Reporter, 126, 129, 131, 156
Homeschooled Boys (characters), 141, 171
Hornaday, 129
The Hot Chick (film), 51, 52
House of Yes (film), 24–25
Hudgens, Vanessa, 56
Huffman, Felicity, 156
Huge Guy (character), 83, 106–107
Hunter, Bruce, 99
Hyland, Sarah, 213

I

Ian, Janis (singer), 21. *See also* Janis Ian (character)
I Know Who Killed Me (film), 155, 157
Improv Olympic, 15, 62
Instagram, 163, 177, 181, 182
International Creative Management, 37–38
International Space Station, 215–216
internet and social media, 162–185
  actor recognition and, 162–166, 173–181
  Broadway musical's incorporation of, 188–189
  emerging platforms of, 181–185
  GIFs, decline of, 182
  GIFs, early popularity, 166–169
  internet, prior to social media, 1, 2, 128, 134
  Mean Girls Day (October 3), 7, 88, 170, 216
  Mean Girls legacy and, 207–209
  Mean Girls popularity, late 2000s, 161
  memes of, 165–169
  memorable scenes/lines from *Mean Girls* on, 169–173 (*See also* memorable scenes and lines)
interpersonal relationships of girls. *See also Queen Bees and Wannabees* (Wiseman)
  as *Mean Girls* emphasis, 20–21
  mental health of adolescent girls and, 8
  relational aggression, 11–12 (*See also* bullying)
  social structure sophistication of, 9
"Is your muffin buttered?" line, 124–125, 207

J

Jackson, Janet, 132
Jacobson, Nina, 29–30
Jalsaghar (film), 47
James, Caryn, 156
James, Christopher, 177–178
Janis Ian (character)
  Broadway version, 188, 192, 199
  casting of (2004 film), 56
  character development, 17–19, 21, 75
  as Janis Sarkisian (Broadway version), 188, 192, 198
  as Janis Sarkisian (2024 film), 203
  music theme of, 123
  storyline, 70
  2024 film version, 203
Jayne, Samantha, 203
Jenner, Kris, 211
"Jingle Bell Rock" scene
  internet versions, 181, 182
  Lohan's Netflix version, 215
  Mean Girls (2004 film), 83–85, 122, 211
Joan (school secretary character), 99
Jock Girl Dawn (character), 44, 99–100
Joe Franklin's Encyclopedia of Comedians (book), 5

Just Like Heaven (film), 111, 139
Just My Luck (film), 155

K

Kardashian, Khloe, 181
Karen Smith (character). *See also* Seyfried, Amanda
  Broadway version, 188, 191
  casting of (2004 film), 57–59
  storyline, 70
Kent, Rolfe, 76, 122–123
Kevin G. (character)
  Broadway version, 198
  casting of (2004 film), 41, 46–49 (*See also* Surendra, Rajiv)
  Kevin Gnapoor name of, 49
  portrayal of boys in *Mean Girls*, 85–87, 90–92
Kristen Hadley's boyfriend (character), 104
Kudrow, Lisa, 37

L

Lachey, Nick, 132
The Ladies Man (film), 31
Lady Gaga, 159
Lansing, Sherry
  in Broadway audience, 198–199
  on casting for *Mean Girls*, 35, 36, 41, 53–54, 60
  as Paramount CEO, 13–14
  Paramount resignation by, 130
  on preproduction decisions for *Mean Girls*, 23, 24, 26, 31, 34–35
  Sherry Lansing Foundation, 130
  on success of *Mean Girls*, 130
Lauren, Dylan, 68
Lauren, Ralph, 68
Lavigne, Avril, 66
Lee, Ang, 175
legal issues
  child actors and, 42, 73, 83, 117, 147
  copyright protection, 167
  Wiseman's contract, 16, 199–202
Legally Blonde (film), 58, 135, 146, 187, 209, 211
Legally Blonde (play), 187
Leigh, Janet, 30
LGBTQ issues
  bullying of gays, 89, 93, 177–181, 193–194
  Damian (character) and casting of, 48–49
  gay actors, coming out and concerns about their careers, 87, 91, 93, 176–181
  gay men portrayed in *Mean Girls*, 89–95
  Mean Girls script about, 32–33
Life of Pi (film), 91–92, 140
Life-Size (TV movie), 27
Limited Too, 59
lines, memorable. *See* memorable scenes and lines
Liroff, Marci
  early career of, 37–38
  hired as casting director, 28–30
  Mean Girls casting by, 52–53, 55, 56–58, 60–63
  Toronto casting and, 39–40
live art ritual, by Preuss, 164–165
Lively, Blake, 58
Lohan, Ali (sister), 149
Lohan, Dina (mother), 26, 72, 146, 151
Lohan, Lindsay. *See also Freaky Friday* (film); Lohan, Lindsay, post-*Mean Girls* career
  biographical information, 26–28
  casting of (2004 film), 26–28, 33–35, 36–37, 40, 53, 60, 63
  compensation for *Mean Girls*, 72–73
  in *Confessions of a Teenage Drama Queen*, 4, 28, 34
  fame of, at time of *Mean Girls*, 79
  Mean Girls legacy and, 214, 215
  in the news, immediately following *Mean Girls* release, 131, 142
  The Parent Trap (film), 3, 26, 28–30, 36, 131
  real-life high school experience of, 3–4, 72, 143, 147
  on set of *Mean Girls*, 67, 69–75, 79, 86
  supporting players and, 109
  "Ultimate" sung by, 27

Lohan, Lindsay, post-*Mean Girls* career, 143–161
  addiction problems of, 153–154, 157–158
  "Bling Ring" theft from, 157–158
  career transition problems, 147–149, 159–161
  Duff's rivalry with, 145–146, 153
  Hilton's rivalry with, 154–155
  image immediately following *Mean Girls,* 145–147
  jewelry theft conviction of, 159
  L.A. move by, 143–144
  Speak (album), 149–153
  tabloid coverage of, 7–8, 144–145, 153–159
Lohan, Michael (father), 26, 72, 151, 154
Lopez, Jennifer, 150
Los Angeles Times, 145, 146, 148, 150–152
Louderman, Taylor, 190–191, 199, 203
Lucy and Desi (film), 138

M

Malen, Jonathan, 104
Mamet, David, 76
Mamma Mia! (film), 139
Mamma Mia! (play), 191
Mara, Kate, 58
Marshall, Garry, 29, 156
Martel, Yann, 91, 175
Martin, Nikki, 215
Masterminds and Wingmen (Wiseman), 141
math storyline and Mathletes characters. *See also* Caroline Krafft (character); Kevin G. (character)
  casting of (2004 film), 37, 40, 43, 49
  competition moderator character, 99
  Fey as math teacher (Ms. Norbury), 21
  Mathletes concept, 32
  rap scene, 85–87, 90–92
  success of storyline, 134
Matthews, Sharron, 99, 119
McAdams, Rachel
  casting of (2004 film), 37, 51–54
  Mean Girls legacy and, 213–214
  Regina character development by, 117–118
  on set of *Mean Girls,* 64, 65, 67, 75–78
  success following *Mean Girls,* 138–139, 140
  supporting players and, 106
  Wiseman on performance of, 127
McCain, John, 137
McKay, Adam, 62
Meadows, Tim
  casting of (2004 film), 38
  casting of (2024 film), 203
  The Ladies Man (film), 31
  on set of *Mean Girls* (2004 film), 67, 99–100
  supporting players' scenes and, 105
Mean Girls 2 (ABC Family), 212
Mean Girls (Broadway musical), 186–204
  casting and character development, 189–192, 194–197
  commercial for, 197–199
  development, 186–189
  film version of, 202–203
  for high school stage performance, 203–204
  rehearsals, 192–194
  reviews and awards, 196, 199
  tour, 202
  2004 film actors on, 197–199
  Wiseman on, 199–202
Mean Girls Day (October 3), 7, 88, 170, 216
Mean Girls (2004 film). *See also* female empowerment; memorable scenes and lines; *individual names of characters*
  box office sales, 125–130, 201
  budget for film, 67, 72–73, 112, 201
  character development, 17–19
  child actors and legal issues, 42, 73, 83, 117, 147
  Fey's real-life high school experience and, 5–6
  film rating of, 30–33, 121–125, 130
  Homeschooled as working title for, 20, 23, 24, 26–28, 31
  humor of, 136–137 (*See also* comedy)
  legacy of, 1–8, 205–216
  Mean Girls as title of, 31, 136
  option rights by Fey, 12–16
  PG-13 rating of, 32, 75

Mean Girls (2004 film), post-production, 121–142. *See also Mean Girls* (2004 film), publicity
  editing, 122
  music score, 110, 122–123
  rating, 121–125
  release schedule, 121
  rerecorded dialogue, 122
Mean Girls (2004 film), preproduction, 23–35. *See also* casting; script
  Liroff (casting director) hired, 28–30
  Lohan hired, role undecided, 26–28, 33–35
  script rewrite and film rating, 30–33
  Waters hired as director, 23–26
Mean Girls (2004 film), production, 64–84, 109–116. *See also* boys of Girl World; script; supporting players; Waters, Mark; *individual names of production staff*
  choreography, 83–84
  cinematography, 110–114
  Fey's multiple obligations and, 114–116
  filming locations of, 98
  hair design, 64–65, 67–72, 82, 88, 90, 96–97, 102
  hiring of production staff, 24–26
  Lohan on set, 70–75
  McAdams on set, 75–77
  music score, 110, 122–123
  Poehler on set, 77–81
  production design, 65–67, 102–104
  production design and sets, 65–67
  socializing during, 67
  wardrobe, 64–65, 67–72, 77, 81–83, 90, 108–110, 116–117
Mean Girls (2004 film), publicity. *See also* internet and social media
  box office projections, 125–127
  box office success, 128–130, 201
  feminism in pop culture and, 133–138
  humor of film and, 136–137
  Lohan in the news, following release, 131, 142 (*See also* Lohan, Lindsay)
  previews, 127–133
  reviews, 129
  success of contributors following release, 137–142
Mean Girls (2024 film), 202–203
"Mean" (Swift), 210
Meester, Leighton, 58
memorable scenes and lines. *See also individual names of characters*
  about hot dog, 46, 103, 124, 125
  all-girl assembly scene, 104–105
  bus accident scene, 112–114
  Halloween party scene, 116–118
  on internet/social media, 169–173 (*See also* internet and social media)
  "Is your muffin buttered?" line, 124–125, 207
  "Jingle Bell Rock" scene, 83–85, 122, 211
  "Nice wig" line, 45, 106
  "On Wednesdays, we wear pink" line, 18, 69, 170
  "punched me in the face" line, 17, 76
  "She doesn't even go here!" line, 104–105
  "stab Caesar" line, 81
  "That is so fetch!" line, 57, 170, 188
  "How many of you have ever felt personally victimized by Regina George?" line, 104
  "wide-set vagina" line, 8, 43, 57, 76, 100–101, 125, 174
Meta, 184
Meyers, Nancy, 26
Michaels, Lorne
  biographical information, 91
  on casting of *Mean Girls* (2004 film), 37, 41, 54, 58, 60–62
  on casting of "Weekend Update" (*SNL*), 137
  on hair design for *Mean Girls*, 69
  Mean Girls (Broadway musical), 186
  on preproduction decisions for *Mean Girls*, 24–26, 30, 33–35
  as producer of *Mean Girls*, 13, 14, 24
  supporting players and, 119
  Wiseman's contract and, 201
Michigan Girl (character), 99
"Milkshake" (song), 40
Mills, Hayley, 26
Miramax, 25

Misik, Jojo, 1
Misik, Kristin, 1, 3, 6
Misik, Lakely, 1
Monroe, Marilyn, 58
More magazine, 29–30
Morgan, Laura, 148
Morgan Creek production company, 156
Morrison, Jill, 74, 104–105, 119, 141, 166, 173, 213
Mottola, Tommy, 150, 151
Moxie (film), 138
MPAA, 123–125. *See also* film rating, *Mean Girls*
Mrs. George (character)
  Broadway version, 192, 194–197
  Cool Mom in 2004 film, 77–78 (*See also* Poehler, Amy)
Mrs. Heron (character)
  Broadway version, 192, 194, 197
  2024 film, 203
Ms. Norbury (character). *See also* Fey, Elizabeth Stamatina "Tina"
  Broadway version, 192, 196–197
  character development, 18, 21
  Fey cast as (*Mean Girls* 2004 film), 18, 21, 38, 99, 104, 115
  supporting players' scenes and, 99, 104, 115
MTV, 52, 146
Murphy, Eddie, 37, 116
Murray, Bill, 37
Murray, Chad Michael, 29
Museum of the Moving Image (New York City), 182
Musgrave, Kacey, 209
Musk, Elon, 215–216

N

NASA, 216
Netflix, 136, 212, 215
Newlyweds (TV show), 132
News of the World (British newspaper), 157
New Yorker magazine, 170
New York Post, 4
New York Times, 15, 125, 126, 133, 134, 137, 155, 196
New York Times Magazine, 12, 159
Niarchos, Stavros, 154
Nicholaw, Casey, 187–189, 192
North Shore High, locations used for, 98. *See also* supporting players
The Notebook (film), 53, 138
Notopoulos, Katie, 167–169

O

Obama, Barack, 137–138, 171–172
Odd Girl Out (Simmons), 11
Okada, Daryn, 111–114, 122, 214
"Overdrive" (Rose), 123

P

Padmini (Tamil actress), 175–176
Pak, Trang, 183
Palin, Sarah, *SNL* parody of, 115, 137–138
Paramount Pictures. *See also Mean Girls* (2004 film), publicity
  Goldwyn's role in *Mean Girls,* 39 (*See also* Goldwyn, John)
  Lansing as CEO, 13–14 (*See also* Lansing, Sherry)
  Lansing's resignation, 130
  Mean Girls (Broadway musical), 186
  Mean Girls (2004 film) release schedule, 121, 125–127
  Wiseman's contract and, 201
The Parent Trap (film), 3, 26, 28–30, 36, 131
Park, Ashley, 189, 196, 210
Parks and Recreation (TV show), 138, 179
Party of Five (film), 57
People.com, 151
Perez, Arturo, Jr., 203
Perry, Katy, 210
PG-13 rating, requirements for, 32, 75
Pham, Ky, 41
Phillips, Bijou, 93
Philipps, Busy, 203
physical appearance. *See also* hair design; Plastics; wardrobe
  Caroline Krafft character, 96–97
  Fey's physical transformation and, 15
Pipher, Mary, 11

Pizza Hut, 26
Plastics
 casting of (2004 film), 37, 52, 57–59
 character development, 20, 66–67, 81–83
 Fey's inspiration for, 6
 Halloween party scene, 116–117
 Mean Girls legacy and, 1, 2
 storyline, 70
Poehler, Amy
 boys in Girl World and, 86
 in Broadway audience, 196
 on casting of Bennett, 63
 casting of (2004 film), 38
 comedy duo of Fey and, 137
 early career of, 15
 Mean Girls legacy and, 214
 Parks and Recreation (TV show), 138
 on set of *Mean Girls*, 67, 77–81
 supporting players and, 119
 Yes Please, 138
Posey, Parker, 24–25
post-production of *Mean Girls* (2004 film). *See Mean Girls* (2004 film), post-production
Potter, Monica, 25
power. *See* female empowerment
preproduction of *Mean Girls* (2004 film). *See Mean Girls* (2004 film), preproduction
Preuss, Clare, 43–44, 96–97, 111, 119, 164–165
previews, *Mean Girls*, 127–133
Principal Duvall (character), 103–104
Prinze, Freddie, Jr., 25
Promises rehab facility, 157
Prugo, Nick, 158
publicity of *Mean Girls* (2004 film). *See Mean Girls* (2004 film), publicity
"punched me in the face" line, 17, 76

Q

Quaid, Dennis, 26
Queen Bee character. *See* Regina George (character)
Queen Bee Moms and Kingpin Dads (Wiseman), 141
Queen Bees and Wannabees (Wiseman). *See also* Wiseman, Rosalind
 on "floaters," 3, 190
 "Hip Parent" (Cool Mom/Mrs. George character) in, 77
 Mean Girls script development from, 16–22
 optioning of, 12–16
 publishing of, 11–12
 on sexy costumes worn by girls, 68, 117

R

Radner, Gilda, 37
Raiders of the Lost Ark (film), 38
Rapp, Reneé, 203
Raven-Symoné, 143
Rawlinson, Katherine, 164
Ray, Satyajit, 47
Reale, David, 107–109, 162–163
Recchia, Rachel, 209
Regina George (character)
 Broadway version, 190
 bus scene, 112–114
 casting, Lohan considered for, 28–30, 33–35, 36
 casting of McAdams (2004 film), 51–54
 casting of (2024 film), 203
 character development, 17–18, 20, 21–22, 64–67, 75, 117–118
 directing of, 23
 music theme of, 123
 plot development, 21
 scripting of, 32–33
relational aggression, 11–12
reviews, *Mean Girls*
 Broadway musical, 196
 film (2004), 129
Reviving Ophelia (Pipher), 11
Rice, Angourie, 203
Richmond, Jeff, 15, 62, 187, 195, 199
Richmond, Penelope, 193
Rockwell, Kate, 191
Rodrick, Stephen, 159
Rolling Stone magazine, 129, 148
Rose, Katy, 123
Rotten Tomatoes, 129
Rudolph, Maya, 137, 138
Ruffalo, Mark, 139

Ruiz, Don Miguel, 192
"Rumors" (Lohan), 152

S

sadness/hopelessness, 2023 study, 8. *See also* bullying; female empowerment; interpersonal relationships of girls
Saint Ralph (film), 106
Sales, Nancy Jo, 158
Sandler, Adam, 116
Saniya (North Carolina high school student), 166
Saturday Night Live (TV show)
  Broadway Video relationship with, 30–31
  Clinton parody, 138
  Fey as first female head writer, 6
  Fey's early work on, 15
  Fey's work on, while writing *Mean Girls*, 20, 114
  films made by stars of, 116
  as inspiration for young actors of *Mean Girls*, 89, 95
  Mean Girls adult roles cast with *SNL* stars, 38–39
  Michaels's casting for, 37
  Michaels's legacy of, 13, 25
  Palin parody, 115, 137–138
  Sarah Palin parody, 115
  "Weekend Update," 6, 31, 137
  Willmott on, 78–79
Sawyer, Diane, 132
scenes, memorable. *See* memorable scenes and lines
school secretary character, 99
Screenplay (Field), 20
script. *See also* math storyline and Mathletes characters; memorable scenes and lines
  casting and, 34 (*See also* casting)
  cut scenes from, 94
  Fey's development of, 16–22
  film rating and, 30–33, 121–125, 130
  inspiration for characters, 19, 21–22, 55, 94
  Mean Girls as film scripting debut for Fey, 6–7
  plot details, 70–72
  production staff hiring during scripting stage, 24–26
  rewriting of, 61
  table read of, 59–63
Second City improv, 6, 15
Selig, Kyle, 192
Selleck, Tom, 29
Senior, Jennifer, 15–16
set design, 65–67
Sexy Feminism (Armstrong), 135–136
Sexy Feminist website (Armstrong), 135–136
Seyfried, Amanda
  career success following *Mean Girls*, 139
  casting of (2004 film), 37, 53–54, 58–60
  Mean Girls legacy and, 210, 212, 214
  on set of *Mean Girls*, 67, 81–82
Sharma, Suraj, 175
"She doesn't even go here!" line, 104–105
Sherman-Palladino, Amy, 147
Sherry Lansing Foundation, 130
She's All That (Netflix), 212
Shotgun Love Dolls (MTV), 52
ShoWest, 126
Shyamalan, M. Night, 91–92
Sight and Sound magazine, 47, 129
Silverstone, Alicia, 68, 129, 131, 147
Simmons, Rachel, 11
"Simple Times" (Musgrave), 209
Simpson, Jessica, 132
social media. *See* internet and social media
Soltys, Mark, 216
SpaceX, 215–216
Speak (album, Lohan), 149–153
Spears, Britney, 11, 27, 144, 155, 160
Spielberg, Steven, 38
Spivey, Jaquel, 203
The SpongeBob SquarePants Movie, 126
Spotlight (film), 140
St. Bernard, Donna-Michelle, 164
"stab Caesar" line, 81
Stanton, Elizabeth Cady, 21

Starstruck (Currid-Halkett), 158
Stateside (film), 140
Stilwell, Maggie, 134
Summers, Mariah, 167
Summer Stage (Upper Darby, Pennsylvania), 6
Sundance Film Festival, 25
Super Bowl, "wardrobe malfunction" at, 132
supporting players, 96–120. *See also individual names of supporting role characters*
- adult actors as, 99–100
- in all-girl assembly scene, 104–105
- for authenticity, 98
- behind-the-scenes jobs as, 109–116
- Burn Book as "hero prop," 102–104
- Canadian actors as, 98–100
- Caroline Krafft character as, 96–97
- competitiveness and camaraderie among, 100–102
- Glen Coco character as, 107–109
- Halloween party scene and, 116–118
- Huge Guy character as, 106–107
- wardrobe for, 108–110
- at wrap party, 118–120

Surendra, Rajiv
- biographical information, 85, 91
- in Broadway audience, 198
- career success following *Mean Girls,* 139–140
- casting of (2004 film), 41, 46–49
- *The Elephants in My Backyard,* 176
- internet fame of, 174–177
- *Life of Pi* (film) and, 91–92, 140
- *Mean Girls* legacy and, 214
- on portraying boy in Girl World, 85–87, 90–92
- on set of *Mean Girls,* 73, 74

Swift, Taylor, 210

T

table read, 59–63
tabloid coverage of Lohan, 144–145, 153–159. *See also* Lohan, Lindsay, post-*Mean Girls* career
Talbot, Margaret, 12
Teen People magazine, 148
Teen Vogue magazine, 166
10 Things I Hate About You (film), 136, 208, 209
"Thank U, Next" (Grande), 210–211
"That is so fetch!" line, 57, 170, 188
Thicke, Robin, 160
13 Going on 30 (film), 128, 130, 133, 134, 155, 211
30 Rock (TV show), 115–116, 137, 187, 204, 209
Thomas, Henry, 38
Thompson, Erin Norah, 43–44, 99–100, 103
Thompson, Stuart, 186, 187
TikTok, 1, 2, 182
Timberlake, Justin, 132
Tisdale, Ashley, 56
Tony Awards, 199
Toronto Star newspaper, 159
Total Request Live (MTV), 146
Toxic (Ditum), 160
Trang Pak (character), 41
Trump, Donald, 154, 172, 188–189, 200, 216
Tumblr, 161, 166, 168–169, 179, 182

U

"Ultimate" (song), 27
Unbreakable Kimmy Schmidt (TV show), 138, 187, 204
Upright Citizens Brigade, 80
USA Today, 131, 134, 148–152
Us Weekly magazine, 153, 158

V

Valderrama, Wilmer, 153
Valley Girl stereotype, 135
Vanity Fair magazine, 131, 144, 145, 159
Variety magazine, 196
Veronica Mars (film), 59, 139
Vietnamese, *Mean Girls* portrayal of, 40–41, 183
Von Ziegesar, Cecily, 147

W

"wardrobe malfunction" (Super Bowl), 132
wardrobe (*Mean Girls* 2004 film), 64–65, 67–72, 77, 81–83, 90, 108–110, 116–117
Washington Post, 129, 169, 195
Waters, Daniel, 25–26, 93
Waters, Mark
- boys in Girl World and, 85, 86, 90, 94
- career success following *Mean Girls,* 126, 139
- casting involvement by, 36–46, 49–50, 51–54, 56, 58, 60–63 (*See also* casting)
- as *Freaky Friday* director, 23–26, 30, 74, 111
- hired as *Mean Girls* (2004 film) director, 23–26
- *Just Like Heaven* (film), 139
- *Mean Girls* direction of, 65–67, 69, 71–76
- *Mean Girls* legacy and, 212–214
- *Mean Girls* post-production and, 121–125
- supporting players and, 100–106, 108, 110, 111–112, 114, 118, 119
- table read and, 59–63

Wedding Crushers (film), 138
Weed, Barrett Wilbert, 192
"Weekend Update" (*Saturday Night Live*), 6, 15
Wendy's, 26
Wet Leg, 207
"What's Wrong With Me?" (*Mean Girls* Broadway song), 189, 195, 196
"When You Tell Me I'm Pretty I Shave My Head" (Preuss), 165
White, Cary, 65, 103
"wide-set vagina" line, 8, 43, 57, 76, 100–101, 125, 174
Wiig, Kristen, 115
Williams, Cole, 55
Williams, Paul, 55
Willmott, Dan, 78–80, 172, 182–183
Windey, Gabby, 209
Wine Country (film), 138
Winstead, Mary Elizabeth, 56
Winston, Sherri, 131
Wiseman, Rosalind, 9–22
- "Apologies Day," 12
- career success following *Mean Girls,* 141–142
- contract for *Mean Girls,* 16, 199–202
- Cultures of Dignity, 200
- educational workshops by, 9–12
- Fey's script development, 16–22
- *Heathers* as inspiration for, 26
- *Masterminds and Wingmen,* 141
- *Mean Girls* preview by, 127–128
- *New York Times Magazine* feature about, 12
- *Queen Bee Moms and Kingpin Dads,* 141
- *Queen Bees and Wannabees,* 3, 11–22, 68, 77, 117, 190

Witherspoon, Reese, 58, 139, 146
Wonderland Center rehab facility, 157
wrap party, *Mean Girls,* 118–120

Y

Yes Please (Poehler), 138

Z

Zacharek, Stephanie, 133

About the Author

Jennifer Keishin Armstrong is the *New York Times* bestselling author of *Seinfeldia, When Women Invented Television,* Sex and the City *and Us,* and *Mary and Lou and Rhoda and Ted.* She also curates and writes the weekly *Peabody Finds* recommendation newsletter for the prestigious Peabody Awards in broadcasting. She lives in New York's Hudson valley.